新型大国经济关系的生长

1978—2015中美经济外交

罗小军◎著

时事出版社

目　　录

前　言

历史上大约有过15次新兴大国的崛起，其中有11次与既有大国之间发生了对抗和战争，即历史上一个崛起大国与既有大国竞争时，最后双方多数走向战争。那么正在崛起中的中国与既有大国美国的关系将如何发展？在纷繁复杂的竞争、合作、冲突中迎接战争还是和平？能否走出“修昔底德陷阱”——雅典的崛起引起斯巴达的恐惧从而爆发战争？

中国方面率先明确提出构建中美新型大国关系，避免大国兴衰的历史悲剧。新型大国关系的提出更多是中国方面的主动和诚意，这种关系的关键词是“不冲突、不对抗，相互尊重，合作共赢”。20世纪90年代，时任中共中央总书记江泽民发展了不结盟外交，积极致力于发展以“不结盟、不对抗、不针对第三方”为特征的新型大国关系；2012年5月4日，时任中共中央总书记胡锦涛在中美第四次战略与经济对话中发表了《推进互利共赢合作，发展新型大国关系》的演讲，提出中美伙伴关系应向新型大国关系发展。习近平担任中共中央总书记和中国国家主席以来，新一届中国政府将建设中美新型大国关系提高到前所未有的高度，态度非常诚恳，行动更加务实。而美国方面也最迟自克林顿政府以来就开始思考一个稳定和繁荣的、融入国际体系的中国对美国和世界才是安全的。

对于建设新型大国关系，处于战略优势一方的美国的态度一直是不公开否认也不公开接受。构建中美新型大国关系，最为关键的任务是要理顺中国崛起与美国守成的关系，这一关系是中美关系的基本结构特征。结构决定行为，行为规范结构演变结果。建设中美新型大国关系，先不管美国政府的接受诚意，仅从经济外交角度观察中美两国的持续努力，可以发现，30 多年来中美新型大国经济关系已然在路上，正在为中美全面新型大国关系铺就道路、铸就压舱石。

一、走出崛起国家和守成国家的历史窠臼

美国是一个高度创新的国家，所谓守成的美国是从国际体系层面而言，尤其从美国是其主导的国际政治经济秩序的坚定维护者而不是革新者这一角度而言。中美经济关系的崛起和守成，可以从客观和主观两个层面来观察。

客观上，中国经济在绝对强势崛起中，美国在相对衰落中。从千年历史长河来看，中国经济正在崛起，以购买力平价计算，1700 年，清康熙三十九年，中国 GDP 总量是美国的 166 倍，120 年后的 1820 年是其 18 倍，80 年后的 1900 年是其 0.7 倍，1950 年是其 0.2 倍，2001 年为 0.6 倍，2015 年预计为 1 倍。根据国际货币基金组织（IMF）2014 年公布的报告，以购买力平价计算，中国 GDP 已经与美国相当。

把最近 30 多年历史放大来看，中国经济迅速崛起，1978 年中国名义 GDP 是美国的 8%，2013 年中国名义 GDP 是美国的 55%，2015 年是美国的 70%；1978 年中国名义 GDP 占世界经济比重的 2%，2013 年占 11%，美国 1978 年占世界经济比重的 25%，2013 年占 21%，尤其是根据 IMF 统计，2007 年起中国对全球经济增长的贡献超过美国居世界第一，美国经济相对衰落，中国成为世界经济增长第一引擎。同样按照名义 GDP 计算，基于中美经济增长和贸易的历史轨迹预测未来，最早于 2025 年左右中美经济总量相当，2087 年左右中美贸易相互依存达致对称性地位。但在中国经济崛起的背后，中美经济存在巨大差距，2013 年中国人均 GDP 为 6767 美元，美国人均

为53152美元，中国人均GDP是美国的12.73%，2013年美国经济总量与全球第二大经济体中国、第三的日本、第四的德国的经济量总和相当，全球经济格局总体依然是一极的世界。尽管差距巨大，但背后隐藏的趋势仍然是显著的，即一个经济力量上相对崛起的中国和经济力量上相对衰落的美国正在重构世界经济的顶层结构。

中美经济的崛起和守成关系，不仅仅是经济实力的此起彼伏，更重要在于主观层面，中国一直以来都在呼吁和主张建立国际政治经济新秩序，而主导当前秩序的恰恰是美国，美国是这一秩序的主要设计者和坚守者。这从主观层面构成了崛起国家与守成国家的最重要特征，即国际关系经典理论中的挑战国和霸主国。

中国提出构建中美新型大国关系，核心是“不冲突、不对抗，相互尊重，合作共赢”，就是要避免走过去崛起国家和守成国家走向冲突的老路。这种新型大国关系之所以“新”，在于不同于一战前崛起国家和守成国家那样走向战争，不同于二战后不同经济社会制度的苏联和美国这一对崛起国家和守成国家之间走向冷战，也不同于二战后具有相同经济社会制度的美国和德国、日本的经济崛起之间的博弈关系，中美新型大国关系是一种不同经济社会制度之间的崛起国家和守成国家之间的微妙关系，除了经济实力的此起彼伏外，还牵扯到价值观、基本经济制度和意识形态等一系列基本问题的处理能力和技巧。

二、接触和开放政策的相互拥抱

中美新型大国关系首先是不冲突的大国关系，结构现实主义很好地分析了国际体系的行为主体间是否会发生冲突的原因。结构现实主义大师肯尼思·沃尔兹认为，除了国际体系的规则和结构变化外，在一个缺乏权力中心和相互依存失范的国际体系里面，行为主体最容易发生冲突。借用结构现实主义分析框架，从国际体系的系统规则、系统结构、权力中心、主体间经济相互依存的发展与对相互依存的规范——中美经济外交的制度建设，这四个角度出发观察，发现一种新型的大国经济关系已然在中美两国间生长。

就体系的系统规则而言，冷战结束前，世界格局和秩序可以概括为两大阵营和三个世界，即美国领导的资本主义阵营和苏联领导的社会主义阵营，第一世界的超级大国、第二世界的发达国家、第三世界的发展中国家。就国际体系而言，世界其实有两大阵营两种规则，第三世界试图建立一个新的秩序却由于实力局限并没有取得多少成效。中华人民共和国建立后，曾经加入了以苏联为首的经互会圈子。1956 年，以《论十大关系》为标志，中国开始思考跳出苏联模式开创中国特色道路，期间历经曲折。改革开放前后，中国寻求主动融入西方国际社会圈子，这一圈子毋庸讳言是美国主导的，1978 年中国做出这一历史抉择，1979 年中美建交，随后加入 IMF、世界银行（WB），并积极争取复关。随后苏联解体、冷战基本结束，放眼世界大势：1992 年中国终于确立建设社会主义市场经济体制作为经济改革的目标，“复关”（GATT）谈判获得实质性推进，2001 年中国“入世”，完成融入国际社会一大步；而美国自从里根政府开始了明确的对华接触外交，希望把中国纳入到美国主导的国际社会中去，期间这一大方向历经波折有过游移，但克林顿政府最终又回到了对华接触外交，2006 年，美国贸易代表办公室发布中国入世过渡期的评估报告，认为中国已经成为当前国际体制的一个成员，作为成员将会起到建设性的作用。2011 年，在第三轮中美战略与经济对话中，中方公开措辞承认美国领导的国际社会的重要性。2014 年 12 月 17 日，中国国家副总理汪洋在中美商业关系论坛上发表的主旨演讲中强调“中美是全球经济的伙伴，但引领世界的是美国。中国实行改革开放的时候，美国已经主导世界经济的体系和规则。中国对外开放意味着我们愿意加入这个体系，基本承认这些规则，也愿意在国际经济体系中发挥建设性作用”。

至此，无论从主观还是客观上，中国确认了美国的领导地位，中美已经认可了一个共同的国际体系的规则——经济市场化与自由化，和这一规则下的制度安排：联合国（UN）、IMF、WB、世界贸易组织（WTO）。在体系规则面前，中国积极融入美国主导的国际秩序，美国积极把中国纳入美国主导的国际秩序，中美经济外交理念相互吻合；策略上，美国对华接触与中国对外开放，中美经济外交策略相互拥抱，这构成了中美经济外交近40年来的宏观写照。中美此后的制度建设都是在这一系统规则下对美国主导的国际体系的竞争性补充和完善，诸如：美国主推的跨太平洋伙伴关系（TPP）、跨大西洋贸易与投资伙伴关系（TTIP）、国际服务贸易协定（TISA），中国主推的金砖银行、亚洲基础设施投资银行、上海合作组织银行、丝路基金、中国东盟自贸区“升级版”。中美各自发展水平和资源能力的差异，导致中美在推进区域和全球治理方面的着力点不一样，美国推进的是自由化这一规则的深入发展，类似WTO的区域升级版，中国推动的是发展性基础设施，类似WB和IMF的区域版。在这种竞争中，中国方面主动褪去了价值观和意识形态的差异，而更多是直接利益之考量，扎扎实实地推进国际政治经济新秩序的建设，TPP就产权这一基础经济制度上对国有企业设立了准入限制的门槛，这对国有企业居于国民经济主导地位的中国的对外投资形成障碍。不过，目前中国在推进混合所有制改革和跨境双向投资的便利化改革，或许能很大程度上缓解这一障碍。从较长时间而言，就如对市场经济的认识和推行一样，中美不会在这些基本经济制度上有实质性差距，中美在国际体系的基本规则上不会存在重大分歧，但规则上的认同并不意味着没有实际利益分歧，如何有效管控分歧、使得分歧保持在某个“走廊内”成为实现新型大国关系的关键。

三、制度建设确保了中美经济外交着轨运行

从体系的系统结构层面而言，尽管如前所述，美国经济总量

是全球第二、第三、第四经济体的经济总量的总和，美国仍然是全球经济权力中心，且地位短期内不可动摇，这种经济权力中心的地位稳固也能够避免崛起国家和守成国家发生冲突，但中美经济实力的此消彼长和相互依存的不对称性逐渐减小，经济实力的此消彼长带来权力转移和责任的转移，带来了渐进的全新的变化。权力和责任是对等相生的，这一过程蕴含在经济相互依存的变化中，并通过相互依存的变化来体现。而回顾中美经济外交近40年的历史可以发现，一种新型的大国经济关系一直处于生长中。这种生长，通过相互依存的发展和中美经济外交制度建设即对相互依存关系的规范，体现得一览无余。制度建设确保了中美经济外交的着轨运行，而美国主导的世界体系的相对开放，为权力转移提供了包容性，中美新型大国经济关系的构建具备制度基础，这铺就了中美通向新型大国关系的道路。

中美建交前后至今的中美经济外交制度建设可以分为五个阶段：1978—1988年，中美经济外交初始化；1989—2000年，中美经济外交正常化；2001—2007年，中美经济外交机制化；2008—2012年，中美经济外交包容化；2013年至今，中美经济外交竞治化。中美经济外交初始化，以中美建交和确立经济利益对于战略三角的优先重要性、1980年中美相互给予最惠国待遇和签署中美贸易协议等为标志；中美经济外交正常化以中美经济关系“政治脱敏”、人权和最惠国待遇脱钩、1995—1996年中美经贸往来免受台海危机的影响、1999年中美确立PNTR（永久正常贸易伙伴关系）等为标志；中美经济外交机制化，中美贸易以WTO为底层机制、中美战略经济对话为顶层机制，其他双边、多边对话为中层机制，构成了多层次的机制化结构，有效地规划和建设中美经济关系；中美经济外交包容化，以美国认定中国已经成为国际体制的一员发挥建设性作用，以中国公开文件认可美国领导的国际政治经济制度的重要性，以中美在国际经济治理组织中按照组织原则调整在IMF、WB中的份额和投票权，共同治理经济危机，帮助美国经济复苏为标志；中美经济外交竞治化，以中国以发展中国家身份建设发展中国家之间的基础设施、完善全球治理为标志，以中国先后落实了亚洲基础设施投资银行、上海合作组织银行、金砖银行，提出了丝路基金、亚太梦想为标志，有效弥补和完善了美国主导的国际政治经济体制以及全球治理，以自身能力承担更多责任，呼应了美国一再要求中国承担更多国际责任促进全球善治的呼吁，这一呼吁自“9·11”前后由小布什总统明确提出，且面向包括中国在内的大国提出，这与尼克松自二战后首次呼吁盟国分担国际责任大有不同。从要求分担责任而言，可以理解为世界是大家的，靠大家建设，美国为何要把大部分成本都往自己身上揽呢？也可以理解为美国力有未逮，还可以理解为美国是开放和包容的、与时俱进的。不同的理解，不同的心态，不同的行动，会有不同的格局。2014 年 9 月奥巴马在接受皮特逊经济研究所就伊朗问题采访时抱怨道：“中国是在搭便车，而且已经搭了 30 年，这种方式让他们很受用。”[①] 随即，中国国家主席习近平在接见来访外国元首时向国际社会表示，欢迎搭乘中国发展的列车，共享机遇，共同发展，“搭快车也好，搭便车也好，我们都欢迎”。[②] 大国外交，崛起和守成，一句话见分晓。与奥巴马等要求中国承担责任不同，美国国内也有担忧中国因为承担国际责任而给美国在当地利益带来竞争，这种担忧的典型代表言论是奥巴马总统 2015 年 1 月在国会发表国情咨文时直截了当地说：“中国正想要给世界上增速最快的地区确立规则”，“这会给我们的工人和商业带来不利。我们为什么要让这一切发生？我们应该来书写规则，我们应该来定义游戏规则”。[③] 美国一边要把中国融入到世界体系中、并要求中国承担

① 奥巴马接受采访时指出中国搭便车，http：//www. nytimes. com/video/opinion/100000003047788/china-as-a-free-rider. html。

② 习近平主席访问蒙古发表演讲《守望相助，共创中蒙关系发展新时代》，http：//news. china. com/focus/xjpcfmg/11165598/20140822/18731870. html。

③ 奥巴马 2015 年国情咨文演讲，https：//www. whitehouse. gov/the-press-office/2015/01/20/remarks-president-state-union-address-january-20-2015。

更多责任，一边又担心中国因为承担责任而对美国利益形成竞争。中国在区域公共产品提供上是对美国主导的全球治理体系的完善，这是毋庸置疑的。其一，要求中国分担责任是美国的要求，但如何分担责任存在分歧，对中国分担责任的行动和付出，美国应该乐见其成；其二，在中国提供公共产品的区域，从经济的绝对利益上、尤其从投资水平上来说，美国仍然居于领先地位，美国也是这些区域繁荣的分享者；其三，中国提供公共产品有助于地区安全和稳定，地区安全和稳定也符合美国的区域根本利益；其四，中美此种竞争，有利于促进全球和区域经济善治，提升自由化水平，从而惠及区域和全球经济，但如果因此要求别的国家选边站，是一种不明智的策略。

中美经济外交制度建设的五个阶段，展现了一种新型大国经济关系的生长轨迹，虽然建设中美新型大国关系直到近年才重点提出，这与中国经济发展实力提高和能力密切相关，但实际上自中美建交、中国改革开放以来，中国就面临这样的课题，而只有在中美实力更加接近的当下，这一问题的紧迫性才更加凸显。

四、中国大势：开放与市场化

中国内外都有人担心中国改革方向，毕竟任何一种改革都面临各种力量的博弈，习近平与奥巴马瀛台会晤时还谈到改革不成功的光绪皇帝被囚禁于此的故事，令奥巴马感叹改革不易。从系统规则的红利而言，中国必将进一步主张和推进国内经济市场化和国际经济自由化。这一点只要留心一下从 1950 年到目前的中国 GDP 增长曲线就可以发现。1992 年以前，基本是一条匍匐前进的直线，1992 年后中国增长曲线开始可以观察到斜率，大概有那么几度，2001 年后这个斜率大概是 50 度左右，规则之下增长红利显而易见。发展是硬道理，因此，对中国的长远方向，保持开放和市场化的方向，无论国内还是国外人士，都无需怀疑。

中国“入世”更是获得了不菲的红利，“入世”后中国在世界经济比重的份额增速比美国大，以至于美国有人痛心疾首说，中国获利太多，WTO 利益分配不平衡，因此保护主义和“眼红”主义大大抬头，舍全球化转而要推进区域自由贸易安排（FTA），比如 TPP、TTIP，因此就利益而言而不是意识形态而言，当下中国是全球经济自由化更为坚定的推进者。进一步的证据会表明这一点，中国虽然“入世”获得不菲红利，全世界有 100 多个国家承认中国市场经济地位，但世界上 80% 左右的市场即美国和欧盟市场没有认可中国市场经济地位；不过，按照“入世”协议，2016 年，WTO 成员方自动承认中国市场经济地位，此后中国企业将能够更加自由地驰骋于全球市场。投资也一样，中国与上百个国家签订了 BIT（双边投资协议），但与欧盟和美国这两个区域大市场没有签署，中国目前与发达国家签署 FTA 的有新西兰、冰岛和瑞士，2014 年中日韩投资协议正式生效，2014 年第二十二届 APEC 首脑峰会期间中韩签署了 FTA 框架协议。也就是说，2016 年中国在世界贸易领域将享有 Fairplay 的待遇，中国人到其他国家做贸易的门槛普遍降低，中国参与国际规则的红利有望大大提升，但如果在投资领域取得更多的双边或者多边协议，必将大大便利中国企业“走出去”，便利中国资本在全球崛起。中国企业在全球崛起了，中国这个国家、这个民族才能在全球真正崛起，实现中国梦和国家民族复兴。我们期待中国在这条道路上取得更多进步。对中国经济外交而言，下面关键一环是中美 BIT 和中国欧盟 BIT 的谈判和签署。

所以，国内人士、国际社会，尤其是一些美国友好人士不必过于担忧和疑虑中国的改革方向，开放和市场化是中国的自身利益的理性选择，中国的繁荣也将惠及美国，就像中国成为了 WTO 成员一样，中国必将会成为 TPP 级别的“玩家”，不管中国要定义的区域一体化是叫 TPP 还是 APEC 亚太梦想，方向都是一样的，但由于经济发展水平、产业结构的差异以及国情的复杂性、双边谈判的复杂性和艰巨性，仍需要时间。定义一个区域一体化安排，还要看实力，看提供公共产品的能力。推进区域或全球善治，对于崛起国家而言，不仅会有合作有时更会有竞争，美国提供了全球系统的制度安排，中国现在也有能力在区域层面提供公共产品，这种制度互补和竞争，更接近国际体系生态系统的进化，有利于促进地区和全球善治。中国政府坐拥 4 万亿美元的外汇储备，有责任也有能力提供力所能及的区域公共产品，推进区域和全球善治。对此，我们都要乐见其成，不忌讳责任，不忌讳竞争，竞争是生态进化自然之道。

尽管美国政府没有公开接受“新型大国关系”的措辞，2015 年 9 月中国国家主席习近平访问华盛顿期间，明确提出“世界本无‘修昔底德陷阱’”，主要看大国是否战略误判，而作为美国国家元首的奥巴马也第一次明确回应中美关系的结果不会是“修昔底德陷阱”。

竞争、合作与冲突是国家间关系的基本状态，无论一些舆论如何夸大中美之间的分歧和紧张，公众层面——美国人民似乎已经做好了准备，2014 年公映的《星际穿越》、早前的《2012》都把最后拯救人类的希望寄托于中国大地，以及中国人和美国人的合作上，这对于构建中美新型大国关系而言只是好事不是坏事。一条大道的基石已经铺就，中美究竟能够建成什么样的大国关系，且待更多理论和实践探索，不必着急，也不能松懈和犯大错。让我们一起祝福我们的国家、我们的世界！

第一章　中美经济外交与新型大国关系

观察和把握中美关系，必须抓住主要矛盾和矛盾的主要方面，运用矛盾分析方法。建设中美新型大国关系，必须在明确决定中美关系演变的关键力量的基础上，把握影响中美关系演变关键力量的客观和主观因素，进而在主观层面积极作为，朝着中美新型大国关系的方向迈进。

理论和实践的历史表明，导致国家间力量变化的关键力是经济力量的变化，而形成何种国家间经济关系，经济外交的作用甚大。因此观察中美经济外交、如何开展中美经济外交是探索建立中美新型大国关系的基础和关键。本书将运用结构现实主义分析工具，对中美经济外交、中美经济关系和中美关系进行观察和分析。

第一节　经济外交角度观察中美关系的理论重要性

一、经济关系角度观察中美关系的重要性

研究国家间关系变化的关键是研究国家间经济力量的对比变化。冷战结束以来，国际关系中主要矛盾发生变化，国际关系已经从过去以军事力量为主的权力的竞争转变为以经济力量为主的

财富竞争，国际关系中经济因素尤其凸出。[①]

经典的国际政治经济学（IPE）认为，国际关系可以简要归结为围绕权力和财富两大核心内容而展开。[②] 国家间关系是围绕权力和财富而展开的竞争，财富是经济活动的结果。权力转移理论认为，工业和经济力量的消长决定了国家间权力的转移。[③] 因此，经济力量最终决定了政治权力的消长和变迁。在权力与财富两大核心内容中，对财富的追求和财富的多少是国家间竞争更具有决定意义的因素，是理解和把握两国关系的主线索。探索大国兴衰规律的保罗·肯尼迪（Paul Kennedy）选取了最近500年世界历史以观察经济与战略之间的关系，认为经济力量的此消彼长与大国兴衰之间存在因果关系。[④] 因此研究国家间战略，特别是大国兴衰，要抓住主要矛盾，必须研究其经济力量即财富的消长和经济关系。这三项经典研究的结论恰好首尾相连：围绕财富和权力而展开的竞争与合作是解释、洞察和把握两个国家关系的关键；工业和经济力量的消长决定了权力的转移方向，因此国家间经济力量的变化决定了国家间权力的转移，研究权力和权力转移必须研究经济；大国兴衰交替的关键力量是经济力量，因此研究经济力量的变化及相互关系是研究大国关系的战略视角。概而言之，国家间关系的核心内容是权力和财富，国家所拥有的财富背后所体现的经济力量的规模变化，决定了权力在国家间转移的方向和数量，经济力量兴替变化的结果，就是原有大国的衰落和新生大国的崛起，大国兴衰的一个周期完成，新的兴替周期开始。

研究国家间经济力量对比的变化，可以从内因和外因两个层面进行。经济力量的对比变化，从主观上而言取决于一个国家经济发展战略和实践，其国内经济战略是主要的，但自有国家间经济

---

① 游碧竹：《经济外交初探》，《湖南社会科学》，1999（5）：4。

② Thomas D. Larison, David Skidmore. *International Political Economy*: *The Struggle for Power and Wealth*. Beijing: Peking University Press, 2004.

③ A. F. K. Organski. *WorldPolitics*. New York: Alfred Akonpf, Inc, 1958.

④ 保罗·肯尼迪：《大国的兴衰：1500—2000 年的经济变迁与军事冲突》，国际文化出版公司 2006 年版，前言，第 2 页。

交流以来，一国的经济发展就已经超越国界，必须在国际市场中来实现资源优化配置、提高本国经济发展的效率，如何与其他国家开展经济交流、在更大的地理范围内优化资源配置是加速本国发展的关键，这在经济全球化时代更是如此。正因为如此，除了国别经济研究外，研究国家间的经济关系也显得日益重要，而这正是国际关系、国际政治学科研究问题的角度，也是本研究选择的角度。

二、经济力量对比角度观察中美关系的必要性

经济力量和财富的兴替变化带来的权力转移就是大国的兴替。国家兴替是国家间关系的自然规律，是经济力量对比变化的结果。客观上，美国在世界经济中的地位趋于平缓下降，中国在世界经济中的地位趋于平稳上升，中美之间经济力量的对比变化显著。中美经济力量对比变化正处于相对兴衰的自然规律中（见图 1.1）。因此，必须从中美经济力量对比变化的过程中，才能细致观察到中美经济外交的动态变化，从而对中美经济外交的解释更为细致、对未来的经济外交更具有指导意义。

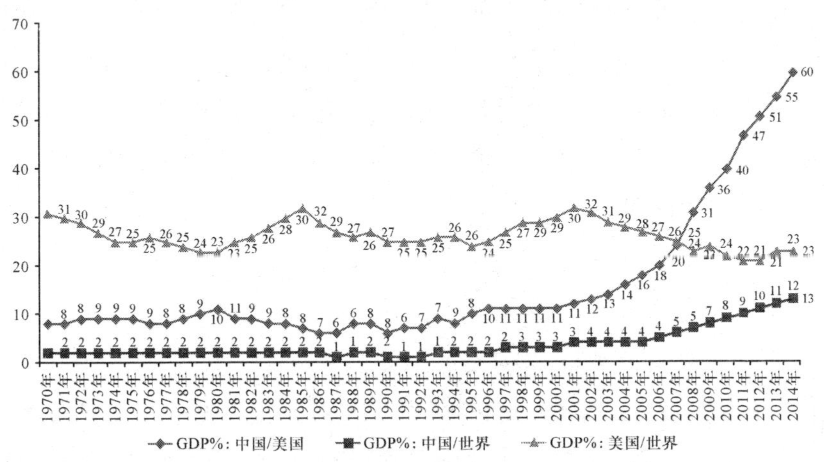

图 1.1 中美经济力量对比变化：名义 GDP 指标

数据来源：www. unctad. org。

三、经济外交角度观察中美关系的重要性

首先，发现经济外交研究的重要性，必须首先区分经济关系和经济外交两者的关系。要研究和把握好国家间经济力量的变化和国家间经济关系，为维护和改变经济关系的主观能动性提供依据，光研究国家间经济关系的表面是不够的，更为重要的是研究好并做好经济外交。经济外交与经济关系既存在紧密联系又存在关键性差异。经济关系是国家间经济互动的结果，而经济外交是一种积极主动地以经济利益为目标而展开的外交，本身是一种行为，并具有相应理念、政策支配，从这个意义上来说，国家间经济关系的状况，就是经济外交的结果；[①] 维持和改变某种经济关系，即是经济外交的内容；经济外交具有主动性、目的性、谋略性。因此，研究好经济关系是重要的，但研究其关系的形成和演变尤其是其中的主体的主观能动性即理念、目标、策略是更重要的，只有这样的研究才更具有政策指导意义。因此，从经济外交的角度来研究国际关系和国际经济关系是更深入细致的研究角度。

其次，从经济外交角度研究中美经济关系是恰当的。这一研究角度也适用于中美关系的研究。研究好中美关系，关键是研究好中美经济关系，而把握好中美经济关系，对中美经济外交的深入研究尤其重要。客观上（图 1.1 所示）中美经济力量对比正处于快速变化中，中美两国经济地位正处于相对升降的过程中。而主观上，当前国际政治经济秩序是美国主导下建立的，美国的国家政策是不断完善和维护这一秩序，中国则不断寻求建立新的国际政治经济秩序。这就主观上构成了守成和崛起的关系，崛起是一种主观努力，守成也是一种主观努力，而不是简单的经济力量的上升和下降的关系。

其三，研究中美经济外交的重要意义。中美两国分别是全球第

---

① 当然，经济关系的好坏以及程度，短期也受到非经济因素的影响，但长期而言，经济关系体现了经济外交的结果。

二和第一大经济实体，中美经济外交不仅重要，而且具有多层面复杂性，因而中美经济外交在复杂的环境中进行，无论是在理论、政策，还是实践层面，都具有开创意义：（1）双边经济外交层面，美国是中国第二大贸易伙伴，中国是美国第二大贸易伙伴；美国是中国第二大直接投资来源国，中国是美国增长最快的直接投资来源国和最大的间接投资来源国；对于中国的经济外交而言，没有比中国对美国经济外交和美国对中国经济外交更重要的了，对美国的经济外交而言，没有比美国对中国经济外交和中国对美国经济外交更重要的了。[①]（2）制度与意识形态层面，中美经济外交是基本经济制度迥异的两大经济实体之间的外交，这种基本经济制度的差异主要是不同所有制的基础上形成的。历史上的美苏经济外交具有这种制度差异的属性，但美苏经济外交基本从属于冷战对抗的需要，而苏联最后瓦解了。制度迥异的中美经济外交开始亦与美苏冷战有关，但与美苏经济外交亦有根本不同，中美经济外交有基于战略三角的合作而不是对抗的需求，随着战略三角因素的淡去，中美经济外交中制度和意识形态差异的因素凸显，这对于实力不具有优势的一方——中国来说，面临的难题和挑战比苏联和美国更多，需要更加高超的智慧和技巧，研究基础经济制度迥异的中美经济外交具有重大理论和实践创新意义。（3）大国关系层面，中国是一个正在崛起中国家，美国是一个守成国家，如果没有意外，最快在可预见的十余年里中国经济总量可能会赶超美国，[②] 一个守

---

① 孙宇挺：《胡锦涛会见卡特一行》，http：//www. chinanews. com/gn/news/2009/01 - 12/1524841. shtml，2014 - 3 - 16。胡锦涛会见美国前总统卡特等指出，中美关系是两国最重要的双边关系之一。中美关系的意义和影响远远超出双边范畴。新华网：《胡锦涛与美国总统奥巴马通电话》，http：//news. xinhuanet. com/newscenter/2009 - 01/31/content_ 10738671. htm，2014 - 03 - 16。2009年7月27日奥巴马在首轮中美战略与经济对话开幕式上指出："我们达成了这样的共识，即：中美关系将塑造21世纪。本世纪没有任何一种双边关系的重要性会超过中美关系。"新华网纽约9月22日电：《温家宝在美国友好团体欢迎晚宴上的演讲（全文）》，http：//news. xinhuanet. com/politics/2010 - 09/23/c_ 12598760. htm，2014 - 03 - 16。温家宝总理称："中美是当今世界上最大的发展中国家和最大的发达国家，我们两国关系的重要性已经远远超出双边范畴，具有全球意义。"

② 持有这种看法的经济学家有：摩根大通首席经济学家龚方雄，清华大学经管学院院长钱颖一，全国政协经济委副主任、中国国际经济交流中心常务副理事长郑新立。

成的大国与一个崛起的大国如何互动，能否构建新型大国经济关系，对中美双边关系、各自国内发展和世界和平与发展都有重大、深远影响。(4) 世界经济发展层面，论存量，中国经济总量当今世界第二，美国第一；论增量，中国对全球经济增长的贡献全球最大，美国对全球经济增长贡献第二。无论是存量还是增量，中美经济外交必将对世界经济产生系统性影响，研究中美经济外交具有系统重要性。(5) 国际政治经济秩序层面，美中经济外交与现存的其他经济大国的双边经济外交大不相同，中国是全球最大的发展中经济体，美国是全球最大的发达的经济体，在这经济全球化时代，中美经济外交不可避免地渗入到发达经济体和发展经济体两大群体的诉求中，其结果也对广大发展中国家、发达国家和国际政治经济秩序有深远影响。

第二节　经济外交角度研究中美关系的历史重要性

一、美国的经济扩张史

一部美国历史就是美国经济扩张史。[①] 这是美国对华交往也始于商业。中美早期来往，始于美国“经济扩张主义者”的主动性。[②] 当时中国的经济总量全球第一，[③]“中国磁石”、“金色东方”对美国

① 这是美国修正主义外交史学家 William Aplenman Williams 在 *The Contours of America History* 里面形成的观点，具有浓厚的经济决定论色彩，尽管后来有不同看法，比如 Pattrinni 认为，对外经济扩张中，外交的介入起了很大作用，但这种作用并不是一种持续一致的有计划的，而是一种经验式的零碎的外交努力。但基本上确定了美国外交史中经济因素和经济外交的重要性。

② Davivd M. Pletcher. *The Diplomacy of Involvement*: *American Economic Expansion across the Pacific*, 1784—1900. Columbia: University of Missouri Press, 2001: 1.

③ 安格斯·麦迪森:《世界经济千年史》，北京大学出版社 2003 年版，中文版前言：1820 年中国 GDP 总量为 2290 亿国际元（占世界比重 33%），美国为 130 亿国际元；1900 年中国 GDP 总量为 2180 亿国际元（占世界比重 11%），美国为 3120 亿国际元。公元 1700 年前，中国人均 GDP 高于美国人均 GDP，此后则逆转至今。

人有着强大商业吸引力。美国对华政策即从关注贸易开始，经济外交的条约可以追溯到1844年的《中美望厦条约》，[①] 直到二战后签署《中美友好通商航海条约》。美国内战后，经济外交成为美国太平洋政策和对华外交的核心内容之一。如同美国开国之初，解决国内经济困境和寻找外部市场和资源，是美国对外经济扩张的两大动因，美中建交亦有经济因素的考虑，从里根总统时期开始，经济外交成为对华外交的重要内容。如今，经济外交更是美国外交中的重心，中国作为美国最大的债权国和全球第二大经济实体，是美国开展经济外交的主要对象，而最快十余年后，中国经济总量便可能超过美国，中国在美国经济外交中的地位越来越重要。

二、中国经济外交起始与变迁

美国建国之际，中国处于闭关锁国年代，经济因素不是执政者对外关系关注所在，更遑论经济外交。及至晚清以降，中国欲富国强兵，但在以枪炮获取经济利益的年代，弱国也无力开展正常的经济外交。中华人民共和国建立后相当一段时间内，由于国内外环境和决策判断的影响，国际上为国际存在和安全而努力，国内没能把经济建设牢固确立为中心任务，经济外交主要在社会主义阵营和第三世界进行，经济利益也不是外交的最紧迫考虑，而是用经济资源来换取第三世界的政治支持和国际社会的存在。随着中国的经济发展和壮大，尤其是改革开放以来，开始以经济建

---

① Davivd M. Pletcher, *The Diplomacy of Involvement*: *American Economic Expansion across the Pacific*, 1784 - 1900, University of Missouri Press, 2001, introduction, p. 1. 美国与中国的第一个商业条约签署的新闻导致了商业界的一阵激动。那天，领先的贸易杂志《商人杂志》(*Merchant's Magazine*)，把这件事比喻为“发现了一个拥有勤劳、富裕人民的新大陆。这里有2亿人口，并有与欧洲国家一样的关税”。几乎40年后，比如，美国出口商详细开列了中国提供给美国商人和投资者的盈利机会：不可能找到比中国这一巨大的未开发的市场为我们制造商和农场主提供更大商业企业的空间。……它巨大的河流和运河提供了蒸汽机航运方面没有竞争的空间，它广阔的平原和山谷为铁路设备的使用提供了广阔的空间。通过对几乎所有的制造业开放……时代精神已经进入这个巨大的帝国，它正站在新世界的门槛上，并给美国人提供了更大的贸易份额，贸易已经使得每一个能够获得贸易的社区富裕起来。

设为中心的国家发展战略，并把改革和开放作为手段服务于经济建设这个中心，外交工作才开始围绕经济建设这一中心展开，对象扩大到发达国家并以他们为外交重心。随着中国在世界经济中的地位日益上升，经济外交在中国外交中的重要性日益凸显。当前，随着经济实力的壮大，中国经济正从一个世界生产大国向消费大国转型，从制造大国向市场大国转变，从实业大国向资本、金融大国转变，中国对外经济外交进入一个新的时期，即从初期的引进来，发展到走出去，从贸易发展到投资，并日益以后者为主，从最初的人口红利和中国制造作为中国经济与世界经济交流的主要要素禀赋和方式，逐渐转变为依靠市场红利和中国资本为中国经济与世界经济交流的主要禀赋和方式。中国从游离于美国主导的经济体系之外，到融入美国主导的全球经济体系，再到开始参与美国主导的全球经济体系的运转和继续建设，并发挥影响力；经济外交对于中国日益重要，中国的经济外交对于全球日益重要。

60 多年的中国经济外交，从目标来看可以大致划分为三个阶段：1949—1977 年，经济外交主要为国际存在和安全目标而开展；1978—2000 年，经济外交围绕经济发展目标展开；2001 年至今，经济外交追求大国自我实现，民族复兴、中国梦展开，目标更加多元化、综合化。

三、中美经济外交

中美经济往来起于 1784 年美国独立后不久的“中国皇后”号驶华，1949—1950 年全面中断。1949 年 3 月，在中国共产党即将获得全国胜利前夕，美国政府批准了有关对华贸易政策的国家安全委员会第 41 号文件，建议严格管制对华贸易，但可以稍宽于对苏联的限制。[①] 1950 年 10 月中国人民志愿军入朝参战后，美国政府宣布自 12 月 3 日起，对中国实行“绝对禁运”，冻结了中

① 陶文钊：《中美关系 1949—1972》，上海人民出版社 1999 年版，第 102—105 页。

国在美国的资产，并禁止美国船只驶往中国。中国与美国一个半多世纪的经贸往来自此断绝，直到1971年以后美国政府打算松动中美关系才逐步恢复。而中国在实行以经济建设为中心的1978年改革开放前夕，对美经济外交才被提上日程，并在改革开放后日益成为中国经济外交的最重要的组成部分。[①] 如今，中美已经是全球经济总量最大的两个实体，中美经济外交日益成为对双边关系和全球经济社会最具有影响力的外交。如何准确地把握中国对美国经济外交，如何准确地把握美国对中国的经济外交，以及两者的互动演进，如何在约束条件下推进各自利益目标，其重要性不仅是双边的，更是全球的。同时，由于各自国内发展阶段和发展战略的转变，以及美国的经济外交和对华经济外交亦因政府换届和内外环境的改变而改变，中美关系发生高频的合作与激烈的摩擦，在此背景下，研究中美经济外交具有紧迫性。

第三节　中美经济外交研究现状

截至2013年，学术界以“经济外交”这一专门概念和角度来研究中美建交以来的中美关系的相对较少。[②] 有关中美经济外交的文献

① 周林：《中美经济外交分析》，张幼文、刘曙光主编：《中国经济外交论丛2009》，经济科学出版社2009年版，第38页。“1979年1月28日，在中美建交不到一个月的时间里，中国国家领导人邓小平带着发展中美关系的良好愿望，带着外交服务于经济建设这一中心任务访问了美国。”

② 数据库：中国知网（1979—2013年）以“中美经济外交”为主题词检索，检索结果286篇，中美经济外交专论有6篇，中美经济关系的有50多篇。6篇专论分别是：中共中央党校曾军博士论文《中美经济外交》（2006）、宗源《论亚洲金融危机时中美的经济外交》（2006）、复旦大学韩俊杰硕士论文《试论小布什政府对华经济外交》（2010）、辽宁大学郭强军硕士论文《金融危机背景下中美经济外交》（2011）、外交学院张东冬硕士论文《小布什政府时期中美经济合作外交研究》（2012）、窦晓博《论中美经济外交中的“二轨”互动》（2013）。中国知网（1979—2010年）、JSTOR、EBSCO（Academic Source，Business Source）、google. com。检索方法：中文“经济外交”作为题名关键词检索；英文“economic diplomacy”或“diplomacy”作为题名关键词检索；Google. com则以“经济外交”“中美经济外交”“economic diplomacy”“diplomacy”检索PDF、WORD格式文档、网页，并从结果中筛选。以中美经济外交为名的研究最少。中美经济外交作为篇名检索得到2篇论文、1篇期刊文章。从中国期刊网以“经济外交”为标题关键词检索获得论文225篇。其中，有13篇左右（约6%）专门探讨经济外交理论，其余的是国别经济外交研究和领导人的经济外交思想研究。

可以分为四大类：经济外交、美国经济外交、中国经济外交、中美经济外交。

一、经济外交

（一）经济外交研究文献

对经济外交的专门研究起步比较晚，数量也不多。[①] 改革开放以来，国内最早专门提及和研究经济外交的是王卫军的《泰国的“经济外交”》（1984）[②] 和张碧清的《日本对第三世界国家的经济外交》（1984），[③] 这两篇文章都在思考和借鉴别国经济外交的理念和做法。

王卫军在《泰国的“经济外交”》一文中介绍了泰国开展经济外交的政策和措施：“一九八一年八月，炳总理主持制定了一项外交为外贸开拓道路、促进国家经济更快发展的新政策。人们把它概括为‘经济外交’。”泰国经济外交“其主要内容是：外交为国家经济发展服务。外交部打破只搞外交的框框，要协助商业和外贸部门开辟商品市场。所有外交人员和出国访问团体都要大力宣传泰国的经济形势，介绍泰国的秀丽风光，以吸引更多的外资、先进科学技术和旅游者”。[④] 从这篇文章中的措辞“打破外交部只搞外交的框框”可推测，改革开放初期，人们对外交部门促进经贸往来和开拓市场的政策和行为比较陌生。经济外交的主要内容则被通俗地理解为外交为国家经济发展服务、为外贸

---

① 中国期刊网“经济外交”关键词，标题搜索，跨库检索，时间跨度1979—2010年8月，225篇文章（中国期刊全文数据库182篇，中国期刊全文数据库世纪期刊21篇，中国博士学位论文全文数据库5篇，中国优秀硕士学位论文全文数据库17篇）。其中，期刊文章203篇，优秀博士论文5篇，优秀硕士论文34篇。

② 王卫军：《泰国的“经济外交”》，《瞭望》，1984（06）：32—34。

③ 张碧清：《日本对第三世界国家的经济外交》，《国际问题研究》，1984（02）：37—42，47。

④ 王卫军：《泰国的“经济外交”》，《瞭望》，1984（06）：32。

拓展道路、促进国家经济更快发展。

王殊在《研究经济问题办好经济外交》（1986）、[①]《加强同使节往来办好经济外交》（1986）[②] 两文中介绍发达国家和发展中国家驻外使节非常注意研究驻在国的经济、为两国间的经贸合作和竞争提供服务，并主张继续消除“文革”中的消极影响，主动积极地开展对外活动，办好经济外交；而且要努力增进经济知识，提高外文水平。王殊在撰写这两篇文章前，曾任中国外交部副部长和驻外使节，[③] 这两篇文章的发表表明传统的外交职能部门也在思考并倡导开展经济外交，让外交为国家经济发展和国家间经贸合作服务。

卢进勇在《经济外交》（1994）认为，经济外交是指通过外交形式实现一定经济目标的国际经济活动，经济外交的主体是政府首脑（包括政府各个部的官员）和专门外交机构，外交形式包括会议、互访和专门外交机构的日常活动，经济外交的内容是实现国与国之间经济联系和交往、进行经济合作活动的开展和经济纠纷的协调解决，目标是最终获取共同的经济利益。[④]

夏先良在《试论我国的经济外交》（1995）中认为，经济外交是一个抽象的经济范畴，特指除企业之外的一国涉外机构的外事活动，或单指某一项具体的外事活动，它可以是政府的外交，也可以是民间的交往，虽然各项具体外事活动有其具体的内容、表现形式、渠道以及目标，但归根结底都是为获取贸易机会和利益服务的，并指出争夺国际贸易机会是我国今后外交活动的中心

---

① 王殊：《研究经济问题办好经济外交》，《瞭望》，1986（19）。

② 王殊：《研究经济问题办好经济外交》，《瞭望》，1986（25）。

③ 王殊（1924.10—），中华人民共和国外交部副部长（1978.5—1980.4），江苏常熟人，长期从事新闻工作，建国前任新华社军事记者，建国后曾任新华社国际部编辑，新华社驻巴基斯坦、几内亚、马里、加纳、刚果（金）、古巴等分社记者。1969 年底任新华社驻波恩分社记者，1972 年 9 月任中国政府谈判代表，与联邦德国政府达成建交协议。同年 10 月任驻联邦德国大使馆参赞。嗣后任驻联邦德国（1974.9—1976.11）和驻奥地利（1980.7—1985.12）大使。曾任《红旗》杂志总编辑（1976—1978）、外交部副部长（1978—1980）和中国国际问题研究所所长（1986.1—1990.6）等职。

④ 卢进勇：《经济外交》，《百科知识》，1994（10）：17。

任务。[①] 夏先良还将经济外交视为公共产品，并认为消费者主要为国内企业、组织、社会公众，并举例说，对外经贸企业法人来说，消费政府外交服务产品就是利用外交所取得的贸易机会和有力的外经贸环境以谋求商业利益。[②] 夏先良对经济外交的界定有三个特点：经济外交是非企业主体开展的外事活动；从事经济外交的主体不包括企业；经济外交的目的是获取贸易机会和利益；经济外交是公共产品，并把公共产品的供给方界定为政府，资金来源为公共财政资金。

周永生、张瑜在《学习邓小平经济外交思想的体会》（1995）中认为："在发展对外经济合作和联系方面，小平同志有一系列深刻的论述，我们把它称之为经济外交思想"，并认为邓小平经济外交思想是以实现中国社会主义现代化、发展中国经济为目的，并以中国经济实力为依托、为世界和平与发展做贡献，其内容包括：向外国学习，从外国引进技术、设备、人才、智力和资金等；实行对外经济合作；吸引外资；加强进出口贸易；要搞外向型经济；要在高科技领域占有一席之地。[③] 在周永生、张瑜看来，邓小平经济外交思想即是通过对外开放，发展经济，实现中国现代化的思想。周永生、张瑜在《经济外交面临的机遇和调整——经济外交概念研究》（1995）中指出，经济外交包含两个实质性内容：首先，它是由国家（国家间的国际组织）或其代表机构与人员以本国经济利益（本组织的经济宗旨或经济利益）为目的，制定和进行的对外交往政策与行为；其次，它是由国家（国家间的国际组织）或其代表机构与人员以本国（本组织）经济力量为手段或依托，为实现和维护本国（本组织）战略目标或追求经济以外的利益，制定和进行的对外交往政策与行为。[④] 周永生、张瑜这种两分法的观点，为较多学者接受。

---

① 夏先良：《试论我国的经济外交》，《中国人民大学学报》，1995（06）：76。

② 夏先良：《试论我国的经济外交》，《中国人民大学学报》，1995（06）：75。

③ 周永生、张瑜：《学习邓小平经济外交思想的体会》，《外交学报》，1995（04）：85—87。

④ 周永生：《经济外交面临的机遇和挑战——经济外交概念研究》，《世界经济与政治》，2003（07）：42。

游碧竹在《经济外交初探》（1999）中认为，由于国际关系中主要矛盾的变化，国际关系已经从过去以军事力量为主的权力的竞争转变为以经济为主的财富的竞争，经济外交已成为各国外交面临的一个重大任务，成为历史大趋势，一国对外战略的根本在于如何使得经济利益最大化。外事部门的工作必须围绕经济建设来展开。①

目前，中国方面主要的有关经济外交的著作，分别是：

游碧竹主编的《经济外交概论》的前身《经济外交探索》曾受到时任副总理钱其琛的肯定，并由外交部办公厅转发到各省市区外办和中国部分驻外使领馆。游碧竹认为，现在各国优先考虑的问题是经济发展、经济竞赛以及科技水平为基础的综合国力的提高，这使得经济因素在国际关系中的地位日益上升，与之相应，各国的经济外交也逐步成为其整体外交的重要内容和主要任务。②"概而言之，经济外交就是具有丰富经济内容的对外政治活动，或者是具有强烈政治内容的对外经济活动。它既不同于一般意义上的对外政治友好活动，因为它具有鲜明的经济色彩，同时，它又不同于一般的对外经贸活动，因为它具有强烈的政治色彩，因此，它是对外经济活动与其它对外活动的有机结合的产物。"③

张学斌在《经济外交与国际经济新秩序》中认为，经济外交是主权国家元首、政府首脑、政府各个部门的官员以及专门的外交机构，围绕国际经济问题开展的访问、谈判、签约、参加国际会议和国际经济组织等多边和双边活动，④接着在其专著《经济外交》中认为，当今国际社会，一个国家的实力和国际地位一般由该国经济情况决定，国家利益主要体现在经济利益上。经济外交就是通过制定和执行政策并通过谈判等外交手段调整国家间的经济

① 游碧竹：《经济外交初探》，《湖南社会科学》，1999（05）：4—6。

② 游碧竹：《经济外交概论》，湖南人民出版社 1997 年版，第 2 页。

③ 游碧竹：《经济外交概论》，湖南人民出版社 1997 年版，第 5 页。

④ 张学斌：《经济外交与国际经济新秩序》，国际文化出版公司 2001 年版，第 5 页。

关系。[①] 张学斌详细列举了经济外交的目的：增强本国经济实力和国际地位，维护本国经济利益；建立和发展国际经济联系；协调国际经济关系，解决国际经济争端；促进经济合作、化解国际经济危机；维持和改革国际经济秩序。[②] 张学斌侧重研究了货币金融外交、贸易外交、区域一体化外交、经济援助与制裁外交等问题。张学斌关于经济外交的看法有几个特点：经济外交是通过外交手段调整国家间经济关系；开展经济外交的主体扩大到超国家形态的欧盟和跨国公司；经济外交的目的是使国家利益最大化，当今国家利益的主要体现为经济利益；将货币金融外交、贸易外交、区域一体化、经济援助和制裁等经济外交的具体表现形式或者内容进行专门研究。

周永生在《经济外交》一书中指出，早期研究经济外交的学者对经济外交的认识比较含糊，并多侧重于描述经济外交实践。[③] 周永生认为，经济外交是外交内部与经济有关的一个分支，[④] 其实质内容有二：第一，它是国家（国家间组织）或其代表机构与人员以本国经济利益（本组织的经济宗旨或者经济利益）为目的，制定和进行的对外交往政策与行为；第二，它是由国家（国际组织）或者代表机构与人员以本国（国际组织）经济力量为手段或依托，为实现和维护本国（本组织）战略目标或追求经济以外的利益，制定和进行对外交往政策与行为。在周永生看来，经济外交中经济是外交的目标，也是外交的手段。周永生特别指出他的概念创新在于把经济外交从政府主体转换到国家主体的行为，强调经济外交主体包括争取独立的民族、国家和国际组织，而不是狭义的政府，也不限于国家行为主体。[⑤]

李渤在《新编外交学》（2005）中阐述了外交与国际经济的关

① 张学斌：《经济外交》，北京大学出版社 2003 年版，第 6—10 页。
② 张学斌：《经济外交》，北京大学出版社 2003 年版，第 2—10 页。
③ 周永生：《经济外交》，中国青年出版社 2004 年版，第 1—44 页。
④ 周永生：《经济外交》，中国青年出版社 2004 年版，第 23 页。
⑤ 周永生：《经济外交》，中国青年出版社 2004 年版，第 7 页。

系：经济利益是国家利益的核心，国际经济关系是其他国际关系演变的基础。发展与其他国家的经济关系，促进新的国际秩序的建立，扩大本国的经济利益越来越成为当代世界各国外交的主要目标。在21世纪，经济和科技外交的意义，必将越加突出，因而有关国际经济学的理论知识也是外交学研究和学习的重要内容。[①]

何中顺的著作《新时期中国经济外交——理论与实践》(2007)对经济外交的概念和理论分析框架进行一番探究，分别从经济外交实施的框架、功能与特点、目的与形式、主体层次、经济外交对中国的政策含义等进行展开，认为经济外交是经济与政治的有机结合，是国家以外交为手段为经济建设服务，又以经济为手段去达到实现国家对外战略的政治目标的一系列活动。[②] 何中顺认为，经济外交作为一种新型的外交模式，包括三个层面含义：一是指运用政治或安全等手段进行的以经济利益的获得为最终目标的外交政策或行为；二是指把经济作为手段达到政治或安全目标的外交政策和行为；三是指单纯以经济为手段而进行的达到经济目的的外交政策或行为。他还认为，从政策角度而言，经济外交是有边界的，经济外交必须服务总的外交政策，不能超越这个政策边界；从制度变迁的角度讲，一国的政治制度对外交包括经济外交具有很大的影响，外交、经济外交受到制度变迁的影响，中国等社会主义国家在改革开放过程中表现得异常明显。[③]

王树春在《经济外交与中俄关系》(2007)中认为，经济外交是外交政策以追求经济利益为取向的一种外交表现形式，是指在特定的历史时期，大国在国内经济发展面临困境，为更好促进经济发展，在国家基本安全利益得到保证的前提下，对常规意义外交做出的变通，这种变通弥补了常规意义外交的欠缺。[④]

外交学院赵进军主编《中国经济外交年度报告(2010)》中认

① 李渤：《新编外交学》，南开大学出版社2005年版，第5页。

② 何中顺：《新时期中国经济外交——理论与实践》，时事出版社2007年版，第68页。

③ 何中顺：《新时期中国经济外交——理论与实践》，时事出版社2007年版，第51、52页。

④ 王树春：《经济外交与中俄关系》，世界知识出版社2007年版，第19页。

为，“经济外交是总体外交的重要组成部分。经济外交既要满足经济需要，又要实现外交诉求；既应服从国家利益，又要顺应国际形势；因而要受经济与外交、国内与国际多种因素的综合影响。由于经济需要与外交诉求、国内形势与国际环境均在发生着不断的发展变化，因而经济外交也势必处在不断的发展变化之中。”“经济外交应是经济与外交的统合，二者互为目的和手段，经济利益和外交诉求应是其并行不悖、互为依托的双重目标。”①

国外方面，研究经济外交的专著有七部，分别是：

Eugene R. Black 的《经济发展外交》[*The Diplomacy of Economic Development*（Harvard University Press，1960）]。Eugene R. Black 对经济外交的界定和论述具有强烈的冷战意识形态竞争色彩和身为西方阵营的世界银行官员的职业特征，认为经济外交就是通过培养一批职业经济外交官，通过这些外交官的努力，采用经济援助等各种手段，避免不发达国家从经济和政治上倒向共产主义，并引导走上西方自由市场经济和民主政治道路。Eugene R. Black 是世界银行第一任行长（1949—1962 年），“从政治背景出发对当今世界经济形势做了很仔细的分析，并且为诸如世界银行这样的国际组织和西方各国总结出来一个开创性的行动‘经济外交’”。② Eugene R. Black 提到的政治背景是共产主义与西方资本主义对峙，特别是在国家治理模式，以及由此形成的经济发展模式和速度的差异和竞争。Eugene R. Black 提到的世界经济形势是，西方富裕国家的经济发展迅速，这些富裕国家与贫穷国家的联系在加强。但这些贫穷国家要发展，短期内要解决的问题是西方富裕国家过去 200 多年才解决的问题，因此 Eugene R. Black 认为情形非常复杂而紧急。因为不仅共产主义下的某些国家的发展速度很快，似乎给贫穷国家提供了一个解决问题的方案，而且共产主义把这些国家的贫穷落后归结于富裕国家的剥削。“西方遇到的主要问

---

① 赵进军：《中国经济外交年度报告（2010）》，经济科学出版社 2010 年版，第 3、5 页。

② Lowell H，Hattery，BookReview. *Technology and Cultre*，Vol. 3，No. 2（Spring，1962）：222－223.

题，是如何确保穷国达到有意义的经济增长，其速度与共产主义统治下获得的速度相近。在这一关键任务上——发展外交官——某种意义上的一个职业——起着必不可少的作用。”① 在 Eugene R. Black 看来，经济外交是要培养一批专门的经济外交官，这些专职外交官的职业不是要提供后发展国家复杂问题的直接解决方案，而是要让贫穷国家走上富裕国家的民主政治和自由制度，以实现经济发展，避免走入共产主义和社会主义阵营。②

Ernest Obminsky 的《发展中国家多边经济外交的理论与实践》［*Developing Countries：Theory and Practice of Multilateral Economic Diplomacy*（Alled Publishers Private Limited，1987）］主要讲述了发展中国家采取联合行动开展为改善其在国际经济中的地位、特别是谈判地位而做的共同外交努力，即主要是为争取建立国际政治经济新秩序。这种行为也构成国家经济外交的一部分，即参与多边经济外交。

Patricia Clavin 的《英国、德国、法国和美国 1931—1936 年经济外交的失败》［*The Failure of Economic Diplomacy Britain，Germany，France，and the United States*，1931—36（Palgrave Macmillan，1996）］围绕 1933 年国际经济会议的失败，以及前后的各国经济外交，详细描述了贸易谈判和金融外交。与此前的研究不同，作者把会议的失败更多归结于英国，而对美国的表现给予积极评价，认为美国的贸易互惠方案是 1945 年后体制的源头，作者注意对外和对内经济政策之间的联系。

Peter A. G. Van Bergeijk 的《经济外交、贸易和商业政策：新的世界秩序中的正负制裁》［*Economic Diplomacy，Trade and Commercial Policy：Positive and Negative Sanctions in a New World Order*（Edward Elgar Publishing，1994）］主要研究作为经济外交手段的经济制裁，

---

① J. D. Deforest，BookReview. *The American Economic Review*，Vol. 51，No. 3（Jun，1961）：445 - 446.

② Lowell H. Hattery，BookReview. *Technology and Cultre*，Vol. 3，No. 2（Spring，1962）：222 - 223.

指出现代外交的经济限制，研究了经济制裁的有效性、预期功效，成功与失败的经济制裁案例，并探讨贸易不确定性以及外交对贸易的影响，最后提出走向一个世界贸易与投资组织的设想。

I. P. Khosla 主编的《经济外交》[*Economic Diplomacy* (Konark PublishersPvt Ltd，2006)]，是印度外交协会和印度国际研究中心组织一批外交官和学者联合编写的一本书，对经济外交的理解上，外交官和学者各有分歧，但有一个共同点，都强调经济目标的重要性，强调运用外交手段实现经济目标的重要性，并认为，经济强国有更多能力把经济作为一种实施外交政策的手段加以运用，而发展中国家更多注重把经济发展作为外交政策的目标之一。

Nicholas Bayne 和 Stephen Woolcock 合著的《新经济外交：国际经济关系中的决策和谈判》[*The New Economic Diplomacy*：*Decision-Making and Negotiation in International Economic Relations*，Second Edition (Ashgate Pub Ltd，2007)]，从决策的动态过程角度对经济外交进行系统阐述，认为经济外交主要是探讨国家间如何处理相互的国际经济关系。围绕这一点，探讨了国内如何决策，国际上如何谈判，这两个过程如何互动。本书聚焦于决策和谈判的方法和过程，而不是政策本身的内容，更多是揭示经济外交中为什么政府和其他行为主体是如此行事。在分析方法上，强调从体系、国家和社会三层次进行动态分析。

Peter A. G. van Bergeijk 的《经济外交和国际贸易地理》[*Economic Diplomacy and the Geography of International Trade* (Edward Elgar Publishing，2009)]。Peter A. G. van Bergeijk 的研究丰富了国际贸易的理论和经验工作，给国际贸易理论和经验的“骨架增加了血肉”。他在引力模型里面做了计量扩展，重视公司的异质性，并越来越注意政治、制度和文化的因素也是距离的维度，作为解释观察到的国家间紧密贸易关系的重要变量。Peter A. G. van Bergeijk 认为，国际贸易中充满了多种不确定性，经济外交的目的就是要减少这种不确定性。但国际外交对于生产率的提高而言，可以产生收益，同时也是一项成本。国事访问、出口促进政策和大使馆的工作有助于解决市场失灵和相关的边界效应问题。这都是通过161个制裁案例和37个国家的贸易关系来进行计量研究和经验研究。①

（二）经济外交研究文献述评

研究经济外交的学者主要来自国际关系学科和经济学科，他们对经济外交的界定粗略可以归纳为五类：经济外交是以经济利益为目标的外交；经济外交既是以经济利益为目标的外交，也包括以经济为手段而开展的外交；强调经济外交的功能性，把经济外交视为协调国际经济而展开的职业外交活动；强调对外经济政策与对内政策之间的联系。偏经济学方面的理解是，经济外交是减少国际经济交往中的不确定性和降低交易成本而展开、以促进各自经济利益的最大化的活动。发展中国家对经济外交的认识强调经济外交须以服务本国经济发展为中心，较少强调经济作为外交手段的作用；发达国家不仅强调经济外交促进本国经济利益，也强调经济作为一种手段和工具的作用。这种差异，与一个国家可以运用的经济手段和力量以及该国在国际社会的主要诉求有关。中华人民共和国早期的经济外交以经济资源和手段来获取第三世界的认可和支持，用经济手段来实现其他非经济的外交目标——国际存在和安全；而改革开发后则主要是通过各种外交手段来营造一个有利于发展的和平的国际环境和促进中国对外经济交往，以发展本国经济——发展目标；随着中国经济力量的发展，以经济力量作为手段来获取非直接经济利益的行为和策略可能会增加——多元目标，但历史不是简单的重复，相对早期的经济外交，现在中国的经济外交更加强调主动性和策略性。

经济外交概念本身具有历史性、模糊性，因而分歧不少，综

---

① Peter A. G. van Bergeijk. *Economic Diplomacy and the Geography of International Trade*. Edward Elgar Publishing, 2009. 引自GOOGLE图书里面本书的概要介绍。

合国内外的研究成果，经济外交属于总体外交里面的一个分支，经济外交概念涉及到几个要素：主体、目标、手段、职能、形式、过程、技巧。

经济外交的主体：有学者主张就是国家行为主体，具体指涉及国家元首与外事机构，包括专门处理对外事务的外交部和涉外经济事务的部门，比如商务部、农业部、央行、财政部等机构及其办事人员；有学者主张经济外交主体还包括国际组织及其办事人员；有学者认为经济外交主体还包括跨国公司和民间组织；也有学者认为经济外交的主体不包括企业。

经济外交的目标：有学者认为经济外交的目标就是国家利益，包括经济利益和非经济利益；有学者认为经济外交的目标是国家利益，但国家利益的核心是经济利益；有学者认为经济外交的目标就是经济利益。

经济外交的手段：这方面分歧比较少，学者基本认同，经济外交的手段包括了所有外交的手段。既有正面的手段也有负面的手段。

经济外交的职能：指经济外交主体通过访问、会议、谈判、签约、参与国际组织等方式来实现经济外交的目标，即通过协调国际经济关系，实现外交的目标。

经济外交的形式：有双边经济外交、多边经济外交；有贸易外交、投资外交、货币外交、金融外交。

经济外交的过程：经济外交是一个动态的过程。对外经济行为与政策和内部经济行为与政策之间存在互相联系。

经济外交的技巧：经济外交是一个多方博弈，而非独立个体的最优决策，需要博弈技巧与策略，讲究艺术。

通过上述分析发现，各种经济外交概念的分歧主要在于对经济外交的目标、主体范围有不同看法。但都有一个共同点，即对于非经济手段来实现非经济目标的外交，学者一致认为不是经济外交。

表 1.1 经济外交：目标与手段

目标/手段	经济手段	非经济手段
经济目标	经济外交 I	经济外交 II
非经济目标	经济外交 III	—

根据后续进一步研究的需要，本研究根据对经济外交目标与手段的组合关系，把经济外交分为经济外交 I、经济外交 II、经济外交 III 三种细分类型：经济外交 I 型，追求的目标和实现目标的手段都是经济直接相关；经济外交 II 型，用非经济手段通过外交途径实现经济目标；经济外交 III 型，运用经济手段来实现非经济的外交目标。

二、美国经济外交

（一）美国经济外交文献[①]

国内最早旗帜鲜明地用经济外交概念来观察美国外交政策的可查论文是游碧竹的《美国克林顿政府的经济外交略论》(1997)。游碧竹总结了克林顿总统的经济外交理念和具体行动及措施。1993 年 2 月 26 日，克林顿总统在美利坚大学的一次演说中提出贸易是美国安全的首要因素，并认为美国在世界经济中的竞争力关系着美国未来的安全，由于经济上的不安全感，美国必须将经济安全作为对外政策的首要支柱，明确提出外交要为经济服务，并将经济安全作为美国对外政策的三大支柱。[②] 具体措施上，游碧竹分别列举了与欧日争夺贸易战的主动权、推动乌拉圭回合多边贸易谈判、落实 NAFTA、推动亚太经合组织机制化。

① 数据库 EBSCO、JSTOR、Google. com，英文“economic diplomacy”或“diplomacy”作为题名关键词检索论文：225 篇文章中，11 篇研究到美国的经济外交，占 5%，包括了美国经济外交思想、美国经济外交、美国国别经济外交的研究，含中美经济外交 3 篇。

② 游碧竹：《美国克林顿政府的经济外交略论》，《湖南社会科学》，1997（04）：17。

冯志伟在《美国史教学中不可忽视的内容：开拓市场——美国经济外交的主轴》（2006）中指出，美国始终奉行积极的对外经济扩张政策，维护与扩大美国的利益，打开其他国家的市场是美国外交政策中一个恒久不变的主题，正如美国史学家威廉·阿尔曼·威廉姆斯指出，美国的外交政策就是为了满足美国不断增加的对海外市场的贸易与投资的需要，并促使世界向美国敞开大门。[①]

国内研究美国经济外交的专著有两本。徐洪峰的《美国对俄经济外交：从里根到小布什》（2008）这样阐述美国对俄罗斯（苏联）经济外交：1982 年里根政府通过了《对苏联进行持久经济战》的 NSDD66 号文件，确定对苏“三位一体”的贸易战略，从信贷、尖端技术控制和能源三个方面对苏联经济空间进行挤压。里根政府的国防部长卡斯帕·温伯格（Caspar Willard Weinberger）回忆说：“我们采取了一项包括经济战在内的全面战略，用以攻击苏联的弱点。它是一场无声的战役，与盟国一道开展工作，并且要使用其它措施。”[②] 同时利用美国军备投入的经济优势与苏联展开新一轮军备竞赛，以迫使苏联将更多的国内资源投入军备建设，加剧苏联业已存在的资源危机，直至最终达到损耗苏联经济的目标。[③] 徐洪峰分别研究了不同时期的美国对俄经济外交：冷战后期里根政府对苏联经济外交，损耗苏联社会主义体制；老布什政府时期，确保冷战结束的不可逆转；克林顿政府时期，介入俄罗斯内部制度转变；小布什政府，将俄罗斯融入西方体系。徐洪峰研究发现，美国对俄（苏）经济外交，既

① 冯伟志：《美国史教学中不可忽视的内容：开拓市场——美国经济外交的主轴》，《经济研究导刊》，2010（06）：224—226。

② 徐洪峰：《美国对俄经济外交：从里根到小布什》，知识产权出版社 2008 年版，第 16 页。转自：Peter Schweizer，Victory. *The Regan Administration's Secret Strategy that Hastened the Collapse of the Soviet Union*. New York：Atlantic Monthly Press，1994：xv。

③ 徐洪峰：《美国对俄经济外交：从里根到小布什》，知识产权出版社 2008 年版，第 30 页。转自：Raymond L. Garthoff，*The Great Transition：American-Soviet Relations and the End of the Cold War*，Washington，D. C.：the Brookings Institution，1994，p11. Ronald Regan，“Address to the Nation and Other Countries on Unites States-Soviet Relations”，January 16，1984，http：//regan. utexas. edu/archives/speeches，2005－05－10。

包括了运用经济手段实现政治目的，也包括了运用非经济手段达到经济目的，这种经济目的包括了约束对方的经济发展，损耗对方的发展资源。另一本专著是徐振伟的《美国对欧经济外交（1919—1934）》（2009）。徐振伟评价说，美国一战后的经济外交相比二战后的经济外交而言是失大于得，并认为“经济外交追求本国经济利益，各国在谋取本国经济利益时，应以不损害对方国家的经济利益为前提，追求双赢。那种零和博弈的做法必定带来严重后果，不能长久”。[①] 徐振伟分析到：1919—1934 年，美国政府看到世界经济日益相互依赖，因此寻求在西欧建立稳定、自由的资本主义秩序。但美国苦心孤诣营造构建的世界经济制度和欧洲政治秩序逐渐解体，以 1933 年世界经济会议的失败告终。作者将这种失败归结为共和党政府的合作主义政策，这种合作主义政策在国内表现为限制政府的权力，反对政府过多地干预经济事务，由此延伸到外交政策上，就是通过私人、民间的经济外交，来完成政府想做而不能做的工作。由于害怕政府过多参与国际事务，从而引起国际争端和冲突，美国政府的高官包括胡佛等人在合作主义的框架内行事。[②] 作者将这段时间美国对欧经济外交分为“粮食外交”和“金元外交”两个阶段，金元外交即企业执行政府的外交政策。作者认为其创新之处在于：第一次世界大战后美国力图维持自己的经济霸权的领导地位，美国对外经济扩张，同时又避免承担政治义务和责任。美国在第一次世界大战后维持经济霸权的主要措施有：支持和迫使欧洲回归金本位；坚持欧洲偿还战债，推行高关税政策，力求通过这些措施使欧洲服从于美国的利益，这些措施是第一次世界大战后美国经济实力强大的表现，但同时美国的高关税也反应出美国的经济实力还不够超强，并且成为国

---

① 徐振伟：《美国对欧经济外交（1919—1934）》，知识产权出版社 2009 年版，第 12 页。

② 徐振伟：《美国对欧经济外交（1919—1934）》，知识产权出版社 2009 年版，第 248—260 页。

际贸易中的障碍。

而在国外，二战后最早关于美国经济外交的研究是 Joseph Brandes 的《胡佛和经济外交》（*Herbert Hoover and Economic Diplomacy*，1965）。《胡佛和经济外交》主要讲述胡佛（Herbert Hoover）在担任总统前出任美国政府商务部长时如何采用国内和对外经济政策促进美国企业海外利益。其中包括鼓励出口、为企业寻找海外商机、限制国内竞争、反对企业在国外设立分厂同本土企业竞争、反对把德国赔偿的支付与同盟国对美负债挂钩。①

Carl P. Parrini 著的《帝国传人：美国经济外交，1916—1923》（*Heir to Empire*：*U. S. Economic Diplomacy*，1916—1923，1969）主要介绍美国尽管没有加入国联，但如何通过种种经济政策内手段，推进和实现美国的门户开放政策，建立新的国际经济规则，建立了美国对世界经济的领导权，取代了英帝国时期的国际经济规则和国际地位。② 到了 20 世纪 20 年代中期，美国经济和外交领导力已经建立了一个明显稳定的世界秩序。③

Anthony M. Solomon 的《经济外交的多目标管理》（*Administration of a Multipurpose Economic Diplomacy*，1969）认为经济政策不仅具有国内考虑和影响，也有国际影响，需要从国际关系的角度进行考虑，并认为美国经济外交的目标是广泛的，不仅限于商业机会和贸易，还包括支持区域经济一体化，创造和平解决冲突

---

① George Soule，*Book Review*：*Herbert Hoover and Economic Diplomacy*. By Joseph Brandes. Pittsburgh：The University of Pittsburgh Press，1962.，*The Journal of Economic History*，Vol. 25，No. 1（Mar.，1965）：133 - 134：Stable URL：http：//www. jstor. org/stable/2116401 Accessed：13/08/2010 21：29.

② G. L. Owen，*Book Review*，*The Historical Journal*，Vol. 13，No. 4（Dec.，1970），pp. 811 - 813：Carl P. Parrini，*Heir to Empire*：*U. S. Economic Diplomacy*，1916 - 1923，University of Pittsburg Press，1969：Stable URL：http：//www. jstor. org/stable/2637721 Accessed：13/08/2010 21：51.

③ Daniel M. Smith，*Book Review*：*Heir To Empire*：*Unites States Economic Diplomacy*，1916 - 1923，By Carl P. Parrini，Pittsburgh：University of Pittsburgh Press，1969，The Journal of America History，Vol. 57，No. 1（Jun.，1970），pp. 188 - 189：stable URL：Http：//www. jstor. org/stable/1900621. Acessed：16/08/2010 02：38.

性的利益的制度，并主动塑造一个有利于美国的和平而繁荣的世界秩序。[①]

Samuel P. Huntington 的《贸易、技术和杠杆：经济外交》（*Trade*，*Technology and Leverage*：*Economic Diplomacy*，1978）这篇文章是冷战时期美国对苏经济外交的一篇策论。在 Samuel P. Huntington 看来，经济外交就是用经济手段达到外交目标，包括经济和非经济的目标，美国当时的对苏外交政策要营造与美苏关系既竞争又合作相对应的经济关系，动用经济力量来鼓励苏联解决区域冲突、减少竞争，推进武器控制。简言之，运用美国的经济能力，使得美苏关系必须服务于美国外交政策的基本目标：鼓励东西合作，遏制苏联扩张，推进美国价值观。[②]

Diane B. Kunz 的《大炮和黄油：美国冷战时期经济外交》（*Butter and Guns*：*America's Cold War Economic Diplomacy*，1997）。Kunz 在这本介绍美国经济外交的权威性著作里提出冷战期间美国主要的获胜手段和外交动力是经济外交，他表示"经济外交提供了一个引擎，这一引擎驱动了自由世界的经济和安全列车"。[③] 在 Kunz 看来，冷战期间美国经济外交是一切外交的驱动力，经济外交的目标是西方世界的经济增长和安全，经济外交是推进西方所认同的世界经济秩序的工具。但 Kunz 的经济外交也十分强调经济外交为国内经济发展服务，也就是对外经济交往是为国内经济发展服务的，以至于她的批评者指出"经济外交似乎更像金融市场的运作和央行、财政部长、政府经济顾问和其他私人部门的合作者们追求的宏观经济政策"。[④] 在 Kunz 看来，经

---

① Anthony M. Solomon，*Administration of a Multipurpose Economic Diplomacy*. Public Administration Review，Vol. 29，No. 6（Nov. -Dec.，1969）：585 – 592.

② Samuel P. Huntington，*Trade*，*Technology and Leverage*：*Economic Diplomacy*. Foreign Policy，No. 32，Autumn，1978：63 – 80.

③ Diane B. Kunz，*Butter and Guns*：*America's Cold War Economic Diplomacy*. New York：Free Press，1997：2.

④ Alfred Eckes. Feature Review Economic Diplomacy. *DIPLOMATIC HISTORY*，Vol. 22，No. 1，Winter 1998：131 – 136.

济外交目标包括本国政治经济安全利益，还包括资本主义世界经济体系的运行和安全。Kunz 对美国外交史的解释与 William Apleaman Williams 强调经济因素对美国外交和历史的发展的重要性如出一辙。

David M. Pletcher 著的《外交介入：美国跨太平洋经济扩张，1784—1900》(*The Diplomacy of Involvement*：*American Economic Expansion across the Pacific*，1784—1900，2001）展示了理解美国对外政策与美国商业和经济历史的重要性。此前修正主义派的观点认为，美国在太平洋的扩张主要源于商业扩张的推动，美国外交史是美国经济对外扩张的历史。美国与英国，较小程度上，与法国、德国、日本、俄罗斯在太平洋的商业竞争，有时会导致紧张的政治竞争。这种情况导致美国政府采取“一种间歇性的扩张主义政策”。Pletcher 的证据表明，实际上，“最有想象力和强有力的扩张主义是政治家、新闻记者和传教士，而不是扎扎实实的商人”，但《外交介入》一书对美国在太平洋地区的态度和行动提出了尖锐的批评。Pletcher 特别批评了美国政府没有制定一个更加深思熟虑或者更加前后一致的方法来扩张美国对外关系。他嘲笑美国的政策是“初出茅庐”、“经验式的”和“即兴而为”。[①] Pletcher 小心翼翼地把美国对太平洋地区日益升级的介入，解释为一些迥然不同的因素的产物。美国扩张主义有着地缘政治因素的驱使，并被对外贸易和投资所诱惑，采取对各种外国文化和古文明施展伎俩，致力于传教。其中，对外贸易和投资受到了最明显的关注，作者认识到商人的对外扩张，既有自然而然地为海外新市场的前景所拉动，也为国内的产能过剩和经济衰退问题所推

① Jeffrey J. Matthews, *Book Review*. The Business History Review, Vol. 76, No. 2 (Summer, 2002): 380 - 382, http: //www. jstor. org/stable/4127856, 2010 - 10 - 17.

动。① 当考虑到美国介入太平洋地区的时候，中国的重要性可能被夸大了，Pletcher强调美国扩张主义对于中国市场的潜力期待过高，认为“黄金东方的神话是19世纪美国历史的一个重要驱动力量，大体上可以解释美国在太平洋上的开拓和贸易、美国开拓一个地峡运河的利益所在以及部分解释整个西进运动”。②

（二）美国经济外交文献研究述评

首先，美国经济外交的研究，不大争论主体是谁的问题、目标是什么的问题、用什么手段的问题。

其次，美国经济外交中的经济目标和手段的侧重运用在各个历史阶段不同。美国在确立国际经济主导地位前的经济外交更多的是侧重经济利益目标，更强调外交为国内经济发展和对外经济扩展服务。19世纪末20世纪初到20世纪上半叶，美国经济外交注重拓展市场和资源，建立新的国际经济规则，以推进美国经济和政治领导的全球实现，进而推进和维护美国的经济利益。冷战期间，美国确立了对自己有利的新的国际经济规则和制度，美国一方面运用各种手段维护美国主导的国际经济规则和制度，同时也注重经济作为手段的外交，运用经济手段来实现非经济目标，尤其在对广大发展中国家和社会主义国家开展外交时更是如此，以遏制对手、确保这些国家也建立起符合美国价值观和制度一致的社会经济制度，夯实美国领导的国际政治经济秩序。冷战后，美国对经济外交的经济目标重新重视起来，致力于寻求经济利益，一直延续至今，次贷危机发生

① Jeffrey J. Matthews, *Book Review. The Business History Review*, Vol. 76, No. 2 (Summer, 2002): 380 – 382, http://www.jstor.org/stable/4127856, 2010 – 10 – 17: The Diplomacy of Involvement: American Economic Expansion Acrossthe Pacific, 1784 – 1900. By David M. Pletcher. Columbia: University of Missouri Press, 2001.

② Jeffrey J. Matthews, *Book Review. The Business History Review*, Vol. 76, No. 2 (Summer, 2002): 380 – 382, Stable URL: http://www.jstor.org/stable/4127856Accessed: 17/10/2010 20: 58. *The Diplomacy of Involvement: American Economic Expansion Acrossthe Pacific, 1784 – 1900*. By David M. Pletcher. Columbia: University of Missouri Press, 2001.

后，美国难以独善其身，对经济外交尤为重视。从美国经济外交的历史来看，经济外交的目标经历了一个演变，从最初的外交服务于经济发展和海外拓展，主要以经济发展为目标，演变为运用经济手段实现各种外交目标，包括改变他国的政治制度、经济发展模式，并建立和维护美国主导的国际经济制度和世界经济秩序、一个最有利于美国的政治经济环境，并寻求巩固这种体系；如今，美国一边维护其制度和秩序，一边寻求直接经济利益的扩展。

表 1.2　美国长期经济外交目标

长期历史阶段	1776—1919 年	20 世纪 20 年代到冷战期间	冷战后至今
美国经济外交目标	国际存在、安全与发展	追求大国梦想，建设和维护美国主导的国际政治经济规则和秩序	追求维护和升级美国主导的国际政治经济规则和秩序；追求新环境下的经济安全

再次，美国经济外交的特点，政府介入色彩很浓，政府一直是主要角色，也有政府和企业的合作主义。

最后，美国经济外交的目标和手段的阶段性侧重，决定了其与别国、包括对中国开展经济外交的特征。比如早期，美国更加侧重对华交往的非经济利益，现在日益注重经济利益。

三、中国经济外交

（一）中国经济外交文献

Chae-Jin Lee 所著的《中日新经济外交》（*China and Japan. New Economic Diplomacy*，1984）是国内外最早研究中国经济外交的专著。Chae-Jin Lee 研究的中日经济外交，是指中国在“四个现代化”的指引下，邀请并接受日本日益参与广泛的经济活动，包括直接投资、合资和资源开发。作者考察了一些比较典型的中日经济互动的案例，比如宝山钢铁合作、渤海油田的开发，日本政府提供贷款支持并参与中国的重大建设项目。尽管这些案例并不总是产生互相满意的结果，但新外交的幅度和范围表明一个日益提高的经济相互依存度是中日在亚洲以及其他地方的经济和政治政策形成的重要因素。Chae-Jin Lee 还通过提出一些核心问题对中日经济外交进行观察：中国和日本是怎么进行经济谈判的？他们都完成了么？为什么会产生问题和困难，两个国家是怎么努力去解决的？[①] 这一研究发生在改革开放初期的1984年，对于西方了解中国的经济外交和如何与中国开展互动经济外交，具有重要的借鉴意义。

国内最早专门研究中国经济外交的文献，[②] 大多数是研究邓小平外交思想的成果，比如周永生、张瑜的《学习邓小平经济外交思想的体会》（1995）[③]。夏先良的《试论我国的经济外交》（1995），从公共产品的角度来论述经济外交，指出争夺国际贸易机会是我国今后外交活动的中心任务，并提出政策建议：国家主要领导人应充分重视外交对外经贸的支持作用，应积极寻找和争夺国际商业机会。[④] 何中顺的《新时期中国经济外交理论与实践》（2007）是国内研究中国经济外交的第一部专著，分别阐述了中国经济外交的理论发源，中国经济外交的决策与运行机制，中国外交的总体布局和经济外交，中国能源外交、金融外交、发展援助外交、经济外交中的经济制裁、经济技术援助，贸易市场与贸易争端外交、国际经济机制外交。[⑤] 其特点在于，按内容分类对经济外交几个重要专题进行观察。

---

① Chae-Jin Lee, *China and Japan: New Economic Diplomacy*, Hoover Institution Press, Stanford University, 1984, http://www.hooverpress.org/productdetails.cfm? PC = 1273, 2010-11-3.

② 论文：225篇中，43篇研究中国经济外交。

③ 周永生、张瑜：《学习邓小平经济外交思想的体会》，《外交学报》，1995（04）：85—87。

④ 夏先良：《试论我国的经济外交》，《中国人民大学学报》，1995（06）：74—78。

⑤ 何中顺：《新时期中国经济外交——理论与实践》，时事出版社2007年版，第74—78页。

王树春的《经济外交与中俄关系》(2007)是国内第一部研究中国双边经济外交的专著,[①] 本书最大的创新之处是从“经济外交”角度来研究中俄关系。王树春认为冷战后中俄外交政策的最大特点是推行“经济外交”,从他界定的“经济外交”概念出发,探讨了冷战后中俄同时推行的“经济外交”对两国政治关系所产生的影响。王树春探讨了两国各自在对方“经济外交”中的地位,具体分析了中俄经济合作关系的现状、问题和解决途径,最后,从“经济外交”的研究视角,对中俄经济合作关系“滞后论”提出了质疑,并运用中俄两国在贸易和投资领域合作的具体数据,证明了中俄经济合作关系“滞后论”是没有根据的。

外交学院张幼文等主编论文集《中国经济外交论丛 2009》(2009)分别关注了经济外交中的大国关系、东亚关系,贸易投资与经济外交,国家经济安全与经济外交以及经济外交中的一些重大问题。曾担任中国驻美纽约总领事馆经济参赞、时任中国社会科学院亚太所所长的张宇燕在这本论文集里面谈了两个问题,即什么是经济外交,以及我国应在经济外交过程中使用什么样的手段。[②] 经济外交的目标是追求经济利益的最大化,外交政策的制定要强调增加经济学的成本收益分析法,强调中国要“通过经济手段来实现其他诸如政治、安全等战略目标”,因为“政治、经济、军事目标并不是独立的,我们要用经济手段来实现整体的目标”。张宇燕认为,中国经济外交的目标包括:第一,要保持中国经济的长期增长。第二,怎样和我们最大的博弈对手美国周旋,并保障我国的利益。张宇燕还认为,第一个目标是宏观的、笼统的目标,而第二个目标是怎么样在博弈中获利的问题,这两个问题是相互联系的,同时又可以做一区分。如果将思路从第一个目标转向第二个目标,“就可以这样定

---

① 王树春:《经济外交与中俄关系》,世界知识出版社 2007 年版,第 19 页。

② 张宇燕:《中国经济外交的主题、目标与手段》,见张幼文、刘曙光主编:《中国经济外交论丛 2009》,经济科学出版社 2009 年版,第 298、299 页。

义经济外交，即经济外交就是最大限度地、不成比例地消耗博弈对手的实力。这是美国在冷战期间与苏联竞争的时候对经济外交所做的定义，这句话是博弈论的两位作者在著作中首先提到的。”张宇燕列举了中国经济外交可以运用的七大手段。其一是，利用市场开放程度。中国可以利用自己的市场容量，通过调整市场开放度、市场结构等来开展经济外交。其二是，利用投资。FDI 和 ODI 都是可以利用的经济外交手段。其三是，利用对外援助。其四是，全球或地区产公共产品的提供。其五是，人民币国际化，人民币国际化成为地区货币、世界货币是很重要的经济外交手段，这将与美国短兵相接。其六是，影响对手国的国内政策。比如，美国制定针对中国的以及可能间接影响中方的国内政策时，如何利用其国内的利益集团和他们之间的矛盾来实现中方自己的利益，这就是公共选择的过程。其七是，制度建设也是手段之一。在国际组织制定和涉及全球领域的一些规则和条款的时候，积极参与进去。

外交部政策研究司经济合作办公室副主任陈松就中国开展经济外交面临的外部环境进行了阐述。[①] 陈松认为：政治上，这些年我国对外关系总体发展比较平稳，但外界尤其是西方对我国的疑虑和防范在同步上升；从关系稳步发展方面来看，国际上发展对华关系与合作是主流，各国对我们的借助也在上升，我国和主要大国的关系也保持健康稳定发展；在挑战一面，中国作为拥有 13 亿人口的大国，以如此快的速度崛起，在世界上是前所未有的。不仅中国自身对快速崛起的影响没有准备好，世界也没有准备好接受这样一个大国的崛起。陈松总结说，中国发展对世界的冲击主要有三个方面：第一是冲击了原来的世界政治格局；第二是冲击了原来的经济利益分配格局；第三是我国的发展模式对西方原有的传统价值观念和发展模式也形成了巨大的冲击。在这种

① 陈松：《中国开展经济外交面临的外部环境》，见张幼文、刘曙光主编：《中国经济外交论丛 2009》，经济科学出版社 2009 年版，第 300—303 页。

情况下，西方对我们战略上的疑虑还是很深的，对我们未来的发展方向不是很放心，甚至有些国家对我国的发展壮大也不愿意接受。陈松认为，经济上，对外合作全面展开，但矛盾和摩擦也进入到突发期和上升期。

外交学院赵进军主编的《中国经济外交年度报告（2010）》认为，经济外交是总体外交的重要组成部分，经济外交随着经济需要与外交诉求、国内外环境的发展变化而变化。该报告简要概括了新中国建立60年来经济外交在地位、结构、对象、领域、层次和战略等六大层面的演变，并认为“目前中国经济外交已初步形成在总体外交中占据主体地位，外交与经济密切融合、高度互动”，“以全球各国和地区为对象，涵盖外援、外贸、外资、能源资源、气候环境等众多领域，双边、多边与区域并重，引进来与走出去互补的完整体系”。[①] 该报告认为由于三个原因，提高了经济外交在中国总体外交中的地位：1978年十一届三中全会后，经济建设取代政治成为各项工作的中心，外交为国内中心工作服务，从国际政治斗争为中心转移到国内经济建设为中心，经济外交逐步成为中国外交的主体；20世纪90年代，冷战结束，和平与发展主题更为突出，各国的战略重点纷纷转向发展经济，经济利益日益成为各国制定对外政策的主要基点；经济全球化的发展提高了经济外交的重要性。

另有清华大学版的《中国经济外交2006》、《中国经济外交2007》、《中国经济外交2008》、《中国经济外交2009》，属于外事新闻素材汇编。周永生在《经济外交》里面也专门有章节研究中国经济外交。

张幼文在《中国经济外交论丛2009》里从实践出发，全面梳理了中国经济外交研究的一些理论主题[②]：第一，建立中国特色的经济外交理论体系。第二，从国际经济政治相互结合的战略

---

① 赵进军：《中国经济外交年度报告（2010）》，经济科学出版社2010年版，第3页。

② 张幼文、刘曙光主编：《中国经济外交论丛2009》，经济科学出版社2009年版，第1页。

层面上研究中国对外经济关系与国际经济战略。其中包括中国与主要大国和经济体的战略经济关系；中国与周边国家和地区的战略经济关系；中国与发展中国家的战略经济关系。要深入研究中国如何推进实施自由贸易区战略；同样重要的是，要研究中国与非洲国家、拉美国家的战略经济关系。第三，研究中国参与全球治理的战略与参与多边经济合作的战略。

（二）外交实践界对经济外交的认识

经济外交一词在中国政策界的提出，经历了下面简要过程。关于我国当前“经济外交”的表述，政策界看法的梳理如下，分为外交部、国务院、党和国家领导人层面：第一阶段，2002年到2003年，特别强调经济外交的目标导向，而且在谈目标时强调服务国内经济建设的目标。2002年中华人民共和国外交部官方网站推出《经济与外交》电子专刊[①]，其发刊词指出，《经济与外交》的诞生体现了外交进一步为国内经济建设服务的精神，经济外交的目标首先为国内经济建设营造稳定外部环境，其次加大经济外交力度服务国内经济建设，满足人民日益扩大的对外经济交流需要。2003年《经济与外交》新年致辞提到：《经济与外交》决心以中央经济工作会议的具体规划为指导，加快落实部领导对经济外交提出的新要求，配合十六大提出的“引进来”和“走出去”、西部大开发、科教兴国、可持续发展等战略任务的实施，进一步为政府和企业提供实用、有效的信息和建议，努力做好牵线搭桥工作，同时，为加快经济体制改革、健全现代市场体系提供更多国外的经验，为更好地应对国际贸易壁垒和技术出口限制筹谋对策。第二阶段，2004年，这是标志性的一年，党和国家公开提出“经济外交”这一词汇。同时强调经济外交的具体而直接的目标——对外经济交往的两个方面。2004

① 在这个专题中，如果不代表外交部的观点，则都在刊登的文章中予以注明仅代表个人观点。

年 8 月 25—29 日，第十次中国驻外使节会议在京举行，党的中央书记和国家主席胡锦涛发表讲话要求“要加强经济外交和文化外交，推动实施‘引进来’和‘走出去’相结合的对外开放战略，深入开展对外宣传和对外文化交流”[①]。2004 年底，时任外交部长李肇星要求从服务国家发展全局出发，大力加强经济外交，推进对外经贸合作，不断提高外交为国内经济社会发展服务的水平。[②] 第三阶段，2005 年至今。2005 年政府工作报告首提经济外交，并为经济外交的目标新增加了具体内容，维护我国公民海外生命安全和合法权益，更体现了公民关怀，将经济外交切实落实到具体的公民利益的维护。如今，外交界对经济外交的目标内涵表述越来越丰富。李肇星在总结 2005 年外交工作时认为当年经济外交颇有成效，具体表现在：努力缓解经贸摩擦，加深与各国的互利合作；更多国家承认中国完全市场经济地位；积极参与多边经济机制活动和国际规则制定；首次成功主办 20 国集团财长和央行行长会议。[③] 2008 年，杨洁篪还在《改革开放以来的中国外交》中提出全面开展经济外交，并对经济外交的具体成就进行了列举：通过高层互访和国际多边峰会等外交活动促成一批重大合作项目；推动区域和双边自由贸易区合作，正建自贸区达到 12 个，其中签约的 6 个；承认中国完全市场经济地位的国家达 77 个；提出新能源安全观，积极开展能源资源外交；为中国企业“走出去”提供服务。[④] 第四阶段，中国经济外交强调建立和维护国际新经济制度和秩序的目标。2008 年 11 月，国家主席胡锦涛出席 G20 峰会，表达了中国对建立国际经济新秩序，重建国际金融体系的主张和看法。但这方面中国经历了一个曲

---

① 《人民日报》8 月 29 日电，《第十次驻外使节会议在京举行》，2004，08（30）：1。

② 张亮、王莉：《纵论国际风云畅谈外交为民——李肇星外长接受本报年终专访》，《人民日报》，2004，12（15）：7。

③ 吴长生、丁子：《李肇星谈今年我国外交工作：为现代化建设营造良好外部环境》，《人民日报》，2005，12（20）：7。

④ 杨洁篪：《改革开放以来的中国外交》，http：//www.mfa.gov.cn/chn/zxxx/t470992.htm，2008 - 11 - 22。

折，改革开放前并没有完整意义的经济外交，即便提出建立国际经济新秩序更多是一种政治考虑。改革开放后中国基本选择纳入了西方建立的国际经济秩序之中，在融入旧秩序中徐图建立新秩序。

（三）中国经济外交述评

首先是基本上学界一致认同：经济外交是总体外交的一个组成部分。其次是国内和国际两方面的因素使得经济外交在中国总体外交中的地位日益重要。随着中国国内确立以经济建设为中心的国家战略，经济外交成为外交的主体部分；随着冷战的结束，经济全球化的推进，各国日益重视经济外交，经济外交的地位日益重要；同时，随着中国国际经济地位的提高，中国经济外交对于全球经济外交和外交都日益重要，引人注目。其三是经济外交的内涵是历史的、处于动态演变中的。无论从实践还是从理论研究来看，改革开放后相当长的一段时间内，中国经济外交更为侧重经济利益为目标的一方面，而对经济手段的重视较少，这与中国经济实力有关，也与开展经济外交的原则立场有关。随着中国经济实力的提高，经济作为外交手段的作用重新出现，但其目标迥异。中国早期的经济外交以经济资源和手段来获取第三世界的认可和支持，用经济手段来实现其他非经济的外交目标——国际政治影响和安全；而改革开放后则主要是通过各种外交手段来营造一个有利于发展的和平的国际环境和促进中国对外经济交往，以发展本国经济——发展目标；随着中国经济力量的发展，以经济力量作为手段来获取非直接经济利益的行为和策略可能会增加，并有能力对现有国际政治经济秩序的建设和完善提出诉求和提供驱动力——目标制度化、多元化。其四是中国经济发展需求和实力的变化，产生了中国经济外交在双边和多边经济外交中的主动性和被动性、对称性和非对称性等阶段特征。

表 1.3 中国长期经济外交目标

长期历史阶段	1949—1977 年	1978—2000 年	2001—2012 年
中国经济外交目标	国际政治影响、安全	经济发展；呼吁建立国际政治经济新秩序；民族复兴	自我实现；参与全球经济治理、改进治理；寻求建立国际政治经济新秩序；民族复兴、中国梦

四、中美经济外交文献

相对而言，系统研究中美经济外交的专门文献不多，[①] 现有研究有：庄湧的《中美汇率争议考验大国经济外交》（2006）、[②] 中央党校曾军博士论文《中美经济外交研究》（2006）、中央党校谢许谭硕士论文《克林顿政府经济外交》（2007）。另外，外交学院张幼文等主编的《中国经济外交论丛 2009》文集中收录了周林撰写的《中美经济外交分析》和戴伦彰、靳玉英、万超的《人民币升值与中美经济外交》，[③] 韩俊杰硕士论文《试论小布什政府对华经济外交》（2010），[④]郭强军的硕士论文《金融危机背景下的中美经济外交》（2011），[⑤] 张东冬硕士论文《小布什政府时期中美经济合作外交研究》（2012），[⑥]窦晓博的《论中美经济外交中的“二轨”互动》（2013）[⑦]。

周林的研究逻辑相对清晰，主要分析中美经济关系与政治关系的相互影响。在概念上，周林认为，对外经济关系不等于经济

---

① 这并非说前人不研究中美经济外交，只不过专门以“经济外交”这样的词汇和角度来描述和分析中美关系的著述不多。——笔者注

② 庄湧：《中美汇率争议考验大国经济外交》，《探索与争鸣》，2006（12）：44。

③ 周林：《中美经济外交分析》，见张幼文、刘曙光主编：《中国经济外交论丛 2009》，经济科学出版社 2009 年版，第 37 页。

④ 韩俊杰：《试论小布什政府对华经济外交》，复旦大学硕士论文，2010 年。

⑤ 郭强军：《金融危机背景下的中美经济外交》，辽宁大学硕士论文，2011 年。

⑥ 张东冬：《小布什政府时期中美经济合作外交研究》，外交学院硕士论文，2012 年。

⑦ 窦晓博：《论中美经济外交中的“二轨”互动》，《中国东盟博览》，2013（08）：15。

外交，对外贸易和对外投资的一大串数字也不等同于经济外交，经济外交是“主权国家元首、政府首脑、政府各个部门的官员以及专门的外交机构，围绕国际会议和国际经济组织等多边和双边的活动”，并认为“经济外交无疑是中美关系中最重要的内容和组成部分，中美经济外交对中美关系进程发挥着重要作用和影响”。周林还认为：“中美经济外交的历史可以追溯很久，但典型的中美经济外交还是从中美建交后才正式开始”，“中美建交后，经济外交贯穿始终，并成为重要内容”。周林还总结了中美经济外交的特点：第一，从两国建交至20世纪90年代初，是政治因素影响经济因素，双方主要通过政治、外交活动开辟新的经济技术合作领域，促进两国经济贸易的发展，经济外交的着眼点是促进中美经贸关系的发展。20世纪90年代后则更多的是经济影响政治，经贸关系成为中美关系中的一个独立的主题，双方政治外交活动更多的是处理经贸发展中出现的一些具体问题和摩擦，并以此达到某种战略目的。周林也把学者对经济外交的理解归纳为两类：第一类注重利用经济手段达到特定的政治目的或对外战略意图；第二类强调在对外关系中着重发展同各国的经济联系，以发展本国的经济，通过外交手段处理经济事务、修正和协调经济政策，维护国家对外经济关系中的权益，增进国家的经济利益。周林以此分析中美经济外交的发展，认为90年代前主要表现为第二类含义和性质，而90年代后在已经发展起来的经济关系基础上，在相互依存不断加强的情况下，似乎第一种含义和性质的经济外交表现得更明显一些。[①]

曾军的《中美经济外交研究》研究时期是1949年前后到2005年。研究方法：个案研究、演绎归纳、政策研究法。其创新在于：研究视角创新，引入经济外交；侧重广义的中美经济外交；将美国跨国公司引入中美经济外交研究。曾军认为经济因素

① 周林：《中美经济外交分析》，见张幼文、刘曙光主编：《中国经济外交论丛2009》，经济科学出版社2009年版，第37—50页。

在外交中的作用增强，推行经济外交成为了各国外交活动的重要组成部分，而中美两国作为世界上最大的发展中国家和发达国家，两国经济存在着巨大的互补性，形成了两国经济的相互依赖性不断增强，经济因素在两国关系中所起的作用越来越大。中美经济外交作为中美总体外交的组成部分，其对中美关系的稳定和持续发展的重要作用日益彰显。概念上，曾军认为，国内外存在广义和狭义的经济外交，狭义的经济外交是以实现各种经济利益为目的，借助经济手段来进行的经济外交活动，是相对于政治外交、军事外交而言的。广义的经济外交包括两种表现形式：其一是指国家为实现其经济目标而进行的外交活动，即以外交为手段，为国家谋求经济上的利益；其二是国家为实现其外交目标而进行的经济外交活动，即以经济为手段，为国家谋求对外关系上的利益。曾军进一步区分了经济外交与经贸关系的联系与区别，认为，“经济外交是外交，而不是经济，是关于维护和实现经济利益的外交以及以经济手段为凭借的外交。它是一个国家经济和外交的交叉产物，是一个主权国家大外交的重要组成部分。”①经济外交与经贸关系既有联系又有区别。曾军认为，中美经济外交与中美经贸关系的联系在于，两者都涉及到中美经济因素，中美经济外交的目的之一就是促进中美经贸关系的发展，而中美经贸关系的发展状况则反映出中美两国政府间经济外交的成效。两者的区别是，中美经济外交的目标除了经济利益外，还有其他政治或战略利益，区别于经贸关系，是从属于中美大外交的政治层面上的关系。

谢许谭的硕士论文《克林顿政府时期的美国经济外交》概括了克林顿政府时期美国经济外交的背景形势与具体措施，并将国内经济改革与经济外交结合起来分析。

戴伦彰、靳玉英、万超的《人民币升值与中美经济外交》简要回顾了人民币汇率问题的由来，以及美国对人民币汇率施加

① 曾军：《中美经济外交研究》，中共中央党校博士论文，2006 年。

压力的原因，以及中美就此进行的沟通以及机制。

庄湧的《中美汇率争议考验大国经济外交》强调从国际政治经济学的角度来研究人民币汇率问题，指出一般情况下，调整本国货币汇率是本国对外经济政策的一部分，独自通过本国行为来调整汇率的政策不属于经济外交政策，只有通过外交行为来协调本国与其他国家汇率变动才属于经济外交的范畴。[①] 在庄湧看来，人民币汇率问题实质是经贸问题，但现在成了带有政治因素的问题，掺杂权利与利益的争夺。

中美政治经济关系的代表性文献有：焦力军的《互动与博弈——中美政治与经济互动分析》(2007)，从政治与经济相互关系的角度观察了中美关系。王勇在《中美经贸关系：中美经贸纷争的政治逻辑》(2007)中，则提出了国家—市场—社会三层次来观察和解释中美经贸关系的研究框架，融合了此前对利益集团和国内政治的分析，对国内此前 IPE 的国家—市场方法进行了一次发展和完善。宋国友在《平衡社会利益和国家安全：政府对外贸易战略选择》（2007）中从社会群体利益与国家安全利益的角度，考察了政府对外贸易战略制定和实施过程中的约束因素。孙哲、李巍的《国会政治与美国对华经贸决策》（2008）从国会政治的角度来观察美国对华经贸决策。焦世新的《利益的权衡——美国在中国加入国际机制中的作用》（2009）则对美国在中国加入国际机构中所起的作用进行了专题研究。

近年讨论中美经济关系的代表性论文有：蔡黛云的《中美经济关系替代三角关系起始探》（《山西大学学报》，1994 年第 3 期）、吴心伯的《中美经贸关系的新格局及其对双边关系的影响》（《复旦学报》，2007 年第 1 期）、宋国友的《中美经济相互依赖及其战略限度》（《现代国际关系》，2007 年第 5 期）、雷达的《中美经济相互依存关系中的非对称性与对称性》（《国际经济评论》，2008 年 3—4 期）。

① 庄湧：《中美汇率争议考验大国经济外交》，《探索与争鸣》，2006（12）：45。

此外，在知网1979—2013年的“中美经济外交”主题词下，有一篇研究新兴国家经济外交的文章，即上海社会科学院的《新兴大国崛起中的国际经济协调——中美战略经济对话研究》(2009)[①]。该研究认为新兴大国的崛起和霸权国家的相对衰落必然会冲击现行国际经济体系。为避免国际经济体系变革和转变过程中出现的混乱和无序，新兴大国和霸权国家有责任进行国际经济协调与合作。该研究以国际经济协调机制的理论和历史为指导和参照，对中美战略经济对话的背景、议题和影响进行了剖析。该研究认为中美战略经济对话是国际经济协调的新发展，丰富了国际经济协调的理论和实践，将产生深远影响。该研究从霸权国家这一角度描述了国力的悬殊且暗含着其非法性，因为霸权向来是新兴国家反对的。同时，这一研究忽略了美国为国际社会提供公共产品这一责任和贡献。其实，美国目前不仅拥有优势力量，更重要的是处于守成状态，竭力维护其在国际社会的主导地位。

另外辽宁大学阿燃燃的《中美经济相互依赖研究》(2011)则从中美经济相互依赖角度，对中美之间的国际经济协调做了研究，丰富了发达国家和发展中国家经济相互依赖的研究。[②] 该研究从宏观、贸易、投资、金融四个维度来观察中美经济相互依赖。

五、小结

学术界以“经济外交”这一专门概念和角度来研究中美建交以来的中美关系的相对较少。首先，相对于中美政治关系的研究而言，中国学术界对中美经济关系的研究重视不够。中华人民共和国政府与美国交往时间不长，并由于历史的原因，中国学术界曾一度更多地习惯于从高级政治的角度来审视中美关系，而忽

① 黎兵：《新兴大国崛起中的国际经济协调——中美战略经济对话研究》，上海社会科学院硕士论文，2009年。

② 阿燃燃：《中美经济相互依赖研究》，辽宁大学博士论文，2011年。

略了中美关系的缘起——经济关系，美国的学术界也一样，习惯于从高级政治角度来审视中美关系，而对美中交往缘起的经济往来尤其是经济外交的重视不够。其次，在有限的中美经济关系研究中，学术界对中美经济外交的重视不够。随着中美经济关系日益重要，对双边经济关系的研究重视起来，但对主观能动性很强的中美经济外交研究不够。这种情况既和对经济关系与经济外交没有严格区分有关，也有对经济外交的重要性认识不够有关，还与研究者们把政治和经济割裂的思考有关，当然也与一手材料获得的难度有关。再次，相对于两国各自有很多相对静态、单向度的中国对美经济外交、美国对华经济外交研究而言，双方学术界对双边互动下的中美经济外交关注不够。本书试图从互动博弈的角度对中美经济外交研究做些有限的尝试和补充。

中美关系是当今世界最重要的双边关系。中美关系最重要的结构特征是崛起国家和守成国家的关系。经济外交则是观察中美关系的最佳角度。

经济外交主要是指为实现经济利益目标而展开的外交，也包括使用经济手段达到非经济利益目标的外交。经济外交的目标主要是经济利益，也有非经济利益。经济外交的手段是包括经济手段在内的一切外交手段，经济外交也是一种职业性外交。经济外交与一国内政有密切联系，对于大国而言，内政是主要的，对外关系处于次要地位，国内经济发展是主要的，对外经济关系是辅助性的。

经济外交所追求的利益可以划分为五大领域：贸易、投资、金融、宏观协同、全球经济治理中的话语权。中美经济外交的内涵逐次丰富，目前已经涵括这五个领域。

经济利益从层次高低可以分为：国家经济安全、国家经济发展、全球经济善治三个层次。贸易、投资和金融的利益又分别大体分为三个层次：贸易安全、贸易发展、全球贸易治理；投资安全、投资发展、全球投资治理；金融安全、金融发展、全球金融治理。研究中美经济外交，就是研究中美围绕不同领域、不同层次的经济利益而展开的互动博弈。

第四节　中美经济外交研究的方法论

中美能否建成新型大国关系，一看中国的意愿和能力，二看美国的诚意。而洞察中美经济外交、中美经济关系乃至中美关系的历史与趋势，是把握好中美关系未来如何发展、是否能构建新型大国经济关系乃至大国关系的起点。我们必须运用合适的分析工具，透过纷繁复杂的表象，抓住中美经济关系和经济外交演变的历史与趋势。

中美新型大国关系的前提和基础是“不冲突、不对抗”。结构现实主义分析方法是国际关系分析主体关系是否发展成冲突关系的有力工具。结构现实主义的分析方法认为主体相互行为和结果，可以从两个层面进行观察：系统（国际经济秩序）层面的规则，系统内部的结构（主体经济力量对比和相互依存，对相互依存的管理—制度），并认为一个缺乏中心力量的系统或者相互依存失去管理的系统，容易发生冲突。①

系统层面而言，规则的具体实施即系统制度的演进，自然会对中美双边关系产生系统性影响，这是观察中美经济外交的宏观框架。二战以来，国际政治经济秩序经历了很多色彩斑斓的变化，但不变的是美国主导的国际经济秩序的基本规则和构架：私有制、市场经济以及全球范围内运行的经济自由化制度。变化的是具体制度设施 IMF、WB、GATT/WTO 等，不断朝着市场化、自由化这一规则方向深入推进，比如从 GATT 向 WTO 的迈进，

---

① 肯尼思·华尔兹：《国际政治理论》，上海世纪出版集团 2008 年版，第 137、147 页。这部著作比较了国内和国际系统的区别，显示了行为与结果是如何随着系统的改变而各异；比较了不同的国际系统，尽管系统组织原则保持不变，但是由于国家间力量分配发生改变从而导致系统结构变化时，行为与结果会有什么样的差异。

华尔兹表示，“国家间关系是如何随着系统的改变而变化的呢？要回答这个问题，并对理论进行进一步的提炼，笔者将在此对经济相互依赖进行考察，随后对军事相互依赖加以探讨。如果相互依赖的各国之间的关系无法得到规范，必然会发生冲突，偶尔也将诉诸暴力。如果相互依赖的发展速度超过了中央控制的发展，相互依赖便会加速战争的来临”。（华尔兹又译“沃尔兹”）

以及可能的 TPP 扩张。在结构现实主义看来，系统规则对系统角色的行为和相互关系有重大影响。国际政治经济秩序所内含的规则对中美经济外交同样具有重大影响。

在系统规则基本不变的环境下，探究中美经济关系的基本结构是把握中美关系历史和趋势的关键。概而言之，中美经济关系有三大显著结构特征：国际分工上的互补；经济相互依存的不对称性；经济上的崛起国家和守成国家。其中，一个崛起中的经济大国与一个守成的经济强国，是中美双边经济外交最显著的结构特征，是观察中美经济关系和中美关系的宏观出发点。对经济相互依存的规范，即经济外交的制度化建设，是对结构变化的管理。

中美经济发展现状、态势以及两国战略指向从客观和主观两个维度构建了崛起国家和守成国家的内涵。一个崛起中的经济大国与一个守成的经济强国，是中美双边经济外交最显著的结构特征，这一结构特征的涵义有两层：客观上，40 多年来，无论是中国经济与美国经济的比重还是中国经济占世界经济的比重都在持续上升，而美国占世界经济比重平稳下降，中国经济占美国经济的总量比持续上升；主观上，美国一直以维护和完善美国主导的国际（政治）经济秩序为目标，而中国一直以致力于建立新的国际（政治）经济秩序为目标。主观指标是构建崛起国家和守成国家相互关系一个更重要指标。崛起国家和守成国家这一结构特征，影响了中美经济关系和经济外交的方方面面，是研究中美经济外交的基本立足点和出发点，却也进一步约束了中美经济外交的行为特征。而中美经济外交的制度化建设反过来规范和管理着中美经济外交具体行为。

第二章 国际经济秩序与中美经济外交

国际经济秩序是指国际经济运行规则和相应的机制，对应于结构现实主义所描述的系统规则。无论回顾最近美苏冷战历史、一战后二战前德国等的崛起，还是更早的一战前的英帝国贸易体系，系统规则层面的紧张是导致大国冲突的重要原因。如第一章所述，中美关系最重要的结构特征是崛起国家与守成国家的关系。除了经济实力的此起彼伏外，更重要的是在国际社会上，中国一直呼吁建立国际政治经济新秩序，与美苏主导、美国主导的国际政治经济旧秩序相对应。纵观近 60 多年历史，中国与国际政治经济秩序的关系发展经历了三个阶段：公开反对国际政治经济旧秩序、主张建立国际政治经济新秩序；一边公开反对旧秩序、主张建立新秩序，一边积极融入当前国际政治经济秩序；公开承认美国主导的国际经济秩序的重要性，并积极参与秩序建设。长期以来，尽管中国一直努力寻求建立国际政治经济新秩序，但最后选择了融入美国主导的国际政治经济新秩序的道路来实现自身的发展和崛起。中国曾经加入了以苏联主导的经互会为制度标志的国际政治经济秩序，但并没有获得好的发展，改革开放后中国实际上因为加入美国主导的（西方）国际经济秩序而获得快速发展。这彰显了美国主导的国际政治经济秩序的先进性和包容性，又证明了中国发展理念的进步性和对国际经济体系选择的正确性。

但对现在规则的认同，并不自然消除在制度建设上的差异诉求，在规则的深度上，中美仍然处于不同的轨道。美国现行秩序中拥有领先优势、拥有经济纵深自由化方面制度建设的优势，规则认同更不消除利益的差异。但共同的规则降低了沟通和交易成本，系统性冲突的概率大大降低。

第一节　经济规则竞争与中国道路选择

19 世纪资本主义迎来蓬勃发展，尽管马克思这位“医生”指出了它的种种弊病，但到 20 世纪初期，资本主义依然展现出强劲的活力，仍然没有发展到具备马克思设想的社会主义和共产主义所产生的社会和经济基础。从 1917 年俄国十月革命到列宁的新经济政策推行，开辟了与马克思主义的经典理论和经典路径设计不同的实践，社会主义在帝国主义最薄弱的环节、经济相对落后的沙俄率先建立，一种区别于资本主义的经济和政治的制度在苏联建立起来。列宁和斯大林发展了马克思主义的经济学逻辑，在战时经济的基础上，建立了高度集中的计划经济。自此世界经济崛起了新的经济体制。1929 年美国发生股市崩溃，20 世纪 30 年代美国为首的资本主义国家陷入大萧条，而同时执行计划经济的苏联经济一枝独秀，两者形成强烈对比，引发了计划经济和市场经济孰优孰劣的理论大辩论，但即便在此时，最后市场派还是在辩论中胜出。二战后，美国和苏联成为世界上两大经济和军事强国，美苏对抗、冷战爆发，世界市场被一分为二：美国“马歇尔计划”支持下的 GATT，苏联“莫洛托夫计划”支持下的经互会。美国主导的阵营以资本主义国家为主，遵循以私有制、市场经济为基本经济制度，构建了 GATT，苏联主导的阵营以社会主义国家为主，遵循以公有制、计划经济为基本经济制度，构建经互会，世界经济从此分为两个大圈子。在当时的国际国内形势下，中国加入了苏联阵营，并建立了公有制为基础的计划经济体制，顺理成章成为经互会成员，并且随着朝鲜战争的爆发，与美国主导的阵营几乎完全断绝经济往来。但随着中苏关系恶化，1956 年，以“论十大关系”为标志，毛泽东开始思考中国如何走出自己的发展道路。之后，以邓小平为代表的新一代领导人做出改革开放的决定，面向欧美开放经济往来，改革高度集中的计划经济。

为筹备改革开放，1978 年前夕，党中央特别派出高层领导到法国“摸底”，试探西方对中国向欧美开放的态度，而西方给出了热烈期待，这加速了中国执政党实行改革开放的决策[①]。美国主导的国际经济规则以私有制、市场经济和国际经济自由化为核心，体现这一原则的主要制度设施包括 IMF、WB、GATT/WTO。与联合国的一成员一票和重大事项多数表决机制不同，IMF、WB 的表决机制是按照股份分配，美国因其经济实力而拥有绝对否决权。1979 年，中美正式建交，扫除了中国加入上述经济组织的政治障碍。1980 年中国恢复在 IMF、WB 的席位和相应表决权。由于 IMF 主要职能是平滑国际收支和汇率波动，WB 主要是援助和开发贷款，涉及具体国别经济往来的规则不多，中国恢复席位比较容易，而中国恢复在 GATT 成员身份的道路则更为漫长。GATT 是成员国关税与贸易总协定，建立在市场经济制度基础上，20 世纪 80 年代，全球 86% 的贸易都遵循这一规则，中国想恢复与世界主要经济体欧美的经济交往必须加入这一协定、遵循其规则，而计划经济体制成为阻碍中国“复关”谈判的主要障碍，欧美认为中国的计划经济体制无法执行以市场经济为基础的 GATT 规则，日内瓦谈判陷入困境。[②]

随后，美苏冷战结束，苏联解体，苏联模式瓦解，此时中国究竟何去何从，是继续朝前走、坚持改革和开放，还是停止前进甚至走回老路，这不仅是中国国内的抉择，更是国际社会急切想知道的方向。1992 年春，邓小平南方谈话释放出进一步扩大开放的声音，特别从意识形态上指出市场经济是手段，与“姓社”还是“姓资”没有关系，从而在意识形态上解开了思想禁锢：

---

① 古牧：《谷牧回忆录》，中央文献出版社 2009 年版，第 313 页。

② 龙永图：《1993、1999 年谈判的转折点》，《神州学人》，2001（11）：8。

计划经济是社会主义的，市场经济是资本主义的，社会主义不能搞市场经济。如果沿袭这一保守的意识形态，则“复关”谈判漫无期限。1992 年秋，党的十四大三中全会宣布中国经济体制改革的目标是建立社会主义市场经济体制。欧美据此认为中国开始按照西方的话语行事，日内瓦谈判才得以恢复，此后的谈判进入实质性阶段。[①] 随着 WTO 成立取代 GATT，中国由“复关”谈判转换为“入世”谈判，这一谈判直到 2000 年底，以中美达成“入世”协议宣布大功告成。2001 年中国“入世”。至此，中国已经于总体上遵循了美国主导的国际政治经济规则，并成为国际经济体制内的“玩家”，美国贸易代表办公室在 2006 年发布中国“入世”过渡期的评估报告，报告认可中国已经成为国际社会体制内的一员。2011 年，中美战略经济对话期间，中国承认美国主导的国际政治经济秩序的重要作用。至此，从规则的角度而言，中国已经基本接纳了美国主导的国际政治经济秩序的规则，美国也认可了中国是其中的一员，美国在规则方面所拥有的不对称性带来的优势和权力式微。

建立国际经济政治新秩序最初是亚非拉等第三世界国家的诉求，萌芽于 1955 年的亚非会议，由 77 国集团公开提出于 1964 年的第一届联合国贸易与发展会议。1974 年 4 月，联大第六届特别会议通过了由 77 国集团起草的《关于建立国际经济新秩序宣言》和《行动纲领》。1974 年 4 月，时任中国副总理的邓小平在出席联大第六届特别会议时，代表中国政府阐述了“三个世界”的主张，并指出中国作为“第三世界”的发展中国家，是推动建立公正合理国际政治经济新秩序的重要力量，中国支持 77 国集团在联合国提出的一切合理主张和要求。

改革开放以来，中国经济外交是通过融入美国主导的经济秩序来获得自身经济的快速发展。中国的对外开放走的是一条离开苏联主导的国际经济秩序而融入美国主导的国际经济秩序的道

---

① 龙永图：《1993、1999 年谈判的转折点》，《神州学人》，2001（11）：8。

路，因此获得了规则红利和快速发展。从经济发展角度而言，中国的选择是明智的，同时，做出这一选择需要对自身的制度进行改革，这种改革成本高昂，因此，中国的选择是自主的、理性的。从相互依存角度而言，成本相对高的一方更为脆弱，事实正是如此，中国在融入世界经济中进行了全方面的改革，并承担了相当的成本；美国也竭力寻求将中国纳入美国主导的国际经济秩序，并在这一过程中，不断要求中国做出各种改革，以遵循其主导的国际经济秩序的规则，这其间美国处于优势一方，中国处于弱势一方。但当中国逐渐遵循了同一规则之后，美国的系统规则优势力量逐渐耗散，中国在规则遵循上的脆弱性减少，在更为对等的基础上，中美经济外交的竞争性充分展开，在体制内的制度层面的竞争加剧，中国对全球化的认同和参与增加，但很难排除美国会成为一个全球化的消极响应者。

如果说，2011 年中美共同文本对美国的领导作用的认可表述比较隐晦，2014 年 12 月 17 日，中国国家副总理汪洋在中美商业关系论坛上发表的主旨演讲则非常坦诚和自信：“中美是全球经济的伙伴，但引领世界的是美国。中国实行改革开放的时候，美国已经主导世界经济的体系和规则。中国对外开放意味着我们愿意加入这个体系，基本承认这些规则，也愿意在国际经济体系中发挥建设性作用。”

不过，自然竞争秩序中，一个国家不会放弃自身经济实力所具备的建立规则的优势和由此带来的规则红利，并积极寻求建立新的规则优势和红利。2015 年 10 月 5 日，在美国推动下 TPP 宣布达成基础协议，国际贸易和投资宣布确立了一套比 WTO 自由化范围更宽、水平更高的经济规则，中国暂时尚难以加入，或者需要做出更多国内改革才能加入。中国在规则优势方面的差距被拉大，面临三个选择：加入 TPP 分享规则红利和承担规则成本；按照 TPP 等类似的规则以中国经济总体实力为依靠建立类似的自由贸易和投资的安排；或者建立比这更加具有竞争力的经济自由化安排。在可以预见的 10 年乃至 20 年或更长的时间内，中国进入前面两种选择可能更大。在更加远的未来，中国如果成为世界经济第一大国和强国，能为国际社会提供更多公共产品的时候，中国才有能力建立新的、比目前自由化水平更高的世界经济规则。短期内中国可能在双边和区域 FTA 上取得点上突破，点连成线，线连成片，形成新层次的经济腹地和开阔地。如果中美 BIT 谈判获得实质进展，则加入 TPP 的几率大大增加，这可能是一种成本更加低廉但仍需时间的选择。

第二节　中美经济外交理念与策略

一、融入与纳入：中美经济外交理念

1978 年，中国推行改革开放，其中对外开放实际上是经济上对欧美开放，寻求融入欧美市场，但在初期还只不过是希望通过对外开放开展经贸往来，借力西方先进技术等发展本国经济，并借重西方市场输出本国劳动力密集型产品——中国制造——扩大外需发展国民经济。20 世纪 80 年代初美国里根政府时期开始形成的对华接触外交认为，保持与中国的接触，与中国发展经济往来，中国先是于经济上然后在政治上会走向一条最终与欧美殊途同归的道路。1989 年美国人这一信念发生动摇，美国国内对中国的人权状况批评甚烈，1990 年“中国威胁论”再次在欧美出现。[①] 1992 年，邓小平加力推动国内改革扩大开放，旗帜鲜明地提出市场经济建设的目标，中国对外经济关系迅速发展。一种不同于原先设想的中国道路在美国人心中朦胧出现，引发了一些美国人的焦虑和紧张。1992 年以美国费城外交政策研究所亚洲项目主任芒罗在传统基金会期刊《政策研究》（秋季号）上发表《正在觉醒的巨龙：亚洲真正的威胁来自中国》为代表，“中国

① 此前的“中国威胁论”，是艾森豪威尔的多米诺骨牌论，担忧共产主义中国在东南亚扩张，此威胁论延续到 20 世纪 70 年代，更早的是“黄祸论”。

威胁论”甚嚣尘上。克林顿政府对此表示担忧并难以视而不见，在竞选期间即批评了布什政府的对华政策并表示要对中国采取严厉政策，克林顿就任总统后推出最惠国待遇与人权挂钩策略，但由于中国发展方向坚定明确，中美贸易依然蒸蒸日上，并在美国工商界的共同努力下，克林顿政府不得不宣布最惠国待遇与人权“脱钩”。克林顿政府逐渐意识到，必须把中国纳入到国际经济组织和制度中，才能消除中国崛起带来的“危险”，为此美方开始努力推动中国加入 WTO，并确立了中美永久正常贸易伙伴关系（PNTR），当这一切准备就绪的时候，中国与美国签署了“入世”协议，为中国更高层次新一轮开放打开大门，2001 年中国“入世”。中国完整地加入了美国主导的国际经济秩序和制度框架中（加上之前的 IMF、WB）。2006 年“入世”过渡期结束，美方认为中国已经从国际制度的“抵制者”转变为国际制度的“拥抱者”。

中华人民共和国一直寻求恢复在联合国的席位，几经努力如愿以偿。1978 年以来，中国走一条融入美国主导的世界经济秩序的道路，中美建交后，中国迅速恢复 IMF、WB 的席位。20 世纪 80 年代，中国加入 IMF、WB，并开始寻求恢复在 GATT 的席位，1995 年后寻求加入 WTO，2001 年得以实现。这一过程中，中国不断提出建立国际经济新秩序，但这不是颠覆或者另立秩序，而是在走一条寻求融入美国主导秩序的发展道路，终究不是对现行秩序的根本否定，建立新秩序——公正合理、民主化，这表明中国是寻求更加公正合理、互利共赢的经济关系。这就决定了崛起国家与守成国家，在经济领域不可能发生根本的冲突。因为中国寻求融入美国主导的对美国有利的世界经济秩序安排，而这也正是美国希望中国发展的方向，是美国寻求国家安全的方向。

在中美关系史上，美国曾有几次将中国拉入国际体系的重大行动：1971—1978 年中美关系缓和时期，美国按照冷战逻辑试图把中国纳入西方体系中；1979—1989 年中美关系正常化时期，美国再次试图把中国纳入美国主导的国际秩序，美国“支持”了中国国内经济改革、对外开放与加入国际经济体系的初步努力；冷战后，美国政府（特别是克林顿第二任期时）处理中国问题的基本战略是所谓“接触”，也就是把中国全面纳入美国为首的国际体系。即使在对华实行更加现实主义的强硬政策的鹰派得势的小布什政府，也仍然承认中美之间在经济上的共同利益，强调要通过让中国最终进入 WTO 与纳入全球化进程而避免与美国的正面冲突。美国和国际社会已经有一条信念：让中国成为 WTO 成员将会鼓励政治改革，让中国融入全球贸易体制将有助于“约束”中国的外部行为，鼓励与西方合作，促进激进的经济改革甚至促进其“政治开放”。面对中国经济的崛起，美国一边维护其主导的世界经济秩序和制度基础设施，一边也主动要求中国积极承担责任，客观上说这也符合中国希望在国际社会积极作为的需求，双方的分歧在于某个时点上责任分担的大小。美国这一责任分担的姿态，既是分担成本的无奈，也是美国主导的国际体系的开放性和生命力，能够开放地吸纳维持这一体系所需的更多公共产品提供者。

中美经济外交各自理念，既不完全一致，也不截然冲突，而是总体上吻合。吻合不是一致，而是有差异的个体之间的相互接纳。

双方在经济外交领域的理念上的吻合，决定了中美这对崛起国家与守成国家之间的互动模式至今为止是纵有波澜但总体不惊，形势平稳，相互尊重，合作发展。中美经贸的最大波动不是来自经济外交事件，而是来自双方国内发展的波折。这已经为中美经济外交 30 多年历史所证实。

二、开放与接触：中美经济外交策略

纵观中美经济外交短短 30 余年历史，在融入和纳入的理念下，可以发现中美双边互动的理性和主流策略是：美国对华接触—中国对美开放，这一对策略是纳入—融入经济外交理念的具体推进策略和方法。历史证明，美国对华遏制和孤立是失败的、过时的，对华接触是最好的选择，中国封闭、独立于意识形态迥异的西方经济之外也早已行不通，逆世界潮流而动终将为潮流所抛弃，积极交流才能获得自身发展，开放是最好的保护、开放是最好的发展。

第三节　规则红利与中美经济增长

一、中美经济千年历史与趋势

麦迪森基于购买力平价的统计数据显示，1700 年左右时宋朝的经济总量是北美殖民地经济总量的 160 多倍，19 世纪初清朝的经济总量仍然是美国经济总量的 18 倍，19 世纪末美国经济总量超越了中国，此后这一“喇叭口”不断扩大，中华人民共和国成立后这一“喇叭口”虽然维持，但“喇叭”开口缩小。2001 年中美经济总量的对比中，增长的直线趋势的距离仍然在扩大，“入世”后中美经济总量的距离迅速缩小，到 2015 年接近。这一数据趋势为中美经济总量比较中的购买力平价主张者所共同持有。

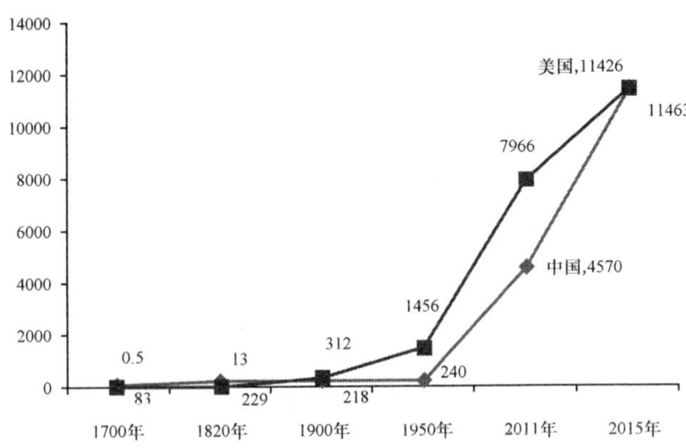

图 2.1　中美经济增长千年比较（1990 年国际元）

数据来源：安格斯·麦迪森所著《世界经济千年史》。

二、规则红利与经济增长在中美间的分配效应

纵观历史，1952 年以来，中国经济增长曲线三次大调整，都与市场经济取向的改革正相关。中华人民共和国建立以来，经过社会主义革命，到 1956 年建立起公有产权制度和计划经济制度，美国和欧美主要经济国家逐渐隔断了与中国经济往来，中国在苏联为首的社会主义国家间开展经济往来。1978 年中国改革开放后，开展与美欧经济往来，逐渐改革“一大二公”的所有制，改革高度集中的计划经济体制，中国经济增长曲线开始抬头，1979 年中美建交，1980 年中国开始恢复在 IMF 和 WB 的席位，1992 年在重新确认公有制为基本经济制度的同时，也确认了多种所有制共同发展的新制度，还提出建立社会主义市场经济体制的经济改革目标，此后中国经济增长曲线斜率迅速提高，2001 年后中国经济分享了“入世”后的规则红利，中国经济增长曲线斜率进一步陡峭起来。（如图 2. 2）

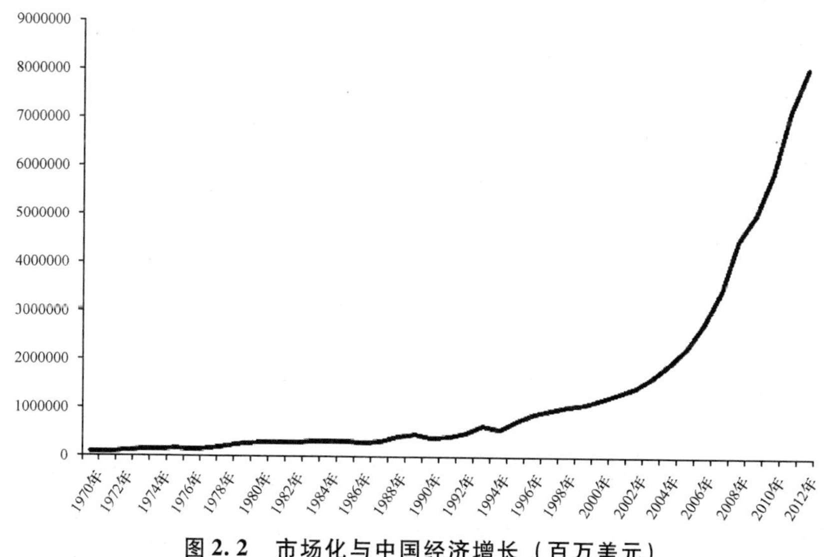

图 2. 2　市场化与中国经济增长（百万美元）

数据来源：UNCTAD. ORG。

更进一步发现，2001 年“入世”后中国经济增长曲线比美国的增长曲线更陡峭，这表明“入世”后，中国的生产力得到进一步释放，增长的加速度大大超过美国。

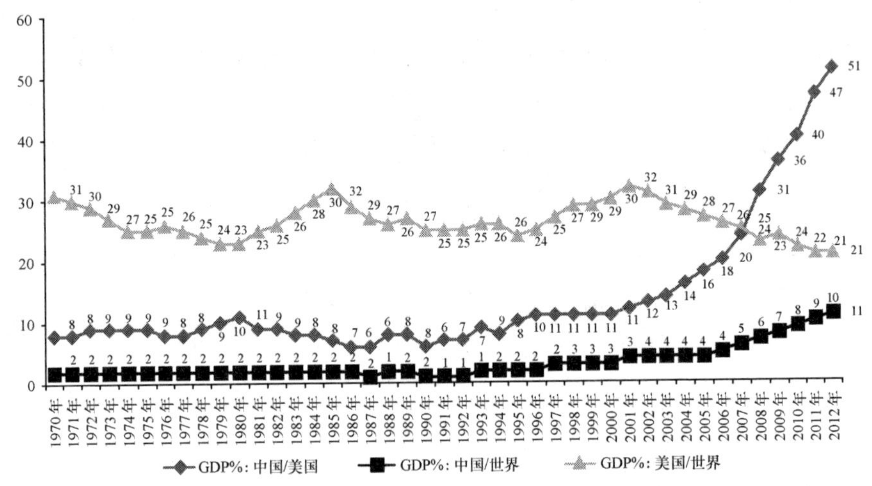

图 2.3　中美经济增长与世界经济比较

数据来源：UNCTAD. ORG。

考虑到时滞，可以清晰地看出，自 1970 年以来，1992 年后的 1994 年中国经济占世界经济比重稳步提高，尤其是 2008 年以来提高幅度更大。这与 1992 年后中国采取市场经济走向的政策和制度建设有着高度的相关性。美国经济占世界经济比重则处于往复波动中，2000 年后一直处于持续下降中，这与同期中国的持续上升，形成鲜明对比。与此相应，1992 年来，中美 GDP 之比的数值稳步提高，2000 年后这一数值呈现更为陡峭的增长曲线。

这种相关性表明：中国经济因采取了市场经济导向而获得了制度红利——持续较高速度的增长，中国与美国签署“入世”协议完成“入世”后，中国从 WTO 这一全球规则中所获红利超过美国。这表明，中国应该理所当然地成为 WTO 规则的积极维护者。中国为此而采取的积极融入美国主导的国际经济秩序的政策令中国获得了规则红利。当然形成这一结果的原因是多方面的，但采取了以美国为首的经济制度的改革，发展包括私有制在内的多种所有制经济，建立市场经济和参与投资贸易自由化，经济获得飞快增长。

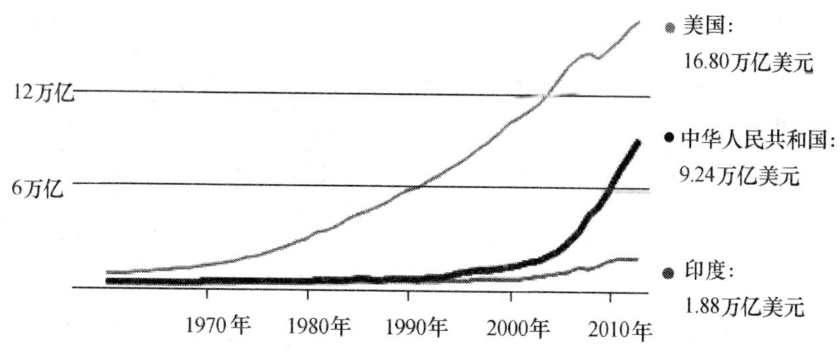

图 2.4　市场经济让中国经济起飞

数据来源：世界银行。

真正让中国经济增长曲线斜率大于美国还是2001年后发生的事情。有很多相关因素可以来解释这一显著的变化，其中中国“入世”是重要的解释变量。

第四节　共同规则下的制度竞逐

中国在市场经济规则和全球化下的红利是显著的，尤其是“入世”后的增长曲线尤为陡峭。中国必然要追求经济市场化和推进经济全球化，但短期内囿于各种牵制因素，国内改革只能循序渐进；从长远来看，获得市场红利的中国必然是市场经济和全球化的拥护者和积极倡导者。中国与任何一个理性主体一样，必然寻求在全球市场中实现资源最优配置和能效最大化。

在贸易方面，尽管中国“入世”了，也有100多个国家承认中国市场经济地位，但世界主要市场欧美并不承认中国市场经济地位，中国企业在与这些国家开展贸易时仍不能享受统一规则的待遇，但到2016年，WTO成员国将自动认可中国的市场经济地位。从“入世”后的红利来判断，中国必是全球自由贸易体制的坚定维护者。

民族国家发展历程表明，一个国家参与国际经济的方式，一般先从贸易开始，然后升级到海外投资，最后是走向金融往来。对外投资已经成为中国参与国际经济的商业最前沿。投资方面，中国目前除了中国—东盟FTA，只与新西兰、冰岛、瑞士三个发达国家签署了FTA，2014年签署了中日韩投资协定，但与世界主要市场欧美并没有签署BIT，中国必将寻求与欧美尽快签署BIT。

尽管美国认为中国已经成为美国主导下的国际经济体制内的成员，但如何保持美国的制度优势和利益分配优势，是美国资本、企业从而也是美国政府对外政策的追求。

此外，由于各经济体发展水平的差异，WTO推进的贸易和投资便利化成果还有很大局限，尤其是服务贸易并没有在WTO框架内得到充分体现，投资便利化也没有获得推进。

美国国内也认识到全球贸易规则令中国受惠更多，而美国的竞争优势未能通过当前的WTO框架充分显现。美国先后推进了TPP、TTIP、TISA谈判，正在建立一个包含服务贸易在内的无例外的跨区域综合自由贸易体系，通过TPP、TTIP、TISA三轮驱动分别在东西半球、服务贸易领域推进投资和贸易自由化深度发展，以尽量发挥美国的竞争优势。因此，规则的认同，并不自然消除在制度建设上的差异诉求，在规则的深度上，中美仍然处于不同的轨道，美国实力强大，走得更远，仍然拥有经济纵深自由化方面制度建设的优势，规则认同更不消除利益的差异。TPP对中国最主要的压力来自于三方面：国有企业的“补贴”、劳工和环保标准、知识产权保护。这新一轮的国际经济自由化的推进，必将构建新的贸易和投资转移效应，形成虹吸效果，对于外围的经济体形成负面转移效应。尽管有转移效应，但从美国自身利益而言，美国此举是进一步发挥本国比较优势，促进本国经济持续较快发展、促进国际经济自由化的积极举动。

中国一方面与新兴市场经济体加强团结推进了金砖国家银行的创设，同时巩固经济腹地东南亚推进中国—东盟 FTA 升级版，创设了亚洲基础设施银行，推进中日韩投资协议的签署。

中国此举是在认同国际经济自由化、降低交易成本这一规律之下的制度红利竞争。从体系规则上不构成对美国主导的国际经济秩序的挑战，是基于中国经济发展水平和对外经济关系而做出的积极的响应，是对利益的竞争。双方对于各自的经济外交，都应换位思考，理性分析，而不是零和博弈思维。只不过，往往以合作求合作不得，以竞争求合作则成。

第三章　经济发展、权力转移与中美经济外交

在系统规则基本不变和有共同认同的规则的环境下，探究中美经济关系的基本结构是把握中美关系历史和趋势的关键。概而言之，中美经济关系有三大显著结构特征：国际分工上的互补、经济相互依存的不对称性、经济上的崛起国家和守成国家。其中，一个崛起中的经济大国与一个守成的经济强国，是中美双边经济外交最显著的结构特征，是观察中美经济关系和中美关系的宏观出发点。

中美经济关系的结构是逐渐形成并持续演变的。实力变化通过相互依存的演变体现，中美分工互补与经济相互依存是相关联的，很大程度上经济相互依存是经济互补的体现，相互依存的内涵包括静态的不对称和动态的趋于对称。静态特征是：实力相差悬殊、强弱对比显著，中美经济依存存在显著不对称。动态特征是：实力差距逐渐缩小、强弱对比逐渐模糊，中美经济依存的不对称日益减少。相互依存可能会引发冲突，也可能会带来和平。

第一节　经济发展、权力转移与中美经济外交

按照 IPE 经典的权力与财富理论、权力转移理论和大国兴衰研究结果，可以简单地通过世界经济中中美 GDP 比重的相对变化，来确立中美间经济实力的相对变化和权力转移方向：中国经济正在相对崛起，美国经济正在相对衰落；中国在世界经

济中将拥有比现在更多的话语权，美国在世界经济中拥有的话语权正在并将继续减少。在这一权力转移的过程中，不容忽视的事实是，美国仍然占有绝对力量优势。这决定了中美经济外交演进的基本格局。

一、中美经济发展与权力转移

1970—1990 年间，中国在世界经济中的地位几乎没有改变，由于美国在世界经济中的地位出现起伏，从而引起中美相对经济地位相应起伏。1991 年后，中国在世界经济中的地位稳步提升，尽管美国在世界经济中的地位有起伏，但中国 GDP 占美国 GDP 的比重持续上升。尤其是 2001 年后，美国在世界经济中的地位持续下降，中国在世界经济中的地位持续上升，从而中国 GDP 占美国 GDP 的比重迅速提高。回顾中国经济外交，中国于 1990 年后进一步确定扩大开放，加快融入世界经济的抉择是有力的、正确的，中国加入 WTO 融入世界经济的抉择是正确的、有利的。回顾美国经济外交，正是 2001 年“9·11”后，美国才重新定位中美关系、希望中国承担更多国际责任，金融危机以来要求中国承担国际经济责任、参与国际经济制度和全球经济治理，[①]“9·11”事件和次贷危机引发的金融经济危机对美国的损害是巨大的。从历史数据来看，美国经济在世界经济的地位起起落落，下降是非常缓慢的，中国经济在世界经济中的地位上升是非常快的（图 3.1）。这意味着，中美经济力量对比的变化主要是由于中国经济的快速发展、大幅提升决定的，美国在世界经济中的衰落是相对的、微小的。

运用 EXCEL 的趋势分析工具发现，以 1978 年到 2012 年的中美经济增长为历史数据，中美 GDP 比重的线性趋势将在 2087

---

① 罗小军：《新型大国关系的生成：改革开放以来的中美经济外交（1978—2012）》，复旦大学博士论文，2014 年，第 116、154 页。

年左右到达比值 100%，中美 GDP 比重的多项式趋势将在 2025 年左右到达比值 100%。（如图 3.2）

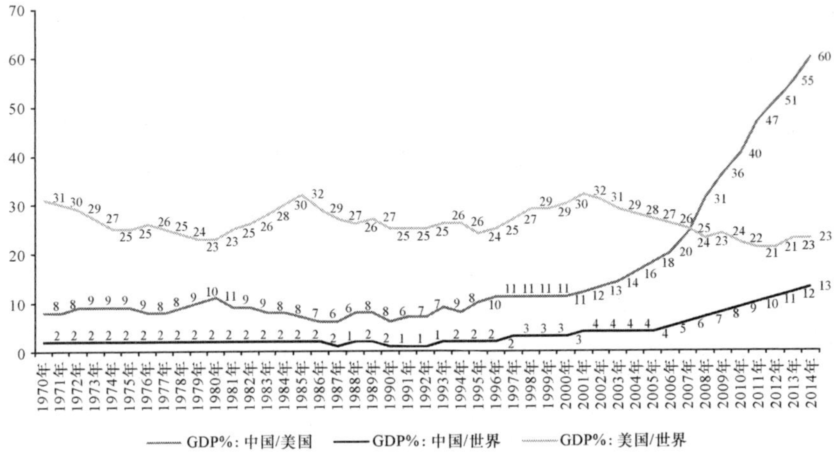

图 3.1　GDP：崛起中的中国和衰落中的美国

数据来源：www. unctad. org。

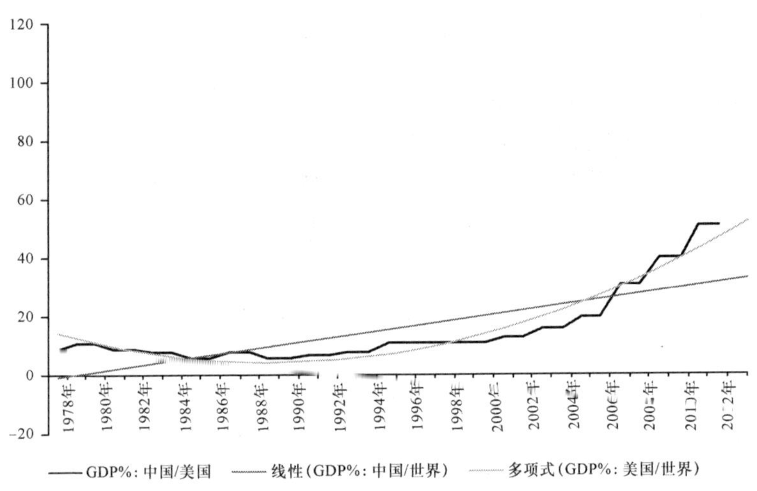

图 3.2　中美 GDP 比发展趋势

数据来源：www. unctad. org。

但在中国经济崛起的背后，中美经济存在巨大差距，2013年中国人均GDP为6767美元，美国人均为53152美元，中国人均GDP是美国的12.73%；2013年美国经济总量与全球第二大经济体中国、第三位日本、第四位德国的经济量总和相当，全球经济格局总体依然是一极的世界。尽管差距巨大，但背后隐藏的趋势仍然是显著的，即一个经济力量上相对崛起的中国和经济力量上相对衰落的美国正在重构世界经济的顶层结构。

二、中美权力转移：崛起国家与守成国家

中美经济发展现状、态势以及两国战略指向从客观和主观两个维度构建了崛起国家和守成国家的内涵。一个崛起中的经济大国与一个守成的经济强国，是中美双边经济外交最显著的结构特征，这一结构特征的涵义有两层：客观上来说，40多年来，无论是中国经济与美国经济的比重还是中国经济占世界经济的比重都在持续上升，而美国占世界经济比重平稳下降，中国经济占美国经济的总量比持续上升（图3.1）；主观上来说，美国一直以维护和完善其主导的国际政治经济秩序为目标，而中国一直以致力于建立新的国际政治经济秩序为目标。主观指标是构建崛起国家和守成国家相互关系的一个更重要的指标。崛起国家和守成国家这一结构特征，影响了中美经济关系和中美经济外交的方方面面，是研究中美经济外交的基本立足点和出发点。这一结构特征进一步约束了中美经济外交的行为特征。中国一直在呼吁建立国际经济新秩序，但在“入世”和次贷危机以前，其能力和作为都很有局限，“入世”后，尤其是次贷危机后，都相对获得了一定程度的进展。不过，美国对TPP的推进，进一步引领了全球贸易和投资自由化的新制高点，美国仍然总体上掌握了国际经济秩序的主导权和主动权。

三、权力转移与中美经济外交总格局

中美经济力量的绝对不对称性从总体上解释并决定了：在以财富多寡决定权力大小，以权力大小来决定财富分配多寡的国际政治经济体系中，美国因其强大的经济实力而拥有主导权，并由此享有更多的利益分配。过去 30 余年里，美国经济外交的规则制定能力、议题设定能力、行动能力是强大的，中国的议题设定能力、行动能力相对薄弱，但却在逐步增加。强者有条件也容易采取强制措施，频频出招，弱者更多是被动接招应对和采取安抚性措施来缓解对方的力道。这样的总体格局还将持续相当时间，短则十年，长则将会到 21 世纪末。

第二节　变化中的相互依存与中美经济外交

GDP 的变化，更多地反映了中美经济外交在宏观态势上的历史和趋势，在战略层面对国内政策和经济外交有参考意义，而经济相互依存构建了权力转移的微观基础并揭示了其动态过程。经济相互依存这一结构特征是：静态的不对称和动态的趋于对称。静态特征是实力相差悬殊、强弱对比显著，中美经济依存存在显著不对称；动态特征是实力差距逐渐缩小、强弱对比逐渐模糊，中美经济依存的不对称日益减少。

贸易、投资、金融等领域的相互依存的历史脉络可以从偏微观层面揭示了中美经济不对称性的发展与经济外交的相互关系，逆趋势的节点可以揭示中美经济外交中经济与非经济因素的相互影响，检验中美经济外交策略的功效，从而为今后更加理性地选择提供历史参照。相互依存的对称性发展，还显示了中国对美经济外交中经济因素作为目标和手段的变化，中国逐渐运用各种经济力量影响美国对华经济外交。相互依存的对称性演进，也展现了美国对华经济外交中经济力量手段的相对弱化和经济利益目标的相对崛起。

一、中美贸易绩效、依存与经济外交

按照中方统计，1979 年中美贸易额为 24.51 亿美元，2012 年达到 4846.8 亿美元，贸易额增加了 198 倍；按照联合国贸发会议的统计，1979 年美中贸易额为 23.7 亿美元，2010 年达到 4568.2 亿美元，贸易额较 1979 年增加了 193 倍。（如图 3.3、图 3.4）

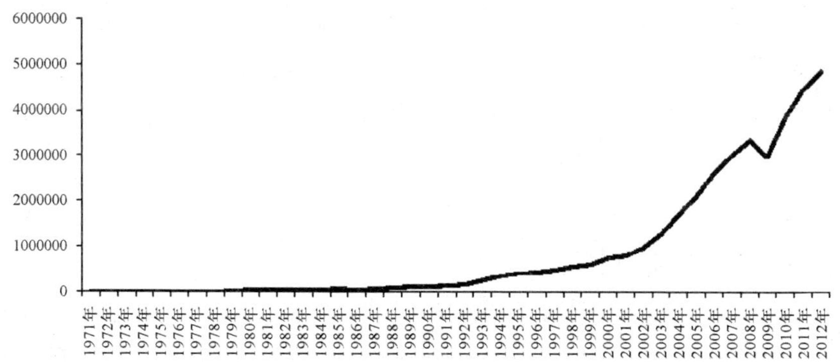

图 3.3　1971—2012 年经济外交：中美贸易发展（百万美元）

数据来源：www.stats.gov.cn，2012 年数据来自国家统计局公报。

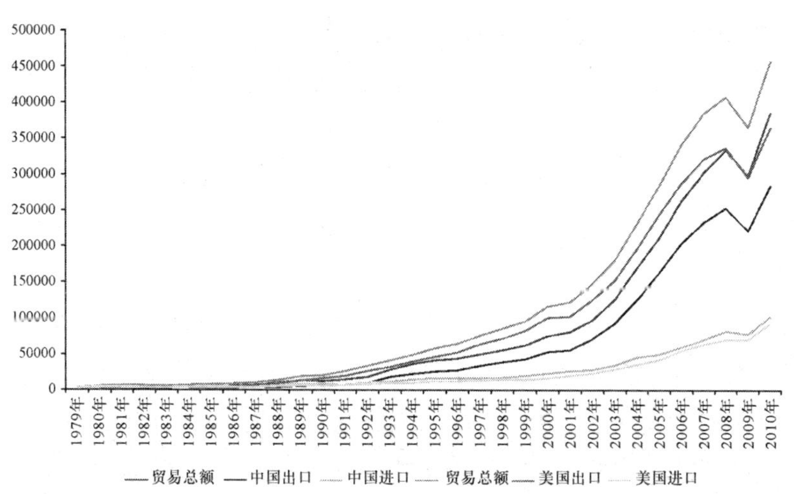

图 3.4　1979—2010 年经济外交：中美贸易发展（百万美元）

数据来源：中方数据 stats.gov.cn；美方数据 tse.export。

（一）中美贸易趋势与逆趋势节点

观察中美建交30余年历史，结合中美贸易曲线（图3.4）体现的贸易增速和具体年度的贸易额数据来看，中美贸易呈现出四个增速变化的阶段和四大逆趋势的节点：1979—1989年期间贸易趋势线直线斜率约为20度倾角，但1983年、1986年贸易重挫、负增长；1990—2000年期间贸易趋势直线斜率约为30度倾角，1990年双边贸易遭遇重挫、负增长；2001—2007年贸易趋势线直线斜率约为33度，没有挫折；2008—2012年期间贸易趋势直线斜率约为20度倾角，2009年双边贸易遭遇重挫、负增长。

首先，中美贸易趋势与政策的含义。与1979年前中美贸易趋势相比，1979—1989年间中美贸易得益于中美建交与中美贸易协议、最惠国待遇的确立，得益于中国改革开放的启动。1990—2000年间迎来更高的增速，得益于中美贸易的“政治脱敏”，得益于中方确定建立市场经济和扩大开放的政策。2001—2007年间中美贸易提速，得益于中国“入世”，中美贸易门槛大大降低。2008—2012年，中美贸易高增长回落，增速回落到建交后十年的水准，这既有危机的影响，也标志着WTO制度红利的消退。这意味着从经济外交角度，扩大中美贸易需要有新的突破，比如期待中美BIT落地推动贸易，沿着TPP方向或者FTA方向扩大贸易自由化广度和深度。从30余年的历史来看，尽管美方在经济外交事件中常常采取了约束性措施，但保持了开放化和自由化的总体导向，中国也在一直寻求建立市场经济体系、持续对外扩大开放，中美双方经济贸易往来不断扩大。中美贸易的发展，取决于双方国际分工上的互补需求和双方经济往来中扩大开放、提高经济交往的自由度等降低交易成本的经济外交举措。不论这种降低交易成本的行为是单边的还是双边的，都对双边贸易有非常积极作用，比如1978年中国的开放、1992年左右中国的进一步扩大开放、1994年美国对人权和贸易“脱钩”、2001年中国“入世”，在双边贸易的增长上可以明显地观察到这些政策的积极贸易效应。其政策含义是，降低双边经济往来交易成本，是中美经济外交可以大力作为的地方，循此逻辑和经验，中美应加速 BIT、TPP 的沟通与谈判，以进一步释放红利空间。

其次，中美贸易逆趋势节点与政策含义。30 余年间，中美贸易经历了四次逆趋势节点，第一次是 1983 年、第二次是 1986 年、第三次是 1990 年、第四次是 2009 年。1981—1982 年，中美两国围绕美国对台军售和“与台湾关系法”展开博弈，中美刚刚建交，立足未稳而遭遇政治冲突，双边贸易受到波及。由于贸易订单的时滞，1983 年中美贸易总额录得 -24.55% 的增长率，美中贸易录得 -14.13% 的增长率。1983 年，中国对美出口略有增长，中国从美进口大幅下滑，同时美国对华出口大幅下滑，对华进口保持增长。客观上，以 1983 年中美双方的贸易地位和相互需求而言，中美贸易下滑主要是因为美国对华出口下滑；主观上，1982 年邓小平在接见美国客人时，一再强调中方不会因台湾问题让贸易关系受到影响，言下之意希望美方不要让中美贸易受到影响（见第四章第一节），这次贸易负增长是美方的主观行为所致。1982 年下半年中美发布《八一七公报》，中美围绕台湾问题的较量告一段落，政治关系的不确定性暂时解除，1984 年中美贸易立即重拾趋势，增长超过 1982 年。

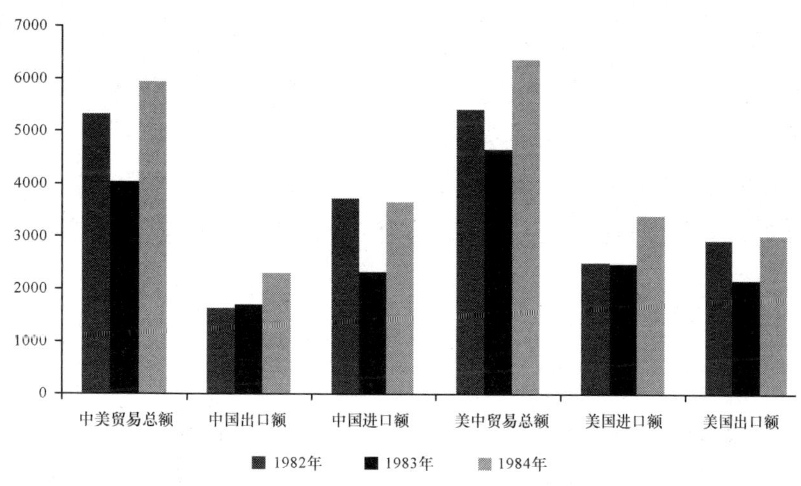

图 3.5　1983 年中美贸易负增长（百万美元）

数据来源：www.unctad.org，www.stats.gov.cn。

但1995—1996年，台海危机期间，中美贸易并没有出现逆趋势的情况。表明中美贸易已经“脱敏”台湾问题，商界对中美政治经济关系的稳定性已经建立信心，对双方就台湾问题可能产生的政治经济的影响已经有所把握。

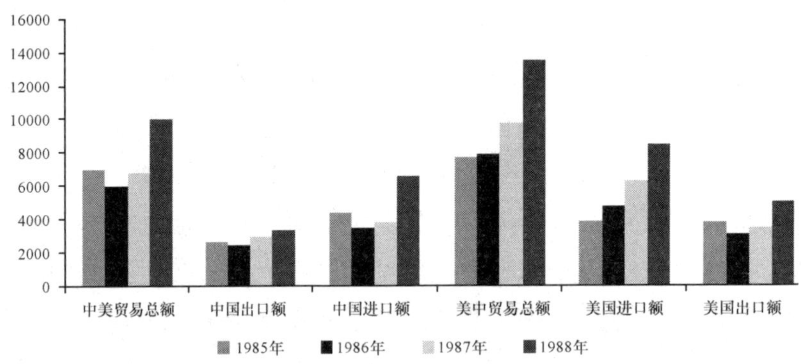

图3.6　1986年中美进口负增长（百万美元）

数据来源：www. unctad. org，www. stats. gov. cn。

1986年中方数据显示中美贸易录得-14.68%的增长率，直到1988年贸易额才恢复并超过1986年的水平。美方数据显示美中贸易录得2.11%的增长率，并没有出现逆增长趋势。中方数据显示对美出口略有负增长、从美国进口额度大幅负增长，美方数据显示美国从华进口仍然增长、对华出口大幅下滑，这表明中美贸易总额负增长主要是由美国对华出口和中国从美进口下滑导致的。

1989年美国对华实施经济制裁，受此影响，1991年中美贸易录得-3.92%的增长，美中贸易录得12.56%的增长。引发贸易下滑的主要因素是美国对华出口下降和中国从美进口下降。

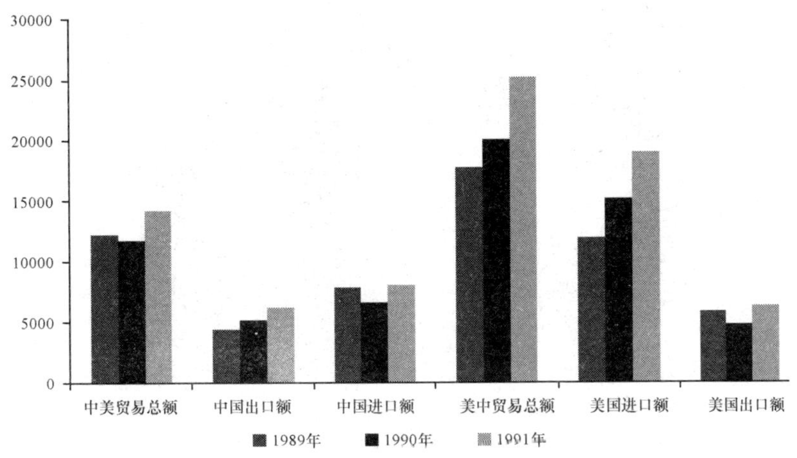

图 3.7　1991 年中美贸易负增长（百万美元）

数据来源：www. unctad. org，www. stats. gov. cn。

同样是由政治因素引发贸易下滑，1983 年台湾问题则是始于美国国内政治进而影响中美双边政治关系，1991 年始于中国国内政治进而影响双边政治关系，双边政治关系的变化都导致了双边贸易受到影响，但 1991 年中美贸易下滑的幅度远没有 1983 年大。更大的差异是，1983 年双边贸易统计都显示了负增长，但 1991 年美国对华贸易并没有受到太大的影响，仍保持正增长，从统计口径差异上，可能是香港等地转口贸易并没有受到太大影响所致。

2009 年中美贸易录得 -10.63%，美中贸易录得 -10.22%。其中，与以往历次出现负增长相反的情况是，这次负增长主要是由美国从华进口和中国对美出口的大幅下滑引起的。2009 年美国一共对华发起近 20 起反倾销反补贴调查以及实施，极大地影响了中国对美出口，是导致负增长的主要因素。而美国之所以在这时发起贸易保护主义措施，与 2007 年次贷危机以来的经济衰退有重大关系。

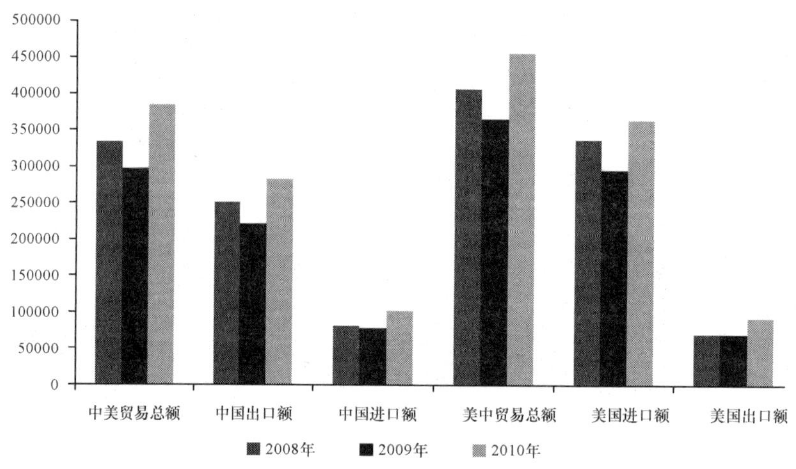

图 3.8　2009 年中美贸易负增长（百万美元）

数据来源：www. unctad. org，www. stats. gov. cn。

比较四次贸易负增长，其中两次是双边出现负增长，两次是中方单方出现负增长。四次中有三次都是美方采取的主动措施引发，两次双边负增长是因美国国内政治经济因素引发，一次是1981—1982 年美国国内力量对台军售引发，一次是 2009 年美国国内贸易保护主义引发。两次双边负增长的事实也证明，美国主动采取措施，不论是出于其国内政治原因还是其国内经济原因，不仅伤及中方也会伤及美方自身。

（二）中美贸易依存的不对称性趋势与经济外交

首先，中美贸易具有不对称性。中美贸易发展迅速但中美外贸的依存度不一样，中国对美国的贸易依存度显著高于美国对中国的贸易依存度，即中美贸易依存的不对称性很显著，中美贸易相互依存度的直线趋势线几乎平行，且大概保持 6% 的距离（图 3.9）。美中贸易依存度曲线是平滑向上的，中美贸易依存的曲线是经历了两次大的起伏（图 3.9）。中美贸易依存度第一次起伏发生在 1980 年前后，1980 年中美贸易依存度达到一个峰值，1981 年后持续下滑，一直到 1988 年左右才有所回升。1989 年后，中美贸易依存度持续上升，1996 年达到新的峰值，此后持续下滑直至 2010 年。有意思的是，贸易依存度下滑在时间上都与中美在台湾问题上的交锋高度吻合，但显然台湾问题并不是依存度下滑的主要解释因素。

其次，中美贸易对称性趋势、权力转移与经济外交。但这种不对称性在逐渐缩小，中美贸易依存度的绝对差额在逐渐缩小，双边贸易依存度的多项式趋势线和直线趋势线都是向下的，同时双边贸易依存度的多项式趋势线呈现橄榄球的样式，中间大两头收敛，即中美贸易依存的对称性增加并逐渐趋于对称（图 3.9）。

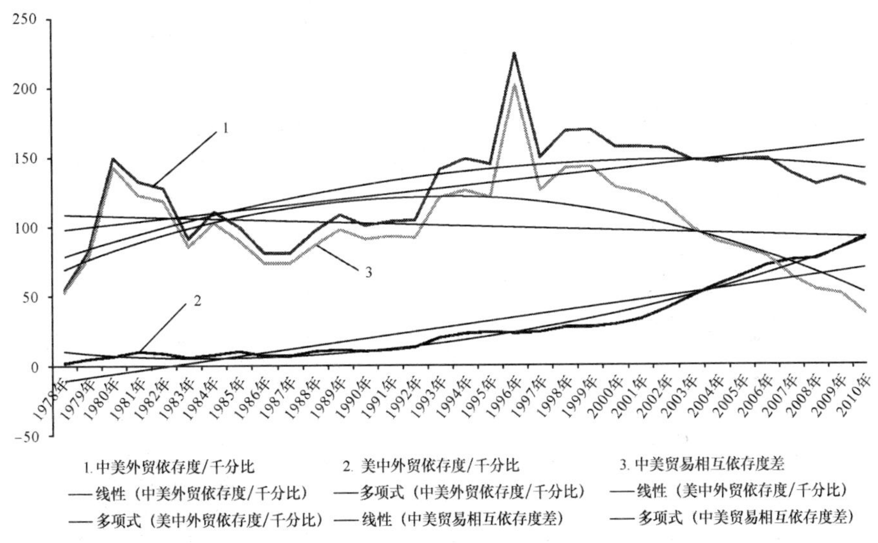

图 3.9　1978—2010 年中美双边外贸依存度（千分比）

说明．每组曲线是描述一个指标的趋势，数据来源：www. unctad. org，www. stats. gov. cn，用 EXCEL 趋势线功能绘制。

总体趋势上，中美贸易的绝对额在持续上升，但中美贸易依存度日趋对称，美国对中国的贸易依存度日益增加，随着发展速度的差异，中美贸易上相互需要的紧迫性在总量上日益对等，中美在贸易上的权力逐渐转移，这与中美经济外交的日趋对等、互利和包容性发展是一致的。运用 EXCEL 的趋势分析工具，如果中美贸易的对称性按照1978—2010年的线性趋势发展，则到2175年才能达到绝对对称（图3.10）。如果中美贸易的对称性按照1978—2010年的多项式趋势发展，则2016年中美贸易便到绝对对称性。目前贸易关系仍然是中美经济关系的主要方面，也是中美经济外交的主要方面。如果美国推行TPP和TTIP取得较大进展，则贸易转移效果会影响中国对外贸易，中美贸易对称性可能会因此更快到来，但这可能是总量更低水平的对称，不仅中国升级中国—东盟自贸区和筹备加入TPP的压力增大，而且低水平的对称性贸易依存，不利于夯实中美互利合作、合作共赢的格局，由于相互制约减少，中美关系的压舱石减轻，可能大大增加了非经济关系脱离正常轨道的风险。因此，近年中国应加快经济外交的力度，为塑造新型大国关系，为谋划中国经济崛起积极布局。一方面积极升级中国—东盟自贸区，另一方面积极提升中美经贸往来的制度化水平和自由化水平，积极主动营造互利共赢的合作格局。

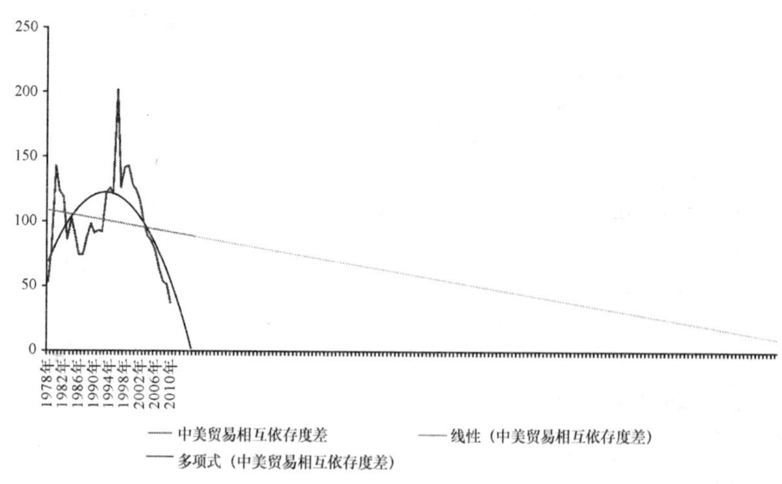

图3.10　中美贸易对称性趋势

数据来源：www. bea. gov，www. stats. gov. cn。

另外，中美贸易对称性实现的最近时间点和最远时间点之间的跨度远比中美经济总量实现相等的最近时间点和最远时间点之间的跨度大，这表明经济发展的自主性更强，美方经济发展只是影响中美经济总量对称的一方面因素；中美贸易发展还依赖于更多因素，因而实现对称性的时间距离更长。

二、中美投资绩效、依存与经济外交

美国对华投资头寸（存量）发展迅速，金额从1982年的490万美元发展到2012年的513.63亿美元，30年增长达105倍。到2014年，美国对华投资项目累计超过6.4万个，实际投入超过754亿美元。

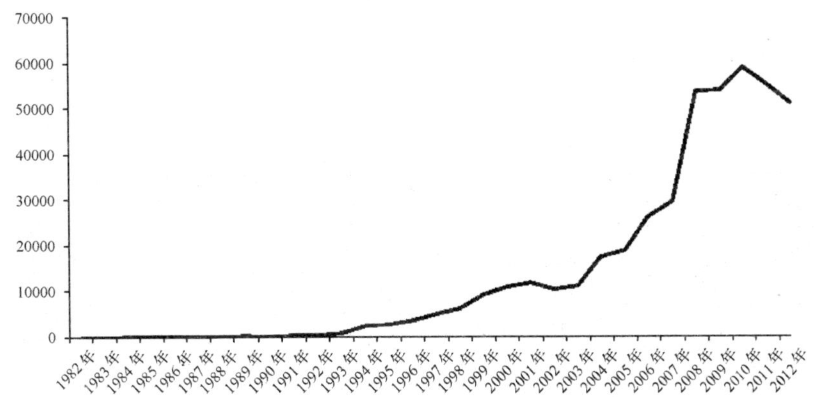

图3.11　美国对华直接投资头寸（1982—2012年）（百万美元）

资料来源：www. bea. gov。

中国对美直接投资起步晚于美国对华直接投资，增长速度远不如美国对华投资的增速快。2002年中国对美直接投资头寸3.85亿美元，2012年达到51.54亿美元，十年增长达13倍，增速惊人。据中方统计，到2014年底，中国企业累计在美投资超过385亿美元，美国成为中国对外直接投资第三大目的地。

（一）中美直接投资的趋势与节点

美国对华直接投资头寸按照增速可以分为四个阶段：1982—1992年，增长曲线的倾角大概不超过5度；1993—2001年，增长曲线倾角大概为20度；2002—2007年，增长曲线的倾角大概为40度；2002—2012年，增长曲线的倾角大概为70度。

中国对美直接投资头寸按照增速可以分为两个阶段：2002—2007年，增长曲线的倾角大概为10度；2008—2012年增长曲线的倾角大概为50度（图3.12）。2002—2012年期间，中国对美直接投资头寸曲线呈现昂头向上的态势（图3.12），同期美国对华直接投资头寸曲线总体向上，但自2008年后出现向下的趋势。

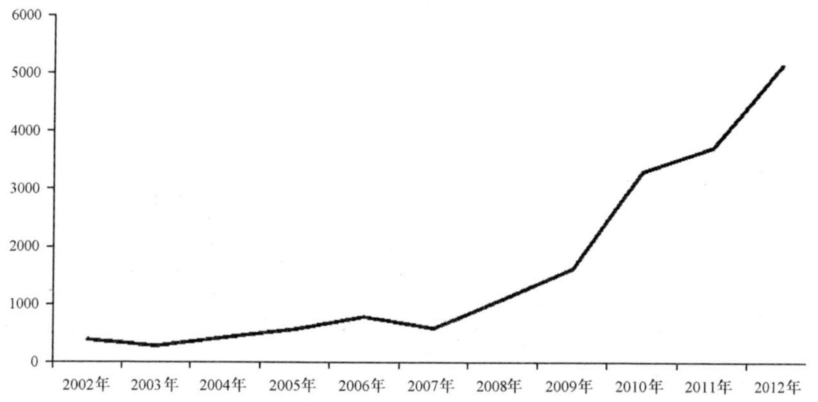

图3.12　中国对美直接投资头寸（2002—2012年）（百万美元）

资料来源：www. bea. gov。

（二）直接投资趋势、节点与经济外交

近十年来中美直接投资上述显著的差异趋势，与中美两国的对外投资政策以及金融危机高度关联。金融危机削弱了美国资本对外投资的能力，危机后美国经济的再工业化和奥巴马政府的召回ODI有一定影响。2002年后中资加速出海与中国政府“走出去”的政策有关，也与中国“入世”有关，而金融危机后中资

投资美国加速则与危机后美国资产价值低估有关。

（三）中美直接投资的依存度

美国对华直接投资头寸尽管发展很快，额度也比中资投资美国头寸大得多，但比较美国在全球的投资头寸而言是微不足道，且绝对额差的发展趋势呈现出一个巨大的“喇叭口”（图 3.13）。这与中美两国的经济体量很不相称。既是中美两国垂直分工的体现，也与中美缺乏双边投资协议这类降低投资交易成本的制度有关。

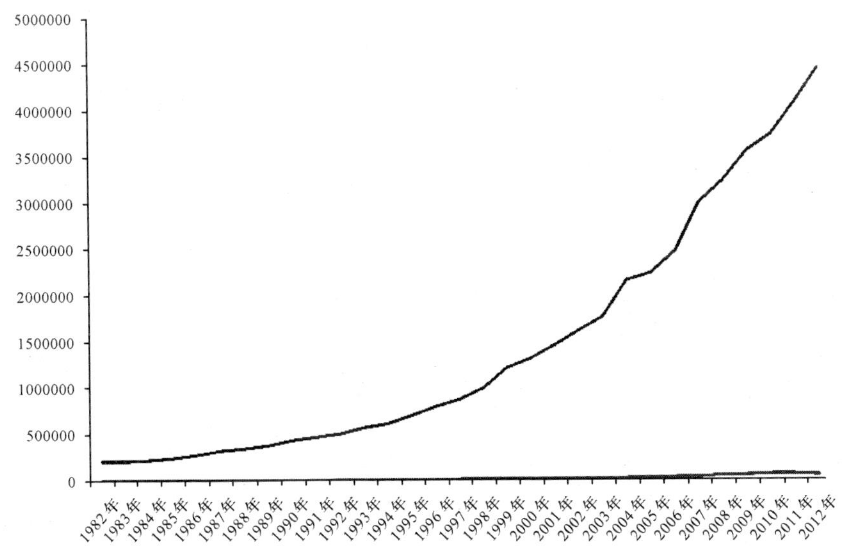

图 3.13　美国对华直接投资头寸与美国对外直接投资头寸（百万美元）

资料来源：www. bea. gov。

但同时，美国对华投资头寸在美国对外投资头寸中的比重，即美国对外直接投资对中国投资的依存度总体在逐渐提高，但近年比重下调，其中原因值得关注（图 3.14）。1992 年中国宣布建立市场经济体制以来到中国“入世”，美国对华投资头寸在其全球投资头寸中的比重持续增加，2009 年后掉头向下，需要获得新的推动力。

同期，中国在美直接投资与全球在美直接投资相比也是微不足道的，而且两者的绝对差额也在扩大（图3.15）。

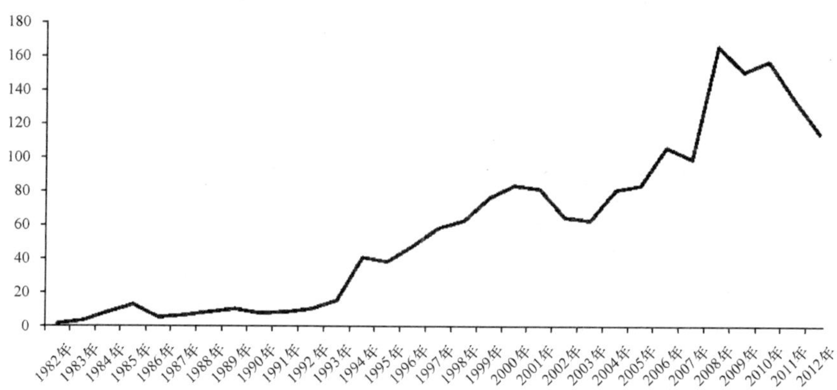

图3.14　美国对华直接投资头寸/美国对外直接投资头寸（万分比）

资料来源：www. bea. gov。

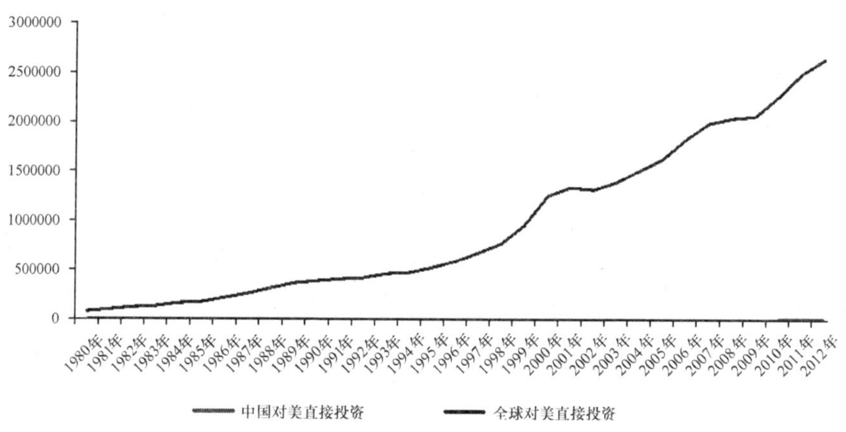

图3.15　中国对美直接投资头寸与全球对美直接投资头寸（百万美元）

资料来源：www. bea. gov。

但同期，中国对外直接投资中对美直接投资的依存度在快速上升（图3.16）。

比较中美直接投资的相互依存度，美国在吸引全球市场直接投资时对中国市场的直接投资的依存度大大小于中国在吸引全球市场直接投资时对美国市场的直接投资的依存度。

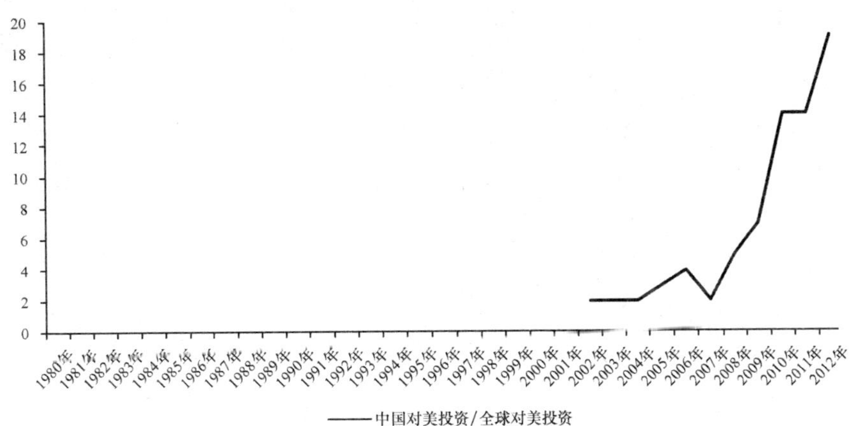

图 3.16　中国对美投资头寸/全球对美投资头寸（万分比）

资料来源：www. bea. gov。

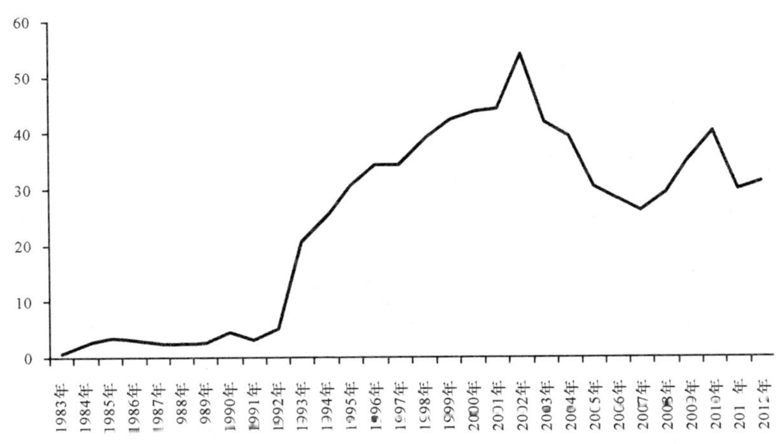

图 3.17　1983—2012 年美国对华直接投资流量（亿美元）

数据来源：徐康宁、王剑：《美国对华直接投资决定性因素分析（1983—2000）》，《中国社会科学》，2002（05）：66；田素华：《中国 FDI 经济的结构变动——基于 1979—2009 年的统计数据分析》，《世界经济情况》，2010（11）：1；邹正方、徐艺芳：《美国在华直接投资对中美贸易不平衡的影响研究》，《经济理论与经济管理》，2011（02）：79；商务部网站统计数据。

不仅如此，从投资流量来看，美国对华直接投资已经呈现较长时间的下降趋势（图 3.17）。美国对华投资流量从 1983 年的 0.83 亿美元，2002 年达到峰值的 54 亿美元，2010 年为 40.52 亿美元，2012 年为 31.1 亿美元。2012 年是 1983 年的 37 倍。

同时，美国对华投资流量在中国吸引全球直接投资中的地位日益下降（图 3.18）。

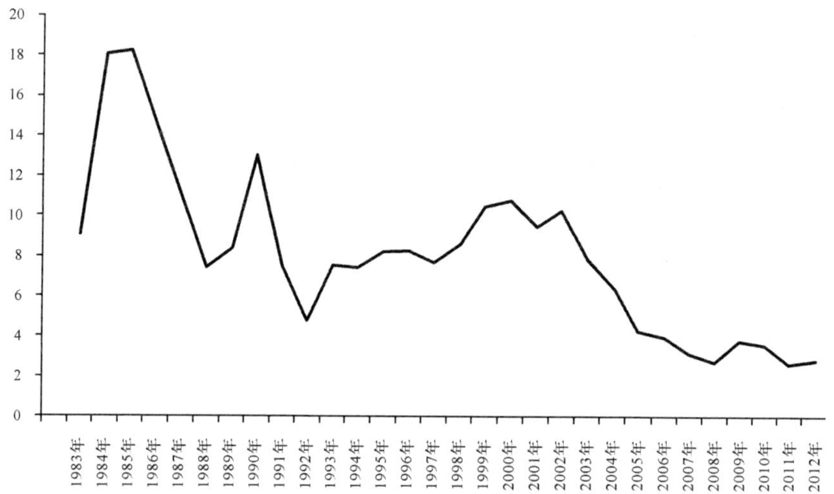

图 3.18　1983—2012 年美国对华 FDI 流量/全球对华 FDI 流量（%）

数据来源：徐康宁、王剑：《美国对华直接投资决定性因素分析（1983—2000）》，《中国社会科学》，2002（05）：66；田素华：《中国 FDI 经济的结构变动——基于 1979—2009 年的统计数据分析》，《世界经济情况》，2010（11）：1；邹正方、徐艺芳：《美国在华直接投资对中美贸易不平衡的影响研究》，《经济理论与经济管理》，2011（02）：79；商务部网站统计数据。

此外，美国对华投资头寸与美国在全球投资头寸的比重也在下降（图 3.14）。无论美国对华直接投资流量、存量还是对中国市场的依存度都在下降，中国对美国直接投资的依赖也在下降。

（四）投资依存度变化与经济外交

美国对华投资和投资依存度的双下降，与中美贸易量上升和中国对美贸易依存度降低的积极变化大不一样。在中美经济外交中，美国对华直接投资的流量、存量和对中国市场的依赖程度的下降，对于中方而言不是一件有积极意义的事情，因为这意味着一旦中美双方发生经济摩擦或者政治冲突，中国美国商会的强大游说力量和“压舱石”作用或大大削弱，中国在美国商界的利益共同体削弱。尽管中国对美直接投资发展迅速，即便算上统计的遗漏，但存量还是非常有限。然而迅速增长的投资日益为美方重视，无论是改善美中贸易逆差，还是增进双边战略互信，把资本投放到对方市场就是一种信任。投资越多，相互信任、互利和利益交融越深，越有可能对对方经济、政治和社会保持稳定和发展拥有共同利益。

三、中美金融绩效、依存与经济外交

美国对中国投资主要以直接投资为主，中国对美投资主要以购买美国国债的间接投资方式为主。

（一）中国在美国的金融投资

1978年中国持有的美国证券资产（非银行部门报告）为5.6亿美元，2010年为43.46亿美元，32年增长了78倍，额度略超过同期美国对华直接投资。

中国持有美国证券资产（银行部门报告）2003年为132.36亿美元，2012年为707.6亿美元，十年增长了5.3倍，高峰时为2008年的2261.69亿美元，为2003年的17倍。

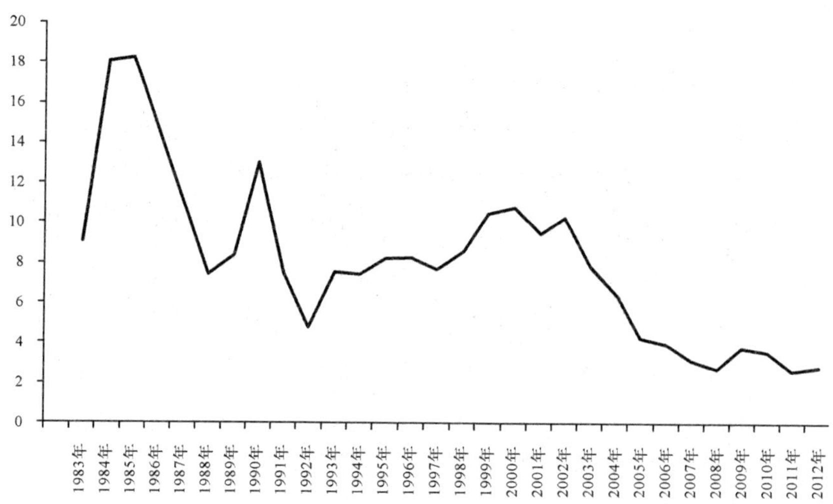

图 3.19 中国持有的美国证券资产（非银行部门报告）（百万美元）

资料来源：www. bea. gov。

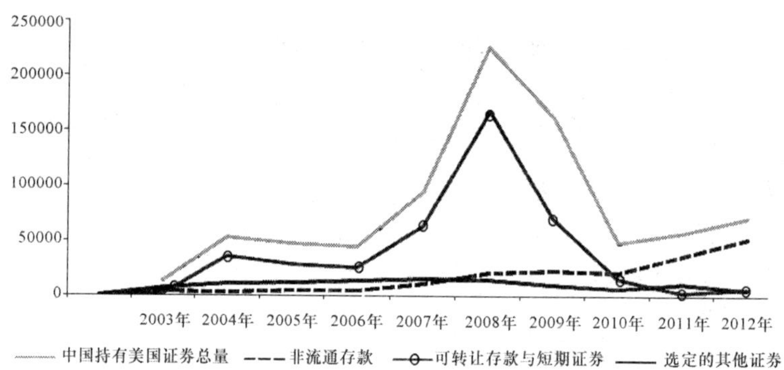

图 3.20 中国持有的美国证券资产（银行部门报告）（百万美元）

资料来源：www. bea. gov。

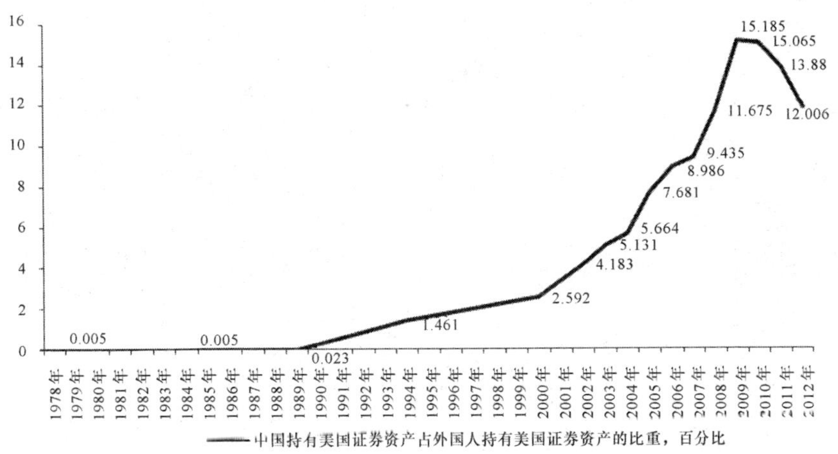

图 3.21　中国人持有美国证券资产占外国人持有美国证券资产比重（百分比）

资料来源：www. bea. gov。

中国购买的美国国债分为三个阶段。1985—1993 年底为第一阶段，中国虽已开始购买美国国债，但数额较少，绝大多数的月份购买额在 10 亿美元以下，这一阶段中国购买美国国债主要以短期持有为主，买入美国国债之后便会迅速交易。1994—1999 年底为第二阶段，这一阶段的特征是中国对美国国债的月度购买额开始大量增加，绝大多数月份的购买额都维持在 10 亿美元以上。第三阶段由 2001 年开始，中国对美国债持有量明显加大，自 2001 年后这一数字开始迅速增加，到了 2007 年底，中国持有的美国国债已经攀升至 4776 亿美元，成为仅次于日本的美国第二大债权国，此后中国常居美国第一人债权国地位。

中国自“入世”以来，一直保持增持美国国债的速度，2007 年后增速有所提高，2010 年后增持速度放缓，比 2000—2006 年的增持速度都更低（图 3.22）。这一变化与美元资产的价格变动和美国经济复苏的步伐是一致的，逢低增加买入、逢高减少买入。

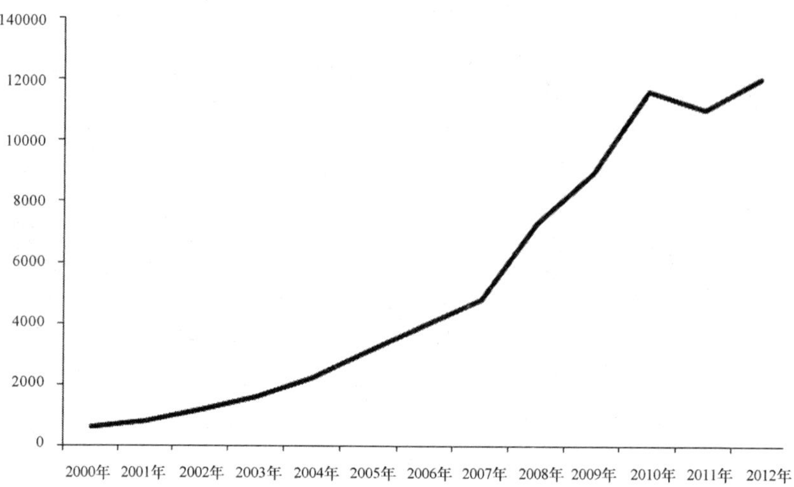

图 3.22　中国购买的美国国债（亿美元）

资料来源：www. bea. gov。

同时，“入世”以来，中国持有的美国国债占外国人持有美国国债的比重持续提高，2009 年到达峰值，2010 年有所降低（图 3.23）。

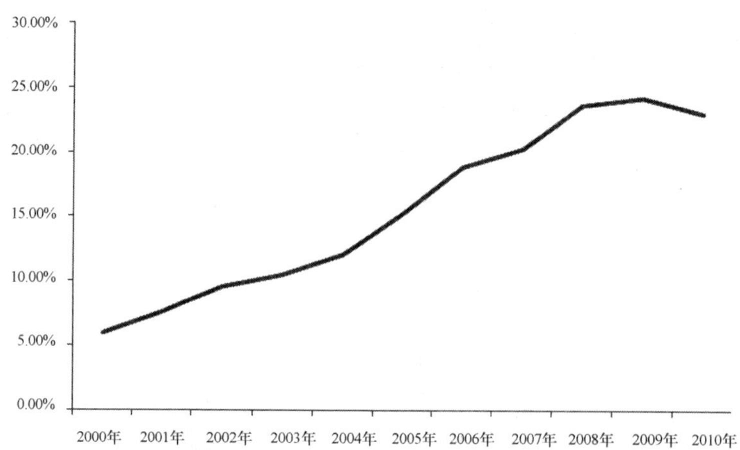

图 3.23　中国持有美国国债占外国人持有美国国债比重

资料来源：www. bea. gov。

（二）中国在美金融投资与中美经济外交

中国在美金融投资的数据表明，在美国遭遇金融危机的时刻，中国没有撤退。2007年后增持速度提高，与美国要求中国增持美国国债的诉求一致，很好地支援了美国危机时刻的国内流动性，与美方提出的“同舟共济”的诉求一致。[①]

（三）美国在中国的金融投资

1994年美国持有中国证券资产为20.85亿美元，2010年为1022亿美元，增长了51倍。美国金融业拥有比较优势，美国资本一直在寻求扩大中国金融市场的准入，在中国“入世”后美国持有的中国证券的速度大大提高，但次贷危机爆发后大幅减少，开始掉头向下（图3.24）。

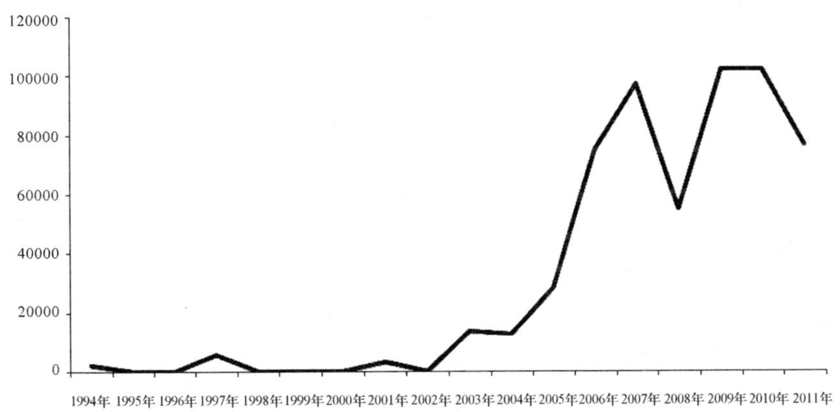

图3.24 美国持有中国证券资产（百万美元）

资料来源：www.bea.gov。

除了证券投资外，美国金融机构还大量投资于中国的金融机构，特别是入股商业银行。

① Henry M. Paulson, Jr.. *On the Brink*, New York: Grand Central Publishing, 2010: 10.

（四）“斯蒂格利茨怪圈”与中美经济外交

上述数据可以发现，中美投资互动的一个主要方式是：中国一边吸纳大量的美国直接投资，同时又把自己大量的外汇储备投资于美国债券特别是国债市场；美国一边投资中国生产领域，一边在金融领域吸纳中国资本，以粗略的方式估算，美国对华直接投资头寸500多亿美元，中国对美直接投资头寸50多亿美元，美国对中国证券业投资头寸1000多亿美元，中国对美证券类投资头寸10000多亿美元。在中美双边资本循环中，美国充当着积极的借贷者和消费者，而中国则扮演被动的储蓄者和廉价资金提供方的角色。中国资本大量净流向美国，典型的穷人借钱给富人用。这是典型的“斯蒂格利茨资本循环怪圈”：新兴市场以较高的利率从发达国家借钱，然后以国库券和其他低回报率证券的形式把大部分钱再借给发达国家。在这一资本双边循环中，中国处于被动地位。实际上是美国以低成本方式向中国举债，然后又把这些债权融资投向中国获取了更高回报率。1999—2009年美国对华直接投资的经营性净收益率为15%，加上资产价格上涨和人民币升值因素，实际收益率为18%；美国对中国股票投资的收益率也达到13%；1999—2009年中国对美直接投资的实际收益率仅为2.3%，股票投资的实际收益率仅为1.77%，国债和机构债投资的实际收益率为3.22%。由此可见，中美双边直接投资和证券投资的收益率存在显著的非对称性，而中国资本仍然投资一个低收益的市场，反映的是美国在世界经济中的主导地位和总体优势地位与中国的总体弱势地位。随着中美经济关系的日趋紧密，中国对美国金融的依赖程度都远远超过美国对中国金融的依赖程度。换言之，两国金融相互依赖关系的非对称性主要表现为中国对美国金融的过度依赖。但这种不对称性是建立在美元作为世界货币、两个市场的不同发展水平和不同国际分工地位的基础上的，也是中国在这一结构环境下的自主选择——出口导向型发展战略和钉住美元汇率制度的必然结果。这种货币的不对称依存是在结构环境既定的情况下的一个次优选择。

构成“斯蒂格利茨怪圈”的重要因素集中体现为美元的强势与人民币的弱势。走出“斯蒂格利茨怪圈”，长期策略要靠发展经济、优化结构、推进人民币国际化来实现；短期则要形成多层次投资策略，一边继续投资美国国债，以安全性为主，一边通过主权财富基金投资金融机构，以流动性为主，一边扩大直接投资，以收益性为主，从而一定程度上规避这一资本循环怪圈。从这一点上而言，积极推进对美直接投资，尽早推进中美 BIT 的签署，合理加快推进人民币国际化，有利于中国走出这一怪圈。

四、中美货币不对称性依存与经济外交

中美货币地位相差悬殊。美元是世界货币、全球货币，是金融市场的“锚”。人民币属于非世界通货、外围货币。人民币汇率定价机制和中国外汇储备构成集中反映了人民币对美元的不对称性依赖。

（一）人民币美元汇率与美元储备

相当长的时间内由于人民币汇率绑定美元，人民币国内政策只能被动地按照美国货币政策来调整，丧失独立性，从而对美元形成单向度依存。人民币在 1994 年起与美元非正式挂钩，汇率只能在 1 美元兑 8.27—8.28 元人民币这非常窄的范围内浮动，2005 年 7 月 21 日，人民币汇率改为参考一篮子货币，汇率改为 1 美元兑 8.11 元人民币，使人民币变相升值 2%，并且不再与美元挂钩。但 2005 年的结售汇制度推行，使得人民币实际钉住了美元，从而形成了这样的格局：美国提供贸易美元，中国通过出口收进贸易美元，再用美元购买美国国债，成为投资美元，为美国国内提供流动性。这种绑定直到 2012 年结售汇制度的撤销才终止。[①] 同期，中国外汇储备急剧积累，与人民币美元汇率走向呈现一定的负相关

① 邵宇、秦培景：《危机三部曲：全球宏观经济、金融、地缘政治大图景》，文汇出版社 2013 年版，第 7 页。

(图3.25、图3.26、图3.27)，人民币逐渐升值，中国外汇储备大幅积累，并将这笔财富投资于美国收益率低且稳定的国债。[①]

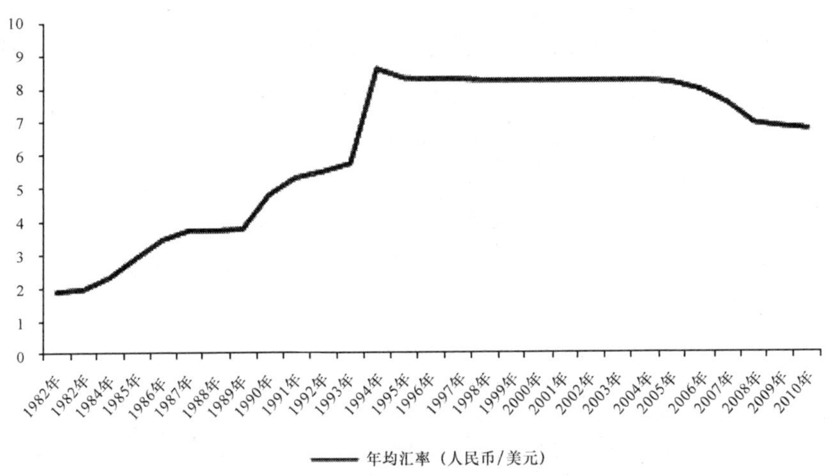

图3.25　人民币美元汇率

数据来源：中国统计年鉴、中国人民银行网站。

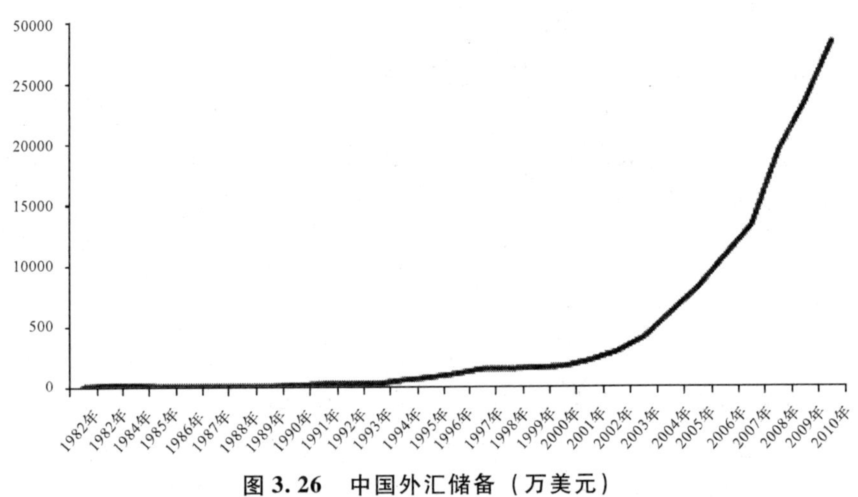

图3.26　中国外汇储备（万美元）

数据来源：www. stats. gov. cn。

① 罗小军：《新型大国关系的生成：改革开放以来的中美经济外交（1978—2012）》，复旦大学博士论文，2014年，第149—188页。

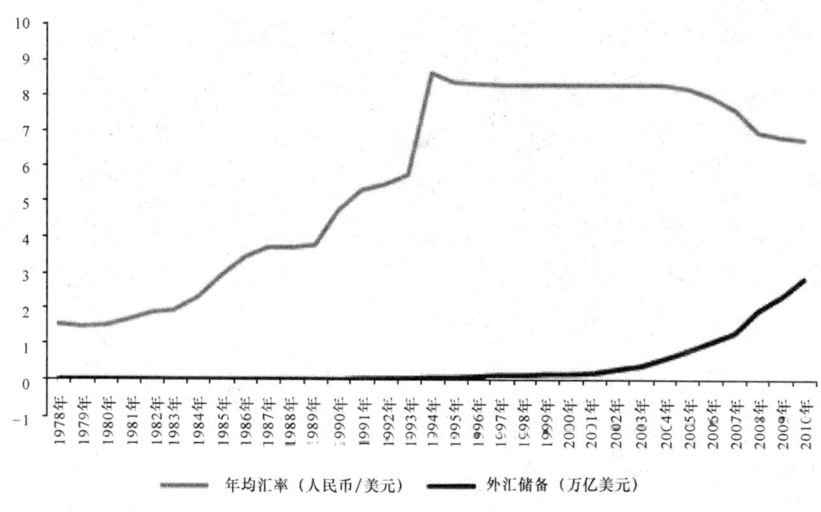

图 3.27　人民币年均汇率与中国外汇储备

数据来源：www. pboc. gov. cn。

（二）不对称货币依存与经济外交

由于中国外汇储备主要来源于对外贸易积累，上述数据表明，中国贸易顺差的积累与人民币汇率低估没有多少正相关性。1989 年开始，美国开始公布汇率操纵国信息，连续数年将人民币列在其内，直到 1994 年后才停止。美国国内威胁发动对华汇率报复基本上是美国国内贸易保护主义势力转嫁矛盾的手段，是将其国内经济和政治压力转移到中美经济外交上。2003 年来，美方持续对人民币施压。2006 年来，人民币汇率一直是中美战略经济对话的重要话题，在大多数中美战略经济对话前夕，全球市场都对人民币持升值预期。虽然人民币升值主要体现了中国市场化改革的计划，但人民币于 2005 年后的持续升值也体现了美元的货币霸权地位，有美国施压的因素。

中国一方面与世界货币美元保持紧密关联，以稳定中国外贸和经济；另一方面加强汇率市场形成机制的建设、推进人民币弹性汇率，以应对和规避可能的世界货币系统性风险，逐渐减少对美元的单向度依赖；同时适时主动推进人民币的国际化，逐步建立人民币国际地位，进而提高配置全球资源的能力。目前人民币国际化采取先易后难的策略，先在贸易领域推行人民币结算，然后在资本领域推行人民币自由兑换，先在亚非拉推广人民币，最后在欧美推广人民币。在实力的基础上推进人民币国际化，有利于中国走出这一不对称状态，改变中国在世界经济体系中利益分配的不利地位。2015 年 11 月 30 日，IMF 决定将人民币纳入 SDR 货币篮子，是人民币国际化取得阶段性、标志性进展，同时美国成立了纽约人民币清算小组，人民币国际化获得美国市场的肯定。2015 年 8 月，在美元加息前，人民币启动贬值，有效提前释放了美元加息带来的压力，货币政策主动性增强。

五、不对称性经济依存与中美经济外交

中美经济实力的悬殊，尤其是经济相互依存中的不对称性——中方对美方的依赖大大超过美方对中方的依赖，决定了美方更有能力有资源成为中美经济外交中的议题设定者，并有能力运用经济力量和手段来追求非经济目标。在相互依存中拥有不对称性优势一方——美国，几乎是历次经济外交事件的议题设定者。处于弱势一方——中国，鲜有主动发起议题的时候。随着中美经济相互依存的对称性增加，中方的回旋余地扩大，也可以动用经济力量作为经济外交的手段，从而能够更加有效地平衡美方发起的经济外交冲击波。在贸易领域，中国开始有能力运用经济手段来影响中美经济外交的时间分水岭在 20 世纪 90 年代，在此之前中国主要追求贸易利益，并鲜有利用经济力量实现各种外交具体目标的能力和表现。在金融领域，中国开始有明显能力运用经济手段来影响经济外交的时间分水岭在 2007 年金融危机发生前后，在此之前中国即使购买了美国大量国债，也并没有拥有以此为筹码的外交机会。在投资领域，中国一直积极吸引美国资本，而美国开始积极推进在华招商引资，而州政府层面始于中国“入世”后，联邦政府层面则是奥巴马政府第一任期末的事情。

在贸易领域，随着中美贸易相互依存的对称性增加，尽管大多数贸易议题仍然是美国设定，但中方可以动用的对称性资源日益增加，从而能够让中美贸易更加独立于中美政治关系的波折、美国国内政治的纠葛。

在直接投资领域，中美相互依存的不对称性更加悬殊，美国直接投资在中国外商投资中比重大，中国投资在美国外商投资中微乎其微。美方市场高端、竞争性门槛高，美方可以动则发起针对中国投资的安全审查和政治炒作，从而使中方基本处于被动的地位。中国尽管用巨额的外汇储备投资于美国证券市场，拥有大量的美元资产，但因为中美货币地位相差悬殊，并不拥有多大的力量来约束美方，美元资产反而成为中国投资者的安全避风港，这是中美经济依存不对称的集中反映。

在货币领域，中方一面保持人民币汇率的均衡稳定，一面增强人民币对美元的灵活性，一面推进人民币国际化步伐，逐步建立人民币对美元的对等地位以及人民币的国际地位。不过，美方肯定也不会坐视人民币或者其他一种货币坐大。

在双边经济关系上，作为发展中国家的中国为美国提供廉价的商品和廉价的资本，美国则提供了消费市场和硬通货。尽管中美经济相互依存的对称性增强，但这是一个长期的过程。在多边经济事务上，中国日益有能力为全球经济治理承担适当责任，分担美国的成本负担，而美国也主动邀请中国承担全球经济治理的责任。

中美不对称依赖的形成，有客观因素，也有主观因素，是在中美经济结构特征和环境约束下，中国对外开放的次优选择。在中国当前经济实力和国际制度建设能力下，这种选择是自利的。中国保持市场化取向，越对世界经济开放，则发展越快，这是因为中国可以在全球范围内优化资源配置，提高效率。在有约束条件下的不对称性依存开展经济外交，发展和壮大自己，这已经为改革开放以来的历史所证实，尤其是 1992 年确定市场经济改革目标后，中国经济发展大大提速。这一开放的道路必须坚持，开放是最好的发展。

第三节 互补分工与中美经济外交

中美产业或产品互补是经济相互依存的深层原因，也是双边经济外交开展的基础。这种互补分工通过产业结构差异度和关联度来分析，[①] 这种关联通过贸易、投资和金融来进行连接，从总量和变迁上已如前述。在国际分工中，中美的结构特征如下：中美产业互补，但美国企业主导双边分工。

中美两国产业之间具有明显的互补性，并以“此生彼长”为主，直接替代或竞争的领域很少，中美产业发展是相辅相成的，但在市场力量引导下，这种互补关系的形成中，美国企业起了主导作用。[②]

30 余年来，中美经济外交是建立在垂直互补分工基础上的。产业互补关系的主导权掌握在美国手中，表现在中美关系中，美国对华政策一直起着关键性作用，而中国的对美政策往往体现为如何应对美方要价和行动。[③]

通过国际分工，中美产业之间形成了垂直型的互补关系，而产业的跨国转移加速了这种互补关系的形成。美国在全球价值链上的地位决定了其在中美产业互补关系中的主导性地位，影响着中美之间产业互补产生的利益分配。两国之间产业互补关系不断深化，其外在表现是美国对华直接投资总量和两国贸易总量的不断提高。中美产业互补关系对两国经济均产生了积极影响。对于美国而言，美国企业在中国发展劳动密集型产业或产业环节，利用中国的低成本劳动力，赚取了高额利润；制造出来的产品低价返回美国，使美国消费者获得实惠，也有助于美国物价水平的稳

---

① 张丽平：《中美产业互补性研究》，商务印书馆 2011 年版，第 63、80 页。

② 张丽平：《中美产业互补性研究》，商务印书馆 2011 年版，第 179 页。

③ 张丽平：《中美产业互补性研究》，商务印书馆 2011 年版，第 180 页。

定，同时扩大了美国宏观经济政策的回旋余地，使得美国宏观经济在较长的时间内保持稳定增长。对于中国而言，美国成为“中国制造”最主要的海外市场之一，对美贸易顺差使得中国外汇充足；美国企业在华的投资和经营不但带来了资本，也带来了先进的技术和管理经验，有利于中国制造业水平的提高，对中国增加就业也起到了作用。但这种互补也造成了不平衡，这背后是中美经济发展的不平衡，是中美之间利益分配的不平衡。“顺差在中国，利益在美国。”①

贸易方面，首先是中美贸易的总额在增长，这是中美在贸易层面体现的分工和互补，从量而言这种互补在增加。其次，中国对美国的依存在降低。从中美外贸依存度比和美中外贸依存度比的变化趋势来看，美中贸易依存度在降低，中美贸易依存度在升高，表明在分工和依存中，中国对美国的依赖在降低，美国对中国的依赖在走高。

投资方面，美国对华直接投资总量很大，但绝对额在下降，中国对美国直接投资总量很小，但在上升。

金融方面，中国对美间接投资一直在快速增长且总量很大，美国对华间接投资也快速增长，但总量不大。

知识产权方面，美国仍然是中国技术进口来源地大国，同时在知识产权的申请上，中国已经成为世界第二大国，仅居于美国之后。未来，中美在知识产权上的贸易和投资会增加。

---

① 陈德铭：《建设性地推动中美经贸关系健康发展》，http：//www. mofcom. gov. cn/article/ae/ai/201003/20100306845347. html，2014－02－05。

第四章　制度建设与中美经济外交着轨

相互依存可能会引发冲突，也可能会带来和平，这其中的关键是对相互依存发展的速度和进度进行有效管控的制度建设水平是否到位，因此相互依存的发展以及对其管理的制度是关注中美经济外交是否会引发冲突的又一关键因素。

崛起国家和守成国家这一结构性特征为中美经济外交的行为特征带来两种可能性：其一，实力相差悬殊下，尽管有矛盾，但双方理性博弈下，总体可以保持一种家长式的稳定；其二，当实力逐渐接近，相互依存加深，矛盾冲突不断，历史上曾经屡屡发生崛起国家与守成国家的战争上演。战争是解决利益冲突的方式武力化，使得双边关系脱离了和平与发展的轨道。肯尼思·沃尔兹总结认为，必须对相互依存进行规范和有效管理，才能防止相互依存走向冲突和对抗。崛起国家和守成国家之间，能够确立起制度化的互动渠道，使得双边关系能够着轨运行，是防止双边关系出轨的关键。中美经济外交一路走来，经济交往日益深入，直至能够启动新型大国关系的塑造，制度建设起到了功不可没的作用。

30 余年来，中美经济外交不断前行，为双边互动、为权力转移铺设基础性的制度设施。30 余年来，从制度化建设来观察，中美经济外交经历了初始化、正常化、机制化、包容化、竞治化五个特征鲜明的阶段，双边经济外交的制度化水平渐次提升。正是中美经济外交建设了这些制度设施，规范了中美经济相互依存，大大降低中美经贸的交易成本，中美经贸关系才有了长足的发展；正是中美经济外交建设了这些制度设施，使得中美双边经济关系既有运行规则又有争端解决机制，中美经济外交才有轨道可行。更重要的是，双方认可在当前国际制度内开展全球治理合作，共同维护和改良当前秩序，双边关系出轨的可能性大大降低。

第一节　中美经济外交初始化

从长远而言，1972 年尼克松政府改善对华关系是出于对权力的转移——中国将成为全球五大力量中心的考量，但 1979 年中美建交，更多是出于构建美中苏战略三角的需要。1981 年里根执政后对台推行军售，受此影响，中国调整对美国和苏联的政策，实行独立自主、不结盟的外交，战略三角的含义淡化。1982 年后，里根政府也调整对华政策，重新强调与盟友的关系，减少中美关系的战略性，并开始注重发展双边经贸往来以给中美关系增加现实意义和稳定性。经过此调整，美国政府对中美关系中的经济因素更为重视，美国对华经济外交的思维开始浮现。而此前 1978 年，中国确定以经济建设为中心的国家发展战略，并为此启动对内改革对外开放，外交工作围绕经济建设中心而展开，西方国家特别是美国成为对外开放的主要对象之一，与美建立外交关系即有利用外部力量推动和实施改革开放之意。中美关系中的大三角战略支柱作用下降后，经济考量的因素就凸显出来。中美先后于 1978 年、1982 年针对对方开启了经济外交。正由于此双边持续调整，1979 年，中美迎来了政治关系正常化。反过来，1979 年中美政治关系正常化也为双边经贸往来带来新的空间。

概而言之，这期间，中美双方开始关注双边经济关系和相互交往的经济利益，建立了双边经济贸易往来的规则——最惠国待遇和纠纷解决机制——中美商贸联委会，中美经济外交基础设施铺就，正式开局，进入初始化阶段。

一、美国对华经济外交

从1978年到1988年，美国经历了卡特、里根两位总统执政。美国经济外交是在对国际形势和美国国情做出判断的基础上，根据美国的国家利益制定、执行的。

（一）美国经济外交理念、目标和策略

1. 卡特政府的经济外交

国际上，卡特执政时（1977—1981年）的战略态势使美国面临严峻的困境和挑战。首先，美国与欧、日盟国的裂痕扩大，美国在资本主义世界中的地位下降。[①] 其次，美苏实力对比发生变化，差距缩小，苏联处于攻势。经济上，苏联国民生产总值占美国比重从1950年的30%上升到1975年的53%，美苏经济差距日趋缩小。[②] 国内而言，卡特政府面临的最大问题是能源危机和滞胀。1973—1975年和1980年两度石油危机的供给冲击，造成美国经济滞胀。1979—1980年，美国失业率由5.8%猛升至7.1%，通货膨胀率由11.3%猛升至13.5%。[③]

在此背景下，卡特政府的经济外交围绕缓解美国国内经济困境和与苏联抗衡进行。卡特政府对欧、日的经济外交的主要目标是，为缓解国内经济困境、加强与苏联抗衡和冷战需要，通过经济外交调整与欧、日等主要盟国的经济关系，克服美国面临的国际经济体制危机，消除影响美国经济实力提高的各种不利因素。卡特推行三边主义，注重调整与发展美国与欧洲、日本两大经济实体的关系。卡特还借助新的盟国协调机制——1975年成立的

① 张敏谦：《美国对外经济战略》，世界知识出版社2001年版，第198页。

② 据美国国务院的计算，苏联1950年的国民生产总值为美国的33%，1975年升为53%。这明显反映了美苏在经济上差距日趋缩小的变化趋势。

③ 张敏谦：《美国对外经济战略》，世界知识出版社2001年版，第152页。

西方七国首脑会议调整与欧、日经济关系。[①] 在贸易领域，调整与欧、日的贸易关系，开始寻求“互惠”的贸易规则。卡特政府对欧洲、日本的经济外交，其目标是进一步消除欧、日贸易壁垒，扩大贸易，试图通过增加外部需求加速经济增长，缓解国内滞胀困境，提高美国经济实力，并为此调整双边政治关系，把政治关系作为手段以增进其经济利益，并通过发展经济关系来进一步巩固其政治关系，达到经济利益与政治利益的平衡。

卡特执政初期，在外交政策上保持了自20世纪60年代以来美苏之间有限的缓和，[②] 首要目标是力求推动苏联在大规模裁减军备方面的合作；[③] 另一方面，其又大力对苏联开展人权外交，通过道义力量弥补军事力量的不足，[④] 并把这一时期对苏经济外交与人权挂钩。1978年7月，苏联的两名持不同政见者被判刑入狱，美国的两名记者因报道此事而被控犯有诽谤罪，卡特政府为此终止了向苏联塔斯社出售高级计算机的合同，并对向苏联出口石油勘探设备施以严格限制。[⑤] 到1978年，美苏关系恶化。第一，第二阶段限制战略核武器会谈迟迟没有取得预期的进展。[⑥] 第二，苏联乘美国热衷于搞缓和的机会，在第三世界进行大举扩张，威胁美国利益。[⑦] 在避免双方发生直接军事对抗进而导致“热战”这一最高原则指导下，美国对苏联实行更加严厉的经济贸易制裁。1980年1月4日，卡特宣布：冻结按1975年美苏粮食协定向苏联出售粮食的全部交易，禁止向苏联出口高技术，剥夺苏联渔民在美国海域（近阿拉斯加海域）捕鱼的特权，

① 张敏谦：《美国对外经济战略》，世界知识出版社2001年版，第200、201页。

② 沃伦·I. 科恩主编：《剑桥美国对外关系史第四卷》，新华出版社2004年版，第431页。

③ 沃伦·I. 科恩主编：《剑桥美国对外关系史第四卷》，新华出版社2004年版，第431页。

④ 劳伦斯·肖普：《卡特总统与美国政坛内幕：八十年代权力和政治》，时事出版社1980年版，第15、155页。

⑤ 张敏谦：《美国对外经济战略》，世界知识出版社2001年版，第205页。

⑥ 陶文钊：《中美关系史（1972—2000）》，上海人民出版社2004年版，第40页。

⑦ 陶文钊：《中美关系史（1972—2000）》，上海人民出版社2004年版，第41页。

限制苏联船只进入美国港口。[1] 同时，卡特也借助新的盟国机制，协调经济关系，巩固对苏联的“统一战线”。[2] 卡特政府对苏经济外交中，为避免热战，把经济作为实现政治和战略目标的手段加以运用，经济制裁成为美国对苏联冷战的重要形式。

卡特把经济手段作为推进人权外交的工具，卡特政府据此调整了对第三世界的经济援助。在拉丁美洲，美国采取了一些有别于支持拉美独裁政权的传统政策的做法——卡特取消了对军人专政的智利的支持。1978 年 2 月，卡特又切断了对美国盟友索摩查统治的尼加拉瓜政府的军事和经济援助。对于拉美其他军人执政的国家，卡特也以人权问题为由，通过停止或减少军事和经济援助，对其施加压力，企图迫使他们改善人权状况。1978 年，美国国会通过了控制军援的《汉弗雷—肯尼迪修正案》，禁止向阿根廷等“侵犯人权国家”出售武器。卡特政府还以人权问题为由，削弱军援并冻结美国进出口银行对阿根廷的贷款。卡特政府对第三世界的经济外交，采用经济制裁和援助的两手策略，以推进人权和民主政治等价值观为直接目标，进而巩固其地缘战略利益。尽管这一时期美国政府对古巴、朝鲜、越南仍维持了经济制裁和封锁政策，但对中国及东欧各国则表现出配合对苏战略需要，采用了不同的、更为灵活的经济外交策略。

概而言之，美国对于主要经济贸易伙伴欧洲和日本的经济外交以经济利益为目标，为此运用政治和经济手段，而对于苏联及第三世界的经济外交以政治利益为目标，并都把经济关系作为手段加以运用。

2. 里根政府的经济外交

就国际形势而言，在里根就任初期，苏联仍处于进攻态势。[3]

---

① Cyrus Roberts Vance. *Hard Choices*: *Critical Years in America's Foreign Policy*. N. Y.: Simon and Schuster, 1983: 389 - 390.

② 张敏谦:《美国对外经济战略》, 世界知识出版社 2001 年版, 第 200、201 页。

③ 方连庆、刘金质、王炳元主编:《战后国际关系史（1954—1995）（下）》, 北京大学出版社 1999 年版, 第 622、623 页。

在里根就任初期，美国国内面临着自大萧条年代以来最严重的经济衰退。[①] 期间，美国经济面临两大难题——贸易收支逆差和财政赤字都累积到一定程度，即双赤字。因此，里根政府时期，经济外交主要围绕平衡国际经济关系、重振美国经济、与苏联抗衡三个目标展开。里根执政后，打出了对内振兴经济旗号。[②] 在国内[③]，振兴经济的措施主要是改变凯恩斯主义策略，采用供给学派和货币学派的组合，大规模减税刺激投资和储蓄，缩减政府支出以削减财政赤字，严格控制货币供应量以控制通胀，减少政府有关经济规章，给企业提供宽松运营环境，刺激增长；[④] 在经济外交领域，里根政府提高美元利率吸纳全球流动性，以平衡经常账户赤字，在收效甚微下，转而在国际经济中通过让日元和德国马克升值的办法来调整其贸易赤字。

里根政府对欧、日经济外交。里根政府时期，美国调整贸易收支逆差，难以在短期内通过国内经济的结构调整来进行，而是主要通过两方面的短期措施来完成：提高美元利率，吸纳全球流动性，改善美国国民收入账户；迫使日元和德国马克对美元升值改善美国贸易收支，[⑤] 其时，世界经济基本上还是两大循环体，资本主义经济是一个相对独立的循环体，里根政府的经济政策，把美国经济失衡调整的责任主要转嫁到体系内的德国和日本这两大经济实体。里根在第一任期时，采用高利率为中心的货币紧缩以抑制通货膨胀。1977 年卡特政府执政时期，美国联邦储备银行的贴现率为 6%，到 1981 年里根上任后提高到 12%，货币市

---

① Donald T. Regan. *For the Record: From Wall Street to Washington*, N. Y.: St. Martin's Press, 1988: 170. 当时美国的失业率达到 7.5%，通货膨胀率达到 13%，利率为 20%。

② Ronald Regan. *An American Life*, N. Y.: Simon and Schuster, 1990: 312.

③ Raymond L. Garthoff. *The Great Transition: American-soviet Relations and the End of the Cold War*, Washington, D. C.: The Brookings Institution, 1994: 7. 之所以将发展国内经济置于首要位置，一方面是重振经济的考虑，另一方面是里根认为只有在现实主义的基础上，以美国增强的实力为后盾才能与苏联较量。

④ 赵从显、杨逢珉：《里根经济与八十年代美国经济》，《兰州大学学报》，1985 (4): 39。

⑤ 高洪海：《美元汇率和美国双赤字》，《国际金融研究》，2004 (1): 34。

场利率达到16%，个别场合贷款利率达到20%。里根的高利率政策维持到第二任期初，同时美国的通货膨胀从1980年的13.5%，到1983—1985年降到平均3.8%。美元利率走高，促使全球资本市场的资金流向美国，吸纳全球流动性，改善美国国民收入账户。高利率下，美元形成强势，为美国企业扩大投资融通资金和对海外扩张提供了资金，但同时，此举提高了全球银行间市场借贷成本，一些发展中国家则因此债务成本上升，陷入债务危机。虽然强势美元加强了国民收入资本账户，但另一方面加剧了经常账户的逆差。1980—1984年，美元对西方十国货币的加权名义汇率指数上升了58%，实际汇率上升了51.5%。美元高汇价导致美国的出口锐减和进口猛增。1981年以后，美国外贸逆差不断扩大，1981年为279亿美元，1984年突破了1000亿美元，到了里根第二任期贸易逆差恶化。里根政府于是改弦易辙。1985年初，里根政府一面开始调低利率，美元汇率开始转趋下降；另一方面，美国开始对日本和欧洲施压，1985年9月，由美、德、法、英、日五国财政部长及中央银行行长在纽约广场饭店（Plaza Hotel）举行会议，达成关于五国政府联合干预外汇市场的协议，使美元对其他主要货币汇率有秩序地下调，以缓解美国巨额的贸易赤字。1985—1987年间，美元对日元和德国马克分别贬值了65%和60%。这使得出口贸易状况有所改善，但由于国外出口商并不肯轻易放弃在美国已经获得的市场份额，进口额仍有增无减，以致其后两年美国的外贸逆差分别创下1562亿和1712亿美元的新记录。[①] 1987年，美国经常贸易逆差占GDP的3.5%。1987年10月，纽约股市崩盘。美国财长贝克（James Addison Baker III）要求日本银行继续下调利率，以促使东京市场的资金流向美国。日本政府被迫将日元利率下调到2.5%，此后，日本银行系统出现严重的流动性泛滥。利率下调之后，日本出现巨额货币供应——国内投资已饱和，第三世界投

① 朱邦宁：《美国经济中的“双高赤字”及其前景》，《求是》，2005（22）：16。

资受到限制，资金只能流向股市和房地产，这无形之中助长了日本经济泡沫。[①] 里根政府对日本和欧洲的经济外交集中体现在广场协议，为摆脱滞胀、实现美国国民经济平衡，美国选择了向日本和欧洲施压，让其经济伙伴分担调整责任。

里根政府对苏联经济外交。里根时期美国对苏联经济外交的影响范围涵盖了苏联经济发展、军事安全和地缘政治等各方面。里根政府第二任期的国防部长卡斯帕·温伯格（Caspar Weinberger）回忆说："我们采取了一项包括经济战在内的全面战略，用以攻击苏联的弱点。它是一场无声的战役，与盟国一道开展工作，并且要使用其他措施。"[②] 里根政府对苏联的经济外交主要表现在：实行贸易歧视政策，拒不提供最惠国待遇；严格控制向苏联的高科技及产品的出口；实行经济制裁，把两国间的经贸关系和活动作为施加政治压力的工具和手段。[③] 里根政府限制、取消同苏联的经贸关系，试图利用经济、财政和技术上的优势，延缓苏联经济的发展，迫使苏联限制其在外部的扩张活动。[④] 里根政府时期，冷战正烈、统一的全球市场尚未形成，总体上来说，苏联处于美国的经济循环体之外，美国很难直接影响苏联的经济利益，因而里根政府对苏联经济外交，与卡特政府并无二致，即运用经济手段来达到非经济目标，对苏联经济外交获取经济利益的考量不处于重要地位，并把经济关系作为消极约束性手段加以运用，即遏制苏联。

---

① 王伟旭、曾秋根：《警惕美国的第2次阴谋》，人民日报出版社2003年版，第67页。

② Peter Schweizer. *Victory: The Reagan Administration's Secret Strategy That Hastened the Collapse of the Soviet Union*. New York: Atlantic Monthly Press, 1994: XV.

③ 徐洪峰：《美国对俄经济外交：从里根到小布什》，知识产权出版社2008年版，第16页。1982年5月，里根政府通过国家安全决议指令第32号文件（NSDD32）《美国国家安全战略》，将对苏联及其盟国施加经济压力、在国内外开展政治宣传、进行旨在使苏联的卫星国摆脱莫斯科控制的隐蔽活动作为国家安全战略五个主要支柱中的三个。

④ Ronald Regan. *National Security Strategy of the United States*, Virginia: Pergamon-Brassey's International Defense Publishers, Inc., 1988: 20—21. 1982年11月12日，里根政府通过了《对苏联进行持久经济战》的NSDD66号文件，确定对苏"三位一体的贸易战略：从信贷、尖端技术、能源三个方面对苏联的经济空间进行挤压"。

里根政府对第三世界国家经济外交。1986 年 3 月 14 日，里根向国会递交《自由、地区安全和全球和平》的对外政策咨文，系统地阐述了美国对第三世界政策，“里根主义”正式出笼。美国要用军事手段、经济援助和“外交倡议”“支持自由战士”，防止地区冲突的扩大，遏制共产主义的“扩张”。“里根主义”的基本目标是抗击苏联扩张；核心内容是支持亲苏国家的抵抗力量即所谓“自由战士”开展游击战，有限度地把“苏联的扩张势力”推回去，以巩固和扩大美国在第三世界的影响和控制范围；其价值取向是维护西方的民主制度，反对苏联“共产主义扩张”。[①] 里根政府第三世界政策中，运用包括经济援助等手段以达到抗衡苏联、扩大美国对第三世界的影响的目的。

（二）美国对华经济外交的理念、目标和策略

这一时间段美国外交政策可以分为两个阶段：1978—1981 年、1982—1988 年。1978—1981 年为第一阶段，美国对华经济外交从属于中美关系，中美关系在美国外交中又是从属于美苏竞争的战略需要。战略上，出于对苏竞争需要，美国把中国视为非盟国的朋友，并在经济外交上采取不同于苏联的政策，尤其体现在对华技术出口上采取宽松于其他共产主义国家但严格于其盟国的政策，以及给予中国最惠国待遇。1982—1988 年为第二阶段，因受美对台政策影响，中国调整外交政策，此后中美针对第三方的战略关系的重要性下降，中美关系更多地回归双边关系的框架，里根政府在遭遇中美关系的波折后，亦开始调整对华政策，将中国市场作为其推进对华外交的重要考量，经济利益在美国对华外交中的地位开始凸显，中美关系的支柱从战略利益和全球层面逐渐转换到经济利益和双边关系。美国的这一转变，符合中国的国家大战略的调整——以经济建设为中心，也符合中国政府发

① 王公龙：《保守主义与里根政府的第三世界政策》，《上海行政学院报》，2004，05(30)：91。

展中美关系的预期，中美经贸往来取得较快发展，中美关系经历了一段“平稳期”。

1. 卡特政府的对华经济外交

卡特政府对华经济外交理念与目标。从 1978 年到 1980 年，卡特政府将中美关系置于美苏关系框架之下，面临苏联扩张的压力，美国希望通过发展中美关系以制衡苏联。[①] 在苏联咄咄逼人的攻势下，卡特政府几经犹豫，做出了加速与中国实现关系正常化进程的决定，逐渐实现从对中苏采取“不偏不倚”立场到采取“偏向中国”的立场，一方面推动中美关系走向正常化，另一方面对发展同中国的经贸关系总体上采取了“鼓励”政策。[②] 因此，首先，卡特政府对华经济外交的主要目标在于“联华抗苏”；其次，卡特政府对华经济外交主要是作为改善中美关系的手段。[③] 尽管如此，卡特政府对华经济外交也有经济上的需要，虽然不是当时主要的目标。[④]

卡特政府对华经济外交策略。首先，调整对华出口管制。建交前，美国对华实行禁运。坚冰打破后，经贸关系逐渐恢复，以中美建交为界，卡特政府调整对华出口管制可分为两个阶段：建交之前，通过调整出口管制改善中美关系，推动实现关系正常化；建交之后，调整对华出口管制一方面是联合对抗苏联的需要，另一方面客观上促进了中美经贸关系发展。建交之后，美国对华出口管制政策的调整体现在以下方面：1979 年 12 月 29 日，苏联入侵阿富汗，美国迅速做出反应。[⑤] 此事加速了美国与中国

---

① 万斯·《艰难的抉择》，《美中建交前后——卡特、布热津斯基和万斯的回忆》，时事出版社 1984 年版，第 105 页。

② 张敏谦：《美国对外经济战略》，世界知识出版社 2001 年版，第 208 页。

③ 陶文钊：《中美关系史（1972—2000）》，上海人民出版社 2004 年版，第 46 页。卡特于 1978 年 5 月批准的布热津斯基访华的指示中强调“美国决心已下”，“准备通过积极谈判来排除正常化的种种障碍。美国准备进一步扩大通过商业途径向中国转让技术的机会，加强两国的接触，邀请中国贸易和军事代表团访美”。

④ 陶文钊：《中美关系史（1972—2000）》，上海人民出版社 2004 年版，第 89 页。

⑤ 多勃雷宁：《信赖——多勃雷宁回忆录》，世界知识出版社 1997 年版，第 507—509 页。

发展战略关系的步伐。美国国务院解禁了近30种军事设备对华出口。[①] 1980年4月，卡特宣布把中国单列为出口管制组别的P组位置，以示与苏联的区别。[②] 从Y组上升到P组使中国在技术转让中的地位有所改善，虽然其性质没有改变——中国仍然受到在Y组时一样的限制，即对华技术转让必须要有效许可证。其次，确立与中国最惠国待遇关系。在最惠国待遇问题上，卡特政府采取了有区别的政策。对苏经济外交是把经济手段作为一种约束性工具加以使用，而与对华经济外交中则把经济外交作为一种鼓励性工具进行运用。美国行政部门和国会一致同意给予中国最惠国待遇。中美关系正常化之前，中美贸易额非常小，最惠国待遇问题不突出。在正常化后，最惠国待遇是双边贸易协定签署的前提，否则过高的关税阻碍贸易关系会使得协议成为一纸空文。[③] 美国国务院认为最惠国待遇问题上对苏联和中国应该对等对待。[④] 但国家安全顾问布热津斯基（Zbigniew Brzezinski）担心，给苏联最惠国待遇会因为苏联一系列冒险行为和人权问题而在国会搁浅，如果坚持“一碗水端平”可能导致对华最惠国待遇的方案也遭到搁浅，在副总统蒙代尔（Walter Mondale）的努力下，美国给予苏联最惠国待遇搁浅，而中国通过。1979年5月14日，美国商务部长克雷普斯（Juanita Kreps）访华，为使两国贸易建立在非歧视性的基础上，缔约双方互相给予最惠国待遇，两国草签了贸易协定，决心采取一切措施促进两国贸易持续和长期发展。7月7日，美国驻华大使伍德科克（Leonard Woodcock）和中国对外贸易部长李强代表两国签订为期三年的中美贸易协定。[⑤] 这一协定必须经国会批准才能生效。但何时提交国

---

① 陶文钊：《中美关系史（1972—2000）》，上海人民出版社2004年版，第92页。

② 张敏谦：《美国对外经济战略》，世界知识出版社2001年版，第208页。

③ 卢世光等：《当代中国对外贸易（上）》，社会科学出版社1992年版，第395页。

④ 陶文钊：《中美关系史（1972—2000）》，上海人民出版社2004年版，第87页。

⑤ David P. Nickles. *American Foreign Policy*: *Basic Documents*, 1977 - 1980. Washington, D. C.: United States Government Printing Office, 1983: 994 - 997.

会，卡特总统开始并没有打定主意。[①] 当时参议院正在辩论美苏关于限制战略武器协定的问题。国务院中苏联问题专家主张，在美苏关系步入正轨前，暂缓向国会提交中美贸易协定，以免美苏中三边关系失调。另一些官员则认为，把中苏两国的最惠国待遇捆在一起，简直就是以苏联的固执来惩罚中国。最后，卡特总统支持了蒙代尔和布热津斯基的主张，在诸如出口控制、进出口银行贷款、最惠国待遇等一系列双边关系问题上，把中苏两国分开。[②] 1979 年 8 月，美国副总统蒙代尔访华，他告诉中国领导人，美国将放弃在诸多经济问题上在中苏之间寻求“平衡的政策”。[③] 他在北京大学的演讲中指出，美国正在采取重要步骤来推进两国之间的经济关系。[④] 1979 年 10 月 23 日，卡特总统将中美贸易协定和中国享有最惠国待遇的公告正式提交国会。[⑤] 1980 年 1 月 24 日，美国国会参众两院分别以 74 对 8 票和 294 对 88 票通过了这一协定。2 月 1 日，中美两国在北京互换照会，两国贸易协定开始生效。[⑥]

2. 里根政府的对华经济外交

里根政府对华经济外交理念。里根政府初期，主要还是从地缘政治层面来制定对华政策，并认为战略层面上中国的重要性下降，从而在台湾问题上试图开倒车。他在任职中后期认识到经济将成为中美关系发展的动力，美国对华经济外交理念开始清晰浮

---

① Michel Oksenberg. *A Decade of Sino - American Relations* . Washington, D. C. : Foreign Affairs, 1982 (fall): 109.

② 陶文钊:《中美关系史（1972—2000）》，上海人民出版社 2004 年版，第 87 页。

③ Michel Oksenberg. *A Decade of Sino - American Relations*. Washington, D. C. : Foreign Affairs, 1982 (fall): 109.

④ 陶文钊:《中美关系史（1972—2000）》，上海人民出版社 2004 年版，第 235—237 页。

⑤ David P. Nickles. *American Foreign Policy: Basic Documents*, 1977—1980. Washington, D. C. : United States Government Printing Office, 1983: 999. 卡特总统在致参众两院领袖的信中说:“这个协定的缔结是我们为使两国关系为两国提供更大经济利益所采取的最重要的步骤。它也将进一步推动我们两国关系的全面发展。”

⑥ 陶文钊:《中美关系史（1972—2000）》，上海人民出版社 2004 年版，第 88 页。

现。里根在竞选总统时，扬言同中华人民共和国保持官方关系的同时要恢复与台湾当局的“官方关系”，在遭到反对后，表示即便不恢复官方关系，也要对台湾当局有“友情表示”。里根第一位国务卿黑格（Alexander Meigs Haig）十分强调中国是遏制苏联的关键因素，强调外交政策的延续性。但 1982 年 6 月 25 日，由于与里根政见不合，黑格辞职。里根就职前夕，先派外交顾问克莱因访台，克莱因一到台湾即表示中国大陆军力落后，不足以牵制苏联，美国在战略上无求于中国大陆，可加强美台关系而不必顾忌中国大陆的反对。里根的新国务卿舒尔茨（George Pratt Shultz）认为中国没有那么重要，美国不应对中国让步太多，要把“中美关系放在更现实的基础上”。[①] 于是，里根政府执政初期（1981—1982 年），中美关系因对台军售问题起了波澜。但里根此举不仅遭到中国的反对，也被美国国内批评为短视和忽略了中美经济利益的广阔空间。[②] 美国大西洋理事会对华政策委员会在 1983 年的政策报告中提出，美国在对华关系中必须大大减少感情成分比，使现实主义成分大为增加，美国应该清醒地看到两国政治和意识形态方面的分歧以及战略利益的不同点，将发展关系的重点放在经济合作而不是军事合作方面。尼克松对这一建议表示赞赏。[③] 实际上，20 世纪 80 年代中期，里根政府认识到扩大同中国的经济文化关系比发展战略关系更为现实，也更为有利。[④] 1986 年 5 月，美国驻华大使洛德（Winston Lord）指出，20 世纪 70 年代是地缘政治让中美两国走在一起，但现在经济是

① George P. Shultz. *Turmoil and Triumph*. New York: Charles Scribner's Son, 1993: 381 - 382.

② 中国社会科学院美国研究所编译组：《美中关系未来十年——美国大西洋理事会对华政策论文集》，中国社会科学出版社 1984 年版，第 76 页。

③ 王缉思：《美国外交思想传统与对华政策》，《美国研究参考资料》，1989（3）。

④ 王缉思：《美国外交思想传统与对华政策》，《美国研究参考资料》，1989（3）。

双边关系前进的未来主要驱动力。[①] 经过对台军售问题的波折和较量，里根政府开始调整对华政策，逐渐注意到发展中美经济关系对于中美关系稳定的重要作用。里根开始调整对华战略，一方面寻求与中国合作牵制中苏接近，另一方面重新构建中美关系的基石，对中美经济关系开始更加重视起来。这也是迎合前述美国政界、经济界以及战略研究机构的有识之士呼吁里根加强同中国的经济合作的要求。1987 年，里根政府的国家安全报告指出：中美尽管政治制度有很大差异，但在意见一致的领域里，相互都是很重要的；中国取得了经济上的巨大成功，社会经济和政治领域发生了根本变化，中国的重要性是不言自明的；美国要与中国保持一种盟友之外的、紧密的、友好的、合作的关系，双方都不是另外一方的政治或者战略牌。[②]

里根政府对华经济外交目标。第一，里根政府对华经济外交的目标之一是以经济合作加强美中合作，寻求增强应对苏联的力量。实际上，在《八一七公报》签订后几个月中，中美关系仍处于僵持状态。美国通过与中国在经贸、科技、技术等领域的合作来逐渐打破僵局。[③] 美国国防部长温伯格表示，中国在经济上和军事上保持独立是非常重要的，有助于遏制苏联侵略，是维护世界稳定与和平的一个重要部分，美国愿为尽量实现中美共同利益而努力，希望有机会继续加强这种关系。[④] 第二，里根政府时期，美国对华经济外交开始强调实现经济利益目标。舒尔茨访华后，里根政府调整了对华政策，不再强调中美的“战略关系”，

---

① Winston Lord . *Sino-American Relations*: *No Time for Complacency*, Speech by Winston Lord, May 28, 1986. http: //www. accessmylibrary. com/article - 1G1 - 4517367/sino-american-relations-no. html, 2013 - 05 - 04: “Whereas geopolitics brought us together in the 1970s, economics is now a major force driving us forward. ”

② The White House. *National Security Strategy of the United States.* The White House , January, 1987: 15.

③ 刘连第、汪大为：《中美关系的轨迹——建交以来大事纵览》，时事出版社 1995 年版，第 119 页。

④ 刘连第、汪大为：《中美关系的轨迹——建交以来大事纵览》，时事出版社 1995 年版，第 131 页。

而强调双方的“长期、持久和建设性关系”，更多地侧重于发展经济、文化关系。[1] 中美经贸关系至此成为中美关系的重要内容，美国对华经济外交的目标更倾向于直接的经济利益。里根于1984 年访华前表示“这次访华要竭尽全力推销美国产品”，充当“推销员”的角色。[2] 这充分表露出经济目的在里根对华外交中占有重要位置。

里根政府对华经济外交策略。首先，限制中国纺织品进口以安抚国内产业界诉求。中美第一个纺织品协议于 1982 年底到期前，中美开始新的纺织品贸易协议谈判。美国要求扩大对中国纺织品出口的限制范围，降低限额水平，取消一些灵活条款，年增长率降到平均不足 1%，并要求修改协商条款，使美方可以任意行动。[3] 这与中国立场差距较大，谈判陷入僵局。1983 年 1 月 13 日，美国国务院发言人休斯宣布，由于美中两国第一个纺织品协议于 1982 年 12 月 31 日到期，新的协议尚未谈成，美国决定对中国纺织品进口实行单方面限制。中国采取报复措施，限制美国农产品进口。中美之间爆发建交以来第一次贸易战。1983 年 2 月，美国国务卿舒尔茨奉命访华，谋求改善两国关系。舒尔茨访华促进了中美纺织品协定的谈判。中美经过多轮谈判，于 1983 年 7 月 25 日达成第二个纺织品协议，中美纺织品争端暂告段落。[4] 扩大中国纺织品进口既符合扩大与中国经济往来的要求，也符合美国消费者以及零售商的利益，但纺织产业作为美国弱势产业和就业量大的产业，对政府施加政治压力，使得其成为美国对外经济交往中需要进行保护的产业。这是里根政府也是后来美国政府对华经济外交的一个特点：在美国弱势产业或者中美竞争

---

① 宫力：《峰谷间的震荡——1979 年以来的中美关系》，中国青年出版社 1996 年版，第 109 页。

② 宫力：《峰谷间的震荡——1979 年以来的中美关系》，中国青年出版社 1996 年版，第 146 页。

③ 陶文钊：《中美关系史（1972—2000）》，上海人民出版社 2004 年版，第 140 页。

④ 陶文钊：《中美关系史（1972—2000）》，上海人民出版社 2004 年版，第 156 页。

性产业上美国政府采取保护主义政策。美国政府对华经济外交中的贸易保护主义开始出现。其次，放宽对华技术出口，增加就业。1983 年 6 月 21 日，美国商务部部长鲍德里奇（Malcolm Baldrige）宣布，美国政府为提高向中国出口高技术产品的许可水平，决定将中国从出口管制条例中的 P 类国家改为 V 类国家，放宽了对华绿区和中间区双重用途技术的出口。根据新的指导方针，对华技术出口分作绿区、中间区和红区三个区域。绿区覆盖了中国需求的 75%，只需办理例行的批准手续。非常高级的技术属于中间区，需国防部等部门逐项审查，除非会给美国国家安全带来明显的威胁，否则都给予批准。最先进、最敏感的技术属于红区，对盟国一般也保密。[①] 但鲍德里奇同时又指出，尽管将中国列入与西欧盟国同类国家，但不一定会享受到同样的待遇。[②] 美国负责贸易管理的代理助理商务部长威廉·阿尔奇说，“新的政策是符合我国的安全和对外政策的最高利益的”，它将能“大大增加美国企业参与中国现代化计划的机会”。[③] 里根政府在对华军售上，也注意让美国企业参与中国现代化的机会。

二、中国对美经济外交

广义的中国的经济外交起始于新中国建立之初，但相当长时期内是服务于政治、军事外交，严格意义上的经济外交起于 1978 年确定以改革开放来推进经济建设为中心的国家战略之后。1978 年十一届三中全会前夕，邓小平同志重新评估了国际形势，得出世界大战可以避免的结论，并进一步指出和平与发展已成为

---

① Bureau of Public Affairs. *American Foreign Policy*: *Current Documents*. U. S. Government Printing Office，1983：1005－1007.

② 1983 年 9 月 27 日，鲍德里奇在众议院能源和商业委员会的一个小组作证，他回顾说，在 1981 年 6 月里根的有关指示以后，美国有关政府部门认为“两用”技术很难衡量和掌握。于是，在 1983 年 5 月他访华之前，里根决定将中国置于与一些友好国家相同的 V 类。

③ Bureau of Public Affairs. *American Foreign Policy. Current Documents*. Government Printing Office，1983：1005－1007.

当今时代的主题。正是根据对时代和国际环境的新认识，十一届三中全会把国家的工作重心转移到经济建设上来，做出了改革开放的战略部署，标志着各项工作都开始围绕着中国国内经济建设这一中心展开，经济外交工作也一样。1978 年到 1988 年，中国经济外交理念集中体现在邓小平的经济外交思想中。

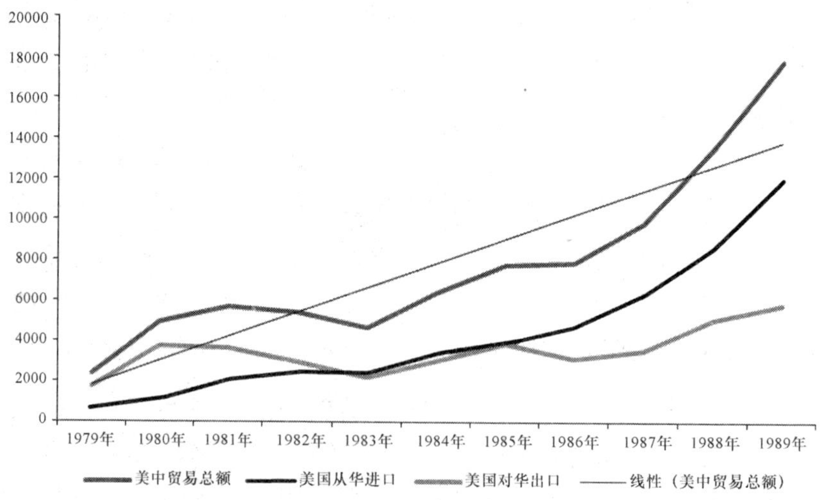

图 4.1　美中贸易 1979—1989 年（百万美元）

数据来源：tse. export. gov。

（一）中国经济外交的理念、目标和策略

1. 邓小平的经济外交理念

邓小平时期，中国经济外交的理念是：在和平与发展成为时代主题的前提下，中国作为一个贫穷落后的国家，最重要的任务是发展经济，实现现代化；要实现发展就要实行对内改革和对外开放，改革与开放紧密相连，改革是开放的条件，开放是改革的外部推动力，这一时期更多体现为通过全面改革扫除体制障碍来促进对外开放，并使对外开放为国内经济建设服务。[①] 1977 年，邓小平主持工作后，开始探讨如何引进国外先进技术和帮助加快

① 张旭东：《引进外资解禁始末》，《世纪风采》，2008（12）：25。

中国发展的问题，让外交为内政（发展生产力）服务。1978年10月，他在会见德意志联邦共和国新闻代表团谈话中，首先提到了“要实现四个现代化，就要善于学习，大量取得国际上的帮助。要引进国际上的先进技术、先进装备，作为我们发展的起点”。[①] 邓小平回顾改革开放决策时指出：“从1978年我们党的十一届三中全会开始，确定了我们的根本政治路线，把四个现代化建设、努力发展社会生产力作为压倒一切的中心任务。”[②]“在这个基础上制定了一系列新的方针政策，主要是改革和开放政策。”[③] 邓小平还一再强调发展经济实力对于扩展外交的作用，以及开展经济外交对于国内经济建设的重要性。邓小平说：“我们的对外政策，就本国来说，是要寻求一个和平的环境来实现四个现代化。”[④] 邓小平还指出：“我国在国际事务中起的作用的大小，要看我们自己经济建设成就的大小。如果我们国家发展了，更加兴旺发达了，我们在国际事务中的作用就会更大。”[⑤]1985年12月17日，邓小平出席中共中央政治局常委会议，在谈到巴西愿意购买中国的粮食、煤、石油时说，巴西是个很重要的国家。政治关系的发展要立足于经济关系发展，没有经济关系，政治关系发展不长。邓小平的经济外交理念强调：国家间政治关系的发展是以经济关系为基础的，否则发展难以持久；经济外交是以本国经济利益为目标开展外交，外交的目标在于促进本国经济利益；也强调中国经济实力强大后，有了强大经济实力为基础，外交将会更有作为。在邓小平看来，外交要促进国家经济利益，经济关系是国家间关系持久发展的基础，经济实力将成为外交的力量依靠和手段。邓小平时期中国经济外交就权重而言，更多体现为以经济利益为目标的外交，而有意把经济实力用作外交手段

① 邓小平：《邓小平文选第二卷》，人民出版社1994年版，第133页。
② 邓小平：《邓小平文选第三卷》，人民出版社1993年版，第236—237页。
③ 邓小平：《邓小平文选第三卷》，人民出版社1993年版，第237页。
④ 邓小平：《邓小平文选第二卷》，人民出版社1994年版，第241页。
⑤ 邓小平：《邓小平文选第二卷》，人民出版社1994年版，第240页。

的外交相对不那么显现。这是由世界经济中中国的经济发展阶段和该阶段的经济实力所决定的。而邓小平也意识到了这一点，认为将来经济实力强大了，外交会更有作为。

2. 经济外交目标

1978 年中国做出改革开放的决定后，中国外交的总体目标主要为现代化创造良好的国际环境，为发展经济壮大国力、改善国民生活服务。中国经济外交具体目标则注重引进国内建设和发展所需要的资金、技术和管理经验，即对外开放。因此这一时期，中国经济外交的主要目标是“引进来”，[①] 包括引进人才和管理经验、技术、资金等。[②] 邓小平认为，中国本身还比较贫穷落后，必须向外国先进的地方学习并加以引进；通过向外国学习，从外国引进来加快我们现代化建设的步伐；从外国引进包括一切值得我们学习、值得我们引进的先进、有用的东西，诸如科学技术、管理方法、生产经验等。他说：“我们要向资本主义发达国家学习先进的科学、技术、经营管理方法以及其他一切对我们有益的知识和文化，闭关自守，固步自封是愚蠢的。”[③] 与此同时，中国开始大量从外国借款，并寻求外国直接投资。利用外国政府贷款不仅可以弥补国内资金建设缺口，同时，由于外国政府贷款大多用于交通、能源、通信、农业、城市基础设施等重点领域，因此对改善投资环境、促进地区经济协调发展具有重要影响。从引进技术来看，由于中国技术研发方面的物质、智力资源紧缺，短时间内不可能完全依靠自力更生。因此，获取西方国家的前沿技术和关键技术就成为中国技术发展战略的重要组成部分。中国领导人期望通过接触发达国家的管理方法、生产技术和技术知识，使中国企业提高劳动生产率，从而使提供的产品种类在重要的海外市场上（美、日、西欧）更有竞争力，同时也能

---

① 张旭东：《引进外资始末》，《世纪风采》，2008（12）：25。

② 《邓小平年谱》，1979 年，http：//www.china. com.cn/zhuanti2005/node_ 5610787.htm，2011－10－16。

③ 周永生、张瑜：《学习邓小平经济外交思想的体会》，《外交学院学报》，1995（04）：86。

更好地满足国内日益增长的需求。在中国寻求获得尖端技术的国家选择上，一是美国、日本，二是其他西方发达国家，三是通过一些中立国和第三方国家间接获取美、日及其他西方发达国家的技术。

3. 经济外交策略

这一时期中国经济外交的策略，主要内容可归纳如下：首先，先易后难，率先强调海外华侨华裔的作用。邓小平十分重视华侨华人对于推进改革开放的重大意义，改革开放后每年都要接见大量华侨华人，鼓励他们参与中国的建设。从改革开放到2004年前，华侨华人、港澳同胞所创办的企业占中国三资企业总数的70%，投入资金约占实际利用外资的60%。[①] 1977年10月，邓小平发表“海外关系是个好东西”的讲话，破除了过去的禁忌，并强调“不是海外关系太多，而是太少。海外关系是个好东西，可以打开各方面关系”。[②] 1979年邓小平强调，现在搞建设，门路要多一点，可以利用外国的资金和技术，华侨、华裔也可以回来办工厂。[③] 1993年，邓小平提出华侨华人是中国大发展的“独特机遇”的论断，指出：“对于中国来说，大发展的机遇并不多。中国与世界各国不同，有着自己独特的机遇。比如，我们有几千万爱国同胞在海外，他们对祖国做出了很多贡献。”[④] 其次，注意先从点上突破，设立窗口公司运作。成立专门窗口公司引进资金、设备和技术。公司化运作成为实现“引

---

① 王尧：《海外关系是个好东西》，《人民日报》，2004，09（02）：10。

② 邢利宇：《“海外关系是个好东西”——原国务院侨办副主任彭光涵忆邓小平》，中新社北京2004年8月22日电，http：//www.chinanews.com/news/2004/2004－08－23/26/475539.shtml，2012－10－22。

③ 邓小平：《搞建设要利用外资和发挥原工商业者的作用》，1979年1月17日，http：//www.people.com.cn/GB/34948/34951/36947/36950/2749329.html，2012－10－22。

④ 王尧：《海外关系是个好东西》，《人民日报》，2004，09（02）：10。

进来”的重要杠杆。[①] 十一届三中全会刚结束，1979 年 1 月 17 日，邓小平邀请荣毅仁等五位原工商界人士座谈，商讨引进国外的资金。1979 年 2 月，荣毅仁受命向中央提交《建议设立国际投资信托公司的一些初步意见》，提出为“从国外吸收资金，引进先进技术，为四个现代化服务，似有必要设立国际投资信托公司，集中统一吸收国外投资，按照国家计划、投资人意愿，投入国家建设”。1979 年 10 月 4 日，国务院批准的中国国际信托投资公司正式成立。公司章程由国务院批准，章程规定：公司是社会主义国营企业，是国务院直接领导的业务机构。公司的任务是依法引导、吸收和运用外国的资金，引进先进技术，进口先进设备，对我国进行建设投资，加速我国社会主义现代化建设。[②] 虽然中国已开始实行“政企分开”的经济体制改革，但由于中国国有企业在经济生活中的地位和作用，在经济外交中也扮演着重要角色。这一时期国有外贸公司的领导既以国家干部的身份直接参加政府经济外交，又以企业家的身份直接从事经济贸易活动。这与西方市场经济国家，经济外交中的“外交”更多是一种政府公共服务有区别，西方国家的政府和官员依惯例不直接从商，政府间的经济条约协定（双边或多边）一般只有原则性条款。具体的工作，无论是商品贸易、服务贸易或技术贸易，还是跨国投资和对外援助，都是由企业、行业协会等非政府组织去完成。[③] 其三，引进技术策略上注意利用经济周期。抓紧西方经济

① 窗口公司是指内地省、自治区、直辖市人民政府或中央部门直接出资在港澳地区注册成立的，对本地区、本部门或本行业驻港澳企业行使行政管理职能的经济实体。这些窗口公司依托香港这座国际城市，承担着对外联系，走向国际，引进国际资金、人才和管理的作用。2003 年 11 月 1 日，国务院发表《国务院办公厅转发商务部等部门关于改革内地驻港澳地区“窗口公司”管理模式意见的通知》文件，要求取消“窗口公司”的称谓，今后，内地政府及部门不得直接出资到港澳地区设立中资企业。原有的“窗口公司”易名为“联系公司”。

② 何仲山：《开放后的第一笔外债》，《瞭望新闻周刊》，2009（6），http：//www. ce. cn/culture/history/200906/03/t20090603_ 19235474_ 1. shtml，2012 - 09 - 18。

③ 何茂春：《经济外交学教程》，世界知识出版社 2010 年版，第 95 页。

困难推进技术合作。强调现代化要以引进国际先进技术为出发点。[①] 成立专门工作组研究欧共体和美国、日本，以便引进技术。并强调要抓住西欧国家经济困难的机会，抓紧技术合作。[②] 其四，把中国广阔市场作为开展对外经济合作的战略因子，认为中国市场的潜力，是一个对外经济工作的战略问题。[③] 其五，在策略上，强调贸易要优先创汇，强调贸易创汇解决支付能力问题。以劳动密集型产品为主出口创汇。中国的经济现代化要求中国的技术状况得到迅速改进，而要做到这一点就必须从世界上高度工业化的国家获得大量的现代技术，购买技术需要大量外汇。但是，中国的工业化还没有发展到这样的程度，即新兴产业成熟到足以在世界市场上同其他国家竞争。所以，中国必须以传统出口产品即纺织品等其他劳动密集型产品换取所需要的外汇。针对外界质疑中国偿债能力问题。邓小平强调经济建设要先易后难，创汇多的优先搞，而引进的重点也放在见效快赚钱多的项目上。[④] 其六，灵活应变，强调多种引资策略。主张要敢于借债投资。“要引进国外资金，不要害怕借外债，关键是注重使用效益。”[⑤] 中国自 1979 年至 1988 年共接受国际经济援助承诺贷款 155 亿美元，其中外国政府优惠贷款 109 亿美元，国际金融组织优惠贷款 29 亿美元，联合国援助 10.5 亿美元，其他国家和组织的技术援助 6.5675 亿美元。[⑥] 主张合营和设厂引资方式优先考

---

① 《邓小平年谱》，1978 年，http://www.china.com.cn/zhuanti2005/node_5610787.htm，2011-10-16。

② 《邓小平年谱》，1978 年，http://www.china.com.cn/zhuanti2005/node_5610787.htm，2011-10-16。

③ 《邓小平年谱》，1983 年，http://www.china.com.cn/zhuanti2005/node_5610787.htm，2011-10-16。

④ 《邓小平年谱》，1979 年，http://www.china.com.cn/zhuanti2005/node_5610787.htm，2011-10-16。

⑤ 邓小平：《邓小平文选第二卷》，人民出版社 1994 年版，第 351 页。

⑥ 何茂春：《经济外交学教程》，世界知识出版社 2010 年版，第 507 页。

虑。[1] 吸收外资可以采取补偿贸易的办法，也可以搞合营，先选择资金周转快的行业做起。[2] 给外资足够投资控制权。在当时的国家经济情况下，为提高外资对中国投资的兴趣，接受建议直接修改《中外合资经营法（草案）》中的条款，取消中外合资经营企业中外资投资比例不超过49%和重大问题要2/3多数通过的原则。[3] 其七，在金融领域敢于利用国际资源，为我发展所用。对外开展银行业务。以中信公司为窗口，同各国商业银行和金融机构广泛接触，并积极在国外设立办事处。至1982年，中信公司已同世界上54家外国银行、证券公司、租赁公司签订了业务合作协议，并同欧洲、亚洲、美洲和大洋洲十几个国家和地区一些有代表性的银行签订了不同期限的贷款和透支协议，而且还开展了存款业务。举借外债。中国经济建设所需要的资金规模巨大，中信公司考虑借鉴国外经验，发行外债。1982年，中信公司在日本金融市场发行100亿日元债券。这是中华人民共和国成立后第一次在国外发行债券，引发国际上强烈反应。外电评价此举表明中国在对外经济交往中正变得越来越灵活。发行主权债务。1987年中国财政部代表中国政府首次进入国际资本市场发行3亿主权外币债券。其八，经济调整时期的策略，给外资以信心。邓小平特别注意在敏感时刻让一些大项目上马，让外资相信中国的政策没有变化。[4]

（二）中国对美经济外交的理念、目标和策略

中国对美经济外交与中国经济外交一样，是在对国际形势和

---

① 《邓小平年谱》，1979年，http://www.china.com.cn/zhuanti2005/node_5610787.htm，2011-10-16。

② 《邓小平年谱》，1979年，http://www.china.com.cn/zhuanti2005/node_5610787.htm，2011-10-16。

③ 《邓小平年谱》，1979年，http://www.china.com.cn/zhuanti2005/node_5610787.htm，2011-10-16。

④ 《邓小平年谱》，1981年，http://www.china.com.cn/zhuanti2005/node_5610787.htm，2011-10-16。

中国国情做出判断的基础上，根据中国的国家利益制定，同时也与中国对美国的认识密切相关。中国的经济外交以服务于国内经济建设为中心，对美经济外交也在这一框架下进行。

1. 对美经济外交理念与目标

中国大规模的现代化建设，需要大量引进外国的先进技术和设备，大量吸引外资。邓小平认识到，美国作为世界上经济最发达的国家，向其学习，对于加快实现四个现代化具有重要的意义。[1] 不过，邓小平也强调发展中美经贸关系对中美双方都有利，[2] 不是只对一方有利。中美建交前，邓小平主张中美关系没有正常化但商业关系可以先行发展[3]，并认为经济关系做好了能促成中美关系正常化。[4] 中美建交后，邓小平立即访美，积极推进最惠国待遇的落实和中美贸易协定的签署。美国国会通过“对台关系法”和对台军售前后，针对美国的一些人认为中国更加有求于美国的观点，邓小平进行了强硬回应：如果以为中国有求于美国，以致一旦美国共和党竞选纲领中的对华政策和里根先生发表的有关言论成为美国政府政策付诸实行，中国也只好吞下，别无选择，那完全是妄想。邓小平进一步完善其对美经济外交理念，特别强调作为发达国家市场和发展中国家市场，互相有需要，所以中美两国需要搞好双边关系。[5] 邓小平一再强调，中美建交是出于战略决策，而不是策略性选择，战略性也不限于战

---

① 《邓小平年谱》，1979 年，http：//www. china. com. cn/zhuanti2005/node_ 5610787. htm，2011 - 10 - 16。

② 《邓小平年谱》，1979 年，http：//www. china. com. cn/zhuanti2005/node_ 5610787. htm，2011 - 10 - 16。

③ 《邓小平年谱》，1978 年，http：//www. china. com. cn/zhuanti2005/node_ 5610787. htm，2011 - 10 - 16。

④ 《邓小平年谱》，1978 年，http：//www. china. com. cn/zhuanti2005/node_ 5610787. htm，2011 - 10 - 16。

⑤ 《邓小平年谱》，1988 年，http：//www. china. com. cn/zhuanti2005/node_ 5610787. htm，2011 - 10 - 16。

略大三角，不是打哪张牌，而是更宽意义的战略。[①] 经过1982年前后的交锋，邓小平调整了对美政策思想，在和平与发展时代主题下进一步明确了对美外交的战略、指导原则，并突出了对美外交中的经济因素，促进了中美之间政治、经济、文化、科技、军事关系的稳定发展。[②] 从1983年到1988年，中国对美经济外交主要强调在两国关系的框架下，促进中美经贸关系的发展，获得国内建设所需的资金、技术。中美经济关系与经济外交双边化。

2. 对美经济外交策略

（1）中美贸易方面。首先，强调中美间经济往来优先发展贸易，以解决中国的偿付能力，劝诫美国方面不要急于在中国销售产品，美国多进口中国的产品，改变中美贸易逆差，中国的偿付能力提高后，将来市场会更大。[③] 其二，强调发展补偿贸易来保证引进美国的资金和技术的偿付能力。[④] 1979年1月，邓小平对美国媒体界说，中国有许多商品可以出口，我们有煤、有色金属、稀有金属、化工产品、轻工业产品。我们同美国如果用补偿贸易的方式，美国提供资金、技术，我们完全可以用我们的产品偿还。[⑤] 1979年2月27日下午，邓小平会见美国财政部部长沃纳·迈克尔·布卢门撒尔指出：现在国际上对我们搞四个现代化，引进先进设备和技术的偿付能力问题有些担心，美国也有这个担心。这个问题要具体分析。有一些项目不会发生偿付能力的问题，比如我们同你们石油公司签订的开采石油协定，广西平果

---

① 《邓小平年谱》，1980年，http：//www.china.com.cn/zhuanti2005/node_5610787.htm，2011-10-16。

② 宫力：《邓小平对美政策思想与中美关系》，《国际问题研究》，2004（06）：14。

③ 《邓小平年谱》，1979年，http：//www.china.com.cn/zhuanti2005/node_5610787.htm，2011-10-20。

④ 《邓小平年谱》，1978年，http：//www.china.com.cn/zhuanti2005/node_5610787.htm，2011-10-16，2011-10-20。

⑤ 《邓小平年谱》，1979年，http：//www.china.com.cn/zhuanti2005/node_5610787.htm，2011-10-16。

铝矿的开采，都完全可以用产品补偿。采取补偿贸易形式，本身就有偿付能力。另外，外国在中国设厂，合资经营，也不会发生偿付能力的问题。一些本身没有偿付能力的项目，需要双方发展其他贸易关系来解决偿付能力问题。在竞争能力方面，美国比别的国家能力还是强一些，现在要排除发展贸易的各种障碍。其三，解决中美贸易逆差，一面通过外交谈判要求对方扩大进口，但不限制从对方进口，一面对内强调提高中国产品竞争力。邓小平认为，减少从美进口是两国政治关系的退步。1985 年 10 月 15 日，邓小平会见美国副总统乔治·布什，就中美经济贸易关系等问题交换意见。邓小平没有保护主义思维，而是持积极进步的姿态反省自身竞争力，谈及中方贸易逆差问题时，邓小平指出，如果中国对美逆差每年达二三十亿美元，对日逆差每年也是二三十亿美元，中国就会像拉美国家一样变成欠债大户，这种情况不能继续下去。解决办法无非是两个：一个是让更多的中国商品进入美国市场，另一个是中国减少从美国的进口。而减少从美国的进口就会使近年来迅速增加的中美贸易额降下来，这意味着在某种程度上两国政治关系的退步，这决不是我们双方所希望的。[①] 邓小平会见布什后，就如何改进中国出口产品质量问题，向陪同会见的胡启立等中方人员谈了几点意见，指出：中国产品打入不了国际市场，主要是自己没本事；要解决这个问题，靠这样的外交谈判根本没有用，主要要靠自己；能否增加出口，关键在于产品质量。

---

① 《邓小平年谱》，1985 年，http：//www. china. com. cn/zhuanti2005/node_ 5610787. htm，2011 -10 -16。

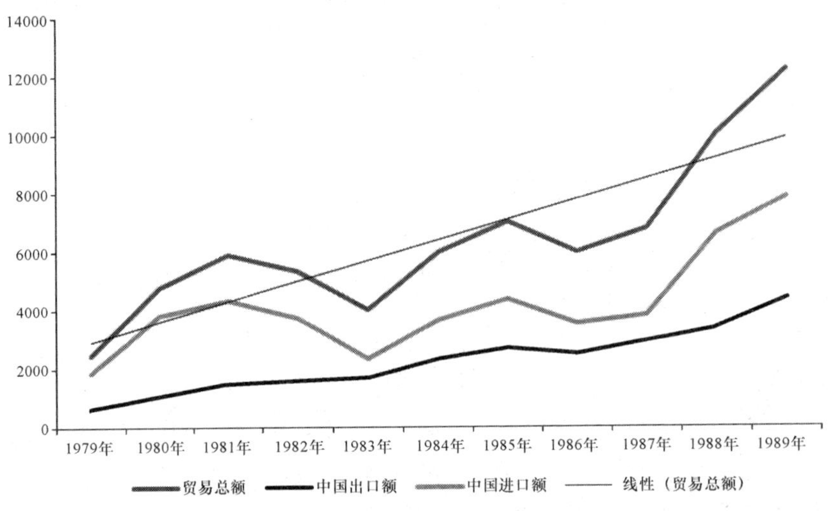

图 4.2　1978—1988 年美中贸易（百万美元）

资料来源：www. stats. gov. cn。

（2）外资在华投资方面，让美方得先机。为吸引外资，率先允许美资合资，开启了中外合资之门。1979 年 2 月 11 日，邓小平审阅国务院技术引进领导小组《关于美国通用汽车公司访华代表团愿意同我国合资经营办汽车厂》的报告并做出批示：合资经营企业可以办。[①] 1980 年北京长江饭店的建立，拉开了美国对华直接投资的序幕。1980 年中美启动了双边投资协定谈判，但很快因美国对台军售等原因而停止。1986 年 11 月 14 日上午，邓小平会见前来北京参加中美金融市场研讨会的以约翰·范尔霖为团长的美国纽约证券交易所代表团，对美国商界关心中国投资是否可以有直接的拥有权、是否可以同中国共享利润给予肯定的回复，并强调在中国投资最安全，法律不完备是因为我们知识不够，可以继续完善，指示工作人员“不要

① 1978 年 10 月，中国同美国通用汽车公司就有关合资经营问题进行谈判。随后，中国汽车工业考察团应该公司以及瑞典沃尔沃汽车公司、德国大众汽车公司的邀请前往这几个国家考察。后因种种原因，中国未能同美国通用汽车公司就创办合资企业达成协议，但是从这以后中国开始逐步同外国建立如德国大众、北京吉普、瑞典迅达电梯等一批中外合资企业。

怕吃亏、胆子大一点”。

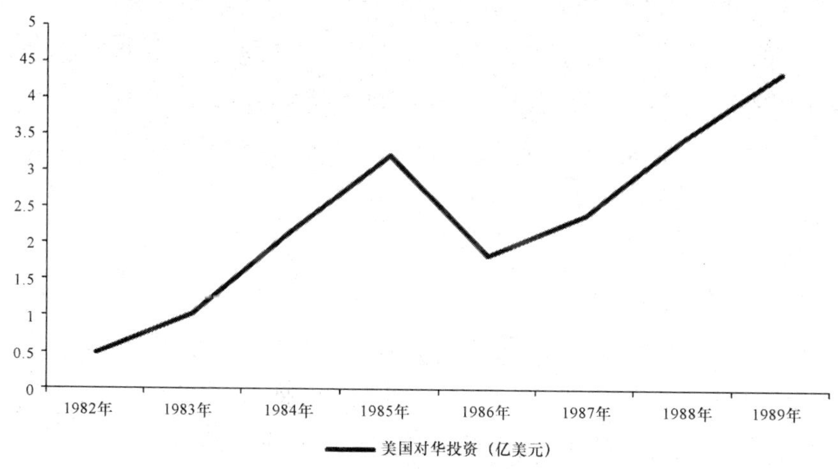

图 4.3 美国对华投资（亿美元）

资料来源：www. bea. gov。

（3）金融领域。这一时期，金融往来主要是设立金融机构，便利商贸往来（详见本节第三部分）。

三、中美经济外交的互动

这一时期中美关系发展的主轴是冷战背景下的中美战略合作和中国的改革开放，双边关系的基本面是积极的和具有合作取向的。[①] 影响中美经济外交互动的因素既有美国方面的，也有中国方面的，同时还有苏联因素，这些因素共同发挥作用，促进或阻碍了中美经济外交的开展。这一时期，中美经济外交互动主要涉及贸易、投资、金融等领域，重大经济外交事件有四：中美初步

---

① 吴心伯：《世事如棋局局新——二十一世纪初中美关系的新格局》，复旦大学出版社 2011 年版，第 1 页。

建立一组经济外交对话合作机制、围绕贸易逆差这一经济问题展开的纺织品贸易协议斗争、围绕台湾这一政治军事问题展开的经济外交、中国恢复和获得国际经济组织中的话语权。

总体来看，这一时期中美经济外交稳步发展，当然并不意味着中美之间不存在问题，但这些问题不可能从根本上改变中美关系，因为这种关系如前所述，是出于双方在战略、经济、政治上的需要，属于发展中的问题。

（一）影响中美经济外交互动的因素

影响中美经济外交互动的因素既有经济因素，也有非经济因素。这一时期影响中美经济外交的因素包括以下几个方面。

1. 从美国方面看影响中美经济外交互动的因素

美国府会政治与对华经济外交。美国国内官僚政治，主要是总统与国会围绕对华政策的斗争，对中美经济外交的影响。美国国内官僚制政治关于中国的争论对中美经济外交往往带来消极影响，如美台关系、中国人权和人口政策问题、西藏问题等在中国看来是对中国内政的干涉，往往引起中美政治上的冲突，从而影响双边贸易的正常发展。从这一时期的中美关系及经济外交发展过程来看，台湾问题几乎影响着中美之间所有重要的贸易问题，例如中国参加亚洲银行、美国对华技术转让等。此外，每年美国国会审议涉及中国的贸易或商业问题时，台湾问题必然会被提及。1981—1983 年，中国从美国的进口，乃至中美贸易经历过一次大幅度持续下挫，与美国对外军售有很强的相关性。其时，邓小平会见美国宾客时，一再强调双边贸易不要受到政治关系的影响。①

① 《邓小平年谱》，1982 年，http：//www. china. com. cn/zhuanti2005/node _ 5610787. htm，2011 - 10 - 16。

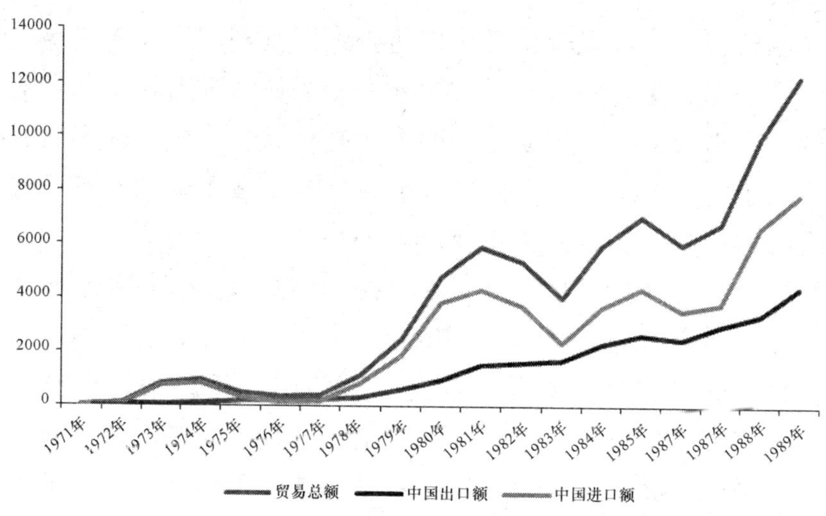

图 4.4　对台问题与中美贸易（百万美元）

资料来源：www. stats. gov. cn。

美国国内特殊利益集团政治与对华经济外交。美国对华经济外交还受到国内特殊利益集团的影响。对华有消极影响的，突出体现在美国竞争力相对弱的产业表现出来的贸易保护主义诉求，比如纺织品配额之争；对华有积极影响的力量，主要分布在技术贸易与投资领域。

2. 从中国方面看影响中美经济外交互动的因素

第一个因素，是中国的改革进程。对中美经济关系影响最大的是中国的改革进程，尤其是经济体制改革。中国对美经济外交受到中国改革开放的影响较大。1978 年中国以经济建设为中心推行改革开放，1984 年经济体制改革、中国扩大对外开放，都对中美经济外交产生重大影响。美国对华经济外交也受到中国改革开放的影响。美国投资者对中国巨大的国内市场的期望由来已久，想获得中国的原料和大量廉价劳动力的愿望也起了一定的作用。[①] 然而，一旦来到中国，这些投资者马上就面临着中国的经

① 陶文钊：《中美关系史（1972—2000）》，上海人民出版社 2004 年版，第 89 页。

济体制的现实。投资者担心他们能否汇回其利润，能否避免他们的资产被国有化，是否会被课以重税。[①] 中国的体制设计者需要了解一个运行良好的市场体制的要求是什么，中国已在多大程度上满足了这些要求。只有这样才能更好地了解中国的改革已经或将会怎样影响中美经济关系及经济外交。[②]

第二个因素，是中国外交战略的调整。随着国际形势的变化，中国政府于1982年就对外战略实行了重大转变，强调执行独立自主的和平外交政策。在这一政策指导下，中国调整了对美、对苏关系，执行对美、苏都不结盟的政策。中国调整对外战略，在美国政界引起震动，担心中国改变对美政策。里根政府急于了解中国调整外交战略的含义，派前总统尼克松和前国务卿基辛格来华探访。尼克松于1982年9月6—11日访华，他在会见中国党政领导人时一再询问中国对苏政策。[③] 基辛格于同年9月28—30日访华，也重点了解中国调整后的对美、对苏政策。尼克松和基辛格访华后，都主张把中美关系的发展重点放在经济合作上。[④] 1982年10月1日，新上任的美国国务卿舒尔茨在纽约会见出席联合国大会的中国外长黄华，黄华向他解释了中国宣布奉行独立自主的和平外交政策问题。[⑤] 美国政府经过观察，认为

---

① 《邓小平年谱》：1986年11月14日上午，邓小平会见前来北京参加中美金融市场研讨会的以约翰·范尔霖为团长的美国纽约证券交易所代表团。他说，这次金融市场研讨会，一是要"剥削"你们，从你们那里学点东西，另一个是让美国金融界充分了解中国，认识中国，认识本世纪的中国，认识二十一世纪前半世纪的中国。在回答将来美国商界在中国投资是否可以有直接的拥有权，是否可以同中国共享利润的问题时，说：合资也好，独资也好，都可以，既然合作，不分享怎么行。你们担心我们这方面的法律不完备，这可以逐步解决，最近我们又做了一些补充。我看还有缺陷，以后再补充。请你们相信，在中国投资风险最小，中国的潜力还没有挖掘出来。现在我们确实对这方面的知识不够。为什么法律不完备，就是因为知识不够，本领不够。我们的同志有点怕，怕吃亏。随着我们的知识多一点，就会逐步好一些，胆子会大一点。其实在这方面吃点亏不要紧。外国投资者也不要怕开始的时候吃点亏。你们的知识是足够的，胆子要大一点。

② 《邓小平年谱》：1986年11月14日上午，邓小平会见前来北京参加中美金融市场研讨会的以约翰·范尔霖为团长的美国纽约证券交易所代表团。

③ 王泰平：《新中国外交50年（上、中、下）》，北京出版社1999年版，第1389页。

④ 王泰平：《新中国外交50年（上、中、下）》，北京出版社1999年版，第1360页。

⑤ 王泰平：《新中国外交50年（上、中、下）》，北京出版社1999年版，第1390页。

中苏关系会有所缓和，但不会过于紧密，更不会重新结盟。由于中国已放弃与美国发展战略关系，同美国拉开一定距离，美国需要在经济合作上加强与中国的关系，一方面推动中国继续执行改革开放的政策，另一方面借此牵制中苏关系发展。虽然中国对美政策和美国对华政策都进行了调整，但中美关系的发展却没有因此停顿。相反，在20世纪80年代中期，中美关系尤其是经济关系的发展达到一个阶段性高潮。

3. 影响中美经济外交互动的苏联因素

从1978年到1980年，即卡特政府时期，中美关系走向正常化，苏联因素是最重要的考虑：从美国来看，由于苏联扩张的压力，美国希望借中国制衡苏联，将中国作为准盟国。在这一战略指导下，结合经济利益的考虑，美国政府积极发展对华关系，一改过去“全面禁运”政策，对发展同中国的经贸关系总体上采取了鼓励政策。从中国方面看，发展中美关系是国际国内形势变化的要求。这一时期中苏关系严重对抗，苏联及其盟国对中国安全构成严重威胁。为了牵制苏联，中国需要加强同美国的关系。当然，国内形势的转变，经济建设的需要也是重要因素。总体来看，这一时期，在联合抗苏的大背景下，中美关系更多是一种战略性关系，经济因素的考虑处于次要地位。从1981年到1982年，即里根政府执政初期，中美关系因台湾问题起波澜。里根政府在对台关系，尤其是对台武器销售方面比卡特政府走得更远，很重要的一个原因是这一时期美苏关系、中苏关系都处于对抗状态，美国认为中美都有联合抗苏的需要，“如果美国对苏联采取强硬政策，像台湾这样的问题，中国可以吞下去”。[①] 从1983年到1988年，中美关系总体平稳发展。1983年，中苏关系开始缓和，美苏关系到1985年戈尔巴乔夫上台之前处于对抗状态，之后才逐渐走向缓和。美国对中苏磋商担忧，开始调整对华战略，一方面寻求与中

① 邓小平：《发展中美关系的原则立场》，《邓小平文选第二卷》，人民出版社1994年版，第375页。

国合作牵制中苏接近，另一方面不再强调与中国发展“战略关系”，而是强调与中国发展“长期、持久和建设性的关系”。[①]

总体来看，这一时期，苏联因素的影响开始减小，中国强调外交为经济建设服务，美国不再将中美关系完全置于美苏关系之下，对华外交开始注重经济因素。1989 年后，美国对中国实施制裁，其中很重要的一个原因是戈尔巴乔夫上台后，苏联改变了对外扩张的政策，美苏、中苏关系都趋向缓和，中美原有的共同利害关系——抗衡苏联，逐渐消失。[②] 美国可以有更多的空间来单独处理中美关系。

表 4.1　1978—1989 年中美苏关系演变

<table>
<tr><td rowspan="2">美与苏关系</td><td colspan="4">1978—1979 年</td><td colspan="4">1980—1985 年</td><td colspan="4">1986—1988 年</td></tr>
<tr><td colspan="4">美苏由缓和走向对抗（苏联入侵阿富汗，卡特主义的提出）</td><td colspan="4">美苏对抗（里根提出重振国威，推行对苏强硬政策）</td><td colspan="4">美苏由对抗走向缓和（戈尔巴乔夫上台后苏联外交政策的转变）</td></tr>
<tr><td rowspan="2">中与苏关系</td><td colspan="6">1978—1982 年</td><td colspan="6">1983—1988 年</td></tr>
<tr><td colspan="6">中苏严重对抗（到 1982 年勃列日涅夫塔什干讲话，中苏开始对话）</td><td colspan="6">中苏关系由对抗走向缓和（中国提出独立自主外交政策，苏联寻求改善对华关系）</td></tr>
<tr><td rowspan="2">中与美关系</td><td colspan="3">1978—1980 年</td><td colspan="3">1981—1982 年</td><td colspan="3">1983—1988 年</td><td colspan="3">1989 年</td></tr>
<tr><td colspan="3">中美关系实现正常化，高层领导人互访</td><td colspan="3">中美关系起波澜（因里根关于美台关系言论和美国对台军售问题）</td><td colspan="3">中美关系平稳发展（中国提出独立自主外交政策，美国调整对华关系）</td><td colspan="3">美国联合其他国家制裁中国</td></tr>
</table>

（二）中美经济外交的互动

1. 高层互访初步建立经济外交对话合作机制

在中美关系正常化后的头两年，通过高层互访，两国政府间先后达成多项协定，促进两国在贸易、科技、文化和其他领域的交流

① 宫力：《峰谷间的震荡——1979 年以来的中美关系》，中国青年出版社 1996 年版，第 109 页。

② 宫力：《峰谷间的震荡——1979 年以来的中美关系》，中国青年出版社 1996 年版，第 200 页。

与合作（表4.2）。

表4.2　1979—1980年中美签订的协定①

时间	协定
1979年1月	科技合作协定、文化协定
	高能物理协定、领事协定
1979年5月	解决资产要求的协议
	互办展览会协议
	科技情报合作议定书
	大气科学技术合作议定书
	海洋和渔业科技合作议定书
	计量和标准合作议定书
1979年6月	医药卫生科技合作议定书
1979年7月	贸易关系协定
1979年8月	扩大文化交流协议
	水力发电和有关的水力资源利用
1980年1月	中美科技合作联合委员会第一次会议报告
	地震研究科学技术合作议定书
	地学科学技术合作议定书
	农业方面年度合作计划书
	中国科学院和美国科学院谅解备忘录
	中国科学院和美国国家航空和宇宙航行局关于在中国建立陆地资源卫星地面站的谅解备忘录
1980年2月	环境保护科技合作议定书
1980年3月	水力发电和有关的水资源利用合作议定书附件
1980年8月	民航协定
	海运协定
	纺织品协定
	领事条约
1980年9月	民航运输协定（草签）
1980年10月	粮食贸易协议
	美国海外私人投资公司在中国开展业务协议（草签）

① 宫力：《峰谷间的震荡——1979年以来的中美关系》，中国青年出版社1996年版，第36页。

从1984年至1988年，中美高层互访频繁，双方签订了中美工业技术合作协定、中美科学与技术合作协定、中美关于和平利用核能合作协定、中美文化协定两年执行计划、中美教育合作交流协定和中美渔业协定。这些协定使中美两国在经济、技术、教育、文化领域的合作进入一个新的发展阶段。在此基础上，中美两国经济外交的对话合作机制也从无到有，中美相继建立了经济、科技、商贸联委会等一系列重要机制，层次逐步提升，交流持续深化，使中美两国经济关系建立在制度化、规范化基础上（表4.3）。

表4.3　1978—1988年中美经济外交对话合作机制

名称	建立时间	功能	对话/交流情况	对话/交流参加者
中美联合经济委员会	1979年邓小平访美时商定建立，1980年9月举行第一次会议	主要目的是协调监督两国经济关系有秩序地发展；自2006年中美战略经济对话机制建立以来，中美联合经济委员会被赋予新的内涵，成为落实中美战略经济对话成果，着重就两国宏观经济金融政策进行交流协调的合作机制	截至2005年底，已举行了17次部长级会议	由两国财长共同主持，参加人员来自两国宏观经济和金融部门
中美科技合作联合委员会	1979年邓小平访美时与美国总统卡特签署《中美科技合作协定》，决定建立中美科技合作联合委员会	主要目的是规划和协调中美政府间科技合作活动，每两年在两国轮流召开会议以商谈两国科技合作事宜；为两国政府间建立了一个稳定对话和联络机制，带动了各层次的民间科技交流和合作的开展	截至2012年底，已举行了14届会议。2006年4月胡锦涛访美期间，两国政府代表签署文件，将《中美科技合作协定》再次延期五年	中国科技部部长和美国总统科技顾问兼白宫科技政策办公室主任共同主持，两国参与中美科技合作的各部门派高级代表出席联委会会议
中美大气科技合作联合工作组	根据1979年签署的《中美大气科学技术合作议定书》成立	促进中美双方在大气科学的各领域的合作	截至2012年底，已举行了18届会议	中国国家气象局局长和美国国家天气局局长担任共同主席

续表

名称	建立时间	功能	对话/交流情况	对话/交流参加者
中美商贸联委会	1983 年建立	中美商贸联委会每年举行一次，是中美两国之间最高层次的双边经贸磋商机制，工作重点是推动双边经贸合作的开展，同时讨论具体的经贸问题；目前，中美商贸联委会下设有 10 多个工作组，涉及贸易、投资、知识产权、产品安全、农业、工业和信息产业等领域	截至 2012 年底，已举行了 24 届会议	原为部长级，2004 年该机制升格，中方主席由国务院副总理担任，美方则由商务部长、农业部长和贸易代表共同担任联席主席

这些机制的确立，为中美经贸搭建了沟通平台，畅通了渠道，建立以来促进了中美经贸的发展、协调了中美经贸的各种问题。

2. 中美在贸易领域的互动

到 1988 年，中美贸易总额首次突破 100 亿大关，美国已成为中国的第二大外国贸易伙伴，期间贸易摩擦不断。其中，中美围绕贸易“逆差”与纺织品贸易的较量最为典型。自 1978—1988 年，在中美双方共同推动下，中美贸易经历了一个稳步发展的过程。首先，从中美贸易额来看，中美建交后，由于上述众多经贸协定的签署，尤其是中美贸易协定同意在关税等方面互享最惠国待遇，中美贸易额增长显著。第二，贸易商品结构也发生了明显的变化。一方面是美国对华出口商品结构发生变化：20 世纪 80 年代早期美国对华粮食出口占其对华总出口的 1/3 强。[①] 中国第六个五年计划期间（1981—1985 年）从美国进口粮食的比重逐渐降低，[②] 制成品（主要是机械产品和技术）进口比重逐

① 陈遒润：《美中贸易结构》，《中国商业评论》，1986（11/12）：16。

② 汪熙、霍尔顿：《中美经济关系：现状与前景》，复旦大学出版社 1989 年版，第 209 页。1983—1985 年间，美国对华粮食出口占其对华出口贸易额的比重由 20% 降至 2.5%。

步增加。[①] 另一方面中国对美国的出口商品结构也发生了一些变化：传统出口商品已被石油、纺织品等代替。1987 年纺织品已列为中国对美出口的首位商品，其他制成品如玩具、运动器械、机电设备等也开始对美出口。[②] 在这一时期中美贸易中，有两个显著特征：一是，同中国从美进口商品结构相比，中国对美出口商品结构改变不大，仍以劳动密集型产品为主，对美出口商品比较单一，其中纺织品的过快增长成为中美经济关系中一个敏感性因素。二是，按照中美双方各自统计，都认为在双边贸易中本国存在大量逆差。[③]

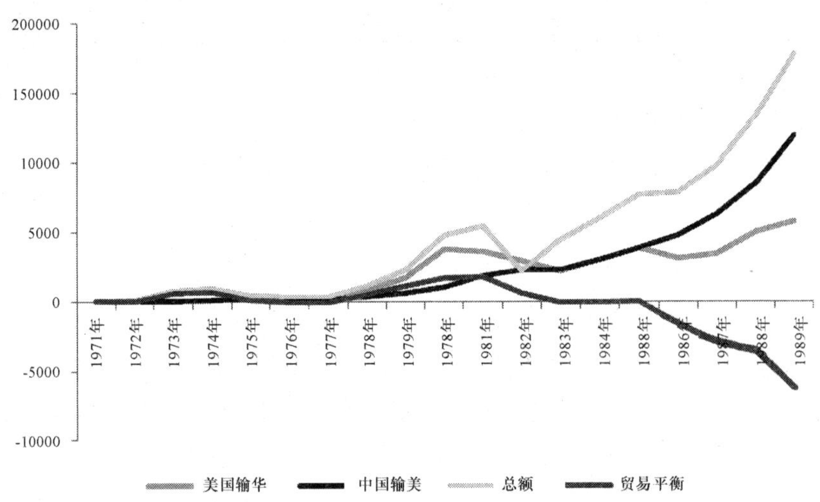

图 4.5　1971—1988 年中美贸易（美方统计数据）（百万美元）

数据来源：www. bea. gov。

① 汪熙、霍尔顿：《中美经济关系：现状与前景》，复旦大学出版社 1989 年版，第 209 页。美国对华机械和运输设备的出口额占其对华出口总额的比重由 1983 年的 27% 上升到 1985 年的 50. 8% 。

② 汪熙、陈亚温：《中美贸易问题：中国的观点》，汪熙、霍尔顿主编：《中美经济关系：现状与前景》，复旦大学出版社 1989 年版，第 191 页。

③ 汪熙、陈亚温：《中美贸易问题：中国的观点》，汪熙、霍尔顿主编：《中美经济关系：现状与前景》，复旦大学出版社 1989 年版，第 193 页。

表 4.4　1979—1988 年中美双边贸易顺差额统计（亿美元）

年份	中方统计数	美方统计数
	顺差额	顺差额
1979 年	-12.7	10.7
1980 年	-28.6	25.9
1981 年	-28.7	15.4
1982 年	-21.0	4.1
1983 年	-6.1	-3.2
1984 年	-14.5	-3.8
1985 年	-17.5	-0.6
1986 年	-20.9	-16.6
1987 年	-18.0	-27.9
1988 年	-32.5	-34.7
1989 年	-34.7	-61.8

资料来源：中国商务部、美国商务部。

这种对“逆差”的不同认识，形成了双方对纠正不平衡各自应承担责任和应采取措施的分歧。美国认为，中国纺织品输美增长过快和中国商品低价倾销是引起美方逆差的主要原因，因此要求中国限制纺织品输美和开放市场。中国认为，中国对美贸易持续逆差需要扩大对美出口来平衡，美国对中国实行差别性待遇，限制了中国扩大对美出口，致使贸易逆差难以纠正，因此要求美国取消贸易保护主义，进一步向中国开放市场。

中美围绕纺织品贸易协议的斗争。美国进口中国纺织品和服装的迅速增长成为这一时期中美贸易中的主要分歧。双方围绕这一问题开展一系列经济外交活动。中美建交后，中国的纺织品输美有了一定的增长。美方指责“中国对美纺织品出口增长太快”。中国认为这有利于增加中国进口的支付能力，从而使中美贸易不断发展和扩大。中国不认为纺织品出口对美方造成损害，主要是基于以下理由：中国对美纺织品输出起点低，因此增长率必然较快；[①] 中国对美纺织品输出虽有增长，但在美国进口总额

① 陶文钊：《中美关系史（1972—2000）》，上海人民出版社 2004 年版，第 140 页。

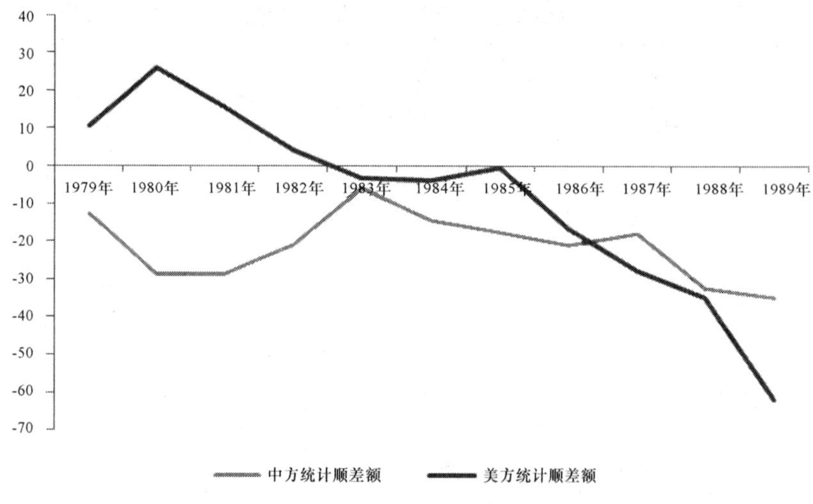

图 4.6 中美贸易逆差（亿美元）

数据来源：中国商务部、美国商务部。

中占的比例还是很小。[①] 应当承认上述观点在中美建交之初是成立的。但是中国要面对的是随着中美贸易的发展，形势有了变化。首先，中国对美纺织品出口占美国总进口的比例越来越大，到 1987 年，美国从中国进口的纺织品和服装的总数已达到 17 亿 3 千万平方码，占美国市场的 12.4%。按价值计算，中国已经是美国最大的纺织品和服装供应国。[②] 其次，随着这一时期中国出口商品结构的变化，中国出口创汇主要依靠的是纺织品和服装的出口。[③] 由于这一时期美国对外贸易持续出现大量逆差，因此，贸易保护主义得到美国国内较为广泛的支持。美国国内纺织工业要求限制进口纺织品和服装的压力日益指向中国，并寻求立法来限制进口纺织品。美国一些报刊认为“中国对美纺织品出口增

① 陶文钊：《中美关系史（1972—2000）》，上海人民出版社 2004 年版，第 140 页。

② 陈逍润：《美中贸易问题：美国的看法》，汪熙、霍尔顿主编：《中美经济关系：现状与前景》，复旦大学出版社 1989 年版，第 175 页。

③ 汪熙、陈亚温：《中美贸易问题：中国的观点》，汪熙、霍尔顿主编：《中美经济关系：现状与前景》，复旦大学出版社 1989 年版，第 191 页。

长太快”，要求削减对中国纺织品出口的限额水平，扩大限制范围。[①] 这一时期，中美通过谈判达成三项双边纺织品贸易协议：1980 年达成的第一项协议适用于棉花、羊毛和人造纤维等纺织原料和纺织品，并对八类服装做了明确限制。协议的协商条款规定建立一个机制，当从中国进口的增长被认为在破坏或有破坏市场的威胁时，可以对无配额类的商品限定配额。在 1982 年 12 月 31 日协议期满以前，协商机制曾对从中国进口的另外 19 类服装和一类纺织品做了限制。因此，按协议和协商规定的限制，总数有 28 类进口纺织品受到限制。1980 年协议于 1982 年底期满。中美双方进行了四轮谈判仍未能达成一项新的协议。在没有达成一致限额情况下，美国政府于 1983 年 1 月单方面对 32 类纺织品和服装进行控制。中国对此做出反应，宣布停止签订购买美国谷物、棉花和合成纤维的新合同。1983 年 8 月 19 日，经过七轮谈判后，中美签订了一项新的五年协议，对大约 33 个产品种类规定了明确的限额，并规定美国进口这类产品的平均增长率是每年 3.8%。协议也规定建立一个制定新限额的协商机制。中国同时宣布解除对美国农产品和纤维产品的进口限制。1988 年 2 月，中美签署新的四年协议。新的协议把中国向美国出口的纺织品和服装的总增长额限制在每年 3.3% 左右。

技术贸易领域。1978—1988 年期间，中国政府首脑多次直接访问美国，通过首脑外交直接推动经济外交。1979 年 1 月 28 日至 2 月 5 日，邓小平以国务院副总理身份访问美国，受到国家元首待遇。双方签订了科协技术协定、文化协定和互设领事馆的协议。1984 年 1 月 7—16 日，时任国务院总理赵紫阳访问美国，与里根总统会谈。中美双方签署了工业和科技合作方面的协议。1985 年 7 月 22—31 日，时任国家主席李先念访问美国，与里根总统会谈。中美双方签署了和平利用核能合作协定，并启动了一

---

① Harry Harding. *A Fragile Relationship*: *The United States and China Since* 1972. Washington D. C.: Brookings Institution Press, 1992: 365.

系列文化教育交流活动。这一时期，美国对华技术出口，受到政治因素的影响比较大，1972 年美国推进中美关系改善，1984 年中国扩大开放是中国引进美国技术的高峰年份。[①] 总体上，中方对美方技术合作力度感到不足。1985 年 12 月 14 日上午，邓小平会见美国前副总统沃尔特·蒙代尔（Walter Frederick “Fritz” Mondale）时指出：中美经济技术合作的领域很广阔，但合作成效不足，特别是在投资和技术转让方面；技术转让可能欧洲比美国好些；希望贵国在这方面前进一步两步。

台湾问题与中美经济外交。1981—1982 年即里根政府执政初期，中美关系因台湾问题起波澜。1980 年底开始，由于里根对华言论以及政策上欲与台湾地区发展“官方关系”和出售武器进行“友情表示”，中美关系因台湾问题出现波折。

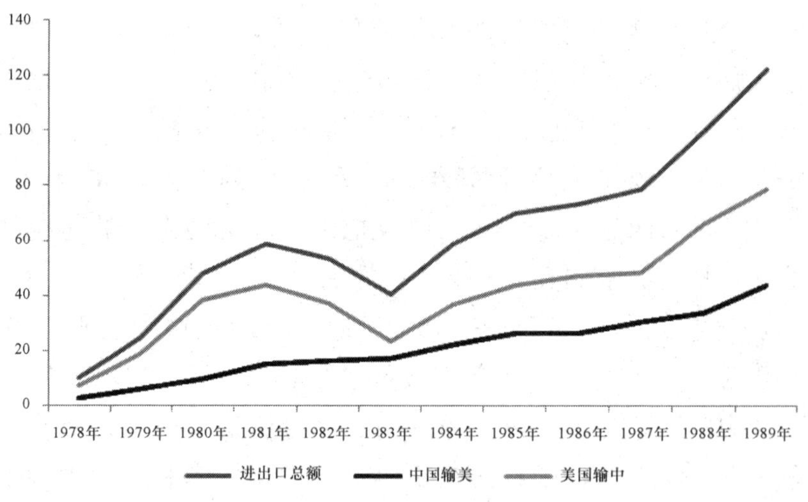

图 4.7　中美贸易与台湾问题（中方统计）

数据来源：中国商务部。

① 孙海顺：《从美国对外技术转让的特点看中国的技术引进》，《美国研究》，1990（02）：23。

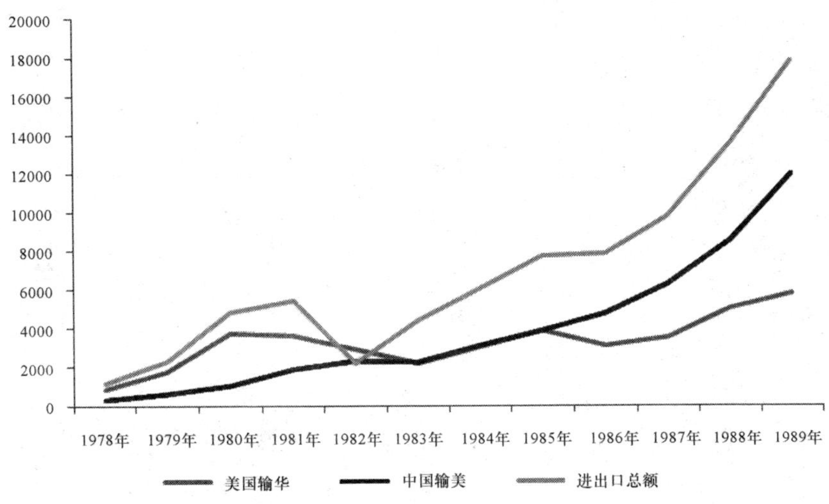

图 4.8　中美贸易与台湾问题（美方统计）

数据来源：美国商务部。

从图 4.7、图 4.8 可以看出，无论是美方的统计，还是中方的统计都显示，1980—1984 年，中美贸易总额经历了一个峰谷行情，1981 年中美贸易总额掉头下行，并在 1983 年达到峰谷。考虑到时滞效应，中美贸易的确受到了台湾问题争执的影响。但同期中国出口到美国的金额稳步增加，导致峰谷下行区间出现的是中国从美国的进口剧降。这表明中美贸易与台湾问题和中美关系冷暖有一定相关性。[①] 实际上，美方官员和媒体在此期间一再威胁对中国不利，并扬言要中止海上石油勘探的合作。同期，邓小平在会见美国官员、议员和企业家时，一再主张中美经济往来不要受台湾问题的影响，并强调中方姿态是经贸往来不受台湾问题影响。[②] 从此推断，美国首先就台湾问题发难，中方坚决不妥

---

① 《邓小平年谱》，1981 年，http://www.china.com.cn/zhuanti2005/node_5610787.htm，2011－10－23。

② 《邓小平年谱》，1982 年，http://www.china.com.cn/zhuanti2005/node_5610787.htm，2011－10－16。

协，美方威胁对中国不利，美国对华出口下降，中美贸易额下降。直到最后，中美发表联合公报，不确定性因素搁置，中美经贸往来才重拾升势。在这轮较量中，美国拿经贸往来做手段试图达到政治效果，压制中国在政治领域就范，但对台军售问题对当时的美国对华投资没有显著影响。

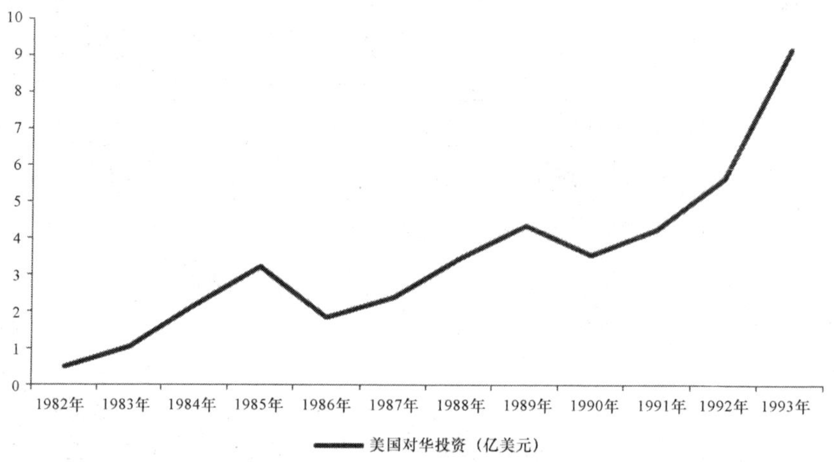

图 4.9　美国对华投资（亿美元）

资料来源：www. bea. gov。

3. 中美在投资领域的互动

中国积极促进美国对华投资，美方尽得外资在华投资先机。1979 年 7 月 1 日，中国第一部外资法律《中华人民共和国中外合资经营法》通过，美国企业家开始注意到中国投资市场的变化。1980 年 2 月 14 日，柴泽民大使在纽约的一次中美贸易关系研讨会上谈到美国在华投资时引用谷牧副总理的话说："我国将充分保证美国合营者的权益；他们在我国投资所得的收益，将不会低于在其他国家投资的收益，我们还将创造良好的条件，使他们的经营管理经验和技术专长得到充分的发挥。"[①] 1980 年 7 月

① 《充分保证外国合营者的合法权益》，《人民日报》，1979，9（29）：3。

31日，美国参、众两院批准私人投资公司在中国投资开展业务的计划，8月8日，卡特总统签署了上述法案和一项总统决定，认为这一计划符合美国利益。[①] 1982年12月，在中美经济委员会第三次会议上，中国财政部长王炳乾与美国财政部长里甘（Donald Reagan）讨论制定两国投资条约的问题，并且草签了关于投资条约要点的议定书，成为发展中美投资关系的重要一步。从1980年4月，中国国际旅行社和北京分社与美国伊沈建设发展有限公司共同建立第一家合资企业——中美长城饭店。到1989年底，中美合资经营、合作经营和美国独资企业已经累计达到949家，协议投资累计41亿美元，占外国在华直接投资累计额的12.43%；实际投资累计18亿美元，占外国对华直接投资实际利用额的12.59%，仅次于港澳，居各国之首。

表4.5 1980—1989年美国对华直接投资协议总金额（亿美元）

年份	1980—1982	1983	1984	1985	1986	1987	1988	1989
协议总金额	3.83	4.78	1.65	11.52	5.22	3.40	8.20	2.40
增长速度	—	124	19	112	23	27	26	6

数据来源：1983—1988年《中国对外经济贸易年鉴》，《文汇报》1989年5月5日，第1版及《国际商报》1990年4月14日，第1版。转自张任编著：《美国对华直接投资（1980—1991）》，汪熙主编：《中美关系研究丛书》，复旦大学出版社1993年版，第37页。

表4.6 美国对华投资（百万美元）

年度	项目数			合同外资金额			实际使用外资金额		
	美国	全国	比重%	美国	全国	比重%	美国	全国	比重%
1980—1982	21	922	2.28	247	6012.3	4.11	208.5	1168.1	21.27
1983	32	470	6.81	477.52	1732.2	27.57	83.1	636.3	13.07
1984	62	1856	3.34	165.18	2651.2	6.23	256.2	1258.2	20.36
1985	100	3073	3.25	115.20	5932.3	19.42	357.2	1661.5	21.50

① 刘连第、汪大为：《中美关系的轨迹——建交以来大事纵览》，时事出版社1995年版，第27页。

续表

年度	项目数			合同外资金额			实际使用外资金额		
	美国	全国	比重%	美国	全国	比重%	美国	全国	比重%
1986	102	1498	6.81	541.5	3330.4	16.26	326.2	2243.7	14.54
1987	104	2233	4.66	342.2	3708.8	9.23	262.8	2313.5	11.36
1988	269	5945	4.52	370.4	5297.1	6.99	236.0	3193.7	7.39

数据来源：陶文钊：《中美关系史（1972—2000）》，上海人民出版社2004年版，第342页。

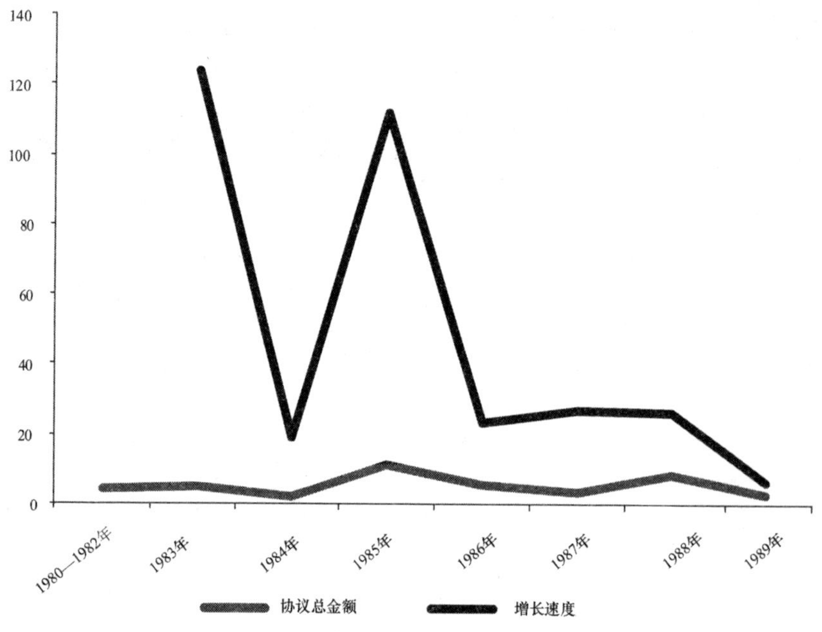

图 4.10　中美投资（亿美元）

数据来源：1983—1988年《中国对外经济贸易年鉴》，《文汇报》1989年5月5日，第1版及《国际商报》1990年4月14日，第1版。转自张任编著：《美国对华直接投资（1980—1991）》，汪熙主编：《中美关系研究丛书》，复旦大学出版社1993年版，第37页。

美国对华投资始于20世纪80年代，在中美关于台湾问题的较量告一段落后，项目数和合同金额达到阶段性高潮，出现在1984年、1985年。投资的高涨，与这时期的中美关系的整体平稳密切相关，而随后有所回落。美国在华投资累计达630

个，协议金额 34 亿美元，占外国在华投资的 14%。

4．金融领域的互动

中美经济外交刚刚初始化，金融领域的互动主要是配合贸易金融的市场准入，也有在国际金融市场进行多种形式合作融资。中华人民共和国与美国在金融业的交流始于 20 世纪 70 年代。1973 年 6 月，周总理接见访华的美国大通银行董事长洛克菲勒时起，双方金融界开始接触。随着两国经济交往的增加，首当其冲的是财务结算和资金流通等问题，1978 年，芝加哥第一国民银行成为与中国金融机构建立全面金融业务关系的美国银行。中美建交以后，1980 年 1 月由美国政府宣布解冻中国在美资产，为两国金融业扩大合作开辟了道路。1980 年 10 月，芝加哥第一国民银行率先在北京设立代表处。1981 年 6 月，美国大通银行驻京代表处开业。很快，美国花旗银行、美洲银行、汉华实业银行、化学银行、芝加哥第一国民银行、第一联美银行和建东银行等在中国北京、上海、广州、深圳等地设立了 13 家代表处。随着中国金融业对外开放步伐的加快，美国花旗银行成为第一批被获准在华经营人民币业务的外国银行分支。美资银行在华发展有一显著特点，即进入中国很快便盈利，美国金融企业对其在华获得较高的投资回报相当满意，它们对投资中国金融市场有很大信心。[①] 在金融监管方面，中国对外资金金融机构的管理也向规范化方向发展。《中华人民共和国银行法》、《商业银行法》、《保险法》等几部金融大法的相继出台，更加完善了对外资金融机构监管法规的建设。这些都向包括美资金融机构在内的外资金融机构展示了拓展中国业务的广阔前景。很多同中国做生意的美商到美资银行融资、咨询，亚欧美银行等希望拓展中国业务，美资银行希望同中国商业银行扩大交往，中国商业银行与专业银行则积极建立对外联系网络，与包括美资企业在内的国外诸多银行、证券公司等金融机构建立了业务

① 汪巍：《中美金融交流全面扩大开新局》，《金融经济》，2008（2）：27—28。

合作关系，使国际金融业务逐步走向国际化、标准化，促进了中美贸易与相互投资。美国金融机构介入中国市场，对中资金融机构来讲也引入了竞争机制，使中资机构便于借鉴美资金融机构的内部管理、业务管理、风险管理、货币管理、银行监督等最新金融手段与方法。

中美金融界的交流是多层次的，随着中国金融市场的改革开放不断深入，1981 年 11 月，中国银行在纽约设立了分行，并在纽约的中国城地区建立了一家支行，后来又在洛杉矶设立了分行。中行纽约分行与美国当地一些资信好的大银行共同安排中国国内的大型公司在美国资本市场发行商业票据，这些举措支援了中国的现代化建设，密切了中美企业的交流与合作。以互利合作满足投资者的市场需求。两国金融业合作为中国提供了众多融资服务。1985 年 6 月中国银行第一次在西德发行西德马克债券，美国的一些大银行踊跃参加了包销集团。1986 年，中国银行又与美国大通银行组成银团贷款，为华能公司筹建电厂筹措了一笔 3.65 亿美元、为期三年的贷款。美国银行还通过中国金融机构向中方提供信贷资金。1981 年 10 月，美国进出口银行向中国银行发放一笔 1841 万美元的贷款，帮助中国购买美国制造的锅炉部件、空气预热等有关设备。不久，芝加哥第一国民银行也和中国银行签订了一项 378 万美元的民间贷款协定。1984 年以后，中国使用美国信贷合同资金大量增加。中美金融机构还与中资机构合作成立财务公司和租赁公司等，为中美企业、公司提供补偿贸易、租赁、咨询等方面的服务。如 1985 年，中国工商银行与美国第一联美银行合资建立了中国国际有色金属租赁公司；1986 年，中国银行香港分行与美国化学银行及九龙昌公司在香港合资建立了华美咨询金融公司。美国的投资银行与中国金融机构合作建立中外合资投资银行类机构，其业务范围涉及人民币股票、债券等有价证券的承销、代理及自营买卖业务、基金的发起和管理、企业重组收购与合并顾问等领域。这是引进外资金融机构业务多样化的又一发展。

5. 国际经济组织中的互动

中国政府早已准备加入世界主要的经济组织。[①] 1978年，中国共产党十一届三中全会提出改革开放，加快发展国民经济，这必然要求加强同国际经济的联合和合作，即同国际经济接轨，恢复和获得在国际经济组织中的话语权。[②] 世界三大经济组织国际货币基金组织（IMF）、世界银行（World Bank）和关贸总协定（GATT）都是美国主导建立，1971年中国恢复在联合国席位，1979年中美建交，在美国拥有一票否决权的IMF于1980年4月17日正式恢复中国的代表权。中国在IMF中的份额为33.853亿特别提款权，占总份额的2.34%，共拥有34102张选票，占总投票权的2.28%。中国自1980年恢复在IMF的席位后单独组成一个选区并派一名执行董事。1980年5月15日，中国在WB和所属国际开发协会及国际金融公司的合法席位得到恢复。1981年起中国开始借用WB资金（图4.11）。20世纪80年代和90年代早期WB援助战略将体制改革视为经济长期增长、现代化以及减少贫困的关键，这与中国的发展战略是一致的。20世纪80年代体制改革和宏观调控一直是WB对华援助战略的突出主题。[③]

中国恢复关贸总协定（GATT）的成员身份要进行关税减让谈判，比恢复加入IMF和WB复杂。到1986年，世界贸易的85%在GATT成员国之间发生，中国的对外贸易85%都是与GATT成员国进行。1986年，中国决定向GATT提出复关申请。[④] 如果没有与美国建交，或者没有美国的同意，中国加入这三大国

① 沈觉人：《1986年为什么申请复关》，《神州学人》，2001（11）：7。

② 刁莉、梁松、刘捷：《20世纪80年代以来世界银行对华贷款及其经济社会影响》，《中国经济史研究》，2011（04）：7。转自：东亚和太平洋地区中国业务局：《世界银行集团对华国别援助战略备忘录》，世界银行文件第25141号，2003，01（22），13—21。

③ 刁莉、梁松、刘捷：《20世纪80年代以来世界银行对华贷款及其经济社会影响》，《中国经济史研究》，2011（04）：156。转自：东亚和太平洋地区中国业务局：《世界银行集团对华国别援助战略备忘录》，世界银行文件第25141号，2003，01（22），13—21。

④ 刁莉、梁松、刘捷：《20世纪80年代以来世界银行对华贷款及其经济社会影响》，《中国经济史研究》，2011（04）：7。转自：东亚和太平洋地区中国业务局：《世界银行集团对华国别援助战略备忘录》，世界银行文件第25141号，2003，01（22），13—21。

际经济组织是困难的。此后中国复关/入世的艰难历程也证明了美国的关键作用。

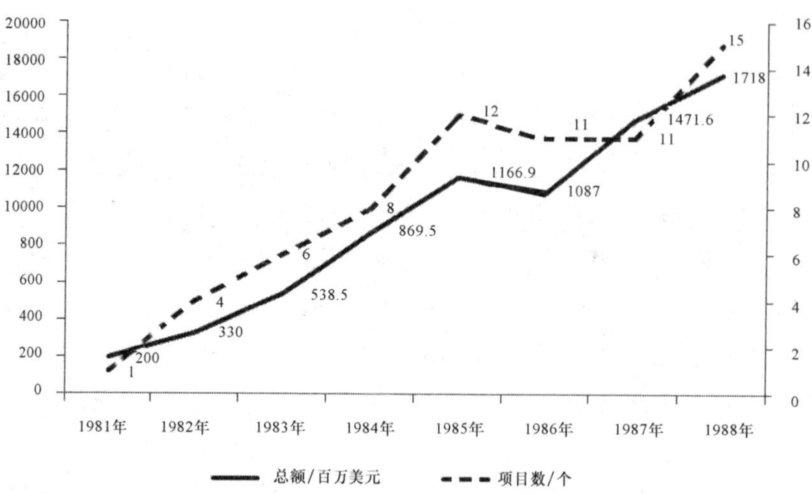

图 4.11　1981—1988 年世界银行对华贷款

资料来源：http：//www. worldbank. org。

四、中美经济外交比较与评估

中美经济外交是中美关系中重要的内容和组成部分，对中美关系的发展进程发挥重要的作用和影响。中美不同的经济外交理念、目标和策略，对于中美经济外交在中美关系中的作用产生了不同影响。

（一）中美经济外交的比较分析

1. 中美经济外交理念的差异与契合

中美经济外交理念的差异带来的不对称性非常显著。从中国来看，从 1978 年到 1982 年，中国对美经济外交有双重考虑，一方面是联合美国抗衡苏联，另一方面是现代化建设的需要。从 1982 年下半年起，随着中国外交战略的调整，中苏关系缓和，中国对美经济外交中的主要出发点转变为中国的现代化建设，更关心美国在中国现代化进程中的作用。总体来看，中国对美经济外交是在冷战大背景下，随着苏联威胁的降低，越来越强调外交为经济建设服务；同时在国内进行经济、政治体制改革，以改革促进开放，一方面是为巩固经济外交的成果，另一方面是以此促进中美经济外交进一步发展。这一时期，美国对华经济外交主要是对抗苏联的战略考虑，同时还有经济、人权等其他方面考虑，只是在不同时期侧重点不同。从 1978 年到 1980 年即卡特政府时期，美国对华经济外交有经济因素的考虑，但更多还是战略因素，服从于美苏关系的需要。里根政府时期，经过 1981 年到 1982 年与中国的磨合和调整，开始将中美关系的发展框架从中美苏大三角中脱离出来，放在双边框架内考虑，并更加注重经济交往对中美关系稳定的重要性。这一时期，中美经济外交理念上存在两对不对称性。中美经济外交，都有战略三角的考虑因素，但这一阶段战略因素在美国对华经济外交中的考虑是主要的，而战略因素在中国经济外交中的考量则是相对次要的，美方对战略需求的依赖性和脆弱性相对强。随着形势转换，双方都把经济因素视为中美关系和中美经济外交中的重要考量，但经济利益在中国对美经济外交中的分量更重，而在美国对华经济外交中的分量相对更轻，中方对经济利益的依赖性和脆弱性相对强。这种不对称性，决定了中美经济外交中各自的势力和地位。中方在战略上相对更加具有主动权，而美方在经济利益方面相对具有更多主动权。

中美经济外交理念中也存在契合之处。二战后，一个统一、稳定、相对繁荣而且对美国友好的中国一直是美国在西太平洋的战略目标之一。当时美国的有识之士已经看到，中国的现代化是历史大势所趋，无论美国援助多少，迟早会实现。美国在这一过程中如果能起到较多积极作用，对美国的长远利益有极大好处。于是，中国作为一个社会主义国家所进行的对外开放政策，以及更多运用市场机制和政治上逐步民主化的改革，受到美国的广泛欢迎。另外，由于中美两国发达程度相距较远，美国在当时不必担心中国在短期内成为强大的竞争者；而且中国拥有10亿人的巨大潜在市场，对美国企业来说是巨大利益蛋糕。所以，美国在这一时期对中国的现代化进程持积极支持态度。中国亟需通过贸易来换取外汇购买先进设备和技术，亟需外来投资来加快本国经济发展，对于美国投资和贸易持积极期待的姿态，对美国主导的国际经济秩序没有公开的批评。

2. 比较分析中美经济外交的目标

这一时期美国对华经济外交的目标优先顺序：抗衡苏联、改变中国、经济利益。即以政治和战略利益考虑为主，以经济交往作为手段。这一时期中国对美经济外交的目标优先顺序：现代化、经济利益、抗衡苏联。以经济考虑为主，主方向为“引进来”美国技术和设备。起初中美战略上的共同需要有可能促使双方共同行动开展接触；虽然经济外交目标的优先顺序存在差异，但都有比较近似的目标组合，以及双方具有满足对方目标的潜力和能力，决定双方可以进行价值交易的合作可能性。

3. 比较分析中美经济外交的策略

美方采取对华技术出口的策略性开放以推进中美关系，并使其区别于美苏关系；同时，美方运用贸易救济手段对中国出口进行约束以平衡其所谓贸易逆差，中方在纺织品贸易领域毫不示弱，利用了脆弱的相互依存——进口美方纺织品原料给予正面反击，最后双方取得妥协。按照中方统计，这一时期中国对美贸易一直存在着较大的逆差。所以，在中国看来，扩大中国出口，从而提高支付能力，是进一步发展中美经贸关系的关键，中国要求美国放弃保护主义限制性措施。但是，由于计算方法不同，美国认为从1983年起，美国在对华贸易中存在逆差，并且差额不断增大。因而对进口中国商品实行严格的限制，并不断提出针对中国出口商品的“反倾销”案。

表 4.7　1979—1988 年美国对华反倾销状况（件）

轻工	化工	五矿	土蓄	机电	纺织	医保	总数
6	7	0	1	1	3	0	18

资料来源：全国美国经济学会·浦东美国经济研究中心编：《美国经济走势与中美经贸关系》，上海社会科学出版社 2006 年版，第 121 页。

（二）中美经济外交评估

1. 美国对华经济外交的评估

（1）理念方面。这一时期，作为实力强大的一方，美国在中美外交中处于主导地位。从 1979 年到 1988 年，随着国际形势和美国国内形势的变化，以及美国对中国认识的改变，美国对华经济外交理念也在不断调整，总体上是使经济往来成为促进双边关系的一种手段。这一理念是合乎时宜的，集中反映了美国最大的需要和中国的最大需求。

（2）目标方面。在战略目标层面，初期，美国出于结束越战和构建对苏战略三角而寻求改善中美关系，进而寻求改善中美经济关系。事实证明，1972 年到 1982 年期间，美国基本上实现了其战略目标。1982 年后，中美、中苏、美苏关系都做出调整。美国对华经济外交的战略目标不再是战略三角，而是转移到全球和地区事务中中国的话语权合作上来。在经济目标层面，这一时期美国对华经济外交中，经济利益目标居于非常次要的位置。总体来看，这一时期，美国对华经济外交是出于战略和经济双重考虑。以对华经济外交促进美中合作，以中美合作共同抗衡苏联，但随后是因为认识到中国强调独立自主和不结盟政策，美国不再片面强调与中国发展“战略关系”。同时，随着苏联因素的影响减小，美国不再将中美关系完全置于美苏关系之下，对华外交越来越注重中美双边关系、注重经济因素。

（3）策略方面。当美国在对华经济外交中，使用合作、援助等方式追求其战略或经济目标时，效果与其期望值之间多数情况下呈现一种正比关系；当美国使用制裁方式追求其目标时，效果与期望值之间更多是反比关系。中美贸易协定的通过和美国给予中国最惠国待遇完全反映了中美两国发展经贸关系的需要，符合两国利益。如果中美两国的经贸关系不能建立在协定基础上，不能制度化、正常化，尤其是如果中美两国间的贸易不能在最惠国待遇的基础上进行，两国之间的经贸关系就没有可能得到任何长足的发展。[①] 因此最惠国待遇为中美经济外交的一个重要标志。当美国因贸易逆差而选择在纺织品贸易领域大动干戈时，得到的是中方针锋相对的回击，最后得到的只是双方妥协的结果。此外，在评估这一时期美国对华经济外交策略的实际成效时，不可忽视以下因素的限制性影响：在对华经济外交中，尤其是对中国实行制裁时，美国的盟国并不总是与美国步调一致。

2. 中国对美经济外交的评估

（1）理念方面。中国寻求改善与西方国家关系以推进改革开放、服务于经济建设，但中国并不打算为了经济上的好处而在政治上做无原则的让步，中国对美经济外交既有灵活性也有原则，但尚没有明显观察到这一阶段中国以其市场的潜力作为手段来推进对美经济外交的思想。

（2）目标方面。相对于美国对华经济外交而言，在中国对美经济外交中，经济利益居于更加重要的地位。但双方都不拿原则交换利益。

（3）策略方面。技术引进策略的成就与调整。尽管自1978年以来在引进外国技术和设备方面出现一些失误，中国还是努力取得各种技术。同时，中国领导人虽然对外汇大量支出和可能导致的技术依附担心，但是，中国并没有因此而放弃技术引进。为了扩大外国技术来源，中国制定了一系列引进计划以促进现代化。根据国家计委（2003年3月更名为国家发展和改革委员会）统计数字，第六个五年计划时期，中国同外国签订了1300个技术引进合同，总金额达97亿美元，其中127个是重点项目。第

---

① *U. S. Department of State Bulletin*, Vol. 80, No. 2034, January 1980: 9.

七个五年计划的技术引进是3000个重点项目，其中心是引进技术知识，重点放在电子工业和机械工业。从20世纪80年代末期中国在技术引进方面发生了一些变化，不再重视以往购买成套技术作为技术引进的主要方式，认为这种引进方法没有能够提高技术转让水平，而是转向引进技术知识和基础设计数据。金融方面，美国是国际经济组织的大股东，国际经济组织对中国的贷款某种程度上体现了美国的意志。利用外国政府贷款不仅弥补了国内资金建设缺口，同时，由于外国政府贷款大多用于交通、能源、通信、农业、城市基础设施等重点领域，因此对改善投资环境、促进地区经济协调发展具有重要影响。这一时期，“进入中国的资本——包括世界银行和国际货币基金组织的贷款——主要流向了重化工业和基础设施领域，其整体规模和对中国经济结构的影响是有限的”。[①]《中美贸易关系协定》生效以来，美国每年审议延长给予中国最惠国待遇只是履行程序，中美贸易受益增长，中美贸易额从1972年的1288万美元，增长为1979年的24.5亿美元，1989年增至123亿美元。

（三）中美经济外交初始化

这一阶段，中美经济外交启动，双方都有经济利益目标的追求，建立了经济交往的基础规则和纠纷磋商解决机制，尽管双方不再互相打牌，但中美经济外交基本上还是在美苏冷战的格局内开展，尤其是对美方而言更是如此。如此种种特征表明中美经济外交处于初始化阶段。这一阶段经济外交的主要特征如下：

首先，中美外交开始注重经济关系和经济利益目标。中美经济外交启动。1978—1988年，这一阶段中美政治经济关系的鲜明特点是，刚开始，中美出于战略需要而实现政治关系正常化，这是双边关系的支柱；政治关系的正常化为经济关系正常化松

① 张幼文、刘曙光主编：《中国经济外交论丛2009》，经济科学出版社2009年版，第15页。

绑，中美开始建立正常的经济关系；但随着战略政治因素考虑的下降，战略三角支柱的重要性式微，双边经济关系逐渐受到美国的重视，而此前中国则因国内战略转变，推行以经济建设为中心的对外开放政策，尤其重视对美经济外交，于是，双方开始转向建立双边关系的新支柱——经济关系的发展。中国政府认为，通过改善与美国关系，有助于中国的经济建设和对外开放。美国政府认为，发展中美经贸关系能给中美关系增加更加稳定可靠的筹码。其区别是，中国注重经济利益、侧重经济利益目标，美国注重经济手段、侧重政治利益目标。

其二，中美经济外交尚带冷战烙印。中美经济外交初期特征仍然带有冷战烙印。中国与苏联的关系，在20世纪50年代后期到60年代即已经走出冷战的框架，而美国与中国接触，虽然采取不同于对待苏联的做法，但由于美国与苏联结束冷战还在十年之后，因此，这一时期的中美关系尚未完全摆脱美方冷战需求的色彩，最显著的特征是美国在对华技术出口放松、对华最惠国待遇上与苏联区别对待和美国联合中国抗衡苏联，这其中带有冷战因素的考虑，这些印记也烙印在中美经济外交上。另外，1988年里根政府在国家安全报告里面仍强调中美贸易的开展是在地区稳定和抵制全球扩张的基础上进行的："我们继续相信，一个强大、安全和现代化的中国是我们的利益所在。尽管我们的经济、社会和政治体系不同，但我们在地区稳定和抵制全球扩张方面，拥有共同的理念。在这一基础上，我们已经持续提升我们的贸易、人民之间的接触，甚至是有限的国防军事合作。在有些问题上，我们的分歧会继续，但我们已经持续形成一种对于两国有明确有益的成熟的关系。"①

其三，中美经济依存的不对称性显著。中美经济外交初期，中方亟需发展贸易获得外汇，亟需吸引外资、引进先进技术，经

① The White House. *National Security Strategy of the United States* . The White House, January, 1988: 31.

济外交上对美需求大大多于美方对中国的需求，基本上可以说是中方对美方的单向度依赖（图 4.1）。但在美苏冷战框架下，美方在对抗苏联方面对华有比较大的依赖，从而一定程度平衡了经济依存不对称导致的中方的弱势。

其四，中美经济外交合作大于挑战。由于中美在国际分工中处于垂直关系、中美经济依存的显著不对称性和冷战的烙印仍存，这一期间，中美之间合作远远大于相互挑战。美方对中方的挑战，主要在台湾问题上。

其五，中美开始建立双边经济交往规则和纠纷解决机制。中美建立经济外交的基础设施。1979 年，中美建交签署了中美贸易协定，包含了相互给予最惠国待遇条款，建立了经济外交的基础设施。1983 年，中美建立中美商贸联委会，作为解决双边经贸争端的磋商机制。

其六，美国主导的国际政治经济秩序的包容性。尽管当下的国际政治经济制度和秩序为美国所主导，但这一秩序和制度也是相对开放的、包容的。虽然中国参与了这一国际政治经济制度和秩序的创建，但在中国脱离这一制度和秩序、成为“体制外”力量后，仍能通过自己的努力从完全的“体制外”部分返回“体制内”，恢复在联合国安理会、IMF 和世界银行的席位，体现了美国主导的国际政治经济秩序的包容性和生命力。而中国能够重返这一体制，在体制内开展外交，也表明中国的外交是理性的、务实的和灵活的。中国重返这一国际政治经济制度和秩序是自主的，并经过长期努力才取得的成就。

其七，中美关系经历了多边化转向双边化的过程。多边化是因为地缘政治的战略需要；双边化则是战略因素下降，经济因素上升。

第二节 中美经济外交正常化

20 世纪 80 年代末，美国对华施加经济压力，并试图达到政治目的，中美经济关系波及中美政治关系，冲突频起，进而又累及中美经济关系，中美经济外交经受考验。中国运用国内经济政策配合经济外交，先后突破美国经济封锁，极大程度降低了对外经济关系的影响，从策略上维护了中美经贸的稳定。更引人注目的是，由于中美经贸相互依存的对称性增加，美国国内商业界也成为稳定中美经济和政治关系的力量，避免中美经贸往来的基础设施受到非经济因素的困扰成为中美商界的共识。中美商界和政界有识之士，共同推进美国国会授予中国 PNTR 地位，使得最惠国待遇问题走出冷战影响并稳定下来，从制度层面保证了中美经贸的稳定性。尽管 PNTR 地位是双边互惠的，中美经济相互依存对称性也有所增加，但期间的中美较量仍能反映中美经济相互依赖的不对称性，美方仍然处于优势地位。美国方面，以意识形态目标的追求来要挟经济利益，和采用经济制裁策略来达到意识形态目标均收效甚微。中国方面，成功促使政治因素远离对经济关系的干扰。人权和最惠国待遇脱钩、PNTR 令最惠国待遇摆脱冷战烙印和意识形态纠葛，中美经贸往来对台海危机“脱敏”，中美经济外交走上经济归经济、政治归政治的道路，稳定的经济交往基础规则确立，经济外交“政治脱敏”，中美经济外交进入正常化轨道。1999 年中美达成“入世”双边协定。这期间，中美经济外交典型互动事件展开的经济制裁与反制裁、人权与最惠国待遇挂钩、PNTR、中美“入世”谈判。

一、美国对华经济外交

（一）美国经济外交理念、目标和策略

1. 老布什政府的经济外交

国际形势方面，老布什（George Herbert Walker Bush）主政的四年是全球由冷战向冷战后过渡的重要时期。冷战结束，苏联解体，西方内部的意识形态凝聚力普遍下降，经济竞争则呈加剧

之势，美国遇到来自德、日等盟国的有力挑战。[①]

美国国内形势：多数美国人相信，冷战的结束是以美国为首的西方盟国的胜利，是西方价值观的胜利。[②] 但是，随着苏联威胁的消失、外部经济竞争的加剧，以及美国国内经济衰退、教育质量下降等问题显现，美国国内开始重新出现传统孤立主义的声音，要求政府给予国内经济问题更多的注意力。[③] 基于上述国际形势和国内形势，老布什政府经济外交的重点在促进美国经济增长，应对来自西欧和日本在经济上的挑战，同时还要支持世界各地尤其是苏东国家转向市场经济的改革。在国际经济前沿阵地上，老布什总统寻求通过自由贸易来抓住新机会，推动在GATT谈判中降低贸易限制和壁垒。在西半球，老布什总统自由贸易的努力体现在美洲事业倡议和北美自由贸易协议（NAFTA）方面的进展。

老布什政府对欧、日经济外交的主要考虑是应对来自西欧和日本在经济上的挑战，维护美国经济利益。[④] 美德利率之争：老布什政府为摆脱经济衰退，不断降低其贴现率和联邦基金利率，使之降到30多年来的最低点；德国则强调主要目标是防止通货膨胀，一再拒绝降低利率，并迫使欧洲国家一同将利率保持在较高水平上。谈判打开日本市场：老布什政府对日经济外交主要是通过谈判打开日本市场，减少美日贸易逆差。戈尔巴乔夫改革、苏联解体、叶利钦领导的俄罗斯独立等一系列进程为老布什政府对苏（俄）开展经济外交提供了机遇。老布什政府对苏（俄）经济外交主要以积极的经济援助方式进行。老布什就任总统之初，经过短期检讨和研究，认识到戈尔巴乔夫改革符合美国的利

① 潘锐：《冷战后的美国外交政策——从老布什到小布什》，时事出版社2004年版，第58、59页。

② Fukuyama. *The End of History and the Last Man*. N. Y.：Free Press，1992，34.

③ 潘锐：《冷战后的美国外交政策——从老布什到小布什》，时事出版社2004年版，第22、23页。

④ 潘锐：《冷战后的美国外交政策——从老布什到小布什》，时事出版社2004年版，第95页。

益，在1989年5月提出了“超越遏制”战略，强调运用政治、经济、文化、外交等手段，特别是以经济援助为诱饵，促使苏联向政治多元化和市场经济发展，最后将苏联“融合到世界秩序”，亦即西方政治、经济体系之中。[①] 但由于这时美国国内问题严重——经济衰退、“新孤立主义”思潮抬头，所以老布什政府起初对援助独联体国家并不积极。[②] 在遭到国内批评后，[③] 老布什政府改变政策，开始号召大力援助俄罗斯及独联体其他国家。[④] 总体来看，老布什政府对苏（俄）经济外交主要是出于促进“政治民主化、经济自由化”的改革的考虑，当然也有借机获得商品、资本市场，以及就业机会的经济利益的考虑。[⑤] 老布什政府对第三世界国家经济外交主要运用经济合作、经济援助手段进行，更多出于经济利益的考虑，通过密切美国与这些国家的经济联系，扩大美国的商品和投资市场，促进美国经济发展，进而建立美国主导的美洲、亚太自由贸易区，从而更好地与欧共体、日本竞争。此外，老布什还有促进这些国家的经济自由化的考虑。冷战后，美国对第三世界的经济外交目标更趋纯粹，经济利益凸显。老布什政府对拉丁美洲经济外交集中体现在美、墨两国举行自由贸易协定谈判和老布什提出“拉丁美洲事业”倡议。

2. 克林顿政府的经济外交

1992年大选，由于经济危机的冲击和美国结构性经济问题恶化，各种社会矛盾加深，而老布什总统又显得无所作为，美国

---

① 刘绪贻主编：《美国通史（第六卷）——战后美国史1945—2000》，人民出版社2008年版，第530页。

② 潘锐：《冷战后的美国外交政策——从老布什到小布什》，时事出版社2004年版，第86页。

③ *The New York Times*, March 9, 1992.

④ 潘锐：《冷战后的美国外交政策——从老布什到小布什》，时事出版社2004年版，第87页。

⑤ 潘锐：《冷战后的美国外交政策——从老布什到小布什》，时事出版社2004年版，第87页。

大多数选民对他深感不满，纷纷将选票投给了民主党总统候选人，声称要发挥政府作用以振兴美国经济的克林顿（William Jefferson Clinton）。[①] 克林顿是冷战结束后的第一任美国政府总统，面临着带领美国外交政策实现从冷战向冷战后转变的课题。1990 年 8 月的海湾危机一度使得油价大幅度上扬，加速了美国经济衰退。1990 年第四季度美国实际国民生产总值下降 1.6%，结束了持续八年的经济增长。1991 年美国 GDP 增长率为 -0.2%，达到十年来新低，同时，失业率高达 6.8%。[②] 克林顿上任后，在国内大力推进以信息产业为核心的“新经济”发展战略，在国际经济领域推进贸易自由，迎来二战后美国经济最长增长期，在任八年美国经济持续增长，迎来“新经济”繁荣。

克林顿政府非常重视经济外交，并且成效卓著。克林顿强调外交为经济服务，上台伊始即提出了美国外交政策的“三大支柱”——经济安全、军事实力和促进民主。[③] 克林顿执政后，将重振美国经济列为其最优和最根本的任务，履职一个多月即连续推出一揽子经济复兴计划、技术产业政策以及对外贸易政策，并以公平竞争为旗号，以政府的积极介入为手段，建立开放的对美国有利的国际贸易体系，维护美国的经济安全。[④] 克林顿政府在对外经贸政策方面继续肯定自由贸易原则的同时，更多地强调“公平贸易”，强调美国在世界经济中的竞争力，同时强调用强

---

① 陶文钊：《中美关系史（1972—2000）》，上海人民出版社 2004 年版，第 235 页。

② 廖晓燕、罗江林：《20 世纪 90 年代以来的美国经济波动分析》，《经济前沿》，Z1. 2006：66。

③ 潘锐：《冷战后的美国外交政策——从老布什到小布什》，时事出版社 2004 年版，第 185 页。

④ 柯居韩、陶坚、谷文艳：《克林顿的经济计划、政策思想及其影响》，《世界政治与经济》，1993，08：12。

硬手段和措施逼迫他国对美国开放市场。[①] 国务卿克里斯托弗表示，美国必须利用一切手段、保证让美国企业进入全球市场。克林顿表示，要由政府出面，变消极为积极，通过谈判甚至单方面制裁等方式迫使贸易伙伴遵守“对等原则”。强调经济安全使美国对外经贸政策向“公平贸易”倾斜，从而导致美国与欧共体、日本的贸易摩擦加剧。在对欧经济外交方面：首先，欧洲依然是美国重要经贸伙伴，但亚洲和美洲在美国对外经济关系中地位上升使得欧洲的重要性相对下降。[②] 第二，美欧之间的经济摩擦由于各自实行保护主义而不断加剧，美欧经济竞争日趋激烈。克林顿政府在欧洲开放市场、乌拉圭回合谈判等问题上摆出强硬姿态，最后促成了 WTO 诞生。[③] 在对日经济外交方面，克林顿上台之初就把解决巨额贸易逆差作为主要目标。美国通过美日贸易新框架谈判，要求日本提高外贸在其国民生产总值中的比重，扩大进口产品在其国内市场的份额。在美国压力下，日本被迫于 1993 年 10 月底开放从未让外国企业涉足的建筑业市场。克林顿把美俄关系列为美国外交政策的重点，提出并实施了对俄“伙伴关系”战略。[④] 从“伙伴关系”战略出发，克林顿积极推行对俄经济外交，通过援助俄罗斯，积极支持叶利钦，防止俄罗斯转向民族主义或社会主义。1992 年，俄罗斯出现“倒叶风波”引发政治危机，克林顿政治上表态支持叶利钦，经济上也尽力援助俄罗斯。在 1992 年 4 月 3—4 日的温哥华美俄首脑会议上，美国允诺向俄提供 16 亿美元的一揽子援助，并表示愿意协助俄发展

---

① President Bill Clinton. *Remarks at American University's Centennial Convocation*, Feb. 26th, 1993, http://www1.media.american.edu/speeches/1993centennial.htm, 2012-04-15。克林顿把美国对外经济政策总结为五项原则：治理好国内经济是美国参与国际竞争的前提；对外贸易是美国国家安全的要素；美国在协调全球经济增长中起领导作用；美国有责任促进亚洲和拉美经济的增长；美国继续支持和援助俄罗斯和其他原苏联国家的经济稳定复苏。

② 1992 年美欧贸易额为 2270 亿美元，同期美国与亚太贸易额则为 3440 亿美元。

③ 潘锐：《冷战后的美国外交政策——从老布什到小布什》，时事出版社 2004 年版，第 193 页。

④ 潘锐：《冷战后的美国外交政策——从老布什到小布什》，时事出版社 2004 年版，第 189 页。

小型企业、加速国营企业私有化的进程以及顺利过渡到自由市场经济。此外，克林顿政府一再向盟国呼吁并施压，要求它们一起援助俄罗斯。在美国的压力下，日本作为东道国举行了西方七国外长和财长援俄会议，并且同意援俄18亿美元。就是在这次会议上，西方决定向俄罗斯提供300亿美元各种形式的援助，美国承担其中的18亿美元。① 克林顿政府认识到，亚太地区经济前景看好与重振美国经济密切关联，其在外交上比历届政府都更加重视亚太，提出新太平洋共同体的倡议。② 为实现其亚太经济政策目标，美国展开一系列外交活动，积极推动亚太经合组织走向机制化。③ 克林顿政府认为，建立北美自由贸易区符合美国的长远利益，所以积极推动北美自由贸易协定在其国会获得通过。④ “美国以北美自由贸易区为基地，向南逐步融合拉美小地区自由贸易区，向西积极推进亚太地区的自由贸易，向东极力维持在欧洲的传统经济利益。”⑤

（二）美国对华经济外交理念、目标和策略

在老布什政府和克林顿政府时期，中美之间不再具有共同对抗苏联这样压倒一切的战略考虑，20世纪80年代末后，美国国内对中国的认识的争论再起高潮。如何根据新的国际形势和美国国情调整对华经济外交，追求在华经济利益成为美国辩论的焦点。

1. 老布什政府的对华经济外交

（1）理念方面。影响老布什政府对华经济外交的最大消极

---

① 潘锐：《冷战后的美国外交政策——从老布什到小布什》，时事出版社2004年版，第171页。

② Bill Clinton. *Building A New Pacific Community*, http://www.accessmylibrary.com/article-1G1-13238867/building-new-pacific-community.html，2013-04-15。

③ 游碧竹：《美国克林顿政府的经济外交略论》，《湖南社会科学》，1997，4：19。

④ 潘锐：《冷战后的美国外交政策——从老布什到小布什》，时事出版社2004年版，第196页。

⑤ 游碧竹：《美国克林顿政府的经济外交略论》，《湖南社会科学》，1997，4：19。

因素主要是中国国内因素、东欧剧变及苏联解体，而海湾战争和美国在华经济利益成为促进老布什政府对华经济外交的积极因素。1989年，中国由一个“最有希望被和平演变的社会主义国家”变为“最不讲人权”、与美国价值观格格不入的“极权国家”。[①] 到20世纪90年代初，苏东剧变更是结束了美苏两极格局，美国成为唯一的超级大国，刺激了美国“演变”中国的决心。而海湾战争则提醒美国，虽然联华抗苏的战略利益已经消失，但在解决重大地区安全和全球问题上，中国的合作仍然至关重要。老布什政府对华政策基本维持正面接触的基调，美中关系得以继续发展。老布什政府在平衡战略利益、道德利益和经济利益的基础上，推行“制裁而不孤立”的对华经济外交，坚持以对华接触促改革。[②] 老布什政府采取制裁措施很大程度上是因为，如果美国政府不对中国采取制裁措施，国会就会采取主动，通过比老布什政府更严厉的制裁措施。同时老布什政府也有通过对华经济制裁促使中国考虑人权问题的想法。但总体上，老布什认为压力与制裁对于中国无济于事。[③]

（2）目标方面。首先，老布什政府对华经济外交追求美国的战略利益。老布什政府强调中国对于美国战略利益的重要性，反对孤立中国。老布什总统任职之初，于1989年2月下旬访华的一个重要目的是想探明中国领导人对中苏关系正常化的看法。美副总统奎尔接受记者采访时为老布什政府对华态度进行辩护说：“中国近年来对我们具有重要意义，尤其在对付美主要对手苏联方面。所以在政治意义上，得从不同角度去看问题。”[④]

---

① 王缉思、徐辉、倪峰：《冷战后的美国外交（1989—2000）》，时事出版社2008年版，第153页。

② The White House，Washington，D. C. *National Security Strategy of the United States*，*the White House*，01 *August* 1991：9.

③ Herbert S. Parment，George Bush. *The Life of a Lone Star Yankee.* New York：A Lisa Drew Book/Scribner，1997：398.

④ 刘连第、汪大为：《中美关系的轨迹——建交以来大事纵览》，时事出版社1995年，第275页。

1989年6月5日，老布什在与国务卿贝克和国家安全事务助理斯考克罗夫特碰头时说："关于中国，我们要做的是不要把视线从他们（尼克松、基辛格）所做的事情移开……也就是说，我们要在同这些大国打交道的大框架中来对待此事。"[①] 苏东剧变后，老布什政府强调中国在导弹和武器销售，朝鲜、柬埔寨等地区问题上的作用，从而不主张对与中国经济交往采取过于严苛的反应。其次，老布什政府坚持对华经济合作，坚持对华接触，也是出于道德利益和经济利益的考虑：一方面，通过合作与接触可以促进中国国内的民主化和市场化改革；[②] 另一方面，也有适应新形势、逐渐重视中美关系中经济利益的考虑。随着中美经济关系的发展和中国改革开放的推进，中美双边经济联系逐渐成为中美关系的支撑点。老布什政府多次强调中美两国关系不再是相互"打牌"时代，而是建立在共同的经济利益基础上。[③] 老布什政府对华经济合作的两面性在美国驻华大使李洁明在参议员外委会批准他任职的听证会上的讲话中体现得最明确。[④]

（3）策略方面。老布什政府排除国会干扰继续无条件给予中国最惠国待遇。基于以经济合作、对华接触促进中国的改革和维护美国经济利益的考虑，从1990年到1992年，老布什政府坚

---

① Herbert S. Parment, George Bush. *The Life of a Lone Star Yankee*. New York: A Lisa Drew Book/Scribner, 1997: 398.

② GEORGE BUSH. *Remarks at the Yale University Commencement Ceremony in New Haven, Connecticut, May* 27, 1991. http://www.gpo.gov/fdsys/pkg/PPP－1991－book1/pdf/PPP－1991－book1－doc－pg565.pdf, [2013－08－13]. Lawrence Sidney Eagleburger. *Congressional Record* 101*st Congress* (1989－1990), *Daily Digest － Thursday*, June 21, 1990. http://thomas.loc.gov/cgi－bin/query/B?r101: @FIELD (FLD003＋d) ＋@FIELD (DDATE＋19900621), 2013－08－1.

③ 刘连第、汪大为：《中美关系的轨迹——建交以来大事纵览》，时事出版社1995年，第266页。

④ Herbert S. Parment, George Bush. *The Life of a Lone Star Yankee*. New York: A Lisa Drew Book/Scribner, 1997: 272. 布什总统提名的美驻华大使李洁明在参议员外委会批准他任职的听证会上说，美政府认为，对中国来说加入世界经济共同体和成为关贸总协定这样的组织的成员国是很重要的，他认为这"只是个时间问题"。美中在诸如人权、武器销售和贸易等问题上很自然会存在分歧；他当然将"执行美国的人权政策"，将使用美国对西藏问题的政策方针，继续对中国施加压力。

持无条件给予中国最惠国待遇。其助理国务卿所罗门（Richard H. Solomon）表示，“最惠国待遇为美中商业关系提供有利条件，有利于美国在中国的贸易和投资，也就有助于中国人了解美国的生活方式、价值观念和私有企业体系。中国对美贸易的扩展将刺激它继续发展面向市场的经济改革。”[①] 尽管遭到国会议员和国内一些政治势力的反对，[②] 老布什总统于1990年5月24日宣布给予中国的最惠国待遇继续延长一年。白宫认为，如果取消最惠国待遇，美国自身将受到很大损害：中国可能会把取消最惠国待遇视为敌对行为，结果将是中美关系进一步恶化，损害美国外交利益；[③] 美国将失去中国市场。[④] 最后结果为众议院以384票对30票通过参众两院联合决议，不批准老布什总统的无条件延长中国最惠国待遇地位的决定，并通过由众议院外事委员会亚洲小组主席索拉兹提出的方案，即有条件地延长中国最惠国待遇一年，并附带了四个修正案。但参议院多数党主席米切尔借口联邦预算案等立法工作紧张，没有将两院联合决议提交参议院表决，这项议案最终不了了之。[⑤] 美国对华最惠国待遇无条件延长一年。1991年围绕中国最惠国待遇的斗争更加激烈。国会中提出众多关于拒绝延长对华最惠国待遇或者附加条件的议案。[⑥] 总统与国会及国会内部争论的焦点在于：总统及其支持者认为给予中国最惠国待遇，保持与中国的经济联系，是促使中国经济、政治

① Richard H. Solomon. *China and MFN: Engagement, Not Isolation, Is Catalyst For Change*, *prepared statement for The Senate Foreign Relations Committee*, 6 *June* 1990. Current policy no. 1282, United States. Department of State. Bureau of Public Affairs . Office of Public Communication, 1990: 2.

② 陶文钊：《中美关系史（1972—2000）》，上海人民出版社2004年版，第216页。

③ 王堃：《布什与中国》，华夏出版社2007年版，第126页。

④ 陶文钊：《中美关系史（1972—2000）》，上海人民出版社2004年版，第215页。在最惠国待遇条件下，中国向美国出口的商品的平均关税是8.4%。而一旦取消这种待遇，中国向美国出口商品的平均关税将提高到47.5%。中国对美出口势必锐减，与此直接相关的是中国从美国的进口也将大大下滑。

⑤ *Congressional Quarterly Weekly Report*. CQ Press, Washington, June 8, 1991: 1513.

⑥ *Congressional Quarterly Weekly Report*. CQ Press, Washington, July 27, 1991: 2056.

改革的最好方法；[①] 反对者则认为对最惠国待遇附加条件，可以作为促使中国实行政治变革的杠杆。[②] 最后议案在参议院支持派中与反对派中相持不下，老布什游说参议院财政委员会贸易小组委员会主席民主党参议员鲍卡斯（Max Baucus），获得鲍卡斯的支持，鲍卡斯联合其他七名民主党参议员支持老布什总统延长最惠国待遇的主张，成为1991年府会争议最惠国待遇的关键转折。5月15日，老布什总统宣布继续延长中国的最惠国待遇。最终结果是参议院没有把两院会商委员会的决定付诸表决，使得老布什总统在1991年的对华最惠国待遇之争中赢得胜利。[③] 1992年，国会吸取上两次教训，提早准备，先后通过HR2112号议案和HR5318号议案，但是均遭到老布什总统的否决，而国会推翻总统否决的投票两次都因参议院投票未达到所需2/3票数而失败。[④] 美国府院以及国会内部几次交手表明，中美经济利益已经超越意识形态和价值观，或者说行政部门和美国精英认为必须保持接触和经济交往，才有可能实现美国传道士外交理想中改变中国的愿望。无论何种看法，中美经济关联利益已经具有战略重要性，对华经济外交优先于人权外交和意识形态。对华技术出口上，老布什政府根据政治和经济的需要有收有放。之前，老布什政府积极放宽对华技术出口，促进中美经济合作。1989年3月1日，美国商务部宣布，已对对华出口限制做出重大修改，中国可以比较容易地购买电信、电子及精密仪器、化工和石油等13大类产品。美国商务部负责出口管理的副部长保罗·弗里登伯格说，放宽出口限制表明，"美国及其盟国认识到同中国的关系在不断出现好

① *Congressional Quarterly Weekly Report*. CQ Press, Washington, July 27, 1991: 2056. 1991年5月27日，布什总统在耶鲁大学的一次演讲中表示，鼓励中国自由市场力量的最好方式是保持与中国的经济联系不受损害，而经济的增长不可避免地产生要求更大政治自由的压力。"要推进我们所珍视的理想只有伸出我们的手，展示我们最好的方面，耐心地坚持我们的价值观，即使要冒遭到拒绝的风险。"

② 陶文钊：《中美关系史（1972—2000）》，上海人民出版社2004年版，第220、221页。

③ 陶文钊：《中美关系史（1972—2000）》，上海人民出版社2004年版，第224—226页。

④ 陶文钊：《中美关系史（1972—2000）》，上海人民出版社2004年版，第226—228页。

转，我们愿意支持中国民用部门的改善。”[①] 但随后，老布什政府停止放宽对华技术出口的努力，将对华技术出口作为制裁中国的工具。1989 年 6 月 13 日，美国商务部取消向中国销售核电厂装置的出口许可证，这批装置价值共 5 亿美元。[②] 1989 年 7 月 27 日，美国务院负责战略工艺事务的阿伦·温特在巴黎表示，巴黎统筹委员会已经暂停战略物资对华出口扩大自由化的行动。[③] 但是，老布什政府很大程度上是将限制对华技术出口作为应对国会要求政府实行更严厉对华制裁的手段，很快放松了对华技术出口。1989 年 12 月 19 日，美白宫宣布，老布什总统决定给三颗美国制造的由中国发射的通讯卫星办出口许可证。老布什称这些决定是符合美国家利益的。[④] 1990 年 6 月 13 日，美国电话电报公司发言人宣布该公司根据美国政府确定的指导方针范围，将向中国军事部门出售 500 万美元的高技术设备。[⑤] 1990 年 12 月 13 日，老布什总统批准向中国、巴西出口高技术产品。[⑥] 老布什政府将美国进出口银行和世界银行的对华贷款作为推动中国内部改革的手段。1989 年后，老布什政府决定推迟对华贷款来制裁中国。此后，与老布什总统以接触促改革的理念相一致，当认为中国做出了符合美国要求的改革时，就给予一定贷款，当认为中国的改革进展不大或达不到美国要求时则推迟贷款。老布什政府以对华贷款作为制裁手段主要有：1989 年 6 月 26 日，世界银行决

① Herbert S. Parment，George Bush. *The Life of a Lone Star Yankee*. New York：A Lisa Drew Book/Scribner，1997：269.

② Herbert S. Parment，George Bush. *The Life of a Lone Star Yankee*. New York：A Lisa Drew Book/Scribner，1997：278.

③ Herbert S. Parment，George Bush. *The Life of a Lone Star Yankee*. New York：A Lisa Drew Book/Scribner，1997：284.

④ Herbert S. Parment，George Bush. *The Life of a Lone Star Yankee*. New York：A Lisa Drew Book/Scribner，1997：297.

⑤ Herbert S. Parment，George Bush. *The Life of a Lone Star Yankee*. New York：A Lisa Drew Book/Scribner，1997：306.

⑥ Herbert S. Parment，George Bush. *The Life of a Lone Star Yankee*. New York：A Lisa Drew Book/Scribner，1997：314.

定推迟考虑对中国提供新的贷款，推迟考虑的贷款约为7.802亿美元。这项决定是在老布什总统宣布对中国实行新的制裁并要求国际金融机构停止向中国提供新的贷款六天后做出的。两周前，世界银行曾宣布推迟审查约2.3亿美元的对华两项贷款。[①] 1990年3月21—23日，由于美国理事主张取消批准一项对华贷款，世界银行理事会紧急会议推迟审议批准对华贷款。美国政府的这一主张可与老布什总统当月的对华政策的公开发言相联系：1990年3月13日，美总统老布什在记者招待会上表示对中国改革的进程不满意，但并不后悔，也不想改变对华政策方针，因为美希望能看到中国实行更多的改革。老布什政府以对华贷款作为合作手段主要体现在：1990年1月，美国国务院表示美国将支持世界银行在个案处理的原则基础上向中国提供“人道主义的、人的基本需要类型的贷款”。从1990年2月至5月间，在美国支持下，世界银行向中国提供四笔共计4.4亿美元贷款，用于在职业教育、农业开发、地震重建和森林保护项目。[②]

2. 克林顿政府的对华经济外交

克林顿政府对华经济外交理念在其任期内随着国际形势和美国国内形势，尤其是克林顿政府对中国认识的变化而发生变化。在第一任期，曾推动中美关系解冻和正常化的一个主要外部动力——共同应对苏联，已不复存在。克林顿政府认为中国对于美国的战略重要性降低，出于战略需要而对中国在人权、经济方面让步已经过时。在1992年总统大选中，克林顿表示，老布什以冷战为基础的安全观已经过时，这种安全观夸大了与中国的战略合作的重要性。[③] 1992年在圣路易斯的电视辩论中，克林顿被问

---

① Herbert S. Parment, George Bush. *The Life of a Lone Star Yankee*. New York: A Lisa Drew Book/Scribner, 1997: 280.

② 王塑：《布什与中国》，华夏出版社2007年版，第122—123页。

③ Robert Ross. *From Denial to Leadership: The Clinton Administration and China*. In. Ezra F. Vogel, Yuan Ming, Akihiko Tanaka. *The Age of Uncertainty, The U. S. -China-Japan Triangle from Tiananmen* (1989) *to* 9/11 (2001). Cambridge, Massachusetts: Harvard University Asia Center, 2004: 125.

到将如何运用美国的权力对中国施加影响时，回答说：第一，中美关系是重要的，不应该孤立中国；第二，要对中国持强硬态度，要把中国的人权状况、一个更开放的社会与最惠国待遇挂钩；第三，美国要保卫在中国的经济和民主利益。[①] 简而言之，克林顿打算对华奉行遏制加接触的政策。克林顿一上任，即把最惠国待遇作为筹码要求中国改善人权，但这一“武器”伤人也伤己，最后克林顿宣布人权与最惠国待遇脱钩。通过这一回合较量，克林顿政府逐渐转变观念，认识到保持与中国更加积极的接触策略对于实现美国经济利益和非经济目标的重要性，转而积极推进对华经济合作，促进美国的在华经济利益，同时努力将中国融入以美国为主导的国际体系。克林顿政府对华政策回归到美国对华政策的历史大道上来。

与克林顿政府对华经济外交理念一致，克林顿政府对华经济外交主要目标在其两届任期内有所变化，在第一任期初期，对华政策的一个重要目标是追求美国的道德利益，即用“最惠国待遇”这张牌来迫使中国在人权上对美让步；在第二任期经济利益的重要性逐渐显现，并寻求稳定中美经济关系，把中国纳入到美国主导的经济秩序和国际规则之中。首先，克林顿第一任期初期对华经济外交希望达到美国道德利益的目标，即促进中国“尊重”人权，推动中国的市场化、民主化改革，其方法是以最惠国待遇相要挟。在克林顿第一任期内，中国“由地缘政治中的伙伴变成了意识形态上的敌人”，人权因素在影响美国对华政策诸因素中占据了最显要的位置，并且出现“以经济政策作为服务于道德和政治目的的工具的倾向”。[②] 任期之初，克林顿政府倾向于对中国持强硬态度，奉行以压促变的对华政策。克林顿政府国务卿克里斯托弗（Warren Minor Christopher）1993 年 1 月在国会就

① 陶文钊：《中美关系史（1972—2000）》，上海人民出版社 2004 年版，第 236 页。

② Thomas W. Robison. “*Clinton and China*：*Confrontation or Compromise*”，*New Ideas and Concepts in Sino-American Relations*，p. 68. 转自：王缉思、朱文莉：《美国人眼中的“大中华”》，《美国研究》，1994（01）：5。

职听证会上关于克林顿新政府对华政策时指出："我们的政策将是鼓励那个极为重要的伟大国家的经济自由化和政治自由化的力量，设法为中国的广泛和平演变，为中国从共产主义和平演变为民主政体创造方便的条件。"① "当一个国家走上经济台阶时，政治自由也几乎随之而来的。兴旺发达的人、雄心勃勃的人以及受过教育的人会要求这种自由。"② 1993 年 5 月颁布的行政令将 1994 年最惠国待遇的延续与中国人权境况改善挂钩。其次，克林顿政府推行对华经济外交是为了促进美国经济利益。1994 年 11 月 4 日，美国助理国务卿洛德（Winston Lord）在华盛顿通过卫星接受亚洲记者采访时说，美正在改善与中国的关系，尽管仍有一些问题，但双方进行了一系列高层互访，并在广泛的领域进行了交流和协商。美与中国的经济关系当然是重要的，要大大促进美在华的贸易和投资；美中两国在地区安全方面有着共同的利益，中国一直是美积极有益的伙伴。③ 第三，将中国纳入美国主导的国际经济体系。1993 年 9 月，克林顿提出对华全面接触的政策。克林顿政府认为，面对中国崛起可能带来的威胁，最好的办法是把中国纳入到国际制度内来通过制度渠道来缓解各方焦虑促进沟通和解决分歧，经济上最好是促进中国加入 WTO。④ 2000 年 3 月，克林顿政府的助理国务卿斯坦利·罗思（Stanley Roth）在华盛顿州中美关系委员会发表《寻求一个强大和稳定的中国》的演讲对接触战略的目的进行了解释。斯坦利·罗思指出，美国的战略是将中国融入地区和全球体系中去，帮助其成为一个遵守公认的国际规则、在这些规则的范畴之内以和平方式进行合作和竞争的国家。美国奉行的接触政策是为实现这一战略而采取的一

① Jim Mann. *China Emerges as Clinton's Knottiest Foreign Problem.* The Los Angels Times, September 8, 1996: A8.

② 参见美国传统基金会中国问题专家、高级政策分析员安德鲁·布里克在 1993 年 1 月 22 日作为该会新闻公报发表的《美国商人给克林顿的信息：贸易将使中国产生民主》。

③ 刘连第：《中美关系的轨迹——1993—2000 年大事纵览》，时事出版社 2001 年版，第 346 页。

④ The White House. *National Security Strategy of United States.* the White House, 1997, 1998.

贯政策，与中国在各个级别进行合作，抓住每一个机会来处理好——即便不是解决——具体的分歧，找出并扩大两国具有共同看法的问题。[①] 正是基于这样的出发点，克林顿政府积极推进中国加入 WTO。

与理念和目标的转变相适应，克林顿政府对华经济外交策略也经历了由经济制裁为主到经济合作为主的转变。克林顿上任后处理的第一个问题是中国的最惠国待遇问题。任期之初，克林顿必须兑现其竞选承诺，美国要在对华最惠国待遇问题上附加条件，即中国人权状况的“改善”和中国对民主的“尊重”。[②] 但迫于商界的压力，克林顿于 1993 年 5 月 28 日发布行政命令，决定 1993 年度继续无条件延长中国的最惠国待遇，1994 年则附加条件，主要与中国人权状况挂钩，而与武器控制及贸易问题“脱钩”。从 1993 年 7 月到 9 月，美国对中国采取一系列指责，企图迫使中国做出更多让步和妥协。其中一个原因是美国认为它 1993 年度无条件向中国提供了最惠国待遇，而中国并未像它所期待的那样“投桃报李”，于是试图用“大棒”压中国，以获得其所需要的让步。同样由于商界的反对，1994 年 5 月 26 日，克林顿总统宣布延续 1994 年度对华最惠国待遇，并表示今后在一年一度的审议中将人权问题与最惠国待遇“脱钩”。这次调整为中美经济关系的发展提供了机会。

在具体经济利益上，克林顿政府以“入世”谈判为手段，向中国施压。这一时期，克林顿政府对华经济外交主要借中国复

---

① 斯坦利·罗思：《寻求一个强大和稳定的中国》，http：//www. cetin. net. cn/cetin2/servlet/cetin/action/HtmlDocumentAction；jsessionid = 847E00A85D394D525CDA1B53F03B6C51? baseid = 1&docno = 79502，2013 - 11 - 02。

② 刘连第：《中美关系的轨迹——1993—2000 年大事纵览》，时事出版社 2001 年版，第 318 页。竞选获胜后，在对华政策上克林顿稍微修改了他的言论，但基本观点没有改变。1992 年 12 月，克林顿作为当选总统在小石城主持一个经济会议。美国一家玩具公司美泰公司的董事长和总经理巴拉德在会上讲到，如果取消对华最惠国待遇，中国制造的玩具的进口关税就将由现行的 12% 增加到 70%，像美泰公司这样的美国玩具公司将严重受损。对此，克林顿表示，如果在人权方面“能继续取得进展”，“我不认为我们必须取消最惠国待遇”，“我不想因为政治原因或经济原因孤立中国”……参见 The Changing of Guard，pp. 48 - 49。

关/入世、中国市场准入和中国保护知识产权问题作为向中国施压、迫使中国做出让步的手段。在中国复关/入世问题上，克林顿政府声明支持中国复关/入世，主要目的在于将中国纳入美国主导的国际经济体系。2000年1月24日，克林顿在致参众议员的信中说，“中国正前进在国内经济改革、人权、法制和国际合作的道路上。”支持中国加入WTO，使其融入国际经济体制中，将有助于美国实现“在经济和国家安全方面的目标”。[①] 同时，在谈判中，美国要求中国对美做出市场准入、知识产权保护等方面的承诺，借此获得更多的经济利益。在市场准入和知识产权方面，美国以国内的贸易法“301条款”和“特别301条款”为依据，将中国列为“重点国家”，威胁对华制裁，从而在谈判中获得中国更多的让步。1994年5月，克林顿政府以“版权盗版失控”、“侵权现象严重”为由，把中国列为“重点国家”；1996年，以中国“不给予美国电影和音像制品产业市场准入”为由，再次将中国列为“重点国家”。[②] 克林顿积极寻求扩大对华出口。1994年10月20日，美国进出口银行行长肯尼斯·布罗迪在北京说，该银行在未来几年里将增加对华贷款，专门用于购买美国飞机、机场设备和能源项目的款项。他访华是为了帮助实施克林顿政府扩大美国出口市场的新政策。他说，1994年中国将成为美国进出口银行最大的亚洲客户，不久将成为最大的国际客户。该行1994年为中国提供18亿美元以支持美国对华出口。[③]

① 刘连第：《中美关系的轨迹——1993—2000年大事纵览》，时事出版社2001年版，第442页。

② 在1991年4月，布什政府曾以中国不保护药品与化学产品专利等事由，将中国列为“重点国家”。

③ 刘连第：《中美关系的轨迹——1993—2000年大事纵览》，时事出版社2001年版，第344页。

二、中国对美经济外交

（一）中国经济外交的理念、目标和策略

中国共产党第十三届四中全会后，国际格局进入转换期。在继承上一代领导集体经济外交思想的同时，江泽民等新一代领导人根据国际、国内形势的新发展，进一步丰富和发展了中国的经济外交。

1. 这一时期的国际形势和国内形势

国际形势。冷战结束、经济全球化趋势日益强劲，综合国力的竞争更多体现在经济实力层面：首先，两极格局终结，世界政治多极化在曲折中发展。[①] 第二，20 世纪 90 年代以来，经济全球化加速发展。[②] 第三，综合国力竞争日趋激烈。综合国力竞争是以科技为先导、以经济为中心的竞争，经济实力成为国际竞争的中心，“当今，大家生活在一个互相依存的世界里，经济已超越国界，成为互有影响、利害相关的最重要因素”。[③] 第四，各国积极调整经济政策和经济结构，朝着市场化的方向发展，一场规模更大的市场化浪潮席卷全球，特别是一些原社会主义国家向市场经济的转轨引人注目 。[④] 市场化浪潮使冷战时期一直维持着的两个平行市场统一为一个真正意义上的完整的世界市场。以上

---

① 江泽民：《加快改革开放和现代化建设步伐，夺取有中国特色社会主义的更大胜利》，《江泽民文选第 1 卷》，人民出版社 2006 年版，第 241 页。江泽民认为：“当今世界正处在大变动的历史时期。两极格局已经终结，各种力量重新分化组合，世界正朝着多极化方向发展。新格局的形成将是长期的、复杂的过程。”

② 江泽民：《当前的国际形势和我们的外交工作》，《江泽民文选第 2 卷》，人民出版社 2006 年版，第 201 页。江泽民指出：“经济全球化作为世界经济发展的客观趋势，是不以人们的意志为转移的，任何国家也回避不了。当今世界是一个开放的世界，谁也不可能孤立于世界之外去发展自己的经济。”

③ 江泽民：《把一个和平繁荣的世界带到二十一世纪》，《江泽民文选第 1 卷》，人民出版社 2006 年版，第 332 页。

④ 王逸舟、谭秀英：《中国外交六十年（1949—2009）》，中国社会科学出版社 2009 年版，第 36 页。

是对中国开展经济外交有利的国际大环境，但是这一时期对中国来说，外部环境产生了一定程度恶化。

国内形势。改革方面提出建立社会主义市场经济体制这一目标，开放层面提出融入经济全球化。1992 年邓小平第二次南巡，对社会主义、资本主义以及两者之间的关系进行精辟论述，指明了中国改革开放的方向。中共十四大、十五大对社会主义市场经济体制的正式确立与进一步完善，使中国的改革开放开始了实质性的体制改革阶段，为经济因素在国家生活与社会生活中发挥决定性作用和基础性作用提供了稳定的制度保障，促进了中国与世界的进一步融合。[①] 这决定了中国将进一步扩大与世界经济的联系与往来。

2. 中国经济外交的理念、目标与策略

这一时期中国对对外开放和经济外交的认识发生了质的飞跃，主要体现在对经济全球化的认识。改革开放之初，中国对于开放的理解重心是引进国外的技术、资金和管理经验。但是随着改革开放的深入发展和全球化的演进，中国认识到，抓住时机尽快融入世界经济体系，使中国经济与世界经济接轨，是加快中国经济发展和改革开放的历史必然。中国经济的持续发展只有进一步融入世界经济体系，加入多边世界贸易体制，才能保证中国的国际贸易不致因双边协议的不稳定性而受到损害。首先，在国际竞争中取得优势关键是经济实力加强。中国认为国际关系中经济因素的作用在加强，国际竞争中要取得优势，关键是要经济实力强。“我们还必须看到，世界正经历着深刻的变化。在国际关系中，经济因素的作用不断加强，以科技和经济实力为基础的综合国力的竞争，越来越成为决定一个国家国际地位的主导因素。我们要在激烈的国际竞争中占据有利地位，关键是提高科技水平，

① 中共中央关于建立社会主义市场经济体制若干问题的决定，http://www.china.com.cn/chinese/archive/131747.htm，[2013-05-02]。

增强经济实力。"[①]"我们党在注意到国际形势继续趋向缓和的同时，敏锐地看到，经济日益成为影响国际关系的关键因素，世界各国特别是大国都更加重视以经济为基础、以科技为先导的综合国力竞争。邓小平同志强调，发展自己，关键是发展经济，'这是我们的大局'，'这是我们解决国际问题、国内问题的最主要条件'。邓小平同志的科学论断成为我国调整发展战略和国际战略的重要依据。"[②] 其次，外交的根本任务是为经济建设服务。这一时期中国认为，外交工作的根本任务是要为改革开放和经济建设服务，为祖国统一大业服务，为国家和人民的利益服务。因此，在江泽民看来，为经济建设服务，是外交工作的根本任务之一，这为其任期内经济外交开展奠定了总指导思想。其三，经济全球化是历史规律也是机遇。江泽民经济外交理念的一大特征是对经济全球化的认识和阐述。江泽民认为，经济全球化趋势是当今世界经济和科技发展的产物，是历史发展的规律，不以人们的意志为转移。经济全球化给各国提供了新的发展机遇，也提出了新的挑战。我们要积极参与，顺势而上，趋利避害，发展自己。[③] 江泽民对经济全球化的认识明确了中国与世界经济体系的关系，为中国完成"入世"奠定了认识上的基础。其四，和平的国际环境和周边环境是开展经济外交所必需。为实现外交工作的根本任务，外交工作要进一步巩固和发展有利于中国的和平国际环境特别是和平的周边环境。对中国而言，经济外交的首要考虑仍然是经济建设与和平的国际环境。只要有利于国内经济发展，有利于维持一个和平与稳定的周边环境，都是中国所追求的。

中国经济外交的目标具有紧迫性和战略性。首先，这一时

① 中共中央文献研究室：《十四大以来重要文献选编（中）》，人民出版社 1997 年版，第 1366—1367 页。

② 唐家璇：《我国新时期外交政策和外交成就》，《解放日报》，1998—12（25）。

③ 李肇星：《新时期外交工作的宝贵精神财富——学习江泽民同志外交思想的体会》，《人民日报》，2006，9（30）：2。

期，中国经济外交一个直接而紧迫的目标便是通过各种手段化解西方对华经济制裁。其次，推动中国复关/入世、提升中国参与国际合作与竞争的层次。中国申请“复关”并非权宜之计，而是出于长远的战略考虑，是改革开放的一个重要组成部分，对发展对外经济贸易和促进经济体制改革有着重要意义。[①] 江泽民指出，中国加入了 WTO，就能在更大范围、更广领域和更高层次上参与国际经济技术合作和竞争。[②] 这一时期中国经济外交的目标是：在政治多极化、经济全球化不断发展，经济因素作用上升的大背景下，中国要继续促进本国经济的发展，必须扩大开放，融入多边经济组织，同时通过对外开放促进国内进一步改革、建立市场经济体制，与国际规则接轨。

为实现上述目标，此时期中国的经济外交既有原则也有具体策略。原则上，中国注意把“韬光养晦”和“有所作为”、把政治和经济结合起来考虑。首先，对外发出坚定改革开放的决心，稳定国外对中国经济开放的预期。这一时期，针对国外担心中国是否继续坚持改革开放的担心，中国领导人反复强调中国的改革开放政策不会改变。例如 1989 年 8 月 10 日，中共中央政治局常委李瑞环会见美国 MGM 商业公司总裁马利克波尔时说，中国的改革开放是历史的必然，只有继续改革开放，中国才能繁荣富强。[③] 1989 年 9 月，邓小平会见美国哥伦比亚大学教授李政道时表示：“中国在十年改革开放中指定的各项方针政策不会改变，十三大制定的路线不能改变，谁改变谁垮台。”[④] 1989 年 12 月 28 日，江泽民在会见美国《领袖》杂志社社长兼总编辑多尔曼一行时说，中国将坚持对外开放的政策，欢迎有眼光的外国企业

① 黄宗良、林勋健：《经济全球化与中国特色社会主义》，北京大学出版社 2005 年版，第 251 页。

② 李肇星：《新时期外交工作的宝贵精神财富——学习江泽民同志外交思想的体会》，《人民日报》，2006，9（30）：2。

③ 陶文钊：《中美关系史（1972—2000）》，上海人民出版社 2004 年版，第 285 页。

④ 中央文献研究室：《邓小平思想年谱 1975—1997》，中央文献出版社 1998 年版，第 437 页。

家来中国投资或者合资办项目。[①] 1992 年，中国宣布社会主义市场经济为经济改革的目标，并宣布开放开发浦东，在西方产生巨大影响，并对中国复关谈判起到巨大推动作用。其次，坚持韬光养晦。20 世纪 90 年代初，江泽民指出，在风云变幻的国际形势下，要坚持贯彻邓小平提出的“冷静观察、沉着应付、绝不当头、有所作为”的战略方针。邓小平在 1990 年 12 月针对第三世界有些国家希望中国“当头”的情况，表示“我们千万不要当头，这是一个根本国策。这个头我们当不起，自己力量也不够。当了绝无好处，许多主动都失掉了”。[②]1992 年，邓小平指出还要韬光养晦至少十年。[③] 江泽民指出，实行这个战略方针，是考虑到我们面临的错综复杂的国际形势，不要四面出击，到处树敌，同时又坚持我们的原则立场和独立自主、自力更生、奋发图强的精神，决不是表明我们软弱、退让，更不是放弃原则。其三，韬光养晦下也讲究有所作为。1990 年 12 月的那次讲话，邓小平也强调要有所作为，但“在国际问题上无所作为不可能，还是要有所作为。作什么？我看要积极推动建立国际政治经济新秩序”。[④]江泽民对有所作为的理解更加具体，江泽民强调要贯彻韬光养晦的方针，决不当头，这一点是毫无疑问的，但也要有所作为。因为“我们已经有一定的经济实力和巨大的市场潜力。中国作为联合国安理会常任理事国、世界上最大的发展中国家，有广大发展中国家的支持，我们能够并且有条件做到有所作为。但是我这里说的有所作为，是指必须做而又可能做的事就要尽力

① 陶文钊：《中美关系史（1972—2000）》，上海人民出版社 2004 年版，第 297 页。

② 中共中央文献研究室编：《邓小平年谱（一九七五——九九七）》（下），中央文献出版社 2004 年版，07（1）：1346。

③ 中共中央文献研究室编：《邓小平年谱（一九七五——九九七）》（下），中央文献出版社 2004 年版，07（1）：1346。

④ 中共中央文献研究室编：《邓小平年谱（一九七五——九九七）》（下），中央文献出版社 2004 年版，07（1）：1346。

去做，而不是无所不为。我们不能超越我们的现实可能去办事情”。[①] 其四，江泽民强调在国际斗争中把政治和经济结合起来，讲究艺术。他还指出，在对外工作和国际斗争中，要坚持原则性和灵活性相结合，要沉着、冷静、不急不躁地妥善处理问题，要把政治和经济结合起来。[②]

围绕经济外交目标，在上述原则的指导下，这一时期中国经济外交的策略，主要内容可归纳如下：

（1）在贸易领域的策略。第一，借“复关”谈判保持与西方接触向西方发送信号。以美国为首的西方国家对华实行经济制裁，把暂时不让中国“复关”作为其经济制裁的一项主要内容。从1989年6月到1992年2月GATT第十次中国工作组会议召开前，中国仍积极推动“复关”谈判，成为与这些国家，尤其是美国保持联系的一个渠道，也是中国寻求融入世界经济体系方面给予西方的信心和信号。第二，用大额订单促使西方国家取消对华制裁。为了缓和20世纪80年代末中国与西方国家的紧张关系，瓦解西方国家取消对华制裁，中国以国内迅速发展的经济力量为后盾，以大额投资和贸易订单为手段，促使日本和西欧追随美国施行的对华制裁不久便被放弃。[③] 这些大单商业交易在美国财经界产生巨大震动，对华经济制裁政策受到美国内财经界的强烈反对和质疑。第三，与国际接轨，完善国内知识产权制度。1992年7月，中国全国人大常委会表决通过中国加入《世界版权公约》和《伯尔尼公约》。1992年10月，中国被接纳为《伯

---

① 李肇星：《新时期外交工作的宝贵精神财富——学习江泽民同志外交思想的体会》，《人民日报》，2006，9（30）：2。

② 李肇星：《新时期外交工作的宝贵精神财富——学习江泽民同志外交思想的体会》，《人民日报》，2006，9（30）：2。

③ 李艳辉：《政治经济的互动与中美关系——一种马克思主义国际政治经济学的分析》，上海社会科学院出版社2009年版，第105页。在日本四大财团——经团联、日经联、日商和经济同友会的督促下，日本政府部分恢复了第三次对华日元贷款；法国、德国在财经界压力下，开始解除对华制裁，德国与中国签订修建上海地铁贷款协定后，透露想与中国签订新的经济合作项目意向；英国宣布允许向中国出口战斗机航空电子设备。

尔尼公约》组织成员。这意味着中国版权市场真正与世界接轨，能够更加有效地进行知识产权保护。[①] 更重要的是，在全球经济竞争中，知识产权是发达国家的主要资源禀赋和比较优势，加入这两个条约，意味着中国对这些国家最为关心的商业利益的尊重。第四，确立经济体制改革的目标是建立市场经济，推动中国"复关"谈判。尽管中国已经于1986年申请"复关"，GATT也于1987年开始审议中国的经济贸易体制，但因为中国当时还不是市场经济国家，谈判最大困难是要证明中国确实在进行经济体制改革、中国的体制是有能力执行GATT的多边规则，但又不能承认搞市场经济。1992年，中共十四大正式提出中国经济体制改革的目标是要建立社会主义市场经济，这一决定在日内瓦引起轰动。1993年初通过GATT对中国经济外贸体制的审议。[②]

（2）在投资领域的策略。第一，扩大开放，深化改革，继续鼓励外国投资，在关键的时间点上对外发出积极信号。1990年，中国政府开放了上海浦东，其意义在于：首先，上海是中国的技术基地，拥有中国最优秀的国有企业，开放浦东为外商投资提供了更多的投资的可能性，他们能够参与协作或获得一些中国最优质的产业资产。而中国在20世纪80年代初向FDI开放的广东和福建，在开放之前被人们认为是相对偏僻和落后的。其次，宣布开放浦东有助于向外界表明中国坚持改革开放的决心，继续吸引外国投资者。1992年邓小平南巡促进了中国新一轮的投资改革，其中最重要的一个举措是省级行政单位被空前地授予了更大的审批FDI的权力，获得最新授权的地方政府建立了大量的经济技术开发区来吸引FDI。同时，1992年的改革浪潮解除了大量对FDI的部门限制，尽管仍有很多限制，但是中国政府已经允许在运输、港口开发、原油开采和金融服务等方面的合资。[③] 此

① 吴海民：《大国的较量——中美知识产权谈判纪实》，长江文艺出版社2009年版，第112页。

② 龙永图：《1993、1999年谈判的转折点》，《神州学人》，2001（11）：8。

③ 黄亚生：《改革时期的外国直接投资》，新星出版社2005年版，第277页。

外，中国政府努力调整管理实践以适应国际通行的规范和实践。[①] 第三，在扩大开放的同时，开始减少对外国投资的“超国民待遇”。1992 年之后，中国成为全球第二大 FDI 吸纳国，仅次于美国。这一时期，中国政府开始注重提升质量而不仅仅关注 FDI 的流入量，试图减少相对于国内企业而言外商投资所享有的“超国民待遇”，从而为国内企业和外商投资企业创造公平的竞争环境。最典型的政策变化是中国政府试图废除外商投资企业所享有的关税豁免，[②] 并且这一时期中国政府开始向国内的高新技术企业提供与外商投资企业同样的资产设备和原材料的免税待遇。[③] 但是新政策只得到部分执行。其一，新政策中写入各种优惠阶段和例外，并且不影响那些在 1996 年 4 月以前得到批准或资本价值超过 3000 万美元的外商投资企业。其二，政府数次修订政策。1998 年 1 月，国务院恢复了对外商投资企业全面的关税豁免。另一项改革是统一国内企业与外商投资企业的所得税税率，尽管仍然给予了外商投资企业很多的减免优惠。[④] 其三，在经济外交的目标和策略上，首次提出“走出去”的战略。实施“引进来”和“走出去”相结合的对外开放战略，努力利用国际国内两个市场、两种资源，加快改革开放和现代化建设步伐。在 1996 年，江泽民在非洲参观一家中国企业时提出了中国企业要“走出去”的观点。这是中国经济外交上的一次创举。

（3）在金融领域的策略。首先，实施人民币汇改，畅通对外经济关系。1992 年，邓小平南方谈话，同年 10 月党的十四大确定把建立社会主义市场经济作为我国经济体制的改革目标。1993 年 12 月，国务院发布了《关于金融体制改革的决定》，开始了中国第一轮金融体制改革。从 1994 年 4 月 1 日起，中国外

---

① Yangmin Wang. The Politics of U. S. - China Economic Relations: MFN, Constructive Engagement, and the Trade Issue Proper. Asian Survey, 33 (5), May 1993: 441 - 426.

② 黄亚生:《改革时期的外国直接投资》，新星出版社 2005 年版，第 277 页。

③ 黄亚生:《改革时期的外国直接投资》，新星出版社 2005 年版，第 278 页。

④ 黄亚生:《改革时期的外国直接投资》，新星出版社 2005 年版，第 277 页。

汇管理体制进行了重大改革，具体举措包括：实现人民币在经常项目下的有条件可兑换；统一汇率，实施单一的有管理的浮动汇率制；1996 年 12 月实现人民币经常项目的可兑换；对外资银行的引进和开放采取税收优惠和业务限制的双重政策，坚持谨慎开放的原则；1997 年先后在上海浦东新区、深圳特区批准少数外资银行试营人民币业务；1998 年增加试营人民币业务的外资银行数量，业务规模也由原来的 3000 万元扩大到 1 亿元；1999 年取消外资银行在国内增设分支机构的地域限制。其次，东南亚金融危机期间维持人民币稳定。东南亚金融危机期间，与各国货币争相贬值不同，中国积极保持人民币汇率的稳定，客观上有利于与中国有贸易往来的东南亚各国，并因此赢得包括美国在内的国家的赞许。通过此举，中国以一个负责任的国家形象出现，软实力大大增强。

（4）积极创建和参与区域经济合作。顺应区域一体化发展潮流，中国积极参与并推进东盟与中日韩、东盟与中国合作机制，倡议和推动成立了上海合作组织。中国还积极参与跨区域对话与合作，倡议成立“中非合作论坛”，积极参加亚太经济合作、亚欧合作等进程，促进中国对外经济发展。

（二）中国对美经济外交的理念、目标和策略

1. 对美经济外交理念

首先，不畏惧美国经济制裁又要同美国搞好关系。1989 年 7 月 2 日，邓小平在会见秘密来华的斯考克罗夫特（Brent Scowcroft）之前，对李鹏等人说：“今天只谈原则，不谈具体问题。制裁措施我们不在意，吓不倒我们。”钱其琛说，不久将召开七国首脑会议，不知又会宣布对中国采取什么制裁措施。邓小平说：“不要说七国，七十国也没有用。”接着又说，“中美关系要搞好，但不能怕，怕是没有用的。中国人应该有中国人的气概

和志气。”[①] 1990 年 7 月 11 日，邓小平会见加拿大前总理特鲁多时谈到，美国等一些西方国家对中国进行的制裁影响不大，中国有抵抗制裁的能力，中国愿意继续同美国等国打交道，搞好关系。[②] 其次，中国将继续深化改革，扩大开放，融入美国主导的现有国际经济秩序。这是中国对经济全球化认识在对美政策上的延伸，积极申请复关/入世。美国借中国积极融入世界的过程压迫中国对其做出让步，对中国来说，面临着的是继续坚持改革开放，积极融入世界经济，还是中途退缩的选择。尽管现有国际经济秩序有诸多不合理之处，作为现存秩序主导国家的美国与中国有不少分歧乃至原则分歧，实际上中国在逐步纳入现存的国际体系中，通过在国际体制内部参与规则、准则和规范的制订与修订来维护自身利益，而非进行外部对抗。

2. 对美经济外交目标

这一时期，中国对美经济外交目标有四：破解经济制裁、反对最惠国待遇与人权挂钩、促进中美经贸关系稳定发展、推动中国复关/入世。

3. 对美经济外交策略

（1）在贸易领域的策略。首先，积极行动促使美国政府无条件延长对华最惠国待遇。中国政府主要通过以下途径来影响美国政府无条件延长对华最惠国待遇：逐渐升级的表态；采取实际行动以实际经济利益输送来缓解美国国内利益集团的对美国行政部门的压力，争取美国国会更多支持，争取行政部门的支持。1990 年 5 月，中国驻华大使朱启祯多次喊话；1990 年 10 月，中国外交部发言人先后几次表态；1993 年，国家主席江泽民会见美国媒体阐明立场。逐渐升级的表态向美方传达了几个意思：第一，最惠国待遇对于中美经贸关系和中美关系都是重要的，如果取消，中美经贸关系将遭遇破坏性影响，中美关系将倒退；最惠

① 钱其琛：《外交十记》，世界知识出版社 2003 年版，第 174 页。

② 陶文钊：《中美关系史（1972—2000）》，上海人民出版社 2004 年版，第 308 页。

国待遇是互惠待遇，取消最惠国待遇，双方都受损。[①] 第二，坚决反对延长对华最惠国待遇的附加条件，同时强调最惠国待遇的作用是相互的，言下之意美国也会遭遇中方的附加条件。[②] 与此同时，从1990年到1993年，先后三次派出贸易代表团向美采购，总额达到40亿美元，缓解了由于对华贸易逆差迅速增加在美国引起的反对给予中国最惠国待遇的压力。[③] 1993年，298家美国大公司和37个贸易代表团上书克林顿总统，要求无条件延长中国最惠国待遇。克林顿只得同意无条件延长中国最惠国待遇，并最后宣布与人权“脱钩”。其次，重视通过美国企业开展对美经济外交。在老布什政府时期，中国政府重视美国企业在中美经济外交中的作用主要体现在：党和国家领导人多次接见来华投资的美国企业高层管理人员，向他们表达中国坚持改革开放，继续鼓励外来投资的政策；[④] 在老布什政府与国会针对对华最惠国待遇问题的斗争中，中国政府通过向美国采购等方式促使相关企业积极行动，要求政府无条件给予中国最惠国待遇。[⑤] 在克林顿政府时期，中国政府更加重视美国企业在中美经济外交中的作用，以促进美国企业向政府表达无条件延长最惠国待遇的要求。

（2）在投资领域的策略。主要是畅通渠道扩大美国对华投资，中国对美投资微乎其微。双边投资协议谈判没有取得实质进展。由于最惠国待遇问题解决，中美PNTR关系的建立，稳定的

---

① 陶文钊：《中美关系史（1972—2000）》，上海人民出版社2004年版，第5、9、305、311、320页。1990年5月，中国驻美国大使朱启祯16日和19日分别在洛杉矶世界事务理事会和华人、华侨为他举行的盛大宴会上发表讲话时指出，如果“取消给中国的最惠国待遇，将对中美经贸关系造成破坏性影响，并导致两国总的关系大倒退”。

② 陶文钊：《中美关系史（1972—2000）》，上海人民出版社2004年版，第320、337、343页。

③ 陶文钊：《中美关系史（1972—2000）》，上海人民出版社2004年版，第312、319、321页。

④ 陶文钊：《中美关系史（1972—2000）》，上海人民出版社2004年版，第284、286、297页。

⑤ 陶文钊：《中美关系史（1972—2000）》，上海人民出版社2004年版，第216页。1990年5月22日，美国农业部宣布，中国向美国购买40万吨小麦。美国小麦种植者协会给国会写信称，取消对华最惠国待遇“其代价之高是美国小麦种植者所承担不起的”。

经贸环境，和“入世”后的中国市场前景广阔，令美国对华投资在“入世”前达到了历史高峰。

（3）在金融领域的策略。这一阶段的汇率改革使得中国利益与美国利益紧密绑定在一起。中国于此时开始推进金融领域的市场化改革。1994 年，中国汇改，推行强制结售汇制度。这一制度的客观结果是中国持有的巨额美元储备成为中国货币供应重要来源，并把中国和美国经济命运牢牢地拴在一起。[①] 1996 年 12 月，中国接受了 IMF 的要求，实现人民币经常项目可兑换，1996—2005 年，人民币与美元汇率固定在 8.27CNY/USD 的水平，IMF 将期间中国的汇率制定描述为“钉住（美元汇率）制度”。这种“钉住”政策，使得人民币美元汇率稳定，客观上有效地在东亚金融危机期间，维护了市场信心。进一步使得中国经济和利益与美国紧密绑定。

三、中美经济外交的互动

1989 年到 1993 年西雅图中美元首会晤，人权与最惠国待遇“脱钩”，美国行政部门在观念和政策上摆脱了之前受中国国内因素的影响。但美国国会还没有摆脱影响，从 1993 年到 1999 年，中美经贸关系受到一年一度的对华最惠国待遇审议的影响，直到 2000 年美国国会通过立法案，授予中国永久性正常贸易关系地位，才算告一段落。这一时期中美经济外交议题还有中国“复关”谈判、中美市场准入谈判和中美知识产权谈判三大谈判。

① 邵宇、秦培景：《危机三部曲：全球宏观经济、金融、地缘政治大图景》，文汇出版社 2013 年版，第 426 页。结售汇制度下：绝大多数国内企业的外汇收入必须结售给外汇指定银行，同时中央银行对外汇指定银行的结售周转外汇余额实行比例幅度管理，在这一制度下，银行持有的结售周转外汇被限定在一定的比例范围内，超过这一范围上限的银行必须通过银行间外汇市场出售，反之则必须从该市场购进。

(一) 从最惠国待遇到永久正常贸易关系

中国与美国的正常贸易关系地位(NTR),在1998年之前称为最惠国待遇(MFN),之所以这一正常贸易关系屡遭不测,与美国推行冷战而在1974年制定的国内贸易法有关,该法要求与共产党国家的最惠国待遇必须年审。[①] 从MFN到永久正常贸易关系地位(Permanent Normal Trade Relations,简称PNTR)的较量中,美国利用经济关系作为手段索取政治利益,中国则以经济利益保证了中美经济关系的稳定。

1. 最惠国待遇:克林顿经济外交与人权外交

中美建交后,年度审查基本成为一个走形式的过程,由总统向国会提出建议延长中国MFN,国会一般会进行象征性的投票予以批准。但是1989年后中美政治关系下滑,特别是苏联解体后,美国认为中国对美国的安全价值大大下降了,美国可以凭借最惠国待遇向中国施压,迫使中国在一系列问题上做出让步。在美国国会中,企图加在最惠国待遇议案中的要求中国让步的清单越来越多,诸如人权、劳工、堕胎、武器扩散、西藏问题、台湾军售等问题。而老布什政府则从战略眼光出发无条件延长了中国的最惠国待遇。克林顿政府上台后改变了无条件延长对华最惠国待遇的做法,坚持把人权问题与对华最惠国待遇挂钩,最惠国待遇成为中美关系中的一个突出问题。1993年,迫于商界压力克林顿阻止了美国国会通过取消对华最惠国待遇的法案,年底克林顿在西雅图中美元首会晤中称,他迫于国会议员的压力才那么做,不希望第二年国会再就这一问题出现辩论,希望用一种克制而又具体的方式同江泽民主席进行讨论。江泽民主席当即严肃指

① 根据美国《1974年贸易法》("杰克逊—瓦尼克修正案"),美国对给予共产党国家的最惠国待遇进行年度审查。1979年7月7日,中美两国政府签署《中美贸易关系协定》,该协定于1980年2月1日正式生效,中美双方在进口关税等方面互给最惠国待遇。协定规定,中美双方都向对方的贸易组织和机构提供最惠国待遇,互给对等的保护商标、专利和版权等知识产权,允许互相在对方领土上设立金融机构等。

出，最惠国待遇不是单方面的给予，更不是一种恩赐，而是对中美双方都有利的，应该继续下去。他希望克林顿把这些话告诉美国国会议员。江泽民主席指出，现在，中国人民正在集中力量进行经济建设，努力消除贫穷，提高人民的生活水平，中国改革开放的进程是不可逆转的。希望美国能采取开放的态度，在平等互利的基础上同中国加强合作。中国经济发展对美国和世界都有利，广阔的中国市场具有巨大潜力，和则两利，斗则双亏。因此，对中国进行遏制，或诉诸经济“制裁”，实际上也损及美国自身的利益。[①] 此后，经过中方有理、有利、有节的斗争，克林顿政府于1994年5月宣布人权问题与对华最惠国待遇“脱钩”。这意味着中美贸易关系走出冷战烙印，摆脱意识形态纠葛。

2. 永久正常贸易关系

PNTR问题由来。针对反对给予中国最惠国待遇的议员和利益集团宣传所谓“最惠国待遇”是对中国的特殊优惠，支持无条件给予中国最惠国待遇的国会议员联合起来，推动了一场“正名”运动。参议员威廉·罗斯（William Roth）和丹尼尔·P. 莫尼汉（Daniel Patrick Moynihan）利用修改有关“国内收入署”（The Internal Revenue Service）条款（美国公法105—206）的机会，把“最惠国待遇”（MFN）改为“正常贸易关系”（NTR），并由克林顿总统于1998年7月22日签署生效。[②] 2000年，美国会众、参两院先后通过了授予中国永久性的正常贸易关系地位（PNTR）的法案H. R. 4444，不过法案只有在中国成为WTO正式成员后才生效。

围绕中国PNTR展开的斗争主要体现在中美两国政府、企业与社会利益集团之间的互动关系上。这种关系包含合作与冲突两个方面：在一些问题上，合作大于冲突；在另外一些问题上，冲突大于合作。在美国方面，克林顿政府支持中国加入WTO并无

① 钟之成：《为了世界更美好——江泽民出访纪实》，世界知识出版社2006年版，第33页。

② 王勇：《中美经贸关系》，中国市场出版社2007年版，第78页。

条件给予中国PNTR，是出于经济利益、政治利益、安全利益的综合考虑；[①] 但是，为了减小国会的反对，同意对给予中国PNTR附加人权等其他条件。在中国方面，在中美WTO双边谈判中，中国坚持美国必须给予中国PNTR，否则美国不能享受中国市场开放的成果，因为PNTR是WTO“非歧视原则”的题中应有之意。由于美国国内存在不同对华路线，对于中国来说，争取团结美国国内的“接触派”是稳定发展中美关系的关键。为促使美国顺利通过无条件给予中国PNTR，中国的政策十分灵活。首先，中国以对美采购等方式减轻美国国内反对给予中国PNTR的力量，争取更多支持；[②] 其次，公开声明反对干涉中国内政，要求对PNTR不附加条件。中国方面曾向美国警告，如果美国国会不能无条件通过给予中国PNTR的法案，不仅会损害美国在中国企业的利益，还会影响两国贸易的发展。[③] 中美两国经济相互依赖虽然总体来说美国是受益者，但是不同阶层、集团的受益分配不是平均的。PNTR成为美国国内支持自由贸易与反对自由贸易的两股势力斗争的战场，支持保护贸易的劳工集团与支持自由贸易的工商界均投入了大量人力、物力、财力，力争在PNTR斗争中获胜。美国国内的PNTR之争集中体现为政府与国会围绕这一问题的斗争。克林顿政府积极支持给予中国PNTR，

① 刘连第：《中美关系的轨迹——1993—2000年大事纵览》，时事出版社2001年版，第446、447、449页。

② 2000年2月28日，中国宣布，将购买价值600万美元的美国小麦。这是中国根据1999年为争取改善两国贸易关系做出的让步购买的第一宗美国农产品。它标志着中国20多年来首次从美西北部进口小麦。这次购买的小麦为6万吨。美小麦协会主席特雷西说：“中国从美西北部进口小麦是一个重大突破和与巨大潜力市场建立新关系的开端。”美农业部表示，根据协议，美农产品对中国的出口额一年将增加两倍，达到30亿美元。2000年4月5日，随美商务部长访华的农业部副部长舒马赫对记者说，中国是美国农产品出口最具希望的市场，如果国会不批准（PNTR），“美农场主们将难有好日子过”。

③ 刘连第：《中美关系的轨迹——1993—2000年大事纵览》，时事出版社2001年版，第446页。

设立白宫领导小组，向国会进行游说。[①] 克林顿政府官员主要从经济、政治、安全等方面向国会说明给予中国 PNTR 可获得的好处及否决可能带来的严重后果。[②] 同时，克林顿政府认识到如果不附加"监督中国人权状况"的条款，议案很难通过，最终同意议案中成立一个人权委员会"监督中国人权状况"。[③]

美国国会2000 年通过立法案，授予中国永久性正常贸易关系地位（PNTR），使得中美经贸关系正常化。正如贸易政治学者I. M. 德斯勒所说："美国在与（中国）这个极其重要的国家之间的贸易关系终于有了一个稳固的法律基础。"[④] 2001 年 12 月 11 日，中国正式加入世界贸易组织。2001 年 12 月 27 日，美国总统小布什宣布正式给予中国"永久性正常贸易关系"地位，并称这是"实现中美贸易关系正常化的最后步骤，也是美国欢迎中国加入世界贸易组织的最后措施"。[⑤]

（二）中美在贸易领域的互动

1. 中美关于中国复关/入世的谈判

美国政府针对中国复关/入世的政策主张。老布什政府（1989—1992 年）对华坚持"制裁但不孤立"、以接触促变革的

---

① 刘连第：《中美关系的轨迹——1993—2000 年大事纵览》，时事出版社 2001 年版，第 442 页。2000 年 1 月 10 日，克林顿宣布由美白宫办公厅主任波德斯塔牵头，商务部长戴利和办公厅副主任里凯蒂领导的一白宫小组发起一场说服国会给予中国 PNTR 待遇的全面宣传攻势。2000 年 1 月 24 日，克林顿总统撰文表示，把寻求国会支持给予中国 PNTR 作为新一年的首要任务。他说，中国可能成为世界上最大的市场，对美国农业、制造业和信息技术领域具有巨大的利益。他强调，国会否决可能会使美国失去 21 世纪最大市场之一。

② 杨洁勉：《美国府院的 PNTR 之争》，《国际观察》，2000（10）：3。在游说国会给予中国 PNTR 时，克林顿多次强调："我相信一个说'不'的表决结果将会在未来引发危险的对抗和持续的不安全。"美国贸易代表巴尔舍夫斯基指出，如果拒绝给予中国 PNTR，美国不仅将失去唾手可得的实质性利益，同时也向世界上人口最多的国家发出一项阴暗消极的声明。这将威胁美国所关注的所有重要议题，将给美国在太平洋地区的盟国带来可见的复杂前景。

③ 刘连第：《中美关系的轨迹——1993—2000 年大事纵览》，时事出版社 2001 年版，第 452—454 页。

④ I. M. 德斯勒：《美国贸易政治》，中国市场出版社 2006 年版，第 278 页。

⑤ 王勇：《中美经贸关系》，中国市场出版社 2007 年版，第 78 页。

政策。因此，老布什政府对中国复关持反对态度，同时，继续与中国保持低级别“会谈”，要求中国实行重大的经济、政治改革。[①] 克林顿政府在这一问题上政策有所变化。克林顿第一任期内首先恢复与中国就“复关”问题的谈判，并多次声称支持中国加入关贸总协定。但同时克林顿政府更多借此对中国施压，不承认中国的发展中国家地位，要求中国做出政治、经济改革。[②] 克林顿第二任期内一方面仍借中国“入世”谈判要求中国做出重大让步，同时出于经济利益和战略考虑积极推动中国加入世贸组织。总体来看，美国的目的主要是借中国复关/入世之机，通过与中国的谈判，同时解决双边经贸关系中的一些争议问题，实现开放中国市场等经济利益。

对于“复关”和“入世”，中国有自己的原则立场：无论是关贸总协定还是世贸组织，没有中国的参与都是不完整的；坚持以一个发展中国家的身份复关/入世；以权利和义务平衡的原则去争取“复关”和加入世贸组织。[③] 中国在“复关”和“入世”的进程中，特别是在同美国的谈判中做出了巨大的努力和让步，但中国不能接受美国提出的超出中国经济发展水平的要求。[④]

双方围绕“复关”和“入世”展开多轮交手。从 1989 年 6 月到 1992 年，一方面是因为以美国为首的西方国家把暂时不让中国“复关”作为对华经济制裁的一项主要内容，同时由于中国国内经济处于治理整顿阶段，因此中国“复关”谈判涉及的中美双边磋商和以日内瓦工作组会议形式进行的多边谈判事实上

---

① 陶文钊：《中美关系史（1972—2000）》，上海人民出版社 2004 年版，第 287、288 页。

② 陶文钊：《中美关系史（1972—2000）》，上海人民出版社 2004 年版，第 339、340、345—348 页。

③ 《我国入世坚持三条基本原则》，http://news.xinhuanet.com/chanjing/2001-11/13/content_114071.htm，［2013-05-02］。1993 年 11 月，江泽民主席在第一次参加在美国西雅图举行的亚太经合组织领导人非正式会议时，提出了著名的中国复关“三原则”：一是关贸总协定没有中国参与是不完整的；二是中国必须以发展中国家身份复关；三是中国复关坚持权利与义务的平衡。

④ 刘连第：《中美关系的轨迹——1993—2000 年大事纵览》，时事出版社 2001 年版，第 348 页。

陷入停顿。[①] 同时，中国经济体制带有的非市场化色彩也是谈判艰难的技术障碍，西方国家对中国当时的经济体制能否执行关贸总协定表示怀疑，1992 年中国宣布经济体制改革目标是建立市场经济，为谈判扫除了主要障碍。此后的谈判转入市场准入的技术性谈判。从 1993 年到 1994 年底，中美“复关”谈判重新启动，并进入实质性谈判阶段，即双边市场准入谈判。[②] 这一时期中美谈判在一系列问题尤其是中国是否以发展中国家身份加入问题上存在较大争议，同时美国把一些不属关贸总协定义务，如知识产权保护、服务业市场开放等也放入其要价中。[③] 这使得中美谈判陷入怪圈，即“复关”谈判越谈问题越多，越谈内容越广。为及早摆脱和打破这一谈判怪圈，中国提出“复关”问题的谈判应该在 WTO 成立以前完成，从而使中国能够成为 WTO 的创始成员国；美国在中国“复关”问题上的要价要适可而止，不要让中国政府和人民认为美国在带头阻挠中国“复关”。[④] 中国于 1994 年 11 月 28 日做出了“1994 年底为结束中国复关实质性谈判最后期限”的决定。[⑤] 由于美国没有做好中国“复关”的政治准备，中方领导人中也有人比较谨慎，[⑥] 中美双方立场差别太大难以协调，谈判未能最终达成协议。[⑦] 自 1994 年“复关”谈判受挫未果至 1996 年中期，在这期间经过中国工作组主席多次倡议和邀请，中国代表团曾四次赴日内瓦与主要成员进行了非正式

---

① 陶文钊：《中美关系史（1972—2000）》，上海人民出版社 2004 年版，第 281、336 页。

② 刘连第：《中美关系的轨迹——1993—2000 年大事纵览》，时事出版社 2001 年版，第 318 页。

③ 刘连第：《中美关系的轨迹——1993—2000 年大事纵览》，时事出版社 2001 年版，第 338、343 页。

④ 刘连第：《中美关系的轨迹——1993—2000 年大事纵览》，时事出版社 2001 年版，第 338、343 页。

⑤ 刘连第：《中美关系的轨迹——1993—2000 年大事纵览》，时事出版社 2001 年版，第 337 页。1994 年 11 月 28 日，中国政府提出在 1994 年底前结束中国复关实质性谈判。中国复关代表团团长龙永图在日内瓦向关贸总协定总干事长萨瑟兰通报了中国政府的这一决定。

⑥ 谷永江：《1994 年复关为啥没能如愿》，《神州学人》，2001（11）：8。

⑦ 刘连第：《中美关系的轨迹——1993—2000 年大事纵览》，时事出版社 2001 年版，第 343、347 页。

磋商。1995 年 6 月 3 日中国成为 WTO 观察员。1995 年 7 月 11 日，中国正式提出加入 WTO 的申请。1995 年 11 月，应中国政府要求，中国“复关”谈判工作组更名为 WTO 中国工作组，并于 1996 年 3 月召开了第一次工作组会议。但是，谈判僵局一直未能打破，谈判始终围绕着几个难点问题进行周旋。直到 1997 年下半年中美关系趋缓，中国台湾“入世”谈判顺利完成，中国香港顺利回归和世界区域集团化与一体化并举的形势下，美国政府通过高层官员陆续向中国透露，美国最高层已决定调整中国加入 WTO 的政策和负责中国“入世”谈判的工作组，由对中国比较了解的中间务实派全面负责中国“入世”谈判。美国高层认为，克林顿连任为解决中国“入世”问题提供了极难得的机遇，希望中方能与美方配合，争取在 1997 年 5 月完成这场重要的“入世”谈判。不过，谈判并未如期取得进展，1997 年中国与美国未达成协议。1998 年，美国总统克林顿首次访问中国，中国“入世”问题再次成为世人关注的焦点。然而中美谈判并未取得实质性的成果。1999 年，中美双边谈判可谓一波三折，但是通过双方的共同努力，终于在 11 月 15 日正式签署了关于中国“入世”的双边协议。

2. 围绕市场准入的较量

“复关”和“入世”谈判中，市场准入成为一个焦点。由于美国对华贸易逆差不断扩大，中国市场准入问题成为美国特别关注的问题。美国认为，中美贸易巨额逆差主要因为中国在市场准入方面存在壁垒，存在非公平贸易的问题。美国贸易代表办公室发表 1989 年度《关于外国贸易壁垒的国家估计报告》，指责包括中国在内的 34 个国家（和地区）对美实行“不公平贸易”和“设置贸易壁垒”。[①] 美国贸易代表办公室发表的 1990 年度《关于外国贸易壁垒的国家估计报告》，公布了对美产品设置贸易壁垒的 35 国名单，其中也有中国。1991 年 3 月 29 日，美国贸易

① 陶文钊：《中美关系史（1972—2000）》，上海人民出版社 2004 年版，第 273 页。

代表希尔斯发表的1991年《外贸壁垒报告》指称中国对进口“设置额外障碍”和“剽窃美计算机程序”。同年4月美国提出中国市场准入问题，美国提出了关于减少中国市场准入壁垒的建议案，包括具体行动建议和开放生产的时间表、设计透明度、进口替代、出口许可证等许多问题，要求中国做出答复。中美双方为此进行了数论谈判。[①] 1992年8月19—21日，中美两国就市场准入问题举行第八轮正式会谈。21日，中国外经贸部发言人就市场准入谈判发表谈话，双方经磋商，消除了一些误解和分歧，但因在其他一些条款上仍存在一些分歧，仍未能达成协议。当天，美贸易代表办公室公布了在中国不取消市场准入门槛的情况下，要对中国进行惩罚性关税报复的产品清单。[②] 1992年9月29日，中国外经贸部副部长佟志广就中美市场准入谈判及其他有关问题答记者问时说，中国不希望中美之间出现对双方都不利的贸易战。中方继续将其贸易体制向国际标准靠拢。[③] 1992年10月9—10日，中美双方就市场准入问题的最后一轮谈判在华盛顿举行并达成原则协议。10日，《中华人民共和国和美利坚合众国政府关于市场准入的谅解备忘录》在华盛顿签署。中国外交部和外经贸部发言人均对中美双方关于市场准入问题谈判取得成果表示欢迎。[④] 此后，中国按照双方达成的协定多次放宽市场准入。[⑤] 1999年1月20日，美贸易助理代表罗伯特·卡西迪（Robert Cassidy）在美联邦律师协会主办的北京加入WTO研讨会上说，今年晚些时候在美举行部长级年会时，北京和台北皆能

① 刘连第：《中美关系的轨迹——1993—2000年大事纵览》，时事出版社2001年版，第349页。

② 陶文钊：《中美关系史（1972—2000）》，上海人民出版社2004年版，第344页。

③ 陶文钊：《中美关系史（1972—2000）》，上海人民出版社2004年版，第347页。

④ 刘连第：《中美关系的轨迹——1993—2000年大事纵览》，时事出版社2001年版，第349页。中国承诺在一定时间内使中国的进口管理体制更加符合国际贸易规范，美方承诺放宽对华技术出口管制，并支持恢复中国在关贸总协定的地位。

⑤ 龚小华、宋连生：《中国入世全景写真》，中国言实出版社2001年版，第20、22、56—58、62页。

加入。但他警告，错过今年时机，以后加入“门票”会涨价，尤其是2000年美国大选的政治背景下，国会给予中国PNTR的机会将会丧失。他促请北京及早做出加入前应有的开放市场承诺。1月21日，美国贸易代表巴尔舍夫斯基（Charlene Barshefsky）批评中国“无论正式还是非正式贸易壁垒仍很高，是美中贸易逆差直线上升主因”。

3. 围绕知识产权的较量

美国拥有世界上最先进的技术，最多的专利，知识产权也是美国最大竞争优势，知识产权保护是美国政府和公司最关注的问题之一。针对知识产权保护问题，有美国1988年专门修订的贸易法“特别301条款”。中国是美国知识产权的重要引进国，中国对美国知识产权的保护程度直接影响到美方的利益。美国一直认为中国在传统的商标、版权、专利权等方面保护不足，并不断要求中国加强对知识产权的保护。老布什政府时期，在1989年和1990年中国被美国贸易代表列入“特别301条款”“重点观察国家”的名单，1991年又被列为“重点国家”，发起了针对中国的调查。[①] 1992年1月，美国列出对中国进口的商品征收15亿美元高关税的报复清单，中国也公布12亿美元的反报复清单。在展开贸易报复战的同时，中美双方的磋商也在继续。经过多次协商，终于在1992年1月17日中美两国政府签署了第一个关于知识产权保护的协议，即《中华人民共和国政府与美利坚合众国政府关于保护知识产权的谅解备忘录》。[②] 这个备忘录，使中美两国从1991年至1992年初就知识产权问题的谈判告一段落。克林顿政府时期，中美围绕保护知识产权展开了经济外交活动。1994年，中美围绕知识产权保护再起争端，美国以中国侵犯美知识产权为由指责中国，并将保护知识产权与中国“入世”相

① 中华人民共和国知识产权局网：《中美知识产权谈判历史回顾》，http：//www. sipo. gov. cn/sipo/ztxx/wyip/zmzscqtp/200801/t20080102_ 228985. htm，2013 -05 -02。

② 中华人民共和国知识产权局网：《中美知识产权谈判历史回顾》，http：//www. sipo. gov. cn/sipo/ztxx/wyip/zmzscqtp/200801/t20080102_ 228985. htm，2013 -05 -02。

结合。[1] 1994 年 12 月 16 日，中美关于知识产权问题的谈判中断。[2] 美国宣称要对中国进行贸易制裁，并且如果中国不能保护美知识产权，美则很难支持中国加入 WTO，中国对此提出反报复措施。[3] 1995 年，中美通过谈判达成了保护知识产权的第二个协议，防止了贸易战的发生。1995 年 1 月 6 日，美国贸易代表巴尔舍夫斯基说，中国已采取了一些行动来制止盗版活动和防止其大约 10 亿美元的出口产品惩罚性关税，但这些步子很小。[4] 1995 年 2 月 4 日，美国单方公布了准备实施贸易报复的清单；同日，中国对外经济贸易与经济合作部也公布了准备反报复的清单，同时中方表现出极大灵活性，对于美恢复谈判的提议积极回应，“迅速同意恢复谈判”。[5] 1995 年 2 月 26 日，中美双方采用双方换文的方式，并以《有效保护及实施知识产权的行动计划》作为附件达成中美保护知识产权的第二个协议，结束本次谈判。[6] 1996 年 4 月，中国再次被美国列为“特别 301 条款”“重点国家”，美国企图通过“特别 301 条款”的威胁来监督中国执行协议。[7] 在 1996 年的知识产权谈判中，美方要求：中国加大打击盗版 CD 的侵权行为；在 1996 年 9 月 15 日前修改“海关条例”；中国对美方音像制品市场准入。中方认为：中国一向以事实为依据，法律为准绳，多次打击知识产权侵权行为，处理了多

---

① 中华人民共和国知识产权局网：《中美知识产权谈判历史回顾》，http：//www. sipo. gov. cn/sipo/ztxx/wyip/zmzscqtp/200801/t20080102_ 228985. htm，2013 - 05 - 02。

② 刘连第：《中美关系的轨迹——1993—2000 年大事纵览》，时事出版社 2001 年版，第 350 页。

③ 刘连第：《中美关系的轨迹——1993—2000 年大事纵览》，时事出版社 2001 年版，第 351 页。

④ 刘连第：《中美关系的轨迹——1993—2000 年大事纵览》，时事出版社 2001 年版，第 352 页。

⑤ 刘连第：《中美关系的轨迹——1993—2000 年大事纵览》，时事出版社 2001 年版，第 354 页。

⑥ 中华人民共和国知识产权局网：《中美知识产权谈判历史回顾》，http：//www. sipo. gov. cn/sipo/ztxx/wyip/zmzscqtp/200801/t20080102_ 228985. htm，2013 - 05 - 02。

⑦ 中华人民共和国知识产权局网：《中美知识产权谈判历史回顾》，http：//www. sipo. gov. cn/sipo/ztxx/wyip/zmzscqtp/200801/t20080102_ 228985. htm，2013 - 05 - 02。

件盗版刑事案件；针对美国对我国发起的“特殊301”调查方式，提出不准美国私人或协会在我国境内收集证据，调查只能以合法方式进行；至于美国提出的音像制品市场准入问题，不属于知识产权的范围，而属于意识形态，在这方面，中国不与让步。双方在相互威胁贸易报复的背景下继续谈判，经过多轮谈判，于1997年6月17日就知识产权谈判达成了第三个协议。该协议由双方的部长换函和《关于中国在1995年知识产权协议项下所采取的实施行动的报告》《其他措施》两个附件构成。但这次协议只涉及到行动性的问题而不是一系列的承诺。此后，中国知识产权的状况一直处在美国贸易法“301条款”的监督之下。美国对中国知识产权保护的要求，已经从纯粹的知识产权法律制度的改进转向了法律的实施以及知识产权的某些产品的市场准入问题。

（三）中美在投资领域的互动

1989年后，中美就双边投资协议的谈判暂停，直到2008年才恢复。但在1992年中国扩大开放的利好下，美国企业对中国经济前景投下信任票，从1993年起美国对华投资进入持续高速增长期，到2000年底，美国对华投资项目累计达31309个，合同投资金额达604亿美元，实际利用金额为302亿美元。美资企业在中国大陆投资数量和协议金额方面均仅次于中国香港企业而居发达国家（地区）之首。从1998年起美国一直是对中国实际投资最多的国家。[①] 其间，由于能力所限，中国对美投资微乎其微，而且还遭遇美方以国家安全问题为由要求中国企业放弃在美投资的事件，对中国企业在美投资造成很大负面影响。1990年2月2日，白宫发言人菲茨沃特宣布总统命令，要求中国航空技术公司到1990年5月前放弃设在西雅图的马姆科（MAMCO）公司，并宣称中国继续控制该公司可能会“威胁国家安全”。1990年2月19日，中国航空技术进出口公司发表声明，对美国政府

① 陶文钊：《中美关系史·下卷（1972—2000）》，上海人民出版社2004年版，第320页。

宣布要求中国放弃对美国马姆科公司的拥有权的决定表示遗憾，但中国遭受的经济损失应由美方负责。[①]

（四）中美在金融领域的互动

1. 汇率操纵与东南亚金融危机

根据“1988年奥姆里巴斯贸易与竞争力法案”（The Omnibus Trade and Competitiveness Act of 1988），美国财政部应该每半年向国会提交一份“国际经济与汇率政策报告”，分别评估上一个半年度美国主要贸易伙伴国的汇率政策，确定其是否存在“汇率操纵”。该法案实施以来，自1989—1994年，中国几乎每年均被美国评为“汇率操纵国”。1993年5月25日，美国财政部在提交给国会的国际经济和汇率报告中说，中国通过限制进口“操纵”其外汇制度，并警告说，这种政策可能会损害美国经济。同日，美财政部副部长萨默斯（Lawrence Summers）在参议院国际金融和货币政策小组委员会作证时也说，中国继续“操纵”其货币汇率，并称在中国加入关贸总协定方面，汇率问题将是一个主要的考虑问题。[②] 1994年1月1日，作为建设社会主义市场经济的措施之一，中国将双重汇率制度改为单一汇率制，官方汇率调整为当时通行的1美元兑8.7元人民币的市场汇率，一夜之间将人民币贬值33%。新的“受控制的浮动汇率制度”使人民币在政府规定的较小范围内在市场上浮动。1994年7月，美国财政部的报告仍将中国列为“汇率操纵国”，此后其财政部没有再将中国列为汇率操纵国。1997年亚洲金融危机之时，中国坚持人民币不贬值，由于这一政策符合美国在亚洲及全球的经济利益，美国对此表示赞赏。1999年1月12日，美国联邦储备委员会主席格林斯潘应邀访华，在同朱镕基总理会谈时，格林斯潘赞扬中国所取得的经济成就以及通过保持人民币不贬值对亚洲

① 陶文钊：《中美关系史（1972—2000）》，上海人民出版社2004年版，第301页。

② 陶文钊：《中美关系史（1972—2000）》，上海人民出版社2004年版，第320页。

和世界经济所做的贡献。他还提议美中两国进一步加强在金融领域的合作。同日，格林斯潘还同中国人民银行行长戴相龙举行会谈，讨论了稳定人民币等问题。

2. 金融市场准入

金融业是美国优势产业，寻求对华市场准入拓宽一直是美国金融资本的诉求。1994 年 8 月 16 日，美国高盛集团在上海证券交易所建立 B 股特别席位，并买进大量 B 种股票，成为首家在该所进行交易的美国经纪公司。[①] 1994 年 10 月 6 日，中国大陆第三家直接在纽约证券交易所上市的“华能国际电力股份有限公司”的股票首次进行挂牌交易。[②] 同日，江泽民在会见美国全美证券交易商协会主席兼首席执行官弗兰克·萨博时，萨博表示美愿意在电子交易技术对资本市场监管方面与中国同行进行交流和合作。在 1998 年 6 月克林顿访华时，中国方面提出，中国准备与美国达成一揽子协议：中国在包括金融保险业等领域的市场准入方面做出让步，同时要求美国在给予中国永久性最惠国待遇、1999 年底中国“入世”、取消 1989 年以来对中国的制裁、取消把中国作为非市场经济国家的歧视这些方面也做出承诺。但克林顿不肯明确表示态度。[③] 1997 年中国银行设立纽约代表处，建设银行设立纽约代表处。

四、中美经济外交比较与评估

（一）比较分析

理念、目标以及策略比较。理念上，中美比较一致的是，中国朝着融入世界经济和现有国际经济秩序的方向走，以及对于经济合作的利益的认同，分歧在于：美方曾想用施加压力、打人权

① 陶文钊：《中美关系史（1972—2000）》，上海人民出版社 2004 年版，第 340 页。

② 陶文钊：《中美关系史（1972—2000）》，上海人民出版社 2004 年版，第 344 页。

③ 陶文钊：《中美关系史（1972—2000）》，上海人民出版社 2004 年版，第 350 页。

牌，以经济利益作为要挟，要求中国“政治民主化”和“改善人权”；中方不畏惧施压和制裁，同时推动国内改革，加快导入世界经济秩序；美方在碰壁后回到以合作来促进中国改变的主张。最后，美方以合作寻求经济利益、推进中国改革，中方以推进国内改革融入世界经济秩序，这一互动方式产生积极效果，也符合双方利益。中国方面和美国方面的务实派取得了合作成效。

表 4.8　1989—2000 年美国对华经济外交理念、目标、策略

	1989—1992 年		1993—2000 年	
	老布什政府	中国政府	克林顿政府	中国政府
经济外交理念	以合作促变革，“制裁但不孤立”	不畏惧美国的制裁；深化改革，扩大开放，融入美国主导的现有国际经济秩序	第一任期以人权挂钩最惠国待遇这一经济利益施压促变革；第二任期以合作寻求经济利益	促使美国取消制裁，继续深化改革，扩大开放，融入美国主导的现有国际经济秩序
经济外交目标	战略利益（联华抗苏、地区和全球问题上的合作） 道德利益（推动中国“民主化”、要求中国“尊重人权”） 经济利益	经济利益（获得资金、技术，“复关”）	道德利益（推动中国“民主化”、要求中国“尊重人权”） 经济利益（获得更多市场准入，知识产权保护） 战略利益（地区和全球问题上的合作）	经济利益
经济外交策略	经济合作 经济制裁 经济援助	经济合作，突破经济制裁	经济制裁 经济合作 经济援助	经济合作 突破经济制裁

（二）评估

总体来看，这一时期中美经济关系独立性增强，逐渐“政治脱敏”，保持稳定增长势头，即使在双方政治冲突增多的情况下，中美经济往来仍然取得较大成果。这与20世纪80年代中美政治关系一旦发生变化，贸易额、投资额等就出现波动形成鲜明反差。

从金额来看，中美经济往来主要发生在贸易领域。以双边经贸受到中美关系波折、尤其是政治关系的曲折的影响来判断，这段时间，中国经济外交成效显著。相比80年代的台湾问题危机时造成的贸易波动，政治因素对这一时期中美贸易的影响要小；美国人权外交负面影响不显著，但人权与贸易脱钩后贸易发展速度加快，呈现正面效果（如图4.12）。更重要的是，中国国内的经济开放政策，对于中美经贸往来，尤其是美国对华投资有直接的正面影响。

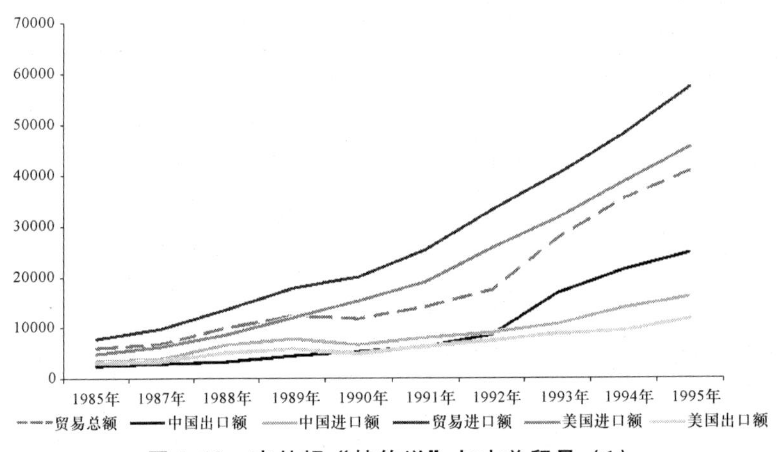

图4.12　克林顿“挂钩说”与中美贸易（1）

数据来源：www.bea.gov，www.stats.gov.cn。

投资方面，这一时期投资基本是单边的，以美国对华投资为主，中国对美投资几乎可以忽略不计，以致双边统计都找不到具体数据。

1989—1990年美国对华投资曾有短期下挫，1992年后强劲反弹。虽然美国对华投资很大一部分是贸易替代，但克林顿的人权与贸易挂钩并没有影响到美国对华投资。如图4.13，1992年中国进一步实施对外开放后，美国对华投资增速提高。

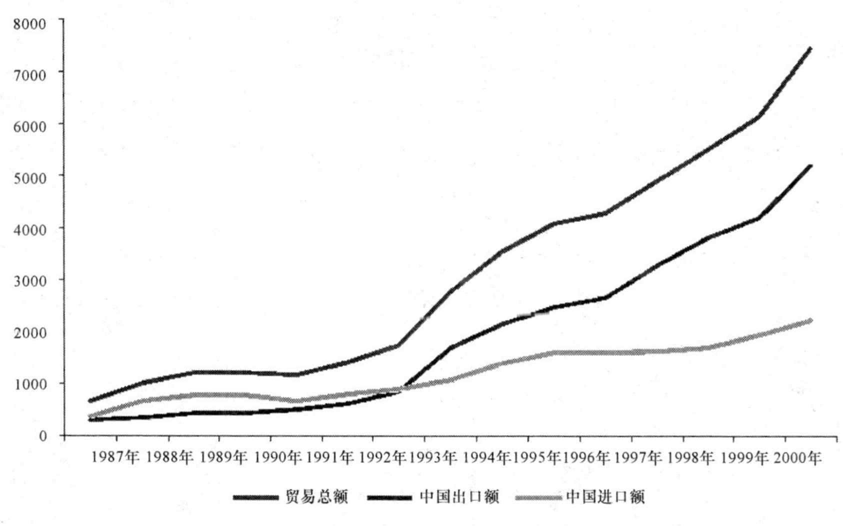

图 4.13 克林顿“挂钩说”与中美贸易（2）

数据来源：www. bea. gov，www. stats. gov. cn。

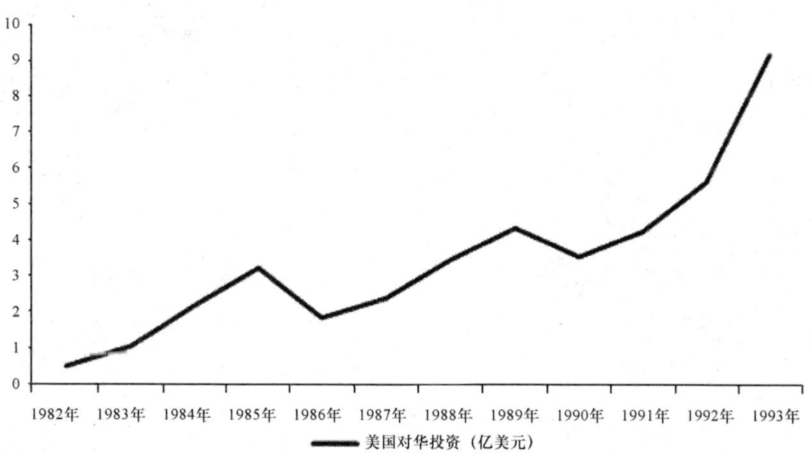

图 4.14 美国对华投资（亿美元）

数据来源：www. stats. gov. vn。

1. 美国对华经济外交理念与目标的评估

这一期间，美国国会中的“反华派”对华经济外交的理念和目标，总体上落空。老布什政府坚持以合作促变革，“制裁但不孤立”的对华经济外交理念，抵制国会的压力，保持了对华最惠国待遇，维持了中美两国经贸关系的基础，维护了中美双方的商业利益。克林顿政府试图把最惠国待遇与人权挂钩，这样理念和目标，遭到中美商界主流力量的反对，最终也以“脱钩”告终，接着转而支持 PNTR 和中国“入世”，回到经典的接触外交的路子上来。

美国对华经济外交的道德目标收效甚微。美国对华制裁并没有收到预期的效果——促进中国在人权、民主方面的“变化”，甚至“和平演变”。“对美国来说，要在中国获得利益的愿望也在逐渐战胜其所谓的理想主义。”美国没有从制裁中获得实际利益，反倒丢掉了中国市场，因而引起了国内的反对，这推动经济利益在对华经济外交中的重要性上升。从美国方面来说，中国进一步开放市场开放经济，美国的获益增加，符合美国的利益，也可以理解为施压取得一定成效。

2. 美国对华经济外交策略的评估

经验表明，这期间制裁措施基本难以达到目的，合作和援助更容易达到效果。

美国以贸易制裁作为对中国保护知识产权不力或对美开放市场不足的制裁。从报复清单来看，美国正是利用了中美经济相互依赖的不对称性。美国的打击目标，都是中国对国际市场，特别是美国市场依存度相当高的产品。① 在贸易报复情况下，这会使中国付出很大的代价。这使得美国从多次的制裁威胁中获得中国的让步，为其争取到了更大的经济利益。

在中美市场准入谈判中，中国做了一些必要的让步。如进一

① 以纺织品和丝绸为例，1990 年这两种产品的出口已经占到当年本行业工业总产值的 58.9% 和 80%。而在全部的出口产品中，美国市场又是第一大出口市场。

步开放中国市场、降低关税、减少进口许可证、取消进口替代等等。这些让步是必要的。如果不让步，美国可能会关闭市场，将会给中国经济带来不利的影响。在世界贸易中，不可能某国长期出超，另一国长期入超。中国参与国际贸易，就要遵守国际贸易规则。因此，让步和承诺既是解决中美贸易争端的需要，从长远讲也是为发展我国经济提供良好的外部环境所必需的。从另一方面看，这些让步和承诺，可以促使企业改善经营管理，提高技术水平和产品质量。同时，还推动了中国外贸体制改革的进行。

在中美知识产权谈判过程中，中国同意完善国内立法。1990年9月，七届全国人大常委会第十五次会议通过《中华人民共和国著作权法》，1992年9月4日，全国人大常委会通过了《专利法》修正案，对《专利法》做出重要修改。[①] 当时这在国内各界及立法机关内存在很大争议，但是，完善知识产权法是中国改革开放的应有之义，即使没有美国的压力，中国也会这样做，中美谈判只是给这项工作做了推动。从排除中国复关/入世的障碍来说，做出这一让步也是必须的。

（三）中美经济外交正常化

标志中美经济外交正常化的表现有三：

1. 双边经济关系开始“政治脱敏”

中美关系先后经历了一系列波折，但并未影响中美经贸往来，中美经济关系最后超越意识形态分歧和各自国内政治诉求。

2. 双边贸易关系摆脱意识形态纠葛

美国通过了中美PNTR关系法案，最惠国待遇问题和中美贸易关系走出冷战的烙印——年审制，这改变了自中美建交以来美方对中方开展经贸往来的基础——基于全球范围内抵制扩张的共同需求（见第四章第一节）。中美贸易是中美经济外交的主要方

---

① 吴海民：《大国的较量——中美知识产权谈判纪实》，长江文艺出版社2009年版，第111页。

面，这意味着中美经济外交彻底走出了冷战的格局、摆脱了意识形态纠葛。中美贸易的基础稳定下来，回归到贸易本身，回归正常。

3. 美方重新确认对华接触战略

冷战后，随着中国日渐发展，1992—1993年，中美建交后第一波“中国威胁论”在美国泛起[①]，尽管老布什对中国的崛起仍然持观望态度，“我们必须小心观察中国在世界舞台上的崛起，支持、遏制或平衡中国的崛起，是保护美国利益的必要手段”。[②]但总体上老布什一边对中国晓以颜色、进行经济制裁，一边维持了对中国接触的政策。[③]

到克林顿政府时期，克林顿认识到中国作为一个崛起的大国对邻居国家形成挑战，[④]必须将中国纳入到世界经济体系中来，让中国成为国际社会的负责任的一员，才能避免中国成为地区和全球安全的威胁，为此克林顿政府将中国“入世”作为重要工作来推进。这与中国一直以来寻求“复关”和“入世”的需求是一致的，这意味着美国在明确探索建立一种新型的大国关系的办法：通过让中国融入到世界经济体系，让中国承担责任、在国际体系内休戚与共，从而消除可能在政治上和战略上带来的威胁。[⑤]实际上，克林顿政府的这一选择是20世纪80年代末后，经过一番怀疑和周折，重新确认的对华接触战略。

第三节　中美经济外交机制化

机制化是这一阶段中美经济外交区别于其他阶段的显著特

① 李成：《分析美国的“中国威胁论”》，外交学院硕士论文，2007年，第11页。

② The White House. *National Security Strategy of the United States*. the White House，1993：8.

③ The White House. *National Security Strategy of the United States*. the White House，1991：9.

④ The White House. *National Security Strategy of the United States*. the White House，2001：65.

⑤ The White House. *National Security Strategy of the United States*. the White House，1994，1995，1996，1997，1998，2000，2001.

征。中美经济外交机制建设从中美建交时即已开始，是一个持续的过程，而机制化标志着制度建设的完备程度。这期间中美经济外交制度建设发生两件大事，标志着中美经济迈入机制化阶段。其一是中美达成“入世”协议、中国“入世”，WTO规则成为中美经济外交的机制化的基础设施，WTO机制成为中美贸易、投资、金融活动的基础制度框架，而之前中国恢复席位的IMF和WB并不涉及太多经济交互的规则；其二是中美战略经济对话机制的建立，不仅成为中美经济外交机制化的顶层设计，而且中美经济外交的所有议题的设定、战略框架和原则的确定都在这一机制内，也是中美间级别最高的双边机制。而原有的中美双边经济沟通机制[①]，诸如中美商贸联委会、中美经济联委会、中美科技合作联委会，都在这两个机制框架内发挥具体作用，解决具体问题。至此，中美经济外交机制形成底层基础运行规则、中层沟通磋商机制和顶层战略沟通三层次结构，机制化特征彰显。这一期间，中美两国围绕中美关系再定位、人民币汇率问题、中美战略经济对话（SED）、中美投资展开高频互动。

一、美国对华经济外交

（一）美国经济外交理念、目标与策略

1. 小布什政府的国际形势和国内形势

从国际形势来看，这一时期全球化趋势继续深入发展，新兴经济体在崛起。同时，全球经济失衡进一步加剧，欧洲、亚洲和石油出口国的顺差增加，美国的贸易逆差扩大。在巨额双赤字下，美元强势难以为继，美国经济明显减速。经济增长逐渐放缓是小布什政府面临的首要内政问题，贸易逆差则具有高度经济外交敏感性。“9·11”恐怖袭击事件使得美国经济雪上加霜，[②]也

① 胡佳虹：《中美双边对话机制研究》，复旦大学硕士论文，2010年。

② 陶文钊：《冷战后的美国对华政策》，重庆出版集团重庆出版社2006年版，第164页。

改变小布什政府内外工作重心，反恐和安全问题成为小布什政府新核心议题，并为此需要争取其他大国的合作。

2. 小布什政府的经济外交理念和目标

2000年竞选总统期间，小布什提出了其经济外交的理念，主张美国要在国际社会发挥指导性力量的作用，促进市场的力量发展并遏制保护主义，主张公平贸易。具体目标，以开放市场为重点，重视新一轮多边贸易谈判；改革国际货币基金组织和世界银行，以适应时代的变化。[①]“9·11”前，美国所界定的主要的“威胁”是诸如中国和俄罗斯这样的主要大国。“9·11”后，恐怖主义、核武和大规模杀伤性武器扩散成为美国面临的最主要威胁。不过，小布什认为，一个积贫积弱的国家可能比一个强大的国家对美国的威胁更大。小布什认为，自由贸易和自由市场是帮助这些国家摆脱贫困的途径，世界经济和其他国家的经济繁荣和稳定对美国安全至关重要。为此，小布什主张美国要努力建立一个多层次贸易自由和繁荣的世界经济。同时，小布什强调，在建立支持自由的大国均势的过程中，美国相信所有的国家都应承担重大责任。要获得繁荣的自由，必须被期待和被要求承担责任。因为，没有一个国家可以单枪匹马地建立一个自由安全的世界。此外，小布什主张运用法律和双边协议反对不公平贸易，保护美国产业和工人，提高钢铁进口关税。同时，维护美国能源安全。[②]

小布什经济外交的核心理念：面对新的安全威胁，传统大国并不是美国的主要威胁，反而可能是来自一些小的脆弱的国家，通过贸易自由和市场经济繁荣促进这些弱国的发展，是美国安全的保障；要从全球、区域到双边多层次推进自由贸易；以合作的方式来推进自由、繁荣和安全的世界建设，并要求其他利益相关国家分担相应责任。无论“9·11”前还是“9·11”后，小布

---

① 藤井彰夫：《布什阵营的对外政策：遏制保护主义》，《日本经济新闻》，2000，8（3）。见刘梅华译：《布什阵营的对外政策：遏制保护主义》，新华社东京8月4日日文电。

② George W. Bush. *The National Security Strategy of the United States of America*, 2002: 6.

什都主张自由贸易与自由经济，但这种主张有着不一样的目标指向。“9·11”前，小布什主张的自由贸易和自由经济主要是从美国经济繁荣着眼，更多是从经济利益出发来主张经济外交的策略。“9·11”后，小布什也从反恐和安全角度来审视和提出经济外交的主张，并强调安全、自由和繁荣的国际秩序的分享者必须承担相应的责任，美国一个国家难以承担所有的成本，需要各国合作分担。从需求层级而言，美国经济外交的目标从发展层面降低为安全层面。

3. 小布什政府经济外交

主张欧洲和日本改善内部经济结构。小布什认为，为了美国盟友、为了全球经济、为了全球安全，美国需要盟友有很强大的经济。因此，日本努力结束通货紧缩、解决银行系统的不良贷款，和欧洲努力消除经济中的结构性障碍都特别重要。华盛顿一边协调西方大国政策促进增长，一边让美元贬值求独善其身。小布什政府要继续利用美国与日本及欧洲伙伴的常规协商机制——包括 G7 来讨论采取促进欧、日各自经济增长并支持全球经济增长的政策。另一边，美国运用“弱势美元”助推美国商品的出口，扩大美国制造业在海外的市场份额，吸引国外旅客到美国旅游，推动第三产业的发展，增加就业，进而拉动经济增长，减少巨额贸易逆差和经常项目收支赤字。2003 年，美元对欧元、日元等主要国际货币的汇率一再下跌。小布什政府发起新一轮多边自由贸易谈判。与欧盟协商合作，推动多哈会议成功发动新一回合多边贸易谈判，欧盟愿意在最敏感的农业问题上做出让步，但同时要求其他国家必须把欧盟关心的环境问题纳入谈判议程。美国最关心的是欧盟在农业问题上的让步，同时也对环境问题关注，因此，美国支持欧盟的建议，敦促其他国家在多哈接受欧盟的建议。动用美国特色贸易保护主义——反对不公平贸易。小布什表示，美国的优先事情是要解决与欧盟、加拿大和墨西哥的争议，要做出全球努力解决对农场出口和改善农业所施加的不必要的新技术，科学和健康管制。[①] 小布什政府对俄罗斯经济外交风向与反恐成效紧密相关。“9·11”事件后，由于普京对美国反恐战争的支持，小布什给予的回报是承认俄罗斯的市场经济地位，并承诺修改相关的贸易法案，推动俄罗斯加入 WTO。[②] 反恐战争阶段性胜利后，小布什政府转变政策，转而开始挤压俄罗斯的生存空间，主要表现为支持、援助独联体国家的“颜色革命”。此外，还积极通过官方经济援助、非政府组织提供援助的方式支持俄罗斯国内的反对派。[③] 小布什认为，改善新兴市场的稳定性也是全球经济增长的关键。全球投资资本的流动必须扩大这些经济体的生产潜力。这些流动使得新兴市场和发展中国家可以投资提高生活水平减少贫困。美国长期的目标应该是建立这样一个世界，所有的国家都可以进入国际资本市场和投资未来的投资信用评级。美国政策要致力于帮助新兴市场以更低成本获得更大的资金流。为此，小布什表示，美国继续寻求改革，旨在减少金融市场的不确定性。美国将会与其他国家、IMF 和私人投资部门一起实施此前谈好的旨在防止金融危机的 G7 行动计划，当问题出现的时候，争取更有效地解决。[④]

（二）美国对华经济外交的理念、目标与策略

1. 小布什政府对华经济外交理念

小布什政府对中美关系的认识包括对中美经济外交的认识经历了三次变化。大选时期对中国的认识一分为二：非经济事务方

---

① George W. Bush. *RADIO ADDRESS BY THE PRESIDENT TO THE NATION*, *The White House Office of the Press Secretary Saturday*, *February* 19, 2005, http://iipdigital.usembassy.gov/st/english/texttrans/2005/02/20050219132533521elootom0.4794428.html#axzz2jZMNmxds, 2013 - 11 - 04.

② 徐洪峰:《美国对俄经济外交：从里根到小布什》，知识产权出版社 2008 年版，第 213、214 页。

③ 徐洪峰:《美国对俄经济外交：从里根到小布什》，知识产权出版社 2008 年版，第 222 页。

④ 藤井彰夫:《布什阵营的对外政策：遏制保护主义》，《日本经济新闻》，2000，8（3）。见刘梅华译:《布什阵营的对外政策：遏制保护主义》，新华社东京 8 月 4 日日文电。

面的“竞争者”和经济事务上的“贸易伙伴”[1]；“9·11”后改为“建设性合作伙伴关系”；到第二任期提出“利益攸关者”概念。竞选期间，小布什有关外交政策的讲话涉及到中国的共有六点：其一，作为转型大国的中国和俄罗斯的不确定性必将对美国的利益构成挑战，这是美国冷战后面临的最大挑战。其二，强调中国崛起不可避免，中国军费开支增加、军力发展和意识形态分歧巨大这些因素交加，进而将美中关系定位为“竞争者”而不是“战略伙伴”。[2] 这与克林顿政府致力于建设中美“建设性战略合作伙伴关系”的定位形成鲜明反差。其三，中国崛起不可避免，但在一些地区问题和武器扩散方面有合作空间。其四，贸易关系上强调中国是伙伴，并认为中国将发现美国是一个自信和有诚意的贸易伙伴。其五，小布什相信自由贸易将推进自由经济世界的到来，与中国开展贸易，最后将把中国带入到一个“自由民主”的国家，并坚信时间会证明这一点。其六，基于上述目标，欢迎中国“入世”，但认为中国不会很好遵守“入世”协议，需要一个强有力的政府来保证中国履行承诺。

在小布什看来，中美关系是复杂的。从经济外交角度而言，小布什认为，中国不可避免地崛起，转型中国的不确定性和意识形态分歧给美国带来挑战和竞争，但中国是美国贸易伙伴，经验表明，贸易会促进经济自由，并带动“民主和自由”的实现，这点也会随着对华贸易的发展而表现出来，因此发展与中国贸易是重要的，可以实现政治目标，有战略意义。这一认识延续了美国对华接触外交的传统。布什政府内部在对华政策上存在遏制与接触的不同观点，以副总统切尼（Richard Bruce Cheney）、国防部长拉姆斯菲尔德（Donald Henry Rumsfeld）、国防部副部长沃

---

① Governor George W. Bush. *A Distinctly American Internationalism*, http://www.fas.org/news/usa/1999/11/991119-bush-foreignpolicy.htm, 2012-10-07.

② Governor George W. Bush. *A Distinctly American Internationalism*, http://www.fas.org/news/usa/1999/11/991119-bush-foreignpolicy.htm, 2012-10-07. 小布什：“我们必须直面所有这些事实。中国是一个竞争对手，不是战略伙伴。我们与中国交往不必抱有恶意，但不能存有幻想。”

尔福威茨（Paul Wolfowitz）为首的“鹰派人士”力主对中国采取强硬的外交方针；以国务卿鲍威尔（Colin Luther Powell）为代表的温和派人士虽支持对中国加大防范力度，但同时也主张应继续与中国保持良好关系。[①] 2001 年 4 月 28 日，小布什在每周电台演说中说：“我们与中国的关系正在成熟中。”他补充道：“有些地方我们可以有一致，比如贸易；有些地方我们不会有一致，例如台湾、人权和宗教自由问题。意见不同的，我们会直言。”[②] 2001 年 5 月 1 日，负责亚洲和太平洋事务助理国卿凯利（James A. Kelly）再次重申中美关系的多重性。[③] 2001 年 7 月下旬，美国国务卿鲍威尔访问中国，向朱镕基总理再次表达了将中美关系发展为一种“建设性和合作性关系”的愿望。以鲍威尔访华为契机，美国开始收敛对华强硬姿态，并把中美关系的定位从“竞争关系”调整为“建设性合作关系”。“9·11”后，小布什认识到，对美国最大的威胁是来自一些脆弱的国家，而不是来自大国，贸易和自由经济可以令这些国家走上繁荣和强盛，一个自由经济的世界秩序需要各国合作共同建设。这就改变了竞选期间其对华认识的第一点，并消解了第二点，中国并非美国最大挑战，美国需要中国的合作。“9·11”后，小布什认识的转变，进一步夯实并推动了中美关系的调整。2002 年，美国国家安全

---

① U. S. GOVERNMENT PRINTING OFFICE. *NOMINATION OF COLIN L. POWELL TO BE SECRETARY OF STATE*，http：//www. gpo. gov/fdsys/pkg/CHRG-107shrg71536/pdf/CHRG-107shrg71536. pdf，2012－10－09. 2001 年 1 月 17 日，获得小布什总统国务卿提名的鲍威尔在参议院听证会上作证，专门讲到了中国，“中国是一个巨人……一个在努力确定自己世界地位的巨人。我们同中国的关系所面临的挑战是，我们尽力做出富有建设性的、有益的、符合我们利益的努力……中国不是战略伙伴，但中国也不是我们无法避免和不可转变的仇敌。中国是一个竞争者，一个地区性的潜在对手，但它也是贸易伙伴，愿意在我们两国都有战略利益的地区合作，如朝鲜半岛”。

② 法新社华盛顿电：《布什：美中关系“正在成熟”》，http：//www. zaobao. com/special/china/sino_ us/pages2/sino_ us300401a. html，2010－10－09。

③ James A. Kelly. *The Future of U. S. －China Relations* ，http：//2001－2009. state. gov/p/eap/rls/rm/2001/2697. htm，2012－10－08. 很多学者对小布什政府初期对华关系定位太概括而失之准确。确切地说，小布什政府起初视中国为：意识形态方面的挑战者；贸易等领域的合作伙伴；地区军事和政治上（或战略上）的竞争对手；不是敌人，也不是战略伙伴。中美关系是一种复杂的关系。

战略报告列举了对中国的种种担忧，但最后表示美国将寻求与中国的“建设性关系”。[①] 小布什在第二任期，进一步调整了对华政策。2004 年，伴随小布什的连任，美国国内发起一次包括政界、学界、商界等在内的范围非常广泛的关于中国问题的辩论。2004 年之前辩论的焦点都是中国能不能崛起，从 2004 年那次辩论开始，基本上形成了一个共识，就是中国崛起势不可当。辩论的焦点转到中国崛起之后将扮演什么样的角色、以什么样的行为方式在世界发挥作用，美国应该采取什么样的对华政策才能有效确保美国利益。2005 年 9 月，常务副国务卿佐利克（Robert Zoellick）提出了“利益攸关方”（stakeholder）的概念，主张以务实态度对待中国。佐利克说：“美国和中国是国际体系中两个重要的利益攸关的参与者”，美国“在政策方面需要看得更远一些”，即美国现行与中国“接触”的政策应该向前延伸，覆盖更多领域。同时，既然“利益攸关”，双方就应该共同担负国际关系领域中的权利义务。[②] 2006 年 3 月 16 日，美国公布国家安全战略报告正式确认了这一提法。[③] 从“利益攸关方”的定位出发，美方在经济外交领域对中国提出要求，进一步阐释利益攸关方的含义，即一个在全球经济中承担责任并与美国开展切实合作的中国才是美国的利益攸关方。2006 年 9 月，刚任财长不久的保尔森（Henry“Hank”Merritt Paulson，Jr.）在访华前夕发表演讲时强调对华经济外交三点内容：其一，强调要从“世代”即长期角度去考虑中美合作关系，以长期的眼光来看待当前的问题，需要长期保持战略性的经济接触，但保尔森同时希望中国在短期内展现出灵活性、有符合美国期望的实际行动；其二，“一个繁荣稳定的中国，一个能够而且愿意在全球经济中发挥领导作

---

① George W. Bush. *The National Security Strategy of the United States of America*, 2002: 6.

② Robert B. Zoellick. *Whither China: From Membership to Responsibility? Remarks to National Committee on U. S. – China Relations*, New York City, September 21, 2005, http://2001 – 2009. state. gov/s/d/former/zoellick/rem/53682. htm, 2013 – 11 – 4.

③ George W. Bush. *The National Security Strategy of the United States of America*, 2006 – 3.

用的中国，与美国利益息息相关”，两国应“携手合作”，美国面临的最大风险不在于中国会超过美国，而在于中国能否继续推进保持其增长所必需的改革；其三，“中国已经是全球经济中一个值得认可的领导”，但“既然是领导，就要承担责任”。[①] 2006年12月，在中国“入世”五周年之际，美国前贸易代表巴尔舍夫斯基在接受新华社采访时说，“正是基于中国的巨大经济成就，中国外交在亚太地区乃至全球都正在显示至关重要的地位”，“中国已经不是世界经济的一个旁观者。随着中国成为世界经济的一个重要中心，它也将担负起自己的责任，不仅仅只考虑到自己的发展和开放”，“贸易是美中关系的基础，它当然会带来摩擦，但也为双方带来巨大好处”，“中国和美国面临挑战，应学会如何进行有意义的合作”。[②]

小布什政府对华经济外交主张将政治与经济区别对待，一边分享经济交流、分享中国经济发展的好处，一边寻求不让经济交流受到两国政治关系波动的影响，以便在政治上对中国保持高压而同时获取经济交往利益。一方面，小布什政府执政初期在政治、军事上对中国采取了较为敌对的态度，视中国崛起为主要威胁之一。另一方面，在中美经济交往方面表现出极大的务实性，小布什政府赞成同中国加强经贸联系，支持中国加入 WTO。小布什执政后不久，美国政府宣布恢复美国贸易发展署 1989 年暂停的官方对华援助计划，该计划有利于扩大中美两国在能源、环保技术和基础设施方面的合作。2001 年 7 月 31 日，美国商务部和中国外经贸部在北京签署了《中美贸易发展框架合作协议》，具体化了中国多项合作协议。[③] 小布什执政时期，经济关系在双

---

① Krishna Guha. *Paulson Sets Out New China Strategy*, http://www.ft.com/intl/cms/s/0/7443b020-433e-11db-9574-0000779e2340.html#axzz28mdB8lJC, 2010-10-9.

② 刘洪、胡芳：《巴尔舍夫斯基：中美应学会进行有意义的合作》，http://news.xinhuanet.com/world/2006-12/07/content_5448938.htm，2012-10-10。

③ 龚雯：《中美贸易发展合作框架协议 31 日在京签署》，《人民日报》，2001，08（01），第 5 版。

边关系中居于更加重要地位，双方在谈到中美双边关系时，认为这一双边关系是全球最重要的经济关系。中国的经济发展和中国崛起，推动小布什政府对华政策和经济外交认识的演变。美方认为尽管中国在地缘政治等领域构成对美国的竞争或者挑战，但在经济领域一直是美国的伙伴。美方认为中国已经是国际体系中的一员，随着中国经济发展和中国崛起，美国寻求与中国在经济上更多的合作，并要求中国承担更多责任。由小布什首先提出的中美战略经济对话机制体现了美国对华持续接触战略，在中美关系的诸多侧面中，率先建立了经济领域的战略对话，体现了美国对中美经济外交的重视，这是推动中美关系长期稳定的一项新的制度，是中美经济外交机制化的顶层设计。

2. 小布什政府对华经济外交目标

从小布什政府要员对华经济外交的认识可以看出其目标是多重的。首先，敦促中国切实履行“入世”承诺、遵守 WTO 协议，继续促进中国开放市场。其次，美国为美中关系确立的目标不限于经济利益，相信中国加入 WTO 将促进美国所关心的其他关键方面，其中包括增强法治和公民社会的建设，使中国与加强地区和全球稳定更加利害攸关。[①] 第三，期望中国承担更多国际经济责任，包括为全球经济平衡进行国内经济结构调整。最后，期待中国在环境、气候、能源、知识产权保护、纺织品贸易、推动多哈议程等具体全球经济议题上与美国进行合作。

3. 小布什政府对华经济外交策略

（1）贸易领域策略。首先，推动中国“入世”，进一步打开中国市场。小布什政府上台后，继续积极推动中国加入 WTO。“大型跨国企业是共和党的主要支持者。对它们而言，尽快打开潜力庞大的中国市场，推动改善盈利表现，是根本利益所在。确

① Shaun Donnelly, Acting Assistant Secretary Bureau of Economic and Business Affairs, U. S. Department of State. *Written Testimony Before the U. S. China Economic and Security Review Commission*, January 18, 2002 Public Hearings on WTO Compliance and Sectoral Issues, http://www.uscc.gov/textonly/transcriptstx/tesdon.htm, 2012 - 09 - 14.

保中国顺利加入WTO，将是令中国贯彻开放市场和引进外资的最佳保证。”[①] 2001年6月1日，布什正式要求国会批准延长中国的正常贸易关系待遇。6月上旬，中美就中国“入世”的遗留问题达成全部协议。美国负责经济和企业局事务的代理助理国务卿肖恩·唐纳利（Shaun Donnelly）指出，美国接纳中华人民共和国成为WTO成员的协定“是一项里程碑协定，将使美国国家利益和中国以及世界的利益深深受益”。[②]

其次，多管齐下，加强对华贸易工作。中国“入世”后，基于“中国政府在冒社会及政治风险和履行WTO义务之间，不大会选择后者，从而使中美关系受到损害”[③] 的判断，美国建立了监督中国执行WTO协议的机制，作为美国给予中国永久正常贸易关系（PNTR）的附属物，美国国会建立了“国会—行政部门中国委员会”（Congressional – Executive Commission on China）以监察中国法制发展和人权状况，后来又建立美中经济与安全审查委员会（US China Economic and Security Review Commission）以平衡美国对华贸易和其他问题。“入世”过渡期结束后，美国贸易代表办公室（USTR）发布评估报告，主张美国采取以下行动，来处理对华贸易关系：加强美国贸易代表办公室的执法能力，组建“中国贸易执法工作组”（China Trade Enforcement Task Force），确保中国遵守义务；增强获得中国贸易体制和政策综合信息的能力；扩大与中方就最重要问题，特别是知识产权保护问题进行谈判并取得效果的能力；增加与日本、欧盟等贸易伙伴在对华贸易问题上的协调；加强美国与其他亚洲贸易体的贸易关系；通过美中商贸联委会等高层机制，强调推动中国的改革；增

---

① 邵颖波：《WTO把中美经贸关系带入蜜月?》，《经济观察报》，2001，10（18）：4。

② Robert B. Zoellick. *Whither China*：*From Membership to Responsibility*? Remarks to National Committee on U. S. – China Relations，New York City，September 21，2005，http：//2001 – 2009. state. gov/s/d/former/zoellick/rem/53682. htm，2013 – 11 – 4.

③ Minxin Pei. Future Shock：The WTO and Political Change in China. *Policy Brief*，February 2001，Vol. 1 NO. 3.，Carnegie Endowment for International Peace.

加与中方高层会谈的效率；扩大美中对话的议题，包括中国参与全球体系、市场准入、法律透明度等问题；加强美国政府内部和政府与国会在对华贸易政策上的协调。[①] 中国驻美大使馆经济与商务参赞处对这份评估报告认为，美国在加强监督中国履行WTO承诺和国际准则的同时，应更加注重确保：美中贸易关系应提供更加平衡的机会，且这种关系应是公正和可持久的；美制定贸易政策时应事先更多地了解中国经济发展和趋势，并更好地加强美行政部门内以及行政部门与国会间的协调；中国应更全面地参与全球贸易体系；美在亚太地区应保持积极而有影响力的经贸大国地位。[②]

其三，通过双边与多边途径要求保护美国知识产权。中国加入WTO后，知识产权在中美经贸关系中引发更多关注，美国对中国知识产权保护的关注重点转向监督中国遵守WTO协议的情况。在双边层面，美国继续通过国内法对中国进行“特别301条款”审查，并督促中国修正国内法律以加大执法力度。同时美国这一时期还通过所谓的“337调查”向中国施压。“337调查”是依据《美国关税法》第337条款，对侵犯美国境内知识产权的产品进口和销售加以禁止的保护性措施。[③] 在多边层面，美国多次威胁要将中国侵犯知识产权的案件诉诸WTO，并在2007年4月9日向WTO提出针对中国的两项贸易诉讼，分别指责中国打击盗版不力和限制美国电影、音乐和图书产品进入本国市场。

其四，在人民币汇率问题上向中国施压。2001年小布什入

---

① United States Trade Representative. *U. S. -China Trade Relations: Entering a New Phase of Great Accountability and Enforcement, Top-to-Bottom Review*. Washington, D. C.: United States Trade Representative, 2006.

② 中华人民共和国驻美国大使馆经济商务参赞处：《美贸易代表办公室发表对华贸易审议报告》，http://us.mofcom.gov.cn/aarticle/jmxw/200602/20060201547110.html，2013-10-26。

③ 根据337条款，在可以确定美国存在一个相关产业或正在建立中的产业的条件下，进口到美国或在美国境内销售的产品，侵犯了在美国境内的知识产权的行为，包括仿制美国商品、错误使用美国的标志、侵犯美国的专利等，都将受到限制或制裁。

主白宫后，美国货物贸易逆差一直持续上升，2006 年美国货物贸易逆差达到 8382 亿美元，其中美国对中国的货物贸易逆差占美国全部货物逆差近 1/3。2003 年 6 月和 7 月，美国财政部长斯诺（John William Snow）和美联储主席格林斯潘（Alan Greenspan）先后发表公开谈话，希望人民币选择更具有弹性的汇率制度，认为钉住汇率制度最终损害到中国经济。财政部长和联储主席的谈话标志着美国正式向人民币汇率施压。[①] 2005 年 4 月 6 日，美国民主党参议员舒默（Charles Ellis "Chuck" Schumer）和共和党参议员格莱厄姆（Lindsey Graham）提出一项修正案：要求美国政府，如果中国在未来半年内未能使人民币升值，将对中国出口美国的产品征收 27.5% 的惩罚性关税。2007 年 6 月下旬，IMF 发布了新的外汇政策指导方针，按照新的规章，IMF 无须证明一国"是否有故意操纵汇率以谋取出口优势"，只要其政策造成了"基本汇率失调"或"经常账户长期巨额赤字或者盈余"的后果，就可以认定其操纵货币。2007 年 7 月 26 日，美国参议院财政委员会通过一项法案。根据该法案，任何国家若被美国正式点名为维持"与基本面偏离"的汇率水平，则美国企业可寻求对来自该国的产品征收反倾销税。8 月 1 日，美国参议院银行委员会又批准了一份新法案，赋予财政部新的手段来向中国施压，要求中国改变现有的货币政策。2007 年 5 月，42 名共和党、民主党国会议员组成的小组向布什政府送交请愿书，要求对中国"不公平的人为操纵汇率"采取行动。概括一下，美国施压人民币汇率的手段有以下四种：通过外交途径以软硬相结合的方式继续迫使中国政府改变汇率制度；借助美国立法程序限制中国出口产品进入美国市场；通过 WTO 争端解决机制起诉中国补贴；要求 IMF 施压中国。

（2）金融领域策略。2006 年，华尔街专门成立"中美合益"非盈利组织（Engage China），汇集美国金融界中坚力量，

---

① 朱颖：《20 世纪 80 年代以来美国对外经济政策的五大变化》，《世界贸易组织动态与研究》，2008，9：29。

旨在获取中国金融市场更多准入机会。小布什政府的前商务部长唐纳德·埃文斯（Donald Louis Evans）出任首任主席。这一组织在配合小布什政府为美国金融企业洞开中国金融市场大门方面不遗余力，小布什卸任后，这一组织的运行也转入低调。2007 年 5 月，美国参议院财政委员会 21 名议员写信给中国副总理吴仪，要求中国在人民币币值、金融服务自由化方面做出实质性承诺，否则将出台议案对中国进行贸易制裁。2007 年 9 月美国国会通过决议要求中国银行对美国企业完全开放。决议通过的当天，唐纳德·埃文斯便率领庞大的华尔街游说团“中美合益”飞抵上海、北京，先会见媒体，然后分别向商务部、银监会等国务院相关部委，中国人民银行、工商银行、全国社保基金理事会等国有金融机构高层，以及部分最高咨询机构、研究机构和重点高校，游说中国进一步开放金融市场。

二、中国对美经济外交

（一）中国经济外交的理念、目标与策略

1. 对国际形势和中国国情的认识

这一时期，对国际国内形势的认识集中体现在中国共产党十六大报告中提出的“重要战略机遇期”：综观全局，21 世纪头 20 年，对中国来说，是一个必须紧紧抓住并且可以大有作为的重要战略机遇期；和平与发展仍然是时代的主题；世界多极化和经济全球化趋势在曲折中发展。结合国内外形势，胡锦涛认为，虽然中国目前已经处在一个迅猛发展的过程之中，但从中国的基本国情和国际力量对比来看，仍然是“西强东弱”，因此，我们既要有雄心壮志，又要善于守拙，要坚持韬光养晦的方针，埋头苦干。

2. 中国经济外交的理念

首先，经济全球化是历史潮流，中国必须顺应这一潮流。胡锦涛认为：“经济全球化趋势加速发展已成为当今世界一个最显

著的特征”,[①]“是不可阻挡的历史潮流。”[②] 按照“入世”协议，2006年中国应全面开放市场。2003年10月，中国共产党十六届三中全会审议并通过《中共中央关于完善社会主义市场经济体制若干问题的决定》中，提出了完善社会主义市场经济的总体思路和措施，以顺应WTO规则要求，接轨世界经济。其次，发展仍然是中国的核心任务，但此时期中国特别强调发展必须在全球资源和市场中实现。胡锦涛指出“发展是解决中国所有问题的关键，发展对于全面建设小康社会、加快推进社会主义现代化，对于开创中国特色社会主义事业新局面、实现中华民族伟大复兴具有决定性意义”。[③] 同时，他强调中国的发展必须放在全球资源和市场中实现，为此要善于运用中国综合优势，保证资源和市场拓展的安全性和持续性。他还特别强调，能源资源问题是关系中国经济社会发展全局的一个重大战略问题。[④] 其三，随着中国参与全球化程度加深，特别强调增强海外利益保护能力的建设。[⑤] 这一时期，中国经济外交更加具备了全球视野，主动性和目的性增强。2004年，胡锦涛作为党和国家领导人首次明确提出“经济外交”，提出加强经济外交，推进实施“引进来”和“走出去”。[⑥] 这是中国经济外交的一个重大突破。这表明经济外交的自主性增强，并强调“走出去”，同时注意经济外交和文化外交相结合。其四，这一时期经济外交强调合作观，讲究互利合

① 胡锦涛：《推动全面合作促进共同发展——在南北领导人非正式对话会议上的讲话》，《人民日报》，2003，6（2）：1。

② 胡锦涛：《中国的发展 亚洲的机遇——在博鳌亚洲论坛2004年年会开幕式上的演讲》，《人民日报》，2004，2（4）：1。

③ 胡锦涛：《在新进中央委员会的委员、候补委员学习贯彻党的十七大精神研讨班上的讲话》，见中共中央文献研究室：《十七大以来重要文献选编（上）》，中央文献出版社2009年版，第25页。

④ 国务院办公厅：《胡锦涛在中共中央政治局第二十三次集体学习时强调全面做好能源资源工作优先抓好节约能源资源》，http：//www.gov.cn/ztzl/2006-07/01/content_324513.htm，2012-10-27。

⑤ 胡锦涛：《第十次驻外使节会议的讲话》，《人民日报》，2004，08（30）：1。

⑥ 胡锦涛：《第十次驻外使节会议的讲话》，《人民日报》，2004，08（30）：1。

作。胡锦涛明确提出，中国发展离不开世界，世界繁荣稳定也离不开中国。中国将始终不渝奉行互利共赢的开放战略，继续以自己的发展促进地区和世界共同发展，扩大同各方利益的汇合点。主张以合作谋和平，以合作促发展。[①] 努力寻求同各方利益的汇合点，同所有国家开展平等互利友好合作。强调中国的发展与别国的发展的良性互动，[②] 主张“通过磋商协作妥善处理经贸摩擦”。[③] 其五，注意扩大与发达国家共同利益。2002 年 11 月，中共十六大确立了新的对外战略方向，强调扩大同发达国家的共同利益汇合点，妥善解决分歧。这与之前“反对霸权主义和强权政治”的姿态截然不同。其六，还提出富邻外交。对中国外交中的首要地位的周边国家，提出富邻外交：要坚持与邻为善、以邻为伴的方针和睦邻、安邻、富邻的政策，把加强双边友好与加强区域合作结合起来。

3. 中国经济外交的目标

这一时期确立的根本任务是推进全面建设小康社会，外交和经济外交的基本目标也不例外，要服务于这个根本任务。[④] 这一时期经济外交具体目标为，落实“入世”红利，争取各国对中国市场经济地位的承认；外交方面配合中国企业走出去战略，开拓国外市场和资源，以满足国内经济发展的需要，并致力于维护中国海外利益；同时，也致力于推动建立公正合理的国际政治经济新秩序，促进国际关系民主化、发展模式多样化，维护世界文明的多样性。

---

① 《中国共产党十六届五中全会公报》，http：//news. xinhuanet. com/politics/2005 - 10/11/content_ 3606215. htm，2013 - 11 - 25。

② 胡锦涛：《在纪念中国人民抗日战争暨世界反法西斯战争胜利六十周年大会上的讲话》，《十六大以来重要文献选编（中）》，中央文献出版社 2005 年版，第 115 页。

③ 中国共产党第十六届中央委员会第五次全体会议通过：《中共中央关于制定国民经济和社会发展第十一个五年规划的建议》，http：//www. ndrc. gov. cn/zxqy/zhdt/W020051026352959440825. doc，2012 - 10 - 28。

④ 胡锦涛：《第十次驻外使节会议的讲话》，《人民日报》，2004，08（30）：1。

4. 中国经济外交的策略

首先，建立与主要经济体顶层沟通机制。建立与美、欧、日高层经济对话制度。2007 年 11 月，在中美战略经济对话机制之后，中国同欧盟决定成立副总理级的经济高层对话机制。2007 年 12 月，中国同日本也正式建立并开启了同类对话机制。这样，中国同世界上三个最大的发达经济体都建立了高层经济对话制度。其次，贸易领域注重自由贸易区。2005 年率先推进与东盟的自由贸易协议。2006 年中国完成“入世”过渡期。2007 年，中共十七大上明确提出“实施自由贸易区战略，加强双边多边经贸合作”，首次明确把自由贸易区战略上升到执政党执政大纲和国家政策层面。① 同时，还提出到 2010 年货物贸易、服务贸易进出口总额分别达到 2.3 万亿美元和 4000 亿美元。这是中国执政党和政府文件里面第一次提及自贸区战略，这意味着中国对外贸易领域的战略重点，已从 WTO 转移到将自由贸易区（FTA）战略定为对外经济的战略重点，双边 FTA 的自由化水平在 WTO 的水平上率先在双边的范围内提高。② 到 2013 年，中国在建自贸区 18 个，涉及 31 个国家和地区。其中，已签署自贸协定 12 个，涉及 20 个国家和地区，分别是中国与东盟、新加坡、巴基斯坦、新西兰、智利、秘鲁、哥斯达黎加、冰岛和瑞士的自贸协定，中国内地与香港、澳门的更紧密经贸关系安排（CEPA），以及中国大陆与台湾的海峡两岸经济合作框架协议（ECFA）；正在谈判的自贸协定 6 个，涉及 22 个国家，分别是中国与韩国、海湾合作委员会（GCC）、澳大利亚和挪威的自贸谈判，以及中日韩自贸区和《区域全面经济合作伙伴关系》（RCEP）协定谈判。其三，投资领域规范外资强调中资“走出去”。最大变化是

① 第十届全国人民代表大会第四次会议批准：《中华人民共和国国民经济和社会发展第十一个五年规划纲要》，http://news.xinhuanet.com/misc/2006-03/16/content_4309517_17.htm，2012-09-16。

② 易小准：《积极实施自由贸易区战略》，新浪财经，http://finance.sina.com.cn/hy/20071103/11004135062.shtml，2013-11-30。

从单边的吸引外资走向强调“引进来”和“走出去”并重，而对“引进来”由之前对外资的广泛引进转变到规范和有条件的引进。2002年2月11日，国务院发布《指导外商投资方向规定》，自2002年4月1日起施行。2004年6月1日，《外商投资商业领域管理办法》正式实施。办法要求抓住国际产业转移机遇，继续积极有效利用外资，重点通过利用外资引进国外先进技术、管理进一步扩大商品和服务贸易。改善投资环境，对外商投资实行国民待遇，提高法规和政策透明度。这使“引进来”战略更加落实到实际行动。其四，积极鼓励中国企业“走出去”，并在战略区域设立专项投资基金，促进中国企业在这些国家的投资，基金投资的项目既具有政府援助性质，又通过基金运作从而具有市场化方式的效率，既促进了中国企业对外投资，又给当地经济带来造血功能。2006年11月，胡锦涛在中非合作论坛北京峰会上提议设立中非基金，2007年6月中国国家开发银行首批10亿美元资金到位，承诺在2010年内全部投放完毕。2012年，中非基金投了60个项目，覆盖30个非洲国家，投资达16.5亿美元。2012年，中非基金二期20亿美元由中国国家开发银行出资。2009年4月，温家宝总理在博鳌亚洲论坛年会上正式宣布中国投资100亿美元设立中国—东盟投资合作基金，基金于2010年开始运作，首批10亿美元已经用完，在东盟8个国家投了8个项目。2014年基金开始第二期募资。其五，加快金融开放。2006年11月，公布修订版《中华人民共和国外资银行管理条例》，自2006年12月11日起，外资银行享受国民待遇。同年，按照加入WTO的承诺，放宽了金融业对外开放的地域和业务范围，来华设立机构、开展业务和投资参股的外资金融机构不断增加。到2006年9月底，22个国家和地区的73家外资银行在华设立283家营业性机构，27家境外战略投资者参股20家中资银行；13个国家和地区的30家金融机构在华设立30家合资证券公司和基金公司；15个国家和地区的44家外资保险公司在华设立115个营业性机构。[①]

（二）中国对美经济外交的理念、目标与策略

1. 对美经济外交理念

胡锦涛指出：中美经贸关系历来是推动两国关系发展的重要动力；[②] 中美的经济往来，总体上让中美两国的共同利益增多了；[③] 而中美经贸发展的根基在于双方经济很强的互补性和互利性。

面对美国国内对中美经济往来的不同声音，胡锦涛一再强调中美在广泛领域的合作为两国人民带来实利，惠及双方，而不是只利于中国一方。

在入世和遵守WTO规则问题上，坚持认为中国"入世"为美国在内的各国企业提供更多商机和更好的投资环境。

2. 对美经济外交目标

促进美国承认中国市场经济地位；缓解和减少贸易摩擦，呼吁美方放宽对华技术出口；推进全面互利的中美经济伙伴关系[④]；为中国发展争取战略机遇期。

3. 对美经济外交策略

胡锦涛亲自推动中美关系再定位，推进建立中美战略经济对话，推进中美经济外交顶层设计。此外在各具体领域，有具体的策略。

首先，在贸易领域的策略。尽管由于统计方法不同，中美两国对贸易逆差规模评估不同，但是中美之间贸易持续、巨额的不平衡确是事实，美国国内政治压力很大，并转化为对中国施压。

---

① 温家宝：《深化金融改革 促进金融业持续健康安全发展》，《求是》，2007（03）：1。

② 杨洁篪：《落实胡锦涛访美成果 六方面推进中美建设性合作关系》，《求是》，2005（6）。

③ 陈建：《胡锦涛说，不是盟友就是敌人的时代早已成为历史》，http：//www.chinanews.com/2002-05-03/26/183323.html，2012-08-15。

④ 2007年1月胡锦涛访美的时候提出，2011年《中美联合宣言》强调，中美致力于建立全面互利的经济伙伴关系。

针对此事实，中国方面采取如下策略：一是强调中方主观上并不追求长期贸易顺差政策，强调中方积极寻求合作解决问题。胡锦涛和温家宝在许多场合表明，中国政府不执行一项长期贸易顺差，将采取积极措施，与美方合作解决中美贸易逆差问题。二是强调中国"入世"和履行"入世"承诺的主动性和积极性源于中国对自身长远和根本利益的追求，而勿需第三方强求。时任外交部发言人孔泉回答记者关于中国履行"入世"承诺的提问时强调："我们在长达十余年的入世谈判中也提到过，加入世贸有助于实现中国改革开放事业的目标，同时也是中国政府面对全球化浪潮所做出的战略性决策，符合我们的根本利益和长远利益。"[①] 三是提出处理两国贸易摩擦的五项原则：互利共赢原则；把发展放在首位的原则，通过扩大经贸合作来化解分歧；发挥双边经贸协调机制作用的原则，及时沟通和磋商，避免矛盾激化；平等协商、求大同存小异的原则；不把经贸问题政治化的原则。[②] 四是大单采购扩大美国国内支持中美经贸和中美关系的社会基础。中国在"9·11"之后采取的一系列措施为中美关系的改善和发展营造了良好的氛围，中国宣布以16亿美元的巨资购买美国商用飞机，在美国国民中也产生了积极的影响，从而扩大了美国国内支持发展中美关系的政治基础。[③] 2006年4月，在胡锦涛主席访美两周之前，吴仪副总理率团从4月3日起在美国访问十多天，在13个州的14个城市开展各种形式的商贸采购活动。这次中国企业家代表团由111家国有和91家民营企业家组成。与美国签署的合同或意向合同金额高达150亿美元，是中国

---

① 2003年9月18日，外交部发言人孔泉主持例行记者招待会，http://news.xinhuanet.com/newscenter/2003-09/18/content_1088561.htm，2012-05-20。

② 2005年3月31日，外交部发言人刘建超主持例行记者会，http://news.xinhuanet.com/world/2005-03/31/content_2769866.htm，2012-05-18。

③ 胡礼忠、江西元：《布什执政以来的中美关系：回顾与展望》，《国际观察》，2002（1）：41。

自1979年与美国建交以来最大规模的采购。[①]

其次，在投资领域的策略。中美双边投资协议于1989年后停止谈判，随着双边贸易和投资的增长，于2008年6月恢复谈判。在中国“入世”后的八年内，中美双边并无投资方面的谈判。但中国有鼓励外资投资的单边政策。胡锦涛不止一次地表示，贸易逆差的存在，还希望美国企业多来华投资。美国对华投资一直位列中国FDI的前列，但中资在美国FDI中比例一直非常少。

其三，在金融领域的策略。在全球经济增长疲软的情况下，批评人士将中国经济的增长主要归结为是人民币钉住美元，认为钉住美元的人民币随着美元的贬值而贬值，从而进一步增强了中国在国际市场上的竞争力。美国对中国不断施加压力。2005年，中国宣布实行汇率形成机制的市场化改革，人民币进入升值通道。与此同时，外资在中国金融领域的准入不断放宽，美国金融业博得头筹。从2001年12月11日起，中国银行业开始履行加入WTO承诺，向外资银行全面放开外汇业务。2002年2月1日，《中华人民共和国外资金融机构管理条例》和《中华人民共和国金融机构管理条例》实施。外资入股中国银行业在2005年以来的中国金融市场开放中，成为最为引人注目的市场动向之一。在2005年进入中国银行业市场的外资几乎是此前十年的总和。2006年1月银监会2号令又规定新建股份制银行必须有外资参股，中国城市商业银行无一例外地均被外资参股。并有多家银行（如深圳发展银行、华夏银行、广东发展银行等）被外资控股，其余也都距25%的独家控股标准仅一步之遥。参与控股投资的金融企业，以美国居多。

三、中美经济外交的互动

中美外交中，美国处于议程设定的优先地位。中美经济外交

① 周雰锟、晋勇、邹德浩、程刚：《中国150亿大订单让美国兴奋》，《环球时报》，2006，4-10：7。

互动，基本是美国率先发力，中国做出回应这种模式。每届美国政府上台都有自己的对华政策理念，并据此调整对华外交政策。小布什执政后，中美围绕双边关系的定位展开了一轮互动，其中涉及到对中美经济外交的表述，特别是中美战略与经济的关系。

（一）中美关系再定位

2000 年，小布什在竞选中把中国定义为“战略竞争对手”，放弃了克林顿时期关于建立美中“战略合作伙伴”关系的表述，这在中方看来，无疑是一种倒退。中国政府对中美关系十分重视，2001 年 3 月 19 日，中国政府派钱其琛副总理访美以沟通信息、增加信任。[①] 这次访问后，在中美关系的战略定位方面，美方放弃了“战略竞争对手”这种提法，改而提出“中美不是战略伙伴，但也不是不可调和的敌人，中美是贸易伙伴，同时也是地区对手，是一个在诸如朝鲜半岛等具有共同利益的领域可以合作的伙伴”，与中国发展友好的关系“符合美国最佳利益”，美方同意“从战略高度处理两国关系”。[②] 2001 年“9·11”前夕，小布什表态中美关系是建设性合作关系。2002 年 5 月中国国家副主席胡锦涛在旧金山说，人类进入 21 世纪，那种国家之间不是盟友就是敌人的时代早已成为历史。言下之意，中美虽然不是盟友，但未必就是敌人。此后，双方不断互动，探索中美关系的重新定位。2005 年，佐利克提出中美是国际体系中两个重要的“利益攸关方”。这是对小布什“9·11”后认为各国都是国际秩序的“利益攸关者”这一理念在中美关系上的延伸。这一提法，得到中美双方的认可。2005 年，胡锦涛提出中美双方不仅是利益攸关者，而且还是建设性合作者，汇集了小布什和佐利克的表态。小布什对此表示赞同。“利益攸关者”说明双边利益息息相关，而“建设性合作者”则强调了双边主动合作。胡锦涛提出

---

① 吴建民：《2001 年中美撞机事件》，《外交案例》，人民大学出版社 2007 年版，第 29 页。

② 吴建民：《2001 年中美撞机事件》，《外交案例》，人民大学出版社 2007 年版，第 29 页。

中美关系已超越双边关系具有全球影响和战略意义，在维护世界和平和促进共同发展方面拥有广泛的共同利益。小布什只说中美合作对世界和平发挥日益重要的影响，并没有谈到发展。两国领导人一致同意从战略高度和长远角度看待和处理两国关系，全面推进21世纪中美建设性合作关系，更好地造福两国人民乃至世界人民。[①]

（二）中美在贸易领域的互动

美国一方面希望通过WTO将中国纳入到美国主导的全球贸易体系中来，让中美贸易有一个共同遵循的规则和纠纷解决机制；另一方面，从一开始就认为中国为了国内政治经济需要不会切实履行WTO义务，因而要对中国履约情况严加监督。“中国要及时、全面地履行它在加入WTO时做出的所有承诺，必须付出大量努力；美国要监督和使所有这些承诺得到兑现也必须付出大量努力。”[②] 在美国国会通过中国永久正常贸易国待遇法案的同时，美国建立了监督中国执行WTO协议的机制，作为美国给予中国无条件正常贸易关系（永久正常贸易关系）的附属物，美国国会建立了国会—行政部门中国委员会，后来又建立美中安全审查委员会，每年就中国履约情况和人权、安全与中美经济关系等问题进行评估，并在此基础上提出政策建议。而中国政府则一再强调履行WTO协议的自主理性；另一方面修改国内法律法规，抓紧市场化经济改革，以迎合WTO过渡期结束后的合规要求。2006年2月14日，美国贸易代表罗伯特·波特曼（Robert Portman）公布美国对美中贸易政策的评估报告。这份名为《美国—中国贸易关系：进入一个更强责任感和执行力的新阶段》的

---

① 胡锦涛：《在纪念中国人民抗日战争暨世界反法西斯战争胜利六十周年大会上的讲话》，《十六大以来重要文献选编》，中央文献出版社2005年版，第115页。

② Robert B. Zoellick. *Whither China*: *From Membership to Responsibility*? Remarks to National Committee on U. S. - China Relations, New York City, September 21, 2005, http://2001 - 2009. state.gov/s/d/former/zoellick/rem/53682. htm, 2013 - 11 - 4.

报告称，中国在全球贸易体系中的“学徒期”已经结束，美国将让中国为不平等的贸易做法负责。美贸易代表办公室（USTR）宣布成立一个特别工作组——中国执行工作组，该工作组的任务是监督保证中国在贸易活动中遵循世界贸易规则。

1. 中美围绕贸易逆差的互动

从1972年起，美国连续21年对中国都保持贸易顺差，中国只是在1993年以后才出现顺差。中国加入WTO后，美国对华贸易逆差继续扩大。中美统计口径虽有差异，但都显示出美方存在大量贸易逆差。于是美方率先发难，认为美国和中国之间的贸易缺乏公平性、可持续性、平衡性。① 中方接棒回应，双方就贸易逆差展开公开辩论，美方通过各种渠道不断施加压力，中方采取大单采购等办法表达平衡中美贸易的诚意。美国贸易代表罗伯特·波特曼在2006年2月发布中国“入世”估评报告时认为，尽管美国对华的出口连续三年保持了增长，但就比较贸易提供的机会而言，中国出口商获得的好处，大大超出了美国出口商从中国加入WTO所得到的益处，中美的双边贸易关系缺乏平衡、公平和可持续性。因此“现在是时候重新调整我们的对华贸易政策了”。② 中方各方面回应的观点基本一致：首先，中国的出口大多是美国不再生产的产品，所以美国民众从进口中国产品中也获得了很多好处；其次，中国对美贸易一半以上是由外资企业完成的，这就包括了许多美国或中美合资企业；再次，中国愿意进一步增加从美国的进口，但中国也希望美国减少或者取消对中国

① Shaun Donnelly, Acting Assistant Secretary Bureau of Economic and Business Affairs, U. S. Department of State. *Written Testimony Before the U. S. China Economic and Security Review Commission*, January 18, 2002 Public Hearings on WTO Compliance and Sectoral Issues, http://www.uscc.gov/textonly/transcriptstx/tesdon.htm, 2012-09-14.

② Shaun Donnelly, Acting Assistant Secretary Bureau of Economic and Business Affairs, U. S. Department of State. *Written Testimony Before the U. S. China Economic and Security Review Commission*, January 18, 2002 Public Hearings on WTO Compliance and Sectoral Issues, http://www.uscc.gov/textonly/transcriptstx/tesdon.htm, 2012-09-14.

出口的限制，[①] 特别是希望美方放宽对华技术出口限制。[②] 2006年2月14日，中国商务部副部长易小准在中美经贸论坛的演讲中用统计数字对“中美经贸严重失衡”论调直接回应，表明中美贸易顺差主要是外资企业创造的，除了美国民众获益外，外资企业在华投资获得了巨额回报：在2005年，中国1019亿美元的贸易顺差中，在华外商投资企业占83%；1990年以来，除了利润再投资外，外国投资者一共汇出了2700亿美元左右的利润；正在运营的外商投资企业中，2/3以上实现了赢利。[③] 代表美国在华公司利益的中国美国商会会长马诚礼（Charles M. Martin）在演讲中也间接支持这种看法。他表示，“不管怎么说，美国国会对这个数字反应强烈。今年是选举年，所以更敏感。但是如果客观地看，中美的贸易是非常健康的。通过贸易，中美都创造了就业机会，美国得到了低成本产品，中国保持了经济的高增长，所以这是互利共赢的结果。当然，挑战就是如何进一步增加对中国的出口，同时使更多的中国公司到美国投资。”

除了唇枪舌剑，双方各有实际行动，互动方式基本是美方先施压、中方再回应的模式。2006年4月中美元首会晤前一周，4月14日，美方公布2月份中美贸易逆差为138亿美元，比1月份的179亿美元大幅缩小。而提前一天，4月13日，中国国务院副总理吴仪率领百位中国企业家，签订了162.1亿美元的美国商品采购合同，表达促进贸易平衡的诚意。4月21日，胡锦涛主席与小布什总统会晤，双方表示同意共同推进互利双赢的中美经贸关系，并表示通过平等协商妥善解决存在的一些分歧和摩擦。2007年5月22—24日，第二轮中美战略经济对话在华盛顿

① 2003年10月28日下午，外交部发言人章启月主持例行记者招待会，http://news.xinhuanet.com/newscenter/2003-10/28/content_1147609.htm，2012-08-15。

② 2003年10月28日下午，外交部发言人章启月主持例行记者招待会，http://news.xinhuanet.com/newscenter/2003-10/28/content_1147609.htm，2012-08-15。

③ 贾林男、李爱明：《商务部官员驳中美经贸失衡说：顺差8成源自在华外企》，《中华工商时报》，2006，2（15）：1。

举行。美方为了在此次对话中占据有利形势，率先采取了一系列行动：一是就中国对其出口产品补贴的问题向 WTO 提出诉讼；二是继续引用不公平贸易法的有关规定，对中国的出口产品实施反倾销和反补贴关税；三是与中国的竞争对手秘鲁、哥伦比亚和韩国签署自由贸易协定，从而给中国的竞争对手以进入美国市场更多贸易优惠。而面对压力，会前以及会议期间，为扩大自美进口，中国商务部投资促进局、中国机电进出口商会、中国食土进出口商会、中国纺织品进出口商会、中国轻工进出口商会共同组织了赴美“中国贸易投资合作促进团”，访问团由 208 家企业组成，并在美 24 个州 25 个城市开展了贸易投资项目签约、投资环境考察、投资洽谈等活动，共签署了采购、投资合同或协议 138 个，总金额达到 326 亿美元。5 月 21 日，中国和美国进出口银行签署多个合作协议，以提供金融贷款的方式促进美国扩大对华出口。中国商务部发言人王新培在总结此次采购活动时表示，此次活动对中美经贸关系稳定健康发展打下良好基础。

2007 年 2 月，美国三位参议员向参议院提交一个法案提议取消中国作为美国的一个正常贸易伙伴的地位，恢复对中国的年审，要根据中国是否系统“践踏劳工权利、侵犯知识产权、操纵汇率和对美国产品和服务设立不公平的贸易壁垒”来判断是否给予中国最惠国待遇和美国按照 WTO 规则降低的关税和贸易壁垒。中国美国商会会长詹姆斯·齐默尔曼（James Zimmerman）回应称，这是对贸易赤字问题的简单化回应。中方回应则指出，美中贸易赤字部分是由于美国限制对中国出口某些高科技产品造成的。齐默尔曼指出，三位参议员的提议与 WTO 规定的互惠的最惠国待遇规则相矛盾，但美国解禁对华禁售产品作用也很小，关键是美国要使其优势产业领域——服务业和金融业加快进入中国市场，获得市场准入。中国商务部发言人王新培表示，希望美国对中国开放更多高科技产品的出口，中方也将积极考虑美方提出的某些具体经贸建议。2007 年 10 月 19 日，五家企业获得 VEU（合法终端用户）资格，2007 年 12 月初，中美经贸联委会就美国技术出口中国民用市场达成 VEU 协议。[①] 随后在华盛顿举行的中美战略经济对话上，王岐山副总理表示，美方承诺放宽对华高技术产品出口管制，并将通过中美商贸联委会以一种合作的方式迅速、全面承认中国市场经济地位。但直到小布什任期结束，乃至 2013 年，美国也未能承认中国市场经济地位，承诺只停留在口头上，美中贸易逆差也一直存在。

2. 人民币汇率问题的互动

与中美贸易逆差直接相关的是人民币汇率问题，美方以人民币汇率为突破口，试图在贸易逆差问题上对美国选民做政治和经济上的交代。人民币汇率之争本质上是贸易不平衡问题之争的延伸。随着中国贸易顺差不断扩大、外汇储备规模持续增加，从 2002 年下半年开始，中国受到国际社会，尤其是美国要求人民币升值的强大压力。[②] 2005 年，中方宣布实行人民币汇率形成机制的改革，人民币对美元逐步升值。

（1）美元贬值与人民币汇率问题的提出。小布什政府上台之际，美国经济面临 IT 泡沫破灭后的衰退，财政赤字和贸易逆差不断扩大，美国汇率政策被迫改变，进入贬值通道，持续十年的强势美元政策结束。美元贬值的目的是为了美国在全球贸易竞争中获得更大的市场份额，并减缓美国贸易逆差的增长。但是由于日本干预外汇市场，抛出日元买入美元，竭力阻止日元升值；中国采取有管理的浮动汇率制度，基本固定美元与人民币的比价关系，形成美元与人民币“同升同贬”态势。最终只有欧元对美元出现大幅度升值，使得美元贬值远未达到预期的效果。美国对人民币汇率问题指控的法律依据主要是 IMF 第四条和 WTO《补贴与反补贴措施协议》。美国认为，中国长期维持固定汇率、大规模干预外汇市场并使汇率朝一个方向运行明显违反 IMF 的

---

① 李芃：《中国企业如何获得美国合法终端用户》，http：//www. 21cbh. com/HTML/2007 - 12 - 14/HTML_ J015ULVU5OYT. html，2012 - 12 - 24。

② 苗迎春：《中美经贸摩擦研究》，武汉大学出版社 2009 年版，第 53、54 页。

规定；[①] 美国指责中国压低人民币汇率，构成对中国出口产品的补贴，违反 WTO 反补贴协议。美国认为人民币被低估是导致美国对华贸易逆差的重要原因，因此要求中国实行更自由的汇率政策，使人民币升值。美国之所以施压迫使人民币升值，是因为美国认为中国实行的“钉住美元汇率”政策，使美元贬值的积极效用没能全面发挥。尤其是 2002 年美元贬值的同时，美国外贸逆差却创出了 4352 亿美元的历史峰值，其中对华贸易逆差达到 1031 亿美元。同时，由于人民币对美元的汇率相对稳定，美元贬值导致欧洲和东亚一些国家担心中国出口商品的竞争冲击，也不同程度地加入了要求人民币升值的行列。2003 年 2 月，西方七国集团财政部长会议召开，日本财务大臣盐川正十郎提案，要求效仿 1985 年《广场协议》施压人民币升值。从 2003 年 9 月，美国财政部长多次来华进行“汇率之旅”，美国财政部半年一期的对国会报告也多次提到人民币汇率问题，认为“中国钉住美元汇率是对世界市场的扭曲”。

（2）中美汇率博弈第一波。2002 年，美国钢铁工业联合会（United Steelworkers Union）为保护国内钢铁行业引发全美上下对人民币施压的呼声。2003 年 3 月 18 日上午，中国国务院总理温家宝在中外记者见面会上答记者问时表示，中国将继续探索、完善汇率形成的机制，人民币的强劲和稳定不仅有利于中国，也有利于亚洲和世界。2003 年 6 月，代表制造业利益的健全美元联盟（Coalition for a Sound Dollar）呼吁政府动用“301 条款”施压人民币升值，2004 年 9 月，劳联—产联组织发起的中国货币联盟（China Currency Coalition）加入这一院外施压队伍。这一呼吁立即通过国会传导到行政部门。2003 年 7 月，美联储主席在

① 根据《国际货币基金协定》，IMF 执行董事会于 1977 年 4 月 29 日通过一项旨在避免操纵汇率或国际货币体系的决议，该决议第 4 条第 1 款规定：“基金组织成员国有义务避免操纵汇率或者国际货币体系，阻碍其他成员国对国际收支的有效调整，或者不公平地取得优于其他成员国的竞争地位。”第 4 条第 3 款进一步规定：“基金组织应该对成员的汇率政策进行监督，并采取具体原则加强对成员国汇率政策的引导。”

众议院金融委员会作证时表示中国通过干预维持汇率固定的做法难以维持，人民币的自由波动不可避免。2003 年 7 月，美国财长斯诺就中美汇率在参议院举行听证会。布什政府接着游说中国放宽汇率波动幅度，以促使人民币升值。在促使中国人民币升值方面，美国特别注意策略。2003 年 8 月 25 日，美国财政部负责国际事务的副部长泰勒（John Taylor）表示，说服中国采取弹性政策以反映其越来越重要的经济地位，要比对其施加压力，更有可能令中国汇率政策出现变化。2003 年 9 月，美国财长斯诺访华，要求中国政府放宽人民币的波动幅度。斯诺访华拉开了中美汇率博弈的大幕。2003 年 9 月 3 日，温家宝总理在接见斯诺时说，“中国实行的是以市场供求为基础的、单一的、有管理的浮动汇率制度”，“中国将根据经济发展水平、经济运行状况和国际收支状况，在深化金融改革中进一步探索和完善人民币汇率形成机制。保持人民币汇率在合理均衡水平上的基本稳定、符合中美两国的共同利益”。[①] 2003 年 10 月 11—14 日召开的中共十六届三中全会明确汇率改革的目标：完善人民币汇率形成机制，保持人民币汇率在合理、均衡水平上的基本稳定。2003 年 10 月 17—21 日，泰国曼谷 APEC 高峰会上，小布什总统要求人民币汇率应由市场决定。2003 年 12 月 8 日，陪同温总理访美的中国国家发展和改革委员会主任马凯在纽约记者招待会上，针对把人民币汇率与贸易逆差挂钩的提问回答：“中美贸易不平衡主要是结构性、转移性、互补性的。汇率并不是中美贸易不平衡的主要原因。”[②]2004 年，美国国会威胁将中国列为“汇率操纵国”。同时，美国积极联合日本共同对中国施压。在出访中国之前，美国首先与日本协调立场，2003 年 9 月 1 日，斯诺在东京会见日本首相小泉纯一郎、财相盐川正十郎等人。日本领导人不同意美

① 刘东凯：《温家宝：保持人民币汇率稳定符中美利益》，新华社北京 2003 年 9 月 3 日电，http：//news. xinhuanet. com/newscenter/2003 - 09/03/content_ 1061288. htm，2012 - 11 - 12。

② 杨志望、王波：《中国官员就中美贸易等问题在纽约答记者问，中美贸易逆差并不威胁美国产业》，《国际金融报》，2003，12（10）：2。

方提出的要求日元升值的要求，但却支持美国要求人民币升值。据日本官员透露，双方在会谈中达成共识：“鼓励中国考虑到自己的最大利益，应该检讨现行的外汇体系。”斯诺还与自民党议员举行座谈会，与会双方一致认为人民币需重新估值。日本议员要求在亚太经合会财长会议，讨论人民币汇率问题。这一时期，对于中国政府来说，人民币升值压力不仅来自国外，也来自中国经济发展本身。发展中国家和地区在经济发展过程中，几乎都会面临一个货币升值的压力。随着中国经济更多融入世界经济，中国经济发展的对外依存度日益提高，面临的货币升值压力也越大。面对新的国内外经济形势，中国需要积极完善汇率形成机制，争取采取主动措施，舒缓人民币汇率面临的国内外升值压力。首先，面对外界对人民币汇率的关注，中国政府多次强调要保持人民币汇率的基本稳定。[①] 同时，对于人民币汇率形成机制，中国政府认为需要渐进式改革，强调逐步达到让市场决定人民币汇率。[②] 第二，积极行动应对国际“热钱”投机人民币升值。在人民币存在升值预期，人民币利率又明显高于美元利率的背景下，从 2002 年下半年起，国际上的“热钱”开始涌入中国。国家外汇管理局决定于 2003 年 8 月对外汇指定银行的收汇、结汇业务进行一次专项检查。这被认为是中国严查跨境“热钱”流动的一个信号。[③] 2003 年 9 月 2 日，时任中国人民银行行长周小川表示，央行会进一步增加货币政策的工具来应付国际“热钱”造成货币供应量增长的局面。周小川表示，央行有能力对

---

① 2003 年 6 月底，周小川应邀在国际清算银行第 73 届年会上就中国经济形势和汇率政策发言时表示，他并不认为人民币有重估升值的可能，面对经济金融新形势，中国将继续保持人民币汇率稳定。这是自 2002 年下半年产生日渐增强的要求人民币升值的呼声以来，中国最高层官员最明确的表态。

② 和讯：《周小川透露：近期能否推出 QDII 尚在讨论》，http：//www. zaobao. com/special/newspapers/2003/09/homeway040903. html，2012 - 1027。

③ 国家外汇局：《国家外汇管理局关于对外汇指定银行收汇、结汇业务进行专项检查的通知》(2003 年 8 月 12 日)，http：//news. xinhuanet. com/zhengfu/2003 - 08/26/content_ 1045823. htm，2012 - 1225。

冲“热钱”涌入造成的货币供应量的增长，央行还会进一步增加货币政策的工具来应付这种局面。当时国际上对上述政策的主流判断是，面对人民币升值预期下回流境内静待套利、套汇良机的投机资本，中国政府正采取稳健措施，积极主动地为人民币汇率升值“减压”。第三，采取多种措施促进外汇平衡，主要是调整不合理的外汇管制，放松严格的外汇管制政策，让外汇市场反映出真实的需求来。2003 年 7 月 2 日，中国人民银行下调境内小额外币存款利率。2003 年 9 月，周小川透露，中国正在做十件事来调整国际收支平衡，这些方便经常项目汇兑和放宽资本项目过分管制的措施，都会对外汇平衡有好处。中国打算在这方面继续做，稳步放宽外汇方面的管制，进一步改进贸易平衡。[①] 这些举措虽然可能不及美国所希望的那样激进，但确实是能够促使汇率体系更加灵活。

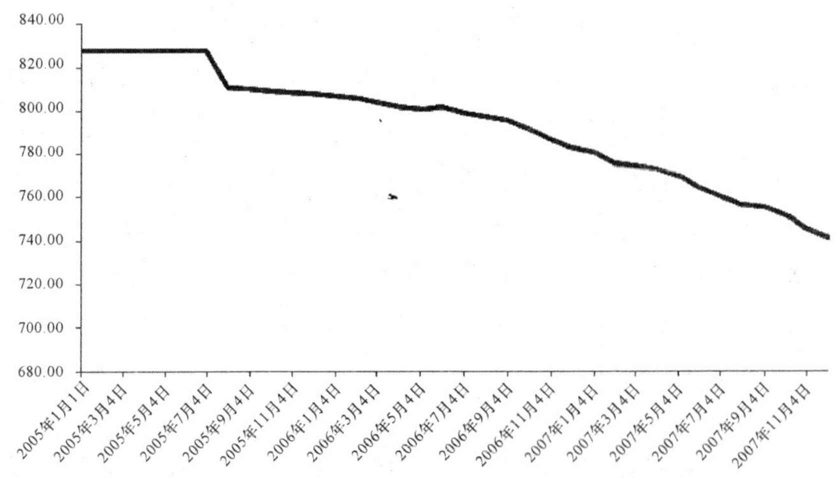

图 4.15　人民币兑美元汇率升值图（2005—2007 年）

数据来源：国家外汇管理局。

① 《周小川透露：近期能否推出 QDII 尚在讨论》，http：//www. zaobao. com/special/newspapers/2003/09/homeway040903. html，2011 - 08 - 13。

本次人民币汇率之争数经较量，美国不断施压，从利益集团到国会再到行政部门，从内政到外交，从双边到多边。中国顶住压力，重申将逐步推进人民币汇率形成机制改革，逐步实现市场化形成机制，但同时表示人民币汇率要保持在合理均衡水平下的稳定。2005 年前，人民币兑美元汇率稳定地保持在 8.275 到 8.28 之间，美国也未因汇率问题对中国进行制裁。

（3）中美汇率博弈第二波。2003 年 9 月，美国财政部长斯诺离开北京后，人民币汇率问题的争论渐渐淡出人们视野。人民币升值将有利于美国制造业，有利于小布什在 2004 年的连任竞选中获得制造业的支持。[①] 随着 2004 年美国总统选举的临近，美国的制造业者持续不断地向布什政府施加压力，要求其说服中国放弃人民币钉住美元汇率的固定汇率制度，同时美国国会议员们继续把人民币问题作为政治砝码。[②] 时隔一年后，美国再次对人民币汇率发难，人民币汇率争论再次升温。这次，美国除了自己频频向中国施压和联合亚太盟友日本施压外，还升级行动，联合西方发达国家通过多边机制对人民币进行集体施压。2004 年 9 月 22 日，美国负责国际事务的财政部副部长泰勒表示，西方七国财长希望与中国官员会谈，因为人民币汇率的灵活性对世界经济和美国很重要，并认为朝最终目标取得进展的最好方式，就是在这个层面展开讨论。2004 年 10 月 1 日，中国财政部部长金人庆和中国人民银行行长周小川首次受邀参加 G7 会议，在这次会议上中国的汇率制度再次成为焦点。面对美国和其他发达国家的压力，中国一方面强调将逐步稳妥地推进人民币汇制改革，另一方面继续强调要保持人民币汇率基本稳定。在 G7 会议中，中国主要坚持保持人民币汇率在合理、均衡水

① 《美 80 团体要对中国提出贸易案，迫人民币升值》，http：//www.zaobao.com/special/newspapers/2003/09/phoenix010903.html，2011－09－19。

② 2004 年 9 月 9 日，美国最大的工会组织劳联——产联组织，联合 26 家纺织、钢铁、农业公司组成“中国货币联盟”，向美国政府提出一份长达 200 页的文件，要求美国政府根据美国国内贸易法“301 条款”，对中国是否操控货币进行调查，并实施制裁。美国众议院拨款委员会称，中国在实行灵活汇率制度问题上采取的无限期态度令人无法接受。该委员会授意美国财政部制定计划，如果中国在 2006 年 1 月之前没有实行灵活的人民币汇率制度，将采取应对措施。

平上的基本稳定的立场，并希望看到美元、日元等主要国际储备货币的汇率保持相对稳定，减少汇率波动给全球经济带来的不确定性。[①] 这一时期中美在汇率问题上达成以下共识：中国在保持经济整体稳定的前提下将继续推进人民币汇率改革；在人民币汇率改革的时候，寻求避免剧烈的波动；人民币汇率改革没有具体时间表。[②] 经过这一轮博弈，中国实际上接受了升值的要求，只不过方式上和时间上要考虑本国经济稳定。

（4）人民币升值，汇率不再钉住单一货币美元。在政治上，中国认为汇率问题是内政问题，要根据国内改革进程来决定人民币汇率改革。2005 年 7 月 21 日，中国人民银行出其不意地宣布启动人民币汇率机制改革，其中最为重要的一项内容就是人民币汇率生成机制，由原先的维持十年的单一钉住美元变为钉住一揽子货币，银行间一揽子货币兑换人民币的每日收市价作为翌日买卖中间价，上下波幅 0.3%。当天人民币升值 2%，中国宣布让人民币和一篮子货币挂钩，而不再钉紧美元后，美元兑欧元、日元、英镑等主要货币的汇率全线下跌。[③] 与此同时，美国财长、美联储及政府发言人纷纷表示欢迎中国改革人民币的汇率体制。[④] 但民主党参议员舒默尔（Charles Schumer）等对中国放宽人民币汇率的做法仍感到不满意，形容中国的做法只是在汇率改革上跨出一“婴儿步”，需要更大力度的动作。[⑤] 2005 年 7 月 21

---

① 《中国与 G7 对话，中国要保持人民币汇率稳定》，《联合早报》，http：//www.zaobao.com/special/china/rmb/pages/rmb041004.html，2012－1225。

② 《胡锦涛向布什承诺，中国将调整人民币汇率》，《联合早报》，http：//www.zaobao.com/special/china/rmb/pages/rmb221104.html，2012－1225。

③ 《人民币汇率调整反应，世界各国纷纷表示欢迎》，《联合早报》，http：//www.zaobao.com/special/china/rmb/rmb.shtml，2012－1225。

④ 《人民币汇率调整反应，世界各国纷纷表示欢迎》，《联合早报》，http：//www.zaobao.com/special/china/rmb/rmb.shtml，2012－1225。

⑤ 民主党参议员舒默尔说：“这是很好的第一步，比我们希望的来得小，但套句中国哲学家的话，千里行程启于一小步。”舒默尔此前在参议院提出动议，表示中国若不上调人民币汇率，美国应对中国货品实施惩罚性关税。见《人民币汇率调整反应，世界各国纷纷表示欢迎》，《联合早报》，http：//www.zaobao.com/special/china/rmb/rmb.shtml，2012－1225。

日中国进行人民币汇率形成机制改革之后，中国“坚定不移地深化人民币汇率形成机制改革，主要由市场供求决定汇率浮动水平，并逐步扩大汇率浮动弹性”。[①] 此后，人民币兑美元的汇率不断升值，到 2007 年 12 月底，人民币兑美元比 2005 年 7 月 21 日汇改前升值 10.42%。

3. 中美在知识产权问题上的较量

首先，中美就中国知识产权执法及市场准入的斗争。这一时期中美在知识产权问题上的斗争的特点，是美国对中国保护知识产权要求的重点转向法律的实施以及知识产权的某些产品的市场准入问题。2005 年 4 月 29 日，美国贸易代表宣布“特别 301 条款”报告，把中国列为美国将采取贸易报复的“重点观察国家名单”，理由是中国盗版情况严重，令美国无法接受。[②] 2005 年 10 月，美国围绕知识产权执法透明度问题与中国发生争议。美国根据 WTO《与贸易有关的知识产权协议》（TRIPS）第 63 条第 3 款，要求中国提供公布的知识产权案件的详细情况，时间范围为从 2001 年到 2004 年，以及 2005 年有关的情况。[③] 2006 年 3 月 15 日，美国商务部长古铁雷斯（Carlos M. Gutierrez）列举有关数字，称 2004 年至 2005 年，在中国每 20 盘音乐录音中有 17 盘、每 20 盘电影录像中有 19 盘是盗版，美国在中国因盗版的损失达到 2.44 亿美元。[④] 2006 年 4 月 28 日，美国贸易代表办公室公布了 2006 年“特殊 301 条款”报告，中国被列入“重点观察国家名单”。[⑤] 美国贸易代表办公室公布的 2007 年“特殊 301 条款”中，中国再次被列入“重

---

① 《温家宝：人民币调整不再“出其不意”》，《联合早报》，http：//www.zaobao.com/special/china/rmb/pages1/rmb060907.html，2012－1225。

② 倪世雄：《结交一言重 相期千里至——一个中国学者眼中的中美建交 30 年》，上海复旦大学出版社 2009 年版，第 317 页。

③ 苗迎春：《中美经贸摩擦研究》，武汉大学出版社 2009 年版，第 95 页。

④ Dan Glickman. *U. S. trade with China*: *hearing before the Subcommittee on Trade of the Committee on Ways and Means*, U. S. House of Representatives, One Hundred Tenth Congress, first session, February 15, 2007, volume 4.

⑤ 苗迎春：《中美经贸摩擦研究》，武汉大学出版社 2009 年版，第 96 页。

点观察国家名单”。2007 年 4 月，美国政府决定以中国政府未能阻止对美国商品的盗版和仿造为由，向 WTO 提出两项针对中国的诉讼：一是中国打击盗版泛滥的执行力度不够；二是美国电影、音乐和书籍进入中国市场存在准入障碍。美国贸易代表苏珊·施瓦布（Susan C. Schwab）宣布起诉中国内容的同时又指出，美国采取上述措施不应被看作敌视中国的行为，通过 WTO 解决这些问题是“成熟的贸易伙伴之间直接解决分歧的正常途径”。对于美国的指责及起诉，中国政府强调保护知识产权是中国自身的利益所在，并且中国在保护知识产权的立法、执法等方面已经有了很大提高，但仍然存在的一些问题需要逐步解决。[①] 同时中国通过积极与美国政府磋商、购买美国正版商品等方式缓解美国的压力。2005 年 6 月 4 日，吴仪副总理在会见来访的美国商务部长古铁雷斯和贸易代表波特曼。在谈到知识产权问题时，吴仪表示，保护知识产权是中国加快自身经济建设和社会发展的内在需要。中国政府不但重视对国外知识产权的保护，也同样重视对我们自己知识产权的保护。保护知识产权，在立法和执法方面中国都付出了巨大的努力，取得的成就有目共睹。任何国家知识产权制度的建立完善，都是一个逐步发展的过程。2006 年 4 月，胡锦涛主席访美期间中美在知识产权问题上达成新的共识。吴仪副总理代表中国政府提出保护知识产权的新措施，同时中国购买 19 亿美元正版电脑软件。2007 年 4 月 10 日，美国将中国知识产权和出版物市场准入问题诉诸 WTO 终端解决机制。4 月 20 日，中国商务部通过中国常驻 WTO 代表团接受了美方的磋商请求。同时，中方在商务部设立国家保护知识产权工作组办公室，制定了《2007 年中国保护知识产权行动计划》。通过筹建公安机关重点联系企业名录，研究制定《关于加强大型企业知识产权工作的若干意见》等九项具体措施推进知识产权保护。通过应急召开与外商投资定

① 《外交部发言人孔泉主持例行记者招待会》，新华社，http：//news. xinhuanet. com/newscenter/2003 -09/18/content_ 1088561. htm，2012 -1225。

期工作机制、建立企业知识产权海外维权热线等八项具体措施，为权益人服务等。2007 年 5 月第二轮中美战略经济对话期间，中、美海关在华盛顿签署了《关于加强知识产权执法合作的备忘录》，中美两国海关将在人员往来、执法实践技术和执法经验交流、执法数据交流和案件信息通报等方面进一步加强合作。2007 年 6 月 7 日至 8 日，中美双方在日内瓦就“与知识产权保护和实施有关的措施”争端案进行了磋商。

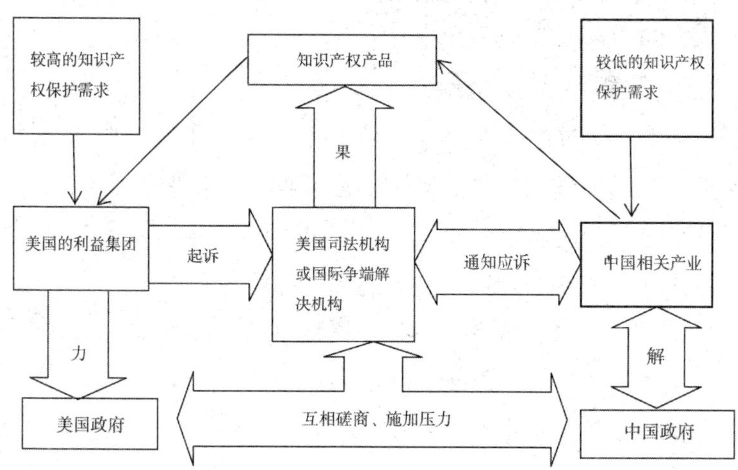

图 4.16　中美在产品层面的知识产权摩擦

资料来源：根据刘海云、吴郁秋：《中美知识产权保护差异与贸易摩擦诱发机制——基于利益集团的视角》整理。①

其次，美国“337 条款”与中美产品层面的斗争。这一时期中美知识产权斗争的第二个特点是中美主要是产品层面的摩擦。随着中国出口产品技术含量的提高，与美国国内一些高技术产品形成日益激烈的市场竞争。为了抵制中国具有一定技术含量的产品扩大在美国的市场份额，美国开始更多地动用“337 条款”对

① 刘海云、吴郁秋：《中美知识产权保护差异与贸易摩擦诱发机制——基于利益集团的视角》，浦东美国经济研究中心、武汉大学美国加拿大经济研究所编：《中国改革开放三十年来中美经贸关系的回顾与展望》，上海社会科学出版社 2009 年版，第 279 页。

中国企业和产品进行起诉。与“特殊301条款”保护美国产品在国外的市场利益不同，“337条款”主要目的是限制外国产品进入美国市场。这种类型的知识产权摩擦往往起因于中国的企业仿冒美国的新产品或新工艺，对美国企业的同类产品形成了侵权，影响美国相关企业的利益。美国的企业或产业集团受到影响后，向美国法律机构或国际贸易争端解决机构提起上诉，要求损害赔偿，把侵权产品排除市场。被诉方中国企业如果不应诉或败诉，其产品将被从市场中排除出去。两国政府在摩擦中主要起着施加压力和磋商协调的作用。

4. 中美纺织品贸易争端

2001年，中国正式成为WTO成员，纺织品与服装也逐步纳入到WTO的管辖范围中，但保留了两个例外条款：中国“入世”工作组报告中规定在2005—2008年期间，如果中国某一类纺织品对WTO成员的出口激增造成“市场扰乱”，WTO成员可临时实行限制；WTO成员方可以利用“特保条款”对中国纺织品出口实行数量限制。2005年1月1日，纺织品出口配额全部取消，全球纺织贸易进入自由贸易时代，中国长期受到压制的纺织出口能力得到了短暂的释放。美国为保护本地区的利益，启动WTO允许的“特保条款”，频繁设限。为了缓和美欧与中国间紧张的贸易关系，中国政府于5月20日主动提出调高74种纺织品的出口关税，但美方置中方的诚意不顾，继续坚持对中国纺织品设限。从2005年5月23日起，美国开始对棉针织衬衫、棉制裤子、内衣、精梳棉纱、男梭织衬衫、化纤针织衬衫、化纤裤子、胸衣、其他化纤长丝布等纺织品设限，加上2004年10月28日设限的袜子，共有十类纺织品成为美方对中方设限产品。2005年5月30日，中国政府宣布取消81种纺织品的出口关税。2005年6月，美国商务部长古铁雷斯（Jonas Gutierrez）访华前对美国商会表示，如果中国不采取具体措施对纺织品出口加强限制，美国会进一步加强对中国纺织品的进口限制。6月4日，古铁雷斯访华为中美商贸联委会打前站，会谈没有就纺织品争端取得实质结果，古铁雷斯对纺织品争端可能累及中美贸易表示担忧。2005 年 7 月 11 日，第 16 届中美商贸联委会在北京举行，美方表示将慎重对华使用纺织品特别限制措施，双方表示，愿以积极负责的态度，尽快就纺织品问题进行实质性磋商。

几经较量，双方最终于 2005 年 11 月签署了《纺织品和服装贸易的谅解备忘录》，该备忘录于 2006 年 1 月 1 日正式生效，于 2008 年 12 月 31 日终止。中美双方同意在协议期内对中国向美国出口的棉制裤子等 21 个类别产品实施数量管理。协议产品 2006 年基数基本上是 2005 年有关产品美国从中国的实际进口量，2007 年和 2008 年基数均为上一年度全年协议量。协议产品 2006 年增长率为 10%—15%，2007 年增长率为 12.5%—16%，2008 年增长率在 15%—17%。对协议外产品，美方将克制使用“242 段条款”。美国对协议签署日之前因“242 段条款”设限个案造成的卡关货物立即放行，不计入协议量。

这一备忘录，重新规范了中美纺织品贸易，是一个平衡的方案，中国输美纺织品的数量和增速被明确确定；在这一框架内，中国对美纺织品贸易可以通畅进行。

（三）中美在投资领域的互动

美国资本对于中国吸引外资具有重要意义，在中国吸引外资额中一直居于前三。美国对华投资以直接投资为主，美国对华投资经历了 20 年的持续增长后，2003 年开始持续下降。这无疑将令中国方面加紧反思和寻求应对。中国资本对美国也有重要意义，但中国对美投资以间接投资为主，主要形式为购买美国国债。中美在投资领域的互动，相对贸易和金融而言明显比较少。这一阶段，双边投资的发展主要靠各自单边政策和市场驱动，双边投资外交互动比较少。期间，美国加紧制定了外资投资审查规则的修改，加强审查；中国对外资的一些优惠取消，逐步推进国民待遇。2007 年 12 月，双方将加强促进中美双边投资列为中美战略经济对话的核心议题之一。此次对话成果之一，是双方一致同意推进双边投资保护协定的谈判。

美国对中国投资主要以直接投资为主[①]，中国“入世”前美国对华投资持续走高，但2003年到2007年，美国对华投资一直呈下降趋势。2003年，美对华投资项目4060个，实际投入42亿美元，实际投入比2002年下降22.6%；2004年，美对华投资项目3925个，同比下降3.3%，实际投入39.41亿美元，同比减少6.13%；2005年，美对华投资项目3741个，同比下降4.69%，实际投入30.61亿美元，同比下降22.32%。到了2007年，美对华投资项目仅2627个，实际投入26.16亿美元，比2005年时分别下降了30%和14.5%。

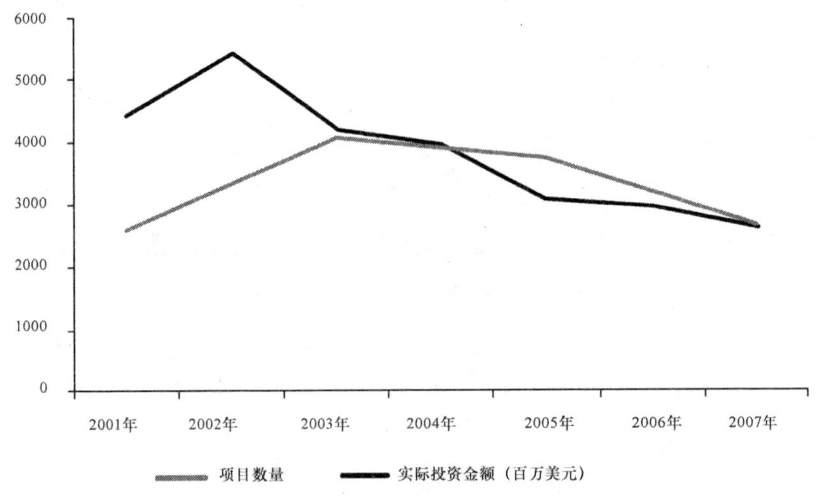

图4.17 美国对华实际投资2001—2007年

资料来源：中国国家商务部。

投资的下降，部分原因是对华投资转移到与美国签订自由贸易协定的国家，因为这些国家与美国签订的自由贸易协定当中，可能包含着对美国更为有利的投资机会，但同期，美国对韩国、

① 项卫星、刘晓鑫：《中美经济关系：基于金融视角的分析》，全国美国经济学学会：《全国美国经济学会第八届会员代表大会论文集》，2007年版，第241—252页。

澳大利亚等国家的投资却增长迅速，且投资额很大。[①]

与此同时，中国对美直接投资刚刚起步，额度微乎其微。中国对美直接投资额度2002年不到5亿美元，2007年也才5亿美元左右。

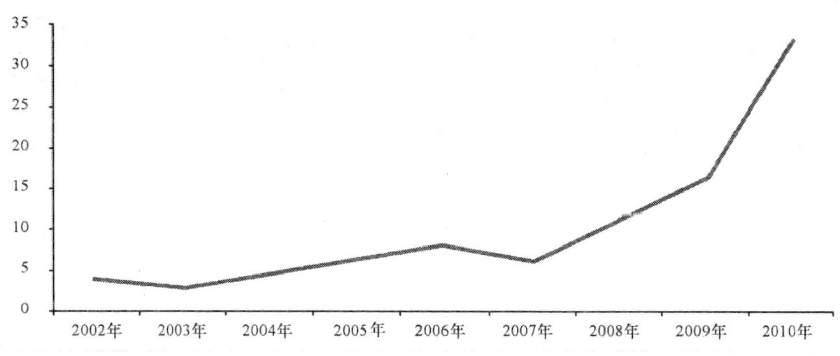

图4.18　中资在美直接投资（亿美元）

资料来源：www. bea. gov。

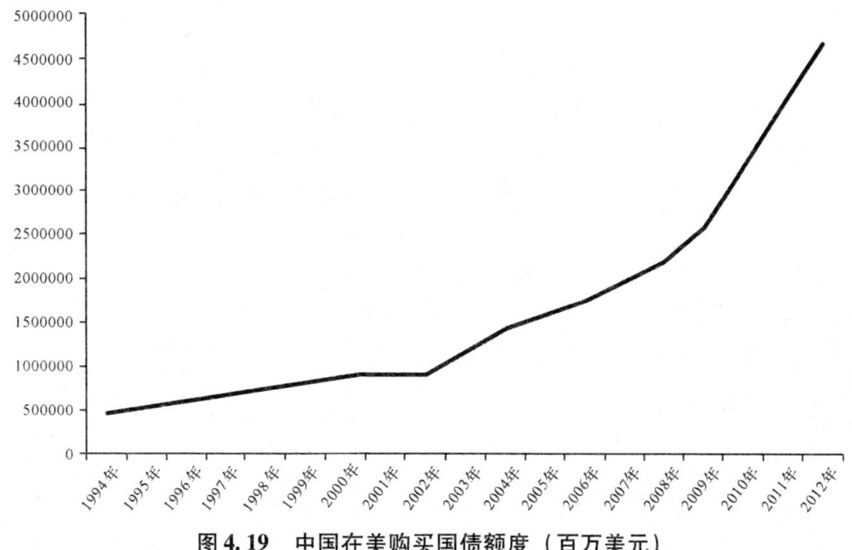

图4.19　中国在美购买国债额度（百万美元）

资料来源：www. bea. gov。

① 彭峥：《小布什时期的对外贸易政策及其对中国的影响》，河北大学硕士论文，2010年。

中国对美投资主要以间接投资为主，主要方式为购买美国国债。中国购买的美国国债在1994年达到5000亿美元，2001年大概为8000亿美元，2007年已经是15000亿美元左右，是对美直接投资的3000倍。

在投资美国国债的近200个经济体中，中国持有美国国债占外国人持有美国国债的比重持续增加，“入世”后购买力度迅速提升。(图4.20)

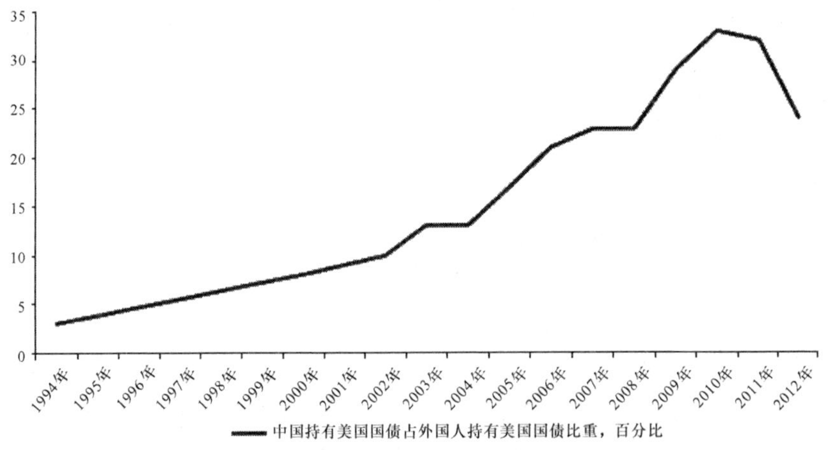

图4.20　中国持有美国国债占外国人持有美国国债的比重（百分比）

资料来源：www.bea.gov。

同时，美方对国有资本在美国的并购投资十分警惕，修改了相关审查规则，外资在美国并购的审查必须上报国会，涉及国有资本的审查期在原来30天基础上延长45天。

这一阶段，中美投资领域的典型案例是中海油收购美国优尼科折戟。美国政府对并购案的安全审查的不确定性政治风险的存在，增加了中国企业直接投资美国的成本和不确定性。中海油收购优尼科公司的案例中，中国方面表示这是企业事务，政府不便介入，但中海油的竞购对手借机发挥，动员舆论与国会，认为国有企业的收购构成对美国安全的威胁，甚至要修改美国外资审查委员会的规则以拒绝中海油的投资，从而造成中海油竞购失利。2007 年，美国修改了外资并购的审查规则，针对外资在美国的并购审查结果必须上报国会，如果外资是国有资本审查期在原来 30 天的基础上增加为期不超过 45 天专门调查期。

2007 年 12 月，第三轮中美战略经济对话将促进双边投资列为六大议题之一。作为对话的成果，双方承诺致力于营造开放、公平的投资环境，并继续为两国投资者增加透明度和可预见性。

（四）中美在金融领域的互动

中美金融业的竞争力不一样，对外开放程度也不一样。美国金融业在全球领先，金融领域对外开放程度[①]大于中国对外资金融机构的开放程度[②]。但中资金融机构在开放的美国市场的进入速度和数量远远不及美国金融机构在相对不开放的中国市场的进入速度和数量。[③] 形成这一结构性差异的原因是：这一时期美国金融机构实力强大、管理和服务能力强，中国金融机构相对弱尤其是管理和服务落后，美国金融市场虽然开放，但对中国国有资本投资保持特别警惕，中国市场虽然总体开放度不如美国，但对

---

① 赵岚：《美国〈加强对外国银行监督法案（1991）〉及其对外国银行的影响》，《上海金融》，1992，2：20。

② 中国安邦集团研究总部：《外资金融机构很可能大规模重返中国》，http：//www. ftchinese. com/story/001045069，2012 - 1225；到 2011 年其资产份额占比为 1. 93%，过去 10 年中国外资银行市场份额仅增长 0. 11 个百分点，甚至比国际金融危机前所达到的 2. 38% 峰值还下降了 0. 45 个百分点。

③ 截至 2006 年底，在所有外资银行中，美资银行在内地分支机构的数量排名第二，仅次于港资银行；中资银行共引进境外机构投资者 29 家，其中来自美国的有 6 家，名列第一。美国银行在中国市场业务获得了比其他国家银行更快的市场准入。2002 年，花旗中国成为在中国提供人民币服务的首家外资银行。同期，美国银行在中国频频并购和入股，同期根据 Mergermarket 的资料显示，2005 年后 5 年时间内，美国对华并购投资 60% 发生在金融领域，而同期中国银行在美国的并购和入股则为零。在中国证券市场，美国资本同样获得先机，1995 年中国第一家合资券商中金公司成立，来自美国的摩根斯坦利成为其中两大外资股东，另一家来自新加坡。高盛高华模式诞生是美国资本在中国市场获得先机另一范例，2004 年美国高盛集团获得机会与北京高华证券有限责任公司设立合资证券公司，成为第一家拥有综合牌照的合资券商，成为中国证券市场开放的里程碑。

美国金融资本的开放一路绿灯。中美双方金融领域的结构差异，奠定了中美金融领域合作具备市场换服务的基础；美国金融机构联合起来对中美两国经济外交施加影响力，从而加速在中国的市场进入。由于这种实力和市场环境的差异，中美在金融开放上处于不对称状态。

2006 年，美国金融界成立中美合益组织，专事中国金融市场准入游说，小布什好友、首任贸易部长埃文斯担任首任总裁，每次中美战略经济对话中，中国金融市场的准入都成为一大话题，美方不断施压洞开中国金融市场。2007 年，第二轮中美战略经济对话在北京举行，中方就金融服务业方面的开放对美做出五项承诺：在 2007 年下半年取消对新的外国证券公司的一项准入限制，重新开始审批包括合资证券公司在内的证券公司申请，并允许外资证券公司在华扩展经纪、自营、资产管理业务；将 QFII（合格境外投资者）投资额度从 100 亿美元提高到 300 亿美元；中方同意外商投资银行发行自有品牌的人民币储蓄卡和信用卡，美国银行可以同中国本地银行展开全线人民币业务竞争；中国保监会还承诺在 2007 年 8 月 1 日前，就海外财产保险公司申请将分支机构转成子公司一事做出决定，并承诺对此类申请的审批时间不超过 60 日。中方将简化金融机构提供企业年金服务的申请和批准程序，拓展海外保险公司在华业务范围。①

尽管美国资本在中国金融领域攻城掠地，但美国公众对待国外特别是中国的主权财富基金却保有疑虑和抵触情绪。根据相关规定，一旦外国资本入股超过 10%，就要受到美国海外投资委员会（CFIUS）的调查。2007 年 5 月，筹备中的中国主权财富基

① US Department of Treasury. *Financial Sector Reform Fact Sheet*, *Second Meeting of the U. S. China Strategic Economic Dialogue*, http://www.treasury.gov/press-center/press-releases/pages/hp418.aspx, 2013-11-06.

金中国投资有限责任公司（CIC）[①] 投资30亿美元购入黑石集团（The Blackstone Group）10%股份，弗吉尼亚州的民主党参议员韦布（Jim Webb）要求海外投资委员会对这一收购进行审查，但最后被政府驳回，但美国国会并未善罢甘休。2007年10月24日，美国《外国投资与国家安全法案2007修正案》正式生效，该法案要求美国外资审查委员会将对外资的审查结果上报国会，且规定如果收购美国产业的外国公司属于国家所有，审查期将在30日的基础上再延长45日特别调查期。2007年11月14日，美国参议院银行、住房和城市事务委员会召开听证会，探讨主权财富基金对美国经济和国家安全的影响。会上，弗吉尼亚州的民主党参议员韦布认为应对外国主权财富基金在美投资实施更严厉监管。但这并没能阻止中国投资有限责任公司对美第二笔投资，2007年12月，中国投资有限责任公司以50亿美元投资摩根斯坦利，投资占股不超过9.9%，成为摩根斯坦利第二大股东。2007年5月，第二轮中美战略经济对话（China-Us Strategic Economic Dialogue，SED）就此表态：双方认识到公平、开放的投资环境的重要性，在符合审慎原则并与国家安全要求一致的情况下，支持为金融服务投资和跨境证券投资营造开放的环境。双方承诺进一步深化在金融部门发展、投资和监管领域的双边和多边合作，合作支持生产性的资本流入两国金融市场，促进两国金融市场的效率与稳定。

金融市场进一步开放一直是小布什政府财政部长保尔森上任以来推动的重点，在2007年3月份访问上海，专门就此在上海期货交易所发表演讲，称加快开放的风险小于开放太慢的风险。5月第二轮中美战略经济对话中，中方承诺了一系列金融业进一步开放的举措，包括将QFII额度由100亿美元提高至300亿美

① 2007年9月29日在北京成立。它是经中国国务院批准设立的国有大型投资公司。该公司的资金将来源于中国的国家外汇储备；成立初期的注册资本金为2000亿美元，是全球最大主权财富基金之一。截至2010年底，中投所管理的资产总额约4096亿美元，大约60%资产投资于美国，其余投资于欧洲、其他亚洲国家和加拿大。

元，以及在下半年取消对于外资券商进入内地市场的禁令等等。

（五）中美战略经济对话

1. 中美战略经济对话的建立

中美战略经济对话（SED）是世界上最大的发展中国家和最大的发达国家之间在经济领域的战略性对话。中美建交后先后成立中美经济联委会、中美商贸联委会两大双边经济对话机制，就中美双边经贸具体问题展开磋商和沟通。但随着双边经济关系的依存度加深、摩擦日益增多、经贸关系复杂化[①]，随着中国经济的崛起和参与全球经济事务的增加，中美在全球经济领域的竞争与合作增多，一个经济崛起国家和一个经济守成国家间，双边都有需要建立双边经济对话的顶层机制，增进相互理解，为双边领导战略性决策增加沟通和支持。这是美国方面唯一冠以“战略”二字的双边对话。

2006 年 8 月 21 日，布什总统与胡锦涛主席通话时提出建立战略经济对话的建议，胡锦涛表示赞同。2006 年 9 月 20 日，两国创立了元首级别的战略经济对话机制（China-Us Strategic Economic Dialogue，SED），具体由两国元首分别派出的特别代表、副总理级别高官主持，主要讨论共同感兴趣和关切的双边与全球战略性经济问题。2006 年 9 月 22 日，胡锦涛会见美国总统特别代表保尔森财长时说，双方应充分利用这一机制的职能，平等对话，坦诚交流，深入探讨两国共同感兴趣和关切的双边及全球战略性经济问题，为两国高层决策建言献策；应充分发挥这一机制和中美商贸联委会、中美经济联委会等机制的特点，使有关机制相互补充、相得益彰，为深化中美经贸合作、促进共同发展服务。保尔森说，美中经济是当今世界最重要的双边经济关系之一，在两国元首的共同重视和支持下，美中双方建立和保持建设性的战略经济对话机制，讨论重要和长期性的经济问题，有助于

---

① 李冰洁：《中美战略与经济对话机制研究》，外交学院硕士论文，2010 年。

增进了解，减少经济安全风险，促进经贸合作以及美中建设性合作关系的发展，这对美中两国和世界都有利。[①]

中美战略经济对话机制启动表明，当中美两国在经济领域的互动已经超越双边议题、具备全球性和战略性的影响力后，协商对话的意义已经从策略层面进入到了战略层面。2006 年 9 月 20 日晚，在美国驻中国大使馆的新闻发布会上，保尔森在谈到美方提出建立中美战略经济对话机制的意图时说，“我相信美中经贸关系是当前世界上最重要的双边经贸关系。这就是为什么我们要启动这一前所未有的对话机制，让两国经济进行前所未有的积极交流。”他还指出，建立这一机制的目的非常简单，让两国能通过长期的战略对话解决根本性的问题和摩擦，同时也给短期问题找到出路。这是中美建交以来两国规格最高、影响最大的经贸合作机制之一。截止小布什总统第二任期结束，中美战略经济对话共举行五次。

2. 中美 SED 历次对话

首次对话，于 2006 年 12 月 14—15 日在北京举行。中国国务院副总理吴仪和美国财政部长保尔森分别作为两国元首的特别代表共同主持此次对话。双方围绕“中国的发展道路和中国经济发展战略”主题，就城乡均衡发展、中国经济的可持续增长、促进贸易和投资、能源、环境和可持续发展等 5 个专题、11 个分议题进行了深入讨论。对话还达成了一系列实质性协定，包括中美同意在中国设立纽约证券交易所和纳斯达克代表处，美国支持中国加入泛美银行，双方缔结了促进美国对华出口的融资便利协定，中国将加入“未来发电计划”政府指导委员会，中美同意于 2007 年 1 月重新启动双边航空服务谈判等。

第二次对话，于 2007 年 5 月在华盛顿举行。双方重点就影响中美经济关系的若干热点问题进行了讨论，集中在服务业、能源与环境、经济平衡增长和创新四个议题，确定在相关领域开展一系列合

① 《胡锦涛会见美国总统特别代表、美财政部长保尔森》，新华社，http：//www.gov.cn/ldhd/2006－09/22/content_ 396046.htm，2013－11－07。

作。双方就事关中美两国全局性、战略性、长期性的经济问题进行了深入的讨论，并且兼顾了当前中美经贸关系中的一些热点问题，取得了一些具体成果。对话取得的实质性成果包括：中国进一步开放金融服务业；在2012年前将两国间的直飞航班增加一倍；宣布启动中国旅游团队赴美旅游的联合声明；中美争取在中国合作开发15个大型煤层气项目，以推进清洁煤技术；以及两国在养老金、失业保险、知识产权等领域达成的协议或备忘录等。

第三次对话，于2007年12月在北京举行。对话围绕“抓住经济全球化的机遇和应对经济全球化的挑战”这一主题进行了深入探讨。与前两次相比，这次对话重要特点在于中美双方超越了对短期经贸热点问题的简单关注，从战略高度对今后一段时间内中美经贸关系的发展进行了综合思考。双方就在金融服务业、产品质量和食品安全、能源和环保、透明度等8个领域开展合作，达成了31项共识，签署了多项协议。双方在金融服务业开放问题上取得突破，包括中方允许符合条件的外商投资公司包括银行发行人民币计价的股票，允许符合条件的上市公司发行人民币计价的公司债券，允许符合条件的外资法人银行发行人民币计价的金融债券等；在食品、药品、医疗产品等多个项目上签署了促进出口安全的备忘录；在环保领域签署一项新的协议——加强发展生物质资源转化燃料领域合作的谅解备忘录；同意建立工作组，研究两国能源和环境领域的十年合作规划。

第四次对话，2007年6月在华盛顿举行。主题是“经济可持续增长”，具体议题包括宏观经济与管理、发展和保护人力资本、双边贸易和开放市场、加强投资、能源与环境方面的进一步合作等五方面。具体成果包括：在贸易方面，中美签订贸易协议总额136亿美元；在投资方面，中美同意启动双边投资保护协定谈判；在金融领域，美国表态欢迎来自中国的主权基金；能源部分，中美签署能源环境合作框架文件；关于食品安全，中美签署加强食品安全领域合作协议，以及在医药领域、防灾减灾方面扩大合作。

第五次对话，于2008年1月在中国贵阳举行。2007年，美国次贷危机爆发，2008年向全球蔓延。同时，2008年是中国改革开放30年，也即将迎来中美建交30周年。在此背景下，这次对话将主题定为“奠定长久的中美经济伙伴关系的基石”。主要议题包括管理宏观经济风险和促进经济平衡增长的战略、加强能源和环境合作、应对贸易挑战，促进开放的投资环境、国际经济合作等。面对小布什政府即将卸任，奥巴马政府处于过渡期的特殊境地，本次对话的主题体现了布什政府希望能将对话在未来保持下去的意图。此次对话也取得一些重要成果。一是中美两国进出口银行同意为贸易融资提供新的资金，其中中国进出口银行准备提供80亿美元，美国进出口银行提供120亿美元，以在必要时帮助中国和美国的产品及服务的出口。这份决议体现出“共同应对国际金融危机是中美面临的最紧迫任务”，表现了中美联合挽救严重下滑的国际贸易的决心。此外，能源合作和环保也成为此次会谈的重要议题。双方在十年合作框架下达成五项目标，并签署了《中美能源环境十年合作框架下的绿色合作伙伴计划框架》，确立了包括中国各省、市及其他各级地方与美国各州、市及其他各级地方之间，或两国企业、大学和非营利组织的绿色合作伙伴的合作意向并签署了合作意向书。中美双方均强调坚持自由贸易和投资便利化原则，致力于改善投资环境，同意正式启动中美双边投资保护协定谈判。

3. 机制化顶层设计

总体来看，中美战略经济对话（SED）是两国元首特别代表主持的对话，层级最高。SED专注经济领域对话，立足长远，与已有的中美政府部门定期会议（如商贸联委会、经济联委会和科技联委会等）形成层次分工，战略层面和宏观层面的议题都在SED框架内开启和议定，再由中美商贸联委会等具体磋商、执行。同时，这一对话机制不仅仅着眼人民币汇率等细节问题，还研究解决如何推动中国迈向市场经济、全球经济治理等全局性问题。SED之所以称“战略”，是表明中美两国将不再割裂地讨论知识产权、贸易逆差和人民币汇率等问题，而是在一个大背景下全面讨论中美经贸关系。这一全新对话机制超越两国现有的各领域对话机制，从最全面的角度来考量中美的经济关系。

四、中美经济外交评估

（一）理念与目标评估

双方在理念上对双边经济合作持肯定和进取姿态，寻求与对方开展经济合作。这是中美经济外交能够总体上顺利推进的根本。双方都对双边经济关系给予战略高度重视。美方寻求将中国纳入到美国主导的多边贸易和经济秩序，认为中国是贸易领域伙伴，寻求中国与美国开展经济合作，要求中国随着经济力量的崛起承担相应的国际经济责任，切实履行“入世”承诺。中方寻求分享经济全球化的红利，寻求加入 WTO 这一全球贸易俱乐部，敦促美方尽早承认 WTO 协议中约定的中国市场经济地位，要求经济合作必须互利，努力推进建立全面互利的中美经济伙伴关系。不过美方公开接受全面互利的中美经济伙伴关系还待到奥巴马政府。

具体目标上，双方都各有进展。美方寻求中国切实履行 WTO 协议义务、遵守 WTO 规则，并在金融领域通过 SED 渠道取得了超越 WTO 协议的市场准入成果，成功实现了目标。中方寻求的市场经济地位美方只是在 SED 中表表态，并没有实质进展。中方主权财富基金实现了美国市场准入。在贸易问题上，美方虽然未能解决中美贸易逆差问题，但在汇率问题上成功让人民币进入升值通道。中方寻求的放松对华技术出口管制于 2007 年取得进展，中国进口企业可以通过申请 VEU 来获得技术进口许可。美国市场开放程度总体比中国高，因此这一阶段中美经济外交在市场准入方面，表现为中国面对美国的要求不断开放市场。同时，因为中美经济相互依存的不对称性，中方经常受到美方压力，但这并不妨碍中国通过开放获得合作利益。“入世”后，中美贸易发展迅速（图 4.21），中美贸易在 2001—2007 年获得长足发展：按中方统计，2001—2007 年中美贸易总额翻了 3.75 倍；按美方统计，同期美中贸易翻了 3.16 倍。尽管美国对华实际投资在下降（见图 4.17），但美国对华合同投资仍然上扬（图 4.22），中国对美投资以间接投资为主（图 4.18、图 4.19）。

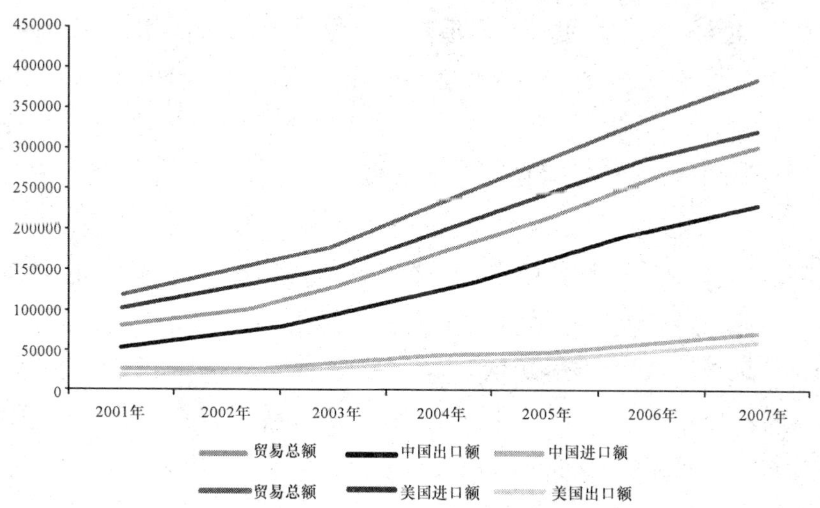

图 4.21　2001—2007 年中美经济外交：贸易发展迅速（百万美元）

资料来源：www.stats.gov.cn，www.unctad.org。

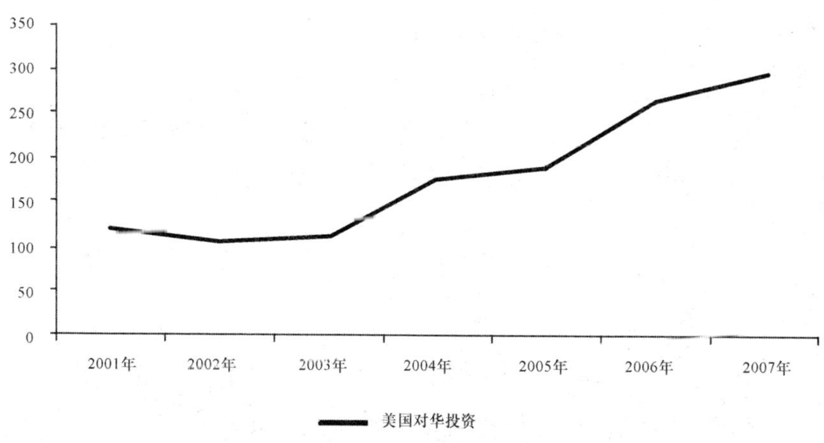

图 4.22　2001—2007 年美国对华投资（亿美元）

数据来源：www.bea.gov。

（二）策略评估

在贸易领域，美方多以威胁性策略为辅，配合双边磋商，国会和行政部门相互配合，软硬兼施，包括实施“口水外交”[①]；中方则以安抚性策略为辅，配合双边磋商，行政部门出面组团采购美国货，实行大单采购外交。美方往往在双边元首会晤或者 SED 对华前夕施加压力提出诉求，中方往往在双边元首会晤或者 SED 前夕安抚对手，为对话和磋商营造缓和氛围。在人民币汇率问题上，美方开始提出诉求，反复沟通，逐渐升级，通过双边和多边渠道施压，中方开始坚持模棱两可的说法，保持进退余地。2005 年，美国国会威胁实施报复性关税，中方启动人民币汇率升值。尔后，美方屡屡以人民币汇率要挟，在金融市场准入等领域频频得手。中方人民币汇率上的缓兵策略，积极一面是为出口导向型经济的转型赢得时间，消极一面是为美方后面敲打中国洞开金融市场等留下了借口。

投资领域，美国采取收缩准入措施，中方采取了放宽准入措施。美国采取加强对外资中国有资本的投资审查来应对中国的投资，美国国会对中国国有资本强烈质疑，但行政部门仍然按照美国既有规则对中国主权财富基金入股美国金融机构放行。美国金融资本在中国金融市场的准入获得从银行、保险、证券多领域的准入机会。中方放宽市场准入，积极一面是为中资金融机构的现代公司治理和业务升级提供了机会，消极一面是令中资金融过早面临外资竞争，形成双边金融市场准入的不对称。

（三）中美经济外交机制化

机制化是这一阶段中美经济外交显著区别于其他阶段的鲜明特征。中美经济外交机制建设是一个持续的过程，而机制化标志着制度建设的完备程度。这期间中美经济外交制度建设发生两件

---

① 美国会和舆论不断喊话。

大事，分别搭建了中美经济外交的底层和顶层机制，标志着中美经济迈入机制化阶段。

一是，中美达成“入世”协议、中国“入世”，WTO 规则成为中美经济外交的机制化的基础设施，WTO 机制成为中美经济外交运行的基本制度框架；推进中国全面加入 WTO，敦促中国履行 WTO 承诺，成为美国对华经济外交重要内容。中美经贸往来和摩擦都遵循 WTO 规则，无论是市场准入，还是关税水平、贸易纠纷，都遵循 WTO 规则开展双边或多边磋商；无论是双边具体经济争议与合作，还是双边投资协定谈判、宏观经济协调、全球经济治理，都在一年两次的战略经济对话层面得到规划、磋商和沟通。

二是，中美战略经济对话机制的建立，成为中美经济外交机制化又一重大突破，涵括了所有经济议题。无论微观一点的贸易、投资、金融，还是两国宏观经济和全球经济治理，都在这一制度框架内得到沟通，都纳入到这一制度化的沟通渠道中来。

三是，中美战略经济对话机制建立构建了中美经济外交机制话的顶层设计。战略经济对话的主体级别是最高的，受两国元首委托而开展，对话主体的层级最高；中美战略经济对话覆盖的议题是经济领域层次最高、覆盖面最全的，中美经济外交的议题设定、战略框架和原则都在这一机制内定调，解决问题的层级最高。

四是，中美经济外交机制形成多层次机制体系。经过中美双方长期的努力，到小布什政府任期结束，中美两国之间已经建立起了 60 多个各种交流和合作的平台，其中最主要的是战略对话和战略经济对话。[①] 中美战略经济对话机制是所有中美双边对话机制中、也是中美经济领域对话机制中的顶层机制。WTO 规则成为中美经贸往来的基本规则和基础设施。而原有的中美双边经济沟通机制，诸如中美商贸联委会、中美经济联委会、中美科技

① 陶文钊：《奥巴马第一任期的中美关系》，《美国研究》，2012（02），30。

合作联委会，都在这两个机制框架内发挥具体作用，解决具体问题。一个典型的案例是，尽管最后口惠而实不至，但第三轮中美战略经济对话就美方承认中国市场经济地位达成一致，具体磋商交由中美商贸联委会。[①] 而中美商贸联委会也常为中美战略经济对话的议题做日常沟通，为对话准备成果。典型案例如中美谈判放松对华技术出口的 VEU 机制。

五是，美国认为中国已经由过去的国际机制的反对者转变为国际机制进步的推动者，这是克林顿政府以来美国取得的成功，小布什政府表示欢迎一个和平崛起的中国。

2006 年中国结束了“入世”过渡期，美国国家安全战略报告指出，“在一代的时间里，中国已经经历了从贫穷和孤立到日益融入到国际经济体系。中国曾经反对全球制度，今天她已是联合国安理会和 WTO 的成员。当中国成为一个全球玩家的时候，她必须如一个负责任的利益攸关者那样行事、履行她的国际义务，与美国和其他国家一起努力推进国际体系的进步。因为这一国际体系使得中国得以成功：这些规则帮助中国摆脱了一个世纪以来的经济贫困，中国拥抱了与体系相适应的经济和政治准则，与美国和其他大国一道为国际稳定和安全做出贡献。”“中国领导人声称他们已经决定走一条和平发展的转型道路。如果中国坚守他们的承诺，美国将欢迎一个和平和繁荣的中国崛起，欢迎一个与美国合作共同应对共同挑战，互利发展的中国崛起。”[②]

第四节　中美经济外交包容化

2007 年中国成为全球经济增长第一引擎，美国则由第一降为第二。2008 年中国经济总量首次超过美国经济总量的 30%，

① 2007 年第三轮中美战略经济对话在华盛顿举行，王岐山副总理在对话结束后表示，美方将通过中美商贸联委会以一种合作的方式迅速、全面承认中国市场经济地位。

② The White House. *National Security Strategy of the United States*, the White House, 2006: 41.

2010年中国经济总量超过日本，居世界第二，2012年中国经济总量达到美国经济总量的51%。这有两层含义：其一，中国成为全球增长第一贡献经济体，中国的经济外交无论内涵还是影响力都将具有一定全球性；其二，中美经济增长差异凸显，权力转移加速，在中美经济外交中，美方对中方的不可替代的需求增加，中美经济相互依存的对称性增加，中方的话语权增加；全球经济治理中，美国必须更多与世界经济第二大国——中国沟通和合作。事实表明，这一时期中美经济外交日益具有全球性：关注全球经济议题；双边经济外交具有全球影响。

更重要的是，崛起中的经济大国中国和守成的经济强国美国之间，一种包容性的新型大国经济关系已经起步。2006年中国结束"入世"过渡期后，美方表示中国已由国际制度的抵制者转变为世界经济体系和国际制度的拥抱者。此时，中方虽然采取了行动加入了联合国和WTO，但并未在主观上对这一国际制度的主导者进行表态。2011年，第三轮中美战略与经济对话期间，中国承认美国主导的国际制度和秩序的重要性，美方要求经济上崛起的中方提供"战略再保证"，并欢迎中方参与这一制度和秩序的完善和建设，这标志着中美双方从国际体系的角度在客观和主观两个维度互相包容对方，标志着崛起国家和守成国家开始形成一种新型大国经济关系，一种崛起国家和守成国家的包容性经济外交的形成。此后双边对话中，共同探讨国际规则的进步成为一项单独议题。这种新型大国经济关系有三层新意：既不同于一战前历史上的经济大国的兴替模式，也不同于一战后美苏持续进行的大国经济兴替模式，更不同于二战后美国和德国、日本的大国经济兴替模式。新型大国经济关系必然为全面塑造新型大国关系奠定基础、开辟道路。

这种包容性经济外交的基本特征是：崛起国家在客观和主观上接纳当前体系和制度，与守成国家在体系内共同发展，并共同推进体系和制度的进步；守成国家对崛起国家持包容姿态，开放其主导的国际制度和秩序，让崛起方参与到国际制度和秩序中，并与崛起方共同推进其进步。互利才能包容，这种包容性经济外交的具体特征是：从2009年到2012年，中美战略与经济对话对双边关系的定位渐次提升：积极全面合作、互利合作、全面互利合作、持久互利合作。特别是2012年的定位表明，中美互利合作的关系不是金融危机期间的临时行为，而是要发展持久的互利合作，金融危机期间的互利合作将延续到金融危机后。一种包容性的中美经济外交、包容性的崛起国家和守成国家的新型大国关系开始起步。美国开始推进的TPP本身是进步的方向、是开放的高层级的贸易投资自由化安排，中国的策略应是积极准备、把握节奏，拥抱自由、拥抱进步。这一时期，中美围绕危机期间的宏观经济协调、国际组织中的话语权、全球治理展开互动，美国贸易保护主义引发了中方的反击，中国主权财务基金突破障碍投资美国。

一、美国对华经济外交

（一）美国经济外交理念、目标和策略

1. 国际形势和美国国内形势

从国际形势来看，反恐战争、伊拉克战争和单边主义政策，耗费美国大量国力；次贷引发的金融危机令美国经济陷入衰退、全球软实力大受影响。同时，金融危机还对世界格局产生深刻的影响，在美国等西方主要大国发展放缓的同时，以金砖五国等为代表的新兴国家发展加快，世界格局多元化更加显现，欧美对新兴市场和亚洲的经济依赖增多，以经济力量为基础的全球权力转移提速。①

---

① 诺姆·乔姆斯基:《后危机时代的国际关系——雾中看花》，《人民日报》，2010，9（20）：23。“世界并不是美国一家控制的，现在世界秩序正在发生着许多变化，而亚洲在这其中发挥着重要作用。中国在全球权力转移中发挥着最核心的作用，尽管以中国为代表的新兴国家暂时还没有占据到世界中心的位置，但已经从劳动密集型向跨国界的资本贸易转移。”

从国内形势来看，奥巴马新政府上台执政之初，金融危机并未得到有效遏制，危机仍在扩大。金融危机给美国国内经济和社会生活带来一系列严重影响。首先是整个金融体系濒于瘫痪，大型金融机构先后宣布破产。继而，金融危机引发了美国实体经济危机，大企业接连破产，小企业经营困难，失业率大幅度上升，低收入群体的基本生活难以保障，美国国内贸易保护主义势力抬头。

2. 奥巴马政府的经济外交

在此形势下，奥巴马政府政策的核心在于重振美国经济和社会活力、维护和巩固美国在全球的领导地位。[①] 为此，首先须稳定国内金融系统、复苏美国经济，增进就业，并为此改善全球经济治理、寻求对美复苏有利的国际经济环境。[②]

（1）多管齐下，抢占市场。一是通过购买美国货条款法案。2009 年 2 月 16 日，奥巴马推出了包含“购买美国货”和“雇佣美国人”条款的巨额经济刺激计划。此计划一出，遭到经济合作与发展组织（OECD）秘书长，加拿大、巴西等国政府强烈反对。最后，该计划中的第 1640 款增加了两个约束条件，即在不违背美国对国际协定的承诺的前提下，除非联邦政府认定购买美国钢铁产品或者其他产品的价格过高、会损害公众利益，否则经济刺激计划支持的工程项目必须使用国产钢铁和其他制成品。[③] 二是推出口倍增计划。奥巴马相信“我们向其他国家出口的产

① Barack Obama. Remarks by President Barack Obama at Suntory Hall, Tokyo, Japan, November 14, 2009, http://www.whitehouse.gov/the-press-office/remarks-president-barack-obama-suntory-hall, 2013 - 11 - 15.

② Barack Obama. Remarks of President Barack Obama-As Prepared for Delivery Address to Joint Session of Congress, http://www. whitehouse. gov/the_ press_ office/Remarks - of - President - Barack - Obama - Address - to - Joint - Session - of - Congress, 2013 - 02 - 03.

③ 111th Congress. American Recovery and Reinvestment Act of 2009, http://www.gpo.gov/fdsys/pkg/BILLS - 111hr1enr/pdf/BILLS - 111hr1enr.pdf, 2013 - 02 - 07.

品越多，美国出现的就业岗位就会越多。”[①] 为此奥巴马政府计划在五年（2010—2014 年）内使出口量增长一倍，为美国增加 200 万个就业岗位。为此，奥巴马政府推出国家出口倡议（National Export Initiative），提供出口信贷支持，帮助农场主和小型企业增加出口量，同时，以保护国家安全的名义对出口管制措施进行改革，加强管制。[②] 三是强化竞争性贸易协议。奥巴马认为，美国必须像竞争对手一样积极开拓新市场，如果其他国家签署贸易协议而美国却坐在场外，美国将丧失创造就业机会的机遇。但要得到这些好处，美国一方面必须执行这些协议，另一方面要让美国的贸易伙伴遵守游戏规则。为此，美国要继续推动多哈贸易协定谈判，加强与亚洲其他国家关系，加强与韩国、巴拿马和哥伦比亚等关键合作伙伴的关系。[③]

（2）加大力度扩大投资。除了扩大出口来增加外需从而为经济注入活力外，奥巴马也注重通过扩大投资增加内需来推动经济复苏，鼓励 FDI，收缩 ODI，促进投资美国，同时还加强投资安全审查。[④] 奥巴马政府通过吸引 FDI 和召回 ODI 两手策略来扩大美国投资、促进经济复苏。一是吸引外国直接投资（FDI）。2011 年 6 月，奥巴马发布总统令组建一个横跨 23 个部委的招商

---

① Barack Obama. Remarks by the President in State of Union Address, http://www.whitehouse.gov/the-press-office/2011/01/25/remarks-president-state-union-address, 2013 - 02 - 05.

② Barack Obama. National Export Initiative, http://www.whitehouse.gov/the-press-office/executive-order-national-export-initiative, 2013 - 01 - 30.

③ Barack Obama. Remarks of President Barack Obama-As Prepared for Delivery Address to Joint Session of Congress, Tuesday, February 24th, 2009, http://www.whitehouse.gov/the_press_office/Remarks-of-President-Barack-Obama-Address-to-Joint-Session-of-Congress, 2012. 12 (23).

④ US Embassy London. Obama: U. S. Committed to Remain Top Choice for Foreign Investors, http://london.usembassy.gov/obama189.html, 2012 - 08 - 19. 奥巴马表示：“在全球经济中，美国面临着越来越大的就业和行业竞争。要赢得这场竞争，为美国人民带来实惠，我们需要采取步骤以确保我们仍是全球投资者的首选目的地。同时要与国家安全政策协调，同时确保美国投资者的公平竞争，我们将做到这一点。”

引资工作组——“选择美国”办公室。[①] 这是美国历史上首次将招商引资工作提到总统令的高度，也是首次建立具有行政约束力的跨部门招商引资工作小组。2011 年 10 月 10 日，由奥巴马挑选企业家组建的白宫“就业与竞争力委员会”（Council on Jobs and Competitiveness）向奥巴马政府提出一份报告，建议在未来五年内吸引 1 万亿美元的外商投资。根据这一报告，当时美国吸引全球直接投资的 18%，大大低于 20 世纪 90 年代末的 26%。根据新计划，未来外商投资水平要在过去十年中平均每年 1740 亿美元的水准上增长 15%。2012 年国会通过促进 FDI 法案，两党均同意吸引外资对于增进美国就业和竞争力至关重要。[②] 二是约束美国企业海外投资（ODI）：促进投资回流，把工作带回美国。[③] 2010 年 8 月，美国国会通过《制造业促进法案》（US Manufacturing Enhancement Act），将暂停或降低供制造业使用的进口原料的关税。美国全国制造商协会的报告显示，该法案可能使产值增加 46 亿美元，并创造近 9 万个就业机会。2010 年 9 月，《创造美国就业及结束外移法案》提出，将为从海外回迁就业职位的企业提供为期 24 个月的工资税减免，并终止为向海外转移工厂和生产企业提供的数项补贴，如免税和减税。奥巴马还向国会提出了针对跨国企业的税改方案。按这一方案，美国将取消“本国企业海外投资延迟纳税”的优惠政策。此前美国的跨国企业“国外收入国外花”，在国外花掉的收入不用向美国政府交税，而且这些企业在向驻在国交纳所得税后，也不必再向美国纳税。而按奥巴马的新方案，美国企业在海外的收入无论是否花

① SelectUSA. welcome-selectusa， http：//selectusa. commerce. gov/welcome-selectusa， 2012 - 08 - 09.

② Laura Tyson. The Benefits of Chinese FDI， http：//www. project-syndicate. org/commentary/the-benefits-of-chinese-fdi-by-laura-tyson， 2013 - 11 - 15.

③ The White House Office of the Press Secretary. President Obama Issues Call to Action to Invest in America at White House “Insourcing American Jobs” Forum， http：//www. whitehouse. gov/the-press-office/2012/01/11/president-obama-issues-call-action-invest-america-white-house-insourcing， 2013 - 02 - 12.

掉，都要向美国政府交纳营业税；如果驻在国的所得税率低于美国，还要根据其差额部分向美国补税。美国籍跨国公司有一半收入来自海外，新政一出，不仅伤及美国海外企业，还引发了他国对美国制造业回流的担忧。

（3）强化金融联合监管，进一步防范风险。美国金融危机给全球金融业和实体经济带来广泛影响。欧美金融业遭遇重创，暴露出欧美金融监管的缺失与低效。美国一边改革国内监管，一面寻求加强全球联合监管，以应对全球化时代的金融问题。2009 年 6 月 17 日，奥巴马政府财政部发布《金融监管改革：新基础——重构金融监管体制》白皮书，对内弥补金融监管漏洞，加强金融监管协调；强化美联储职能，设立两个新监管机构——金融服务监管委员会和银行专门监督机构；加强对金融衍生品市场和对冲基金监管；加强对投资者和消费者利益的保护；强化政府对金融危机的干预能力；对外增强国际金融监管协调与合作，通过 G20 机制，特别是 G20 财长和央行行长的会议机制、首脑会议机制来推进全球金融监管协调与合作。[①] 通过加强对金融机构的监管，一方面加强微观审慎性监管，纠正市场失灵，防止系统性金融风险的产生；另一方面维持美国市场主导的市场自由原则为基础的金融体系的正常运转。

（4）推进全球经济治理改革。由于经济力量的对比变化导致权力转移。美国开始借重 G20 平台来吸纳新兴市场国家的力量，协调行动推进世界经济及早复苏以及全球经济治理改革，以利美国经济早日恢复活力。G20 成立于 1999 年，但一直处于比较边缘地位，2008 年 10 月美国白宫发言人达娜·佩里诺（Dana Perino）表示，包含了主要发达国家和新兴市场国家的 G20 金融

① 路妍、孙刚：《金融危机后的中美金融监管合作研究》，《国际经贸探索》，2010，9：31－32。

进程，在2007年次贷危机发生后具有了世界意义。[①] 在此背景下，2008年11月，由美国担任东道主召开G20财长、央行行长以及政府首脑会议，会议就应对当前世界面临的金融和经济问题的措施达成行动计划，计划涉及提高金融市场透明度和完善问责制、加强监管、促进金融市场完整性、强化国际合作以及改革国际金融机构等五个领域。2009年4月，G20伦敦峰会达成了1.1万亿美元刺激计划。[②] 2009年9月峰会在美国匹茨堡举行，在美国推动下，领导人还宣布G20将成为“国际经济合作的主要论坛”，G20峰会也将机制化，自2011年起每年举行一次。[③] 匹茨堡峰会上，各方承诺在短期内继续实施刺激计划以保增长和就业；各方适时将以“合作和协调的方式”退出刺激计划，峰会发表声明，G20领导人同意将新兴市场和发展中国家在IMF的份额至少增加5%，将发展中国家和转轨经济体在WB的投票权至少增加3%。危机期间，美国积极利用G20舞台，加强了发达国家与新兴市场国家宏观政策的协调性，增加了新兴市场国家在IMF的投票权，推动新兴市场国家承担更多责任。发展中国家在全球经济治理中的代表性和发言权得到提升。

在此背景下，奥巴马的国别经济外交各有特点。第一，奥巴马政府对欧、日经济外交。一方面，奥巴马政府希望巩固与欧洲国家的传统盟友关系。2009年4月初，奥巴马展开赴欧“倾听之旅”，在应对金融危机等问题上听取欧洲盟国的意见，在反对贸易保护主义、应对能源和气候变化问题上积极表态。另一方面，奥巴马承认美国监管体系的不完善对金融危机负有一定责任，但他不认为美国是罪魁祸首，欧洲国家对此也有责任，并表示，世界

---

① Dana Perino. Statement by Press Secretary Dana Perino，White House spokesperson，Washington DC，October 22，2008，http：//www. g20. utoronto. ca/2008/2008announcement. html，2013 －02 －12.

② IMF. London Summit-Leaders' Statement，2 April 2009.

③ G20. G20 Leaders Statement：The Pittsburgh Summit，September 24 －25，2009，Pittsburgh，http：//www. g20. utoronto. ca/2009/2009communique0925. html，2013 －11 －15.

其他国家不能依靠美国和美国消费者来推动世界经济增长。总体来看，这一时期欧洲对于美国的重要性相对下降。[①] 对于日本首相鸠山由纪夫提出的中日推动“东亚共同体”，奥巴马政府对其施压，警告日本不要跟中国走得太近。2009 年 9 月 16 日，鸠山内阁开始执政。2009 年 9 月 21 日，鸠山由纪夫在美国与中国国家主席胡锦涛会晤时，提出了按照欧盟的形式，建立一个“东亚共同体”的构想。而美国希望主要通过 APEC 来推进亚太地区的经济合作。2009 年 10 月 10 日鸠山首相在中日韩首脑会谈中称“以往过于依赖美国，日美同盟很重要，但将更重视亚洲”，这引起了美国的不快，美国政府在非正式场合通过驻美日本大使馆表达了不快。10 月 16 日，日本政府派外务省亚洲大洋洲局长前往华盛顿就鸠山的“东亚共同体”构想及有关摆脱对美依赖的发言做出解释。第二，奥巴马政府对新兴国家的经济外交。对俄罗斯，奥巴马淡化冷战思维，谋求俄罗斯的合作与配合，致力于重启陷入困境的美俄关系。奥巴马总统在对莫斯科新经济学院毕业生发表书面演讲时说：“美国希望看到一个强大、和平、繁荣的俄罗斯。在攸关 21 世纪命运的重大问题上，美俄两国有共同利益，这构成了合作的基础。”奥巴马表示美俄并“非天生对手”，在防止核扩散、打击恐怖主义、推动全球经济发展等方面“美国和俄罗斯之间有增强合作的巨大潜力”。2010 年 6 月 24 日，美国总统奥巴马表示，他支持俄罗斯加入 WTO，因为“那对俄罗斯是好事，对美国是好事，对全世界的经济也是好事”。[②] 第三，奥巴马政府对其他国家经济外交。奥巴马在亚太地区的经济外交基调是以“求稳”为主，主要考虑防范中国崛起和促进

---

① 清华大学中美关系研究中心：《多维视野中的奥巴马世界蓝图》，《中美关系简报》，2009，9，第 5 页。德国外交政策协会欧洲研究中心主任扬·特绍（Jan Techau）认为，在共同价值观这根纽带的捆绑下，目前欧洲仍是美国最亲密的伙伴。但是美国的外交历来实用主义色彩浓厚。受全球金融危机影响，中国暂时成为对美国最有用的国家。价值观对于美欧关系的影响可能会在未来逐渐减弱。

② 《奥巴马与梅德韦杰夫谈经贸 支持俄罗斯加入 WTO》，中新网，http://www.chinanews.com/gj/gj-gjzj/news/2010/06-25/2362600.shtml。

美国经济机会两个方面。首先，受金融危机影响，亚太地区国家多把注意力重新聚焦于中国，希望能够通过外交努力从中国获取发展机会。亚太地区国家的这种外交动向令美国十分警觉，美国负责亚太事务的助理国务卿库尔特·坎贝尔（Kurt Campbel）于2009年9月表示，亚洲国家加强彼此经济联系时将美国排除在外，不符合美国的利益。其次，就经济复苏而言，无论是作为出口市场还是作为美国国库券的买入者，东亚经济体在奥巴马政府的考虑中都占据重要位置。奥巴马提出与拉美国家构建“平等的伙伴关系”，并做出一些改变，以修复双方受损的关系。奥巴马承诺帮助拉美国家应对金融危机，并为此设立西半球小额融资成长基金，向包括拉美国家在内受金融危机重创的西半球国家提供4亿多美元援助。在打击毒品犯罪方面，奥巴马政府出资8000万美元帮助墨西哥购买直升机，承诺向加勒比国家提供3300万美元打击有组织犯罪。[①]

（二）美国对华经济外交的理念、目标和策略

1. 奥巴马政府对华经济外交理念

首先，强调中美双边合作多层次意义，特别是全球意义。奥巴马政府初期，美国对于加强同中国合作有着较高的热忱。奥巴马政府意识到，要摆脱现有的经济困境，必须加强同中国的合作。2009年4月，在伦敦金融峰会期间，奥巴马总统明确表态，美中关系是世界上最重要的双边关系，[②] 许多国际议题如果没有中国的合作，美国将无力解决，他希望与中国建立一种共同解决世界问题的关系。奥巴马政府强调中美合作不仅具有双边意义，还要求和鼓励中国在全球以及区域议题上与美合作，扩大中美共

① 叶书宏、赵燕燕：《奥巴马拉美政策的“变”与“不变”》，http：//news. xinhuanet. com/world/2011 -03/21/c_ 121212148. htm，2013 -02 -05。

② 《胡锦涛会见美国总统奥巴马 双方一致同意共同努力建设21世纪积极合作全面的中美关系》，http：//politics. people. com. cn/GB/1024/9066759. html，2013 -11 -20。

同利益的基础，将两国关系从“双边”层级推向“全球”层次。[①] 2009 年 11 月 15—18 日奥巴马访问中国，成为美国历史上第一位在上任一年内访问中国的总统，足见对中美关系的重视。

其次，强调中国多承担国际责任。希望中国与美国一道应对全球挑战，承担责任，成为奥巴马对华经济外交的一个重要特征。奥巴马政府认识到中国对于美国应对全球公共问题的挑战具有不可替代的意义，欢迎中国加入美国主导的国际体系，并乐于看到中国能够分担治理全球性问题的责任。2009 年《中美联合声明》中“美方重申，美方欢迎一个强大、繁荣、成功、在国际事务中发挥更大作用的中国。美方表示，美国致力于与其他国家共同努力应对所面临的最困难的国际问题”。[②] 奥巴马认为，“我们欢迎中国在世界舞台上扮演越来越重要的角色，中国在经济发展的同时中国的责任也在增大。中国快速发展不代表是对其他国家的威胁，相反，一个强大、繁荣的中国将是国际社会力量的源泉，美中紧密合作对两国都更加有利。中国的崛起将会有助全球发展。美国不谋求遏制中国，并欢迎中国在世界上发挥更大的作用。”[③] 美国精英层希望中国承担责任集中体现在“战略再保证”、[④]“中美国

① 鞠辉：《奥巴马时代的中美关系喜忧参半》，http：//zqb. cyol. com/content/2009 - 01/21/content_ 2517496. htm，2012 - 12 - 24。

② 《中美联合声明》，中国网，http：//www. china. com. cn/policy/txt/2009 - 11/17/content_ 18904837_ 2. htm，2013 - 1122。

③ 《奥巴马发表亚洲政策演说强调不谋求遏制中国》，中国新闻网，http：//www. chinanews. com/gj/gj-ywdd/news/2009/11 - 14/1964673. shtml，2013 - 02 - 01。

④ 在奥巴马总统第一个任期的初期，美国对中国的“战略再保证”（strategic reassurance），要求中国的发展“不会以牺牲他人的安全和福祉为代价”，以建立相互信任的战略，奥巴马政府的“战略再保证”试图向区域内的国家确保和平崛起的中国具备透明度和尊重法治。“战略再保证”概念的设计是为了确保北京和华盛顿的共同愿景，即在多个问题领域得到双赢的解决方案，而不是零和对抗。美国与中国的经济关系中确保以减少误会和失误发生贸易战。“战略再保证”已经在很大程度上被“再平衡”的亚洲政策所取代，提供了与亚太国家，包括中国，新的更广泛的接触框架。奥巴马政府努力加强美中合作，在 2009 年 4 月中美发起了战略与经济对话，希拉里·克林顿认为这是“有史以来我们两国政府彻底的和议题最广阔的会谈”，此战略对话是一个论坛，双方能够走到一起，讨论一系列双边问题，从能源安全问题倡议到人权。每年安排一次会议，在华盛顿和北京交替进行。

共同体”、“中国责任论”和G2等概念的提出。[①]

第三，“重返亚洲”竞争经济等利益。历届美国政府的亚太政策和东亚政策具有相同的战略目标——收获经济利益、防止地区大国挑战美国霸权。重视与亚太、东亚国家的经济往来，从地区经济繁荣中获取经济收益，这是每届美国政府的基本目标。[②]基于亚太在外交、经济和战略上的重要性，2011年希拉里在《外交》杂志撰文，系统阐述奥巴马政府亚洲政策思维，主张在美国结束伊拉克战争和从阿富汗撤军后十年内，美国要花大力气对亚太地区进行投资，以便维护美国的领导地位、攫取利益和推进美国的价值观。[③] 2011年，奥巴马在出席APEC峰会上，宣布了启动TPP谈判，提升美国与亚洲国家的自由化水平，TPP自由化深度和范围比WTO更进一步，将对非TPP成员带来虹吸效应。

2. 奥巴马政府对华经济外交目标与策略

首先，争取中国合作改善全球经济治理，以实现下面目标：(1) 助力美国经济及早复苏。奥巴马政府根据美国经济利益的需要，积极利用G20机制，协调包括中国在内的新兴市场国家

---

① 2008年初，在大选期间，一些美国媒体最先试探性地提出“中美共管太平洋”的主张。随后，美国多位经济学家提出“两国集团”格局的设想。其中，最为典型的当属经济史学家、哈佛大学教授尼尔·弗格森和剑桥大学访问学者斯丘拉日克教授共同提出的“中美国共同体”(Chimerica)概念。他们认为，过去的全球经济是在美国消费、中国生产，美国是债务国、中国是债权国的结构下运作的，两者之间堪称是“天作之合”，于是以China和America这两个词构成“Chimerica”，象征中美两国经济已是合而为一、唇齿相依。这正是现在人们热议的G2，或称“中美共治”的直接来源。以美国前副国务卿鲍勃·佐利克为代表，美国一批战略界人士接着提出了“中国责任论”。该论调认为，应当让中国与美国分享治理世界的责任，让中国充当美国霸权的帮手。美国《外交季刊》2008年7/8月号刊登了彼得森经济研究所所长弗雷德·伯格斯滕题为《平等伙伴关系：华盛顿应如何应对中国的经济挑战?》的文章，该文主张美国同中国组成两国集团（G2），“共享全球经济领导权”，并使中国“部分取代欧洲的地位”。世界银行行长佐力克（前美副国务卿）和首席经济学家林毅夫撰文支持建立经济上的G2，并以此引领G20。2009年4月9日，美国会参议员麦凯恩在接受《环球时报》采访时表示：“我们越来越多地谈论G2，这是因为中国在世界舞台上的重要性越来越显眼。不论从经济角度，还是从其他方面衡量，中国都已经成为超级大国之一。”

② 陈寒溪：《美国“重返亚洲”对东亚合作的影响》，《国际关系学院学报》，2012，4：42。

③ Hillary Clinton. America's Pacific Century , http: //www. foreignpolicy. com/articles/2011/10/11/americas_ pacific_ century? page = full, 2012 - 12 - 23.

与发达国家的宏观政策，推进全球经济治理变革，并为此争取中国的支持和合作。2009 年 7 月 27 日，首次中美战略与经济对话在华盛顿举行，奥巴马呼吁双方展开更紧密合作，因为中美在推动经济持续复苏课题上拥有共同利益。希拉里国务卿表示，中美两国将各自采取措施促进国内经济平衡和可持续的增长，以确保从国际金融危机中有力复苏。2009 年 9 月，G20 匹茨堡峰会上，在美国协调下，中国增加了 IMF 的份额和投票权，换取了中国增资 IMF，增强 IMF 稳定世界经济的能力。（2）全球问题上寻求中国合作。美国在全球经济次生问题上，寻求中国的合作并要求中国承担责任。在环保和能源问题上，奥巴马政府对华主要有以下目标：一是要求中国承诺更高的减排目标；二是要求中国对美开放新能源市场；三是希望与中国一道推进国际合作。奥巴马曾经在多个场合强调，应对气候变化是当前中美双边关系的核心议题。气候变化问题的诱因是碳排放，而碳排放又是能源问题，所以气候变化问题的实质归根结底是能源问题。奥巴马政府大力扶持新能源产业的发展，视之为带动美国经济复苏的新增长点。2009 年 7 月 27 日，美国国务卿希拉里（Hilarry Clinton）与财长盖特纳（Timothy Franz Geithner）联名呼吁“美中两国需要建立切实的伙伴关系，让两国都走上低碳排放的道路上来”。[①] 2009 年 7 月 14—17 日，美国能源部长朱棣文（Steven Chu）和美商务部长骆家辉一同访问中国，就如何应对全球气候变暖、节能减排，以及能源合作等问题与中国总理温家宝、副总理李克强等进行了会谈，试图说服中国政府赞同美方环保政策和能源气候战略，为奥巴马 11 月访华奠定基础。[②] 2009 年《中美联合声明》发布，“双方决心根据各自国情采取重要减缓行动，并认识到两国在促成加强世界应对气候变化能力的可持续成果方面具有重要

① Hillary Clinton, Timothy Geithner. New Strategic and Economic Dialogue with China. Wall Street Journal, 2009, (09) 27.

② 戴长澜：《美国两位华裔部长一同来华开展“绿色对话”》，《中国青年报》，2009，（07）15。

作用。双方决心支持这些承诺。”2009 年 12 月，哥本哈根联合国气候变化大会前夕，美国宣布美国将在哥本哈根气候变化大会上承诺 2020 年温室气体排放量在 2005 年的基础上减少 17%。接着，中国承诺到 2020 年单位国内生产总值二氧化碳排放比 2005 年下降 40%—45%。

其次，加快获取中国金融资源和市场，以实现下面目标：（1）确保中国通过购买美国国债来为美国提供融资。中国是全球美元资产主要持有者，美国国债的主要购买者。美国金融危机初期的一个重要结果是全社会流动性普遍不足，因此中国政府手中掌握的 2 万亿美元储备资产是美国最廉价的外部流动性来源之一，确保中国稳定持续地购买美国国债是此时美国的关键国家利益。美国不仅在双边对话而且在多边对话中一再推动中国购买美国国债，希拉里在中美战略与经济对话中也提出这样的要求，在 G20 集团伦敦峰会上，奥巴马政府不遗余力要求中国继续购买美国国债，至少不应减持。（2）拓宽美国企业在中国金融市场的准入机会。中国日益壮大但尚不成熟的金融市场，是任何金融资

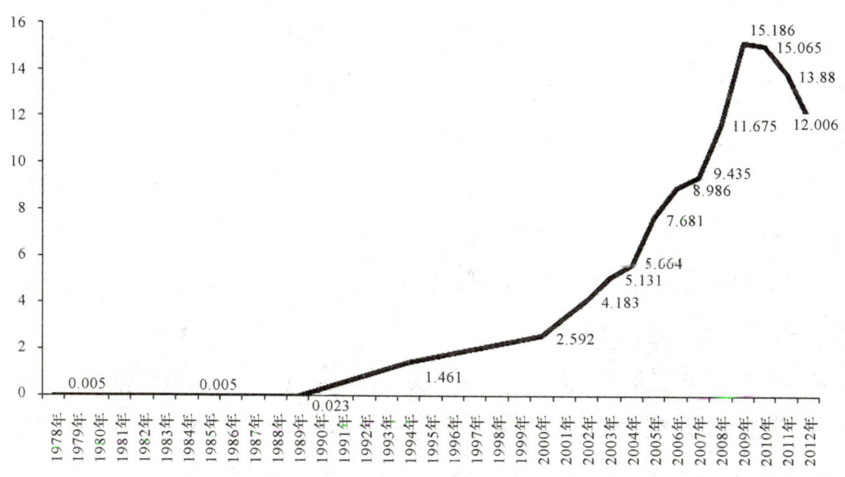

图 4.23　中国持有的美国国债头寸占所有外国人持有美国国债头寸的比重（%）

资料来源：www. bea. gov。

本觊觎的“肥肉”。作为全球金融强国的美国，美国金融业界长期致力于洞开中国市场大门，致力于推进中国金融市场立即全面市场化。金融危机期间，在华美国金融企业的母公司不同程度陷入困境，中国区业务为其提供了宝贵的利润和现金流，美国金融界十分期待中国加快市场化步伐，以便获得更多准入机会。2007 年 12 月，美国财政部中国事务特使霍尔默（Alan Holmer）表示，中国应该继续金融业及人民币改革步伐，并表示如果中国放慢金融业开放进程，中国将为此付出很大代价。2011 年 5 月 3 日，美国财政部长盖特纳在由美中贸易全国委员会就中美战略与经济对话而组织的媒体见面会上向企业界承诺，美国将在第三轮中美战略与经济对话中督促中国进行下一步金融体系改革，向外国金融机构开放其资本市场。作为美国金融界代表，前财政部长保尔森在 2012 年博鳌亚洲论坛与秘书长周文重对话时特别呼吁，中国不能因为 2008 年金融危机而放慢金融改革步伐，要更加开放资本市场，引入竞争。[①]

其三，扩大对华出口，增加国内就业。(1) 奥巴马出口倍增计划中，中国是有希望扩大出口的重要目标市场。2011 年 1 月，中国国家主席胡锦涛和美国总统奥巴马在白宫共同会见美国商界领袖，讨论美国增加对中国出口、支持美国就业问题，奥巴马强调，美国商界领袖“指出中国是美国出口的最重要市场之一。事实上，我们对中国的出口增长相当于对世界上其它地方出口增幅的两倍，它是我们实现出口倍增的关键”。会见之前，白宫宣布中美两国官员达成一系列协议，美国将向中国出口价值 450 亿美元的产品。奥巴马在会见之后说，“从机器到软件，从航空到农业，这些协议将支持 23.5 万美国人就业。……那包括许多制造业工作，这对美国工人来说是大新闻。”[②]（2）督促中国遵守

---

① 《保尔森：金融危机不可避免 根源是政府政策缺陷》，中国网，http：//finance. china. com. cn/special/boao2012/20120402/633638. shtml，2013 - 11 - 04。

② 《奥巴马：中国是美国出口倍增关键》，美国中文网，http：//www. sinovision. net/portal. php? mod = view&aid = 159291，2013 - 11 - 20。

“入世”承诺，要求中国缩小贸易逆差，在人民币汇率政策压力方面更加务实。奥巴马政府上台之初，在人民币汇率问题上态度相对慎重。2009 年 1 月在国会任命听证会上表示，奥巴马总统相信，中国正在“操纵”其货币。但美国财政部于 2009 年 4 月 15 日向国会递交的国际经济和货币政策报告以“中国没有操纵人民币汇率”作为最终结论。奥巴马第一任期内，都维持了这一结论。对此结论，奥巴马政府和国会都承认，金融危机时需要中国合作，是美国在人民币问题上让步的原因之一。一直在人民币问题上保持高调的参议院银行委员会成员、民主党纽约州参议员舒默（Charles Schumer）声称，一旦经济形势好转，美国国会仍会拿汇率问题开刀。[①]（3）轮番使用贸易自由与保护两手策略。一边推动中国市场进一步开放，一边对中国施加贸易保护主义。美国商务部长骆家辉在正式宣誓就任之前，于 2009 年 4 月 27 日会晤了来访的中国商务部长陈德铭，他表示双方应继续相互开放市场，共同抵制贸易保护主义。[②] 奥巴马执政以来，中美贸易摩擦愈演愈烈。2009 年美国对中国预应混泥土结构用钢绞线、钢铬板等十起反倾销反补贴合并调查，案件数量比 2008 年增长一倍多，其中七起涉及到钢铁产品。2009 年 9 月，中美轮胎特保案成为奥巴马上台以来对华采取贸易救济措施影响较大的案件，涉案金额 22 亿美元。9 月 11 日，奥巴马批准美国国际贸易委员会的建议，同意从 9 月 26 日起，对来自中国的汽车轮胎征收惩罚性关税，第一年为 35%，第二年为 30%，第三年为 25%。这是

① 来自国会两党的部分议员针对所谓“货币操纵”对部分国家提出议案。其中，众议院版本的议案由宾夕法尼亚州共和党人蒂姆·墨菲和俄亥俄州民主党人蒂姆·赖恩发起。而参院的版本则由肯塔基州共和党人吉姆·邦宁和密歇根州民主党人黛比·史戴布诺领衔。上述议案不具体针对某个国家，但一些人想趁机对中国施压，威胁对中国等国家的进口产品征收特别关税，以惩罚他们所称的“汇率操纵”行为。不过，议案也将强调，美国贸易政策的任何调整都将遵照美国在世贸框架下的承诺。这项美国新国会开张后首个针对人民币的议案，将允许美国公司要求政府对来自汇率长期“失当”（misaligned）国家的输美商品征收反倾销和反补贴税。

② 《商务部长陈德铭在华盛顿会见美国商务部长骆家辉》，中央政府门户网站，http: //www. gov. cn/gzdt/2009 -04/28/content_ 1297780. htm，2013 -02 -05。

美国贸易法案第421条款生效后首次对华使用，在此之前的四次双边贸易案件中，美国国际贸易委员会曾认为中国存在倾销行为并提出过相关的惩罚措施，但都没有被当时的布什政府采纳。[①]

其四，吸引中国投资。2010年，中国对美直接投资总量达到60亿美元。从2005年到2010年间，中国对美直接投资的复合年增长率已超过了世界上其他国家，达到53%。[②] 2011年5月4日，美国商务部长骆家辉在伍德罗·威尔逊中心举行的一次会议上发表讲话称，美国欢迎来自中国的外国直接投资，这有助于在美国创造就业，有助于为美国企业提供商机。2011年6月15日，奥巴马签署行政命令，在商务部下成立“选择美国”办公室，这个横跨23个部委、由美商务部长骆家辉牵头、直属于商务部的联邦层面招商引资项目办公室，旨在推动全世界各地和美国本土企业扩大在美国的投资，为美国创造增长良好的就业环境，寄托了总统奥巴马对于经济复苏与投资增长的希望。“选择美国”办公室主任巴里·约翰逊（Barry Johnson）上任半年两次访华招商，将中国列为招商引资第一站。[③] 可见其对中国资本十分重视。

其五，升级中美对话机制。奥巴马上任后，向中国提出希望将中美对话升级为全面对话。2009年4月，中国国家主席胡锦涛与美国总统奥巴马在G20伦敦金融峰会上首次会晤。中美两国元首一致同意共同努力建设“21世纪积极合作全面的中美关系”，并将以军事内容为主的中美战略对话和以经济内容为主的战略经济对话合二为一，建立中美战略与经济对话机制。首轮中美战略与经济对话于2009年7月27—28日在华盛顿举行。奥巴马就加强中美合作克服金融危机、加强气候能源合作、防止核武

① 姜黎黎：《奥巴马对华经济政策研究》，外交学院硕士论文，2011年。

② 江玮：《中国是美国增长最快的FDI来源》，http：//www.21cbh.com/HTML/2012-1-13/xNMDY5XzM5NTYxNA.html，2013-11-16。

③ 叶慧珏、周一慰：《美国商务部项目执行主任：中国的确是“选择美国”的第一站》，http：//www.21cbh.com/HTML/2011-12-17/5NMDcwXzM4ODk5NQ.html，2013-11-16。

器扩散和共同应对跨国威胁方面提出建议。此后，双边和多边重大议题，中美都在这一双边对话机制内率先磋商立场，中美战略与经济对话成为双边关系中最重要的机制，到2012年已举办四轮。

二、中国对美经济外交

胡锦涛时期中国的经济外交理念是连续的，本部分所述及的经济外交理念、目标和政策是特指金融危机发生后的新内容。

（一）中国经济外交的理念、目标和策略

1. 对国际形势和国内形势的认识

从国际形势来看：首先，金融危机之后，大国实力对比发生显著变化，世界经济与政治格局多极化进程加快，中国在世界经济中地位显著上升，讨论“中国模式”及“威胁论”、要求中国承担更多国际责任的声音也日涨[①]；其次，在金融危机的影响下，欧美等国家和地区出现“再工业化”、“产业回归”思潮，进口替代与出口促进结合的新重商主义盛行，针对中国产品的贸易摩擦日益增多，[②] 需要中国经济外交做出响应。

从国内形势来看，高速的发展并不意味着高质量的发展。中国的宏观经济在30余年的改革开放中遇到了非常多的难题，正处于从高速转向高质的关键时期，长期积累的顽疾已经不能再回

---

① 霍彦贤：《国际金融危机背景下中国外交的特点》，东北师范大学硕士论文，2011年，第16页。

② 清华大学中美关系研究中心：《2010年一季度的美国宏观经济绩效》，《中美关系简报》2010，23：6。根据商务部发布的《国别贸易投资环境报告2010》，受到国际金融危机的影响，中国遭遇的贸易摩擦明显增多，2009年中国出口产品共遭遇116起贸易救济调查，涉案总金额达到了127亿美元，其中反倾销案件为76起，反补贴案件13起，保障措施案件20起，特保案件7起。2009年中国GDP占全球8%，出口占全球9.6%，而遭受的反倾销占全球40%左右，反补贴占全球75%。2010年中国的外贸出口产品面临的国际贸易和投资环境同样不容乐观，仅第一季度就共有10个国家对中国发起19起反倾销、反补贴、保障措施调查，直接涉及出口金额12亿美元。

避，必须正视并从根本上加以解决。[①] 扩大内需和结构调整成为经济可持续发展的要求。发展战略重点的转移，必然体现到对外经济关系中。

2. 金融危机后中国的经济外交理念

在理念方面，金融危机发生后，胡锦涛特别突出强调下面三点。首先，积极呼吁各国加强宏观经济协调，采取措施恢复信心、保证增长，并为此开展合作。其次，提出建立公平、公正、包容、有序的国际金融新秩序。胡锦涛强调，治理危机，应该对国际金融体系进行必要的改革。国际金融体系改革，应该坚持建立公平、公正、包容、有序的国际金融新秩序的方向，努力营造有利于全球经济健康发展的制度环境。要平衡体现各方利益，尤其要体现新兴市场国家和发展中国家利益。[②] 2008 年 11 月，胡锦涛在华盛顿出席金融市场和世界经济峰会时特别呼吁，发展中国家经济发展水平低，经济结构单一，金融体系抗风险能力弱，国际社会在应对金融危机时，尤其要关注和尽量减少危机对发展中国家特别是最不发达国家造成的损害，并提出三点建议：切实帮助发展中国家保持金融稳定，切实保持和增加对发展中国家的援助，切实保持发展中国家经济增长。[③] 第三，坚持中国的发展中国家地位，以此来界定危机中中国在国际社会的角色和承担责任的能力。

3. 中国经济外交的目标

首先，协同推进全球经济复苏，为稳定中国外需努力。2008 年，面对金融、经济危机，胡锦涛指出，国际社会的当务之急是继续采取一切必要措施，尽快恢复市场信心，遏制金融危机扩散

---

① 清华大学中美关系研究中心：《中国应走自主式汇改之路》，《中美关系简报》，2010，31：5。

② 李晓明：《外交部政策规划司司长：中国发展模式坚持三不》，《环球》，2010 年 1 月 15 日。

③ 胡锦涛：《通力合作 共度时艰——在金融市场和世界经济峰会上的讲话》，2008 年 11 月 15 日，华盛顿，http：//news. xinhuanet. com/newscenter/2008 -11/16/content_ 10364070. htm，2013 -11 -24。

和蔓延。各国应该加强宏观经济政策协调，扩大经济金融信息交流，深化国际金融监管合作，为稳定各国和国际金融市场创造必要条件。“当前，世界经济增长放缓，不稳定不确定因素增加，形势严峻复杂。保持经济增长是应对金融危机的重要基础。各国应该调整宏观经济政策，通过必要的财政、货币手段，积极促进经济增长，避免发生全球性经济衰退。应该共同采取措施稳定国际能源、粮食市场，遏制投机行为，为世界经济发展创造良好条件。国际社会尤其应该防止各种形式的贸易和投资保护主义，努力推动多哈回合谈判早日取得积极进展。”[①]

其次，承担责任的同时寻求扩大在国际经济组织的发言权。中国积极参与阻击金融危机和促进全球经济复苏，在承担责任的同时要求在国际组织中拥有相应的发言权。金融危机期间，发达国家期待发展中国家增加出资，但对于增加新兴市场国家在IMF的份额十分保守。[②] 2008年11月15日G20华盛顿峰会，胡锦涛代表中国提出推动建立公平、公正、包容、有序的国际金融体系。G20华盛顿峰会后，G20牵头成立IMF改革工作组。2008年IMF通过决议，改革了份额的计算公式，决议用2005年数据计算，中国的份额占比达到约6.3%。世界银行行长佐利克宣布提高新兴经济体在世界银行的份额，至44%。G20伦敦峰会上，胡锦涛提出IMF直接相关改革诉求：IMF应加强对主要储备货币发行经济体货币发行政策的监督；改进IMF和世界银行治理结构，提高发展中国家代表性和发言权。G20伦敦峰会上，IMF获得5000亿美元注资，中国贡献400亿美元，占8%，注资比例是中国在IMF份额比重的两倍多。2010年6月，出席G20领导

① 胡锦涛：《通力合作 共度时艰——在金融市场和世界经济峰会上的讲话》，2008年11月15日，华盛顿，http：//news.xinhuanet.com/newscenter/2008－11/16/content_10364070.htm，2013－11－24。

② 成员国在IMF的份额意义重大，份额由GDP等经济指数加权决定。成员国向IMF认缴份额决定了成员国向IMF提供资金的最高限额，份额还决定了成员国在IMF中的投票权，而成员国从IMF获得贷款的额度（特别情况除外）每年累计不超过份额的600%。新兴市场国家出资方式有两种：临时出资，不改变份额；增加新兴经济体的份额以增加新兴经济体的出资。

人第四次峰会上胡锦涛指出，要继续推进国际金融机构改革，加快完成 IMF 份额调整，推动更多新兴市场国家和发展中国家人员出任国际金融机构高管，提高发展中国家代表性和发言权。[①] 2010 年 2 月，中国央行副行长朱民被 IMF 总裁卡恩任命为总裁顾问，2011 年 7 月 12 日，IMF 总裁拉加德宣布 IMF 突破 1944 年 IMF 成立以来的一正三副管理构架，新设一名副总裁，并提名朱民担任。2010 年，IMF 通过份额调整方案。

4. 中国经济外交的策略

首先，国内实施反危机 4 万亿经济刺激计划，在全球有效需求萎缩时机增加全球需求。1997 年亚洲金融危机期间，中国稳定人民币汇率赢得国际社会好评，增加了中国的区域软实力。2007 年次贷危机后，中国率先推出 4 万亿人民币的刺激计划，也同样赢得国际赞誉。2008 年 G20 峰会前，中国宣布到 2010 年底投入 4 万亿人民币的经济刺激计划，同时货币政策转为宽松。彭博社报道称，中国的大规模刺激计划不仅鼓舞了中国经济，也鼓舞了全世界。巴西财长曼特加（Guido Mantega）在 G20 巴西年会上说，在金融危机肆虐的时刻需要果断采取扩张性经济政策，中国在这个方面走在了前头；美国财政部负责国际事务的副部长戴维·麦考密克（David H. McCormick）则评价说，该计划有望促进中国内需增长，同时也会给其他国家带来好处。[②] 中国应对次贷危机措施及时、力度大，为中国在国际社会赢得主动话语权。

其次，加速推进人民币国际化。次贷危机以来，包括中国在内的国家备受美元贬值的困扰，倍感弱势货币的无奈。中国加速了在人民币资本项没有自由化的环境下推进人民币国际化，并成功构建了人民币跨境闭环流动渠道。推动双边货币互换、人民币

---

① 胡锦涛：《同心协力共创未来——在二十国集团领导人第四次峰会上的讲话》，http://news.xinhuanet.com/world/2010-06/27/c_12269632.htm，2013-11-28。

② 《中国扩大内需刺激经济 二十国集团表示欢迎》，http://www.stnn.cc/fin/200811/t20081110_900926.html，2013-11-19。

结算；构建人民币离岸业务、离岸金融中心；构建人民币产品以及投资回流通道。支持香港作为人民币离岸中心、允许中国工商银行新加坡分行在新加坡设立人民币结算中心、加强两岸人民币结算，在香港发行人民币债券（RQFII）、人民币离岸贷款业务，允许离岸人民币返境直接投资（RFDI）。开放深圳前海作为人民币国际化的试点，开放上海自贸区作为人民币国际化中打通境内外人民币循环的试点。

其三，代言和维护发展中经济体利益。2009 年 G20 伦敦峰会上，胡锦涛提出国际金融机构应加强支持发展中国家，新增资金应该确保优先用于欠发达国家，改进 IMF 和世界银行治理结构，提高发展中国家代表性和发言权。胡锦涛在讲话中指出："我们应该大力加强贸易融资合作，尤其应该加大对发展中国家的融资投入。"这项主张在峰会后的声明中得到体现，声明确保在未来两年中通过出口信贷和投资机构及多边开发银行（MDB）至少提供 2500 亿美元的资金来支持贸易融资，声明还明确用 IMF 出售黄金储备的结余资金支援欠发达国家，在未来 2—3 年中为最贫穷国家再提供 60 亿美元的形式灵活的特惠贷款。2010 年，包括中国、俄罗斯、巴西在内的新兴经济体在 IMF 中的份额得到了提高。

（二）中国对美经济外交的理念、目标和策略

1. 中国对美经济外交理念

金融危机期间，中国强调加强与美国宏观经济协调，积极合作推动世界经济复苏，推进全球经济治理改善。为此，巩固共同利益基础，尊重对方发展利益，推动建设积极全面合作的中美关系，建立深化全面合作、互利双赢的经济关系，以合作促进发展和繁荣。[①]

---

① 《中国国家主席胡锦涛对美国进行国事访问纪实》，新华社，http：//www. gov. cn/ldhd/2011 -01/25/content_ 1792537. htm，2013 -02 -16。

2. 中国对美经济外交目标

这一时期，中国对美经济外交目标主要有四：希望美方在放宽对华高技术产品出口限制；给予中国赴美投资企业公平竞争环境；承认中国完全市场经济地位方面尽快采取积极措施[①]；保持美元价值稳定，确保中国美元资产安全；在承担国际经济责任的同时相应扩大在 IMF 中的份额。

其一，敦促承认中国市场经济地位。中美经贸关系一个很重要的悬而未决的问题，就是美国何时承认中国市场经济地位。根据中国加入 WTO 的相关谅解，所有 WTO 成员国将不能晚于 2016 年承认中国市场经济地位，但是，到目前为止，包括美国、日本及欧盟等全球 3/4 的“高收入经济体”不承认中国的市场经济地位。如果美国承认了中国市场经济地位，将有助于中国在对外贸易中获得更公平待遇、减少贸易争端。这也会对欧盟、日本的决策产生影响，无疑是中国期望达成的效果。“市场经济地位”最重要的意义，并非是对一国总体经济体制做出的判断，而是体现在解决贸易纠纷时的“技术适用”。是否被承认为“完全市场经济”，直接决定了中国出口企业面临反倾销诉讼时的境遇。中美双方关于给予中国市场经济地位的谈判始于 2004 年。在中美贸易谈判中，美国一直将中国的市场经济地位问题作为很重要的一张牌。2008 年，王岐山副总理再次呼吁美国承认中国市场经济地位。[②] 2009 年 11 月 17 日，胡锦涛主席敦促来访的美国总统奥巴马时提出，中方希望美方尽快承认中国市场经济地位，以更加积极的态度推动双边经贸关系健康稳定发展。[③]

其二，要求美方放宽对华出口限制。2009 年 11 月，胡锦涛

---

① 《中国国家主席胡锦涛对美国进行国事访问纪实》，新华社，http：//www. gov. cn/ldhd/2011 - 01/25/content_ 1792537. htm，2013 - 02 - 16。

② 刘洪、王薇：《王岐山副总理敦促美国承认中国市场经济地位》，http：//hi. people. com. cn/2009/07/29/475261. html，2013 - 11 - 25。

③ 钱彤、李诗佳、谭晶：《胡锦涛主席同来华访问的美国总统奥巴马举行会谈》，中央政府门户网站，http：//www. gov. cn/ldhd/2009 - 11/17/content_ 1466944. htm，2013 - 11 - 27。

会见来访的奥巴马时敦促美国放宽对华技术出口限制。“入世”十年来，中国从美国技术进口大大减少。2001 年，中国从美国进口的高技术产品占到中国技术进口的 18.3%，2011 年中国从美国进口的高技术产品只占到中国整个高技术产品进口的 7.1%。[①] 2012 年 3 月，胡锦涛在韩国首尔会见奥巴马时指出，美国放宽高技术产品对华出口限制有利于扩大对华出口、拉动美国经济增长，也有利于平衡中美贸易，希望美方采取实际步骤。2012 年 9 月 5 日，胡锦涛在会见希拉里的时候再次强调美方要放宽对华高技术出口限制。

其三，给予中国企业在美投资公平环境。投资便利是一个长期需要关注的问题，成为中美战略与经济对话每次主题之一。对美投资中，中方有些企业遭遇美国竞争对手运作美国政治机器以“国家安全”问题相阻扰。2009 年胡锦涛会见奥巴马时敦促美国为双方企业扩大贸易和投资合作提供便利。2010 年，第二轮中美战略与经济对话期间，商务部部长陈德铭表示，中方关注的五大议题之一是改善双边投资环境。2012 年，商务部新闻发言人沈丹阳指出，部分中国企业在开展对美国投资的时候，确实遇到了比如美国国家安全审查这样的问题，这导致了正常的贸易投资活动，特别是并购活动受到了阻碍。同时敦促美方加紧推动中美双边投资协定的谈判进程，增强中国企业对美投资的信心。[②]

其四，维护中国美元资产安全。中国是美国最大国债购买方，美元资产安全问题为中国公众所关注。美国金融危机以来，美联储推行 QE 以缓解流动性短缺，同时造成美元快速贬值、各国持有美元资产大幅缩水。2008 年 12 月，第五轮中美战略经济

---

① 陈亮、韩秀：《商务部：美欧高技术产品对华出口下降望放宽限制》，http://news.ifeng.com/mainland/detail_2012_09/07/17423012_0.shtml?_from_ralated，2013－02－18。长期以来，美国将 2400 多个品种的商品列为军民两用品，对中国实行严格限制。目前，美国对华出口主要集中在棉花、大豆以及民用客机等方面，而在高技术产品领域，美国则实行严格的出口管制措施。十年来，美欧高技术产品对华出口不升反降。

② 薛白：《商务部：希望美方客观理性看待中国企业在美投资行为》，http://finance.people.com.cn/n/2012/1218/c1004－19933582.html，2013－02－16。

对话上，王岐山表示，“希望美方采取一切必要措施，稳定经济和金融市场，确保中国在美资产和投资安全。”[①] 2009 年 7 月，首轮中美战略与经济对话中，中方代表团明确提出，希望美国保持金融市场和美元汇率的稳定，从而保证中国在美投资资产安全。[②]

其五，协同推动全球经济复苏。协同推进全球经济复苏也是中国作为负责任国家的一种担当。2009 年 1 月，胡锦涛首次会晤奥巴马时强调，共同应对这场国际金融危机已成为国际社会面临的首要任务，中方愿同美方继续加强宏观经济政策协调，扩大经贸投资合作，推进国际金融体系改革，加强金融监管，共同维护国际金融稳定，积极推动恢复世界经济增长。[③]

3. 中国对美经济外交策略

首先，在贸易领域的策略，一边呼吁美国尊重自由贸易精神，一边在汽车、新能源领域，对美国对华贸易保护主义行为进行反制（详见第四章第四节）。其次，在投资领域的策略，出访美国亲自推动中国企业对美投资。与以往历届领导人访问推进贸易不同，胡锦涛开始重点推进对美投资。2011 年，胡锦涛访美随团企业的入选条件是必须有投资美国意向，[④] 随团出访的企业中，做投资的企业数量第一次超过了做贸易的企业数量。同时，胡锦涛积极推进双边投资协定谈判，2008 年 6 月，中美恢复双边投资协定的谈判。胡锦涛还与奥巴马一道，搭建中美州省长论坛，促进地方直接投资。再次，在金融领域的策略。在国际金融治理中，中国一边积极为 IMF 提供融资，一边相应提出话语权

---

① 孙宇挺、翁阳：《中美战略经济对话开幕 王岐山致辞（全文）》，中国网，http：//www.china.com.cn/news/txt/2008 - 12/04/content_ 16895690.htm，2013 - 11 - 20。

② 吴庆才、李静：《中美战略与经济对话：中方关切在美投资资产安全》，中新网，http：//www.chinanews.com/cj/cj - gjcj/news/2009/07 - 28/1793562.shtml，2013 - 11 - 20。

③ 《胡锦涛会见美国总统奥巴马 双方一致同意共同努力建设 21 世纪积极合作全面的中美关系》，http：//politics.people.com.cn/GB/1024/9066759.html，2013 - 11 - 20。

④ 陶魏斌、张鹏、梁应杰：《胡锦涛访美 浙商随行的重要指标是有没有投资意向》，《都市快报》，http：//zjnews.zjol.com.cn/05zjnews/system/2011/01/20/017250351.shtml，2013 - 11 - 29。

要求；一边提出超主权储备货币的主张，施加压力要求美方维持币值稳定、维护中国美元资产安全，一边持续购进并持有美国国债。针对一些国家主权货币多元化的建议，中方表示要“研究和探讨”，但强调美元是当前主要的结算支付货币，因此“中方更加注重加强对以美元为主的国际货币体系的监督”。[①]“作为中国外汇储备投资的重要组成部分，中国将继续投资美国国债，但同时将高度关注其资产价值的波动。”[②] 2010 年，中国购买美国国债占外国人购买美国国债的比重达到最高峰（图 4.23）。兼顾安全与收益，对美金融领域投资多元化。中国政府用国家外汇储备稳定持有美国国债，为美国经济复苏提供了稳定的流动性的同时，也体现了“抄底”的价值。2007 年，设立主权财富基金，用市场化运作方式投资美国金融机构，以获取比购买国债更高的回报。

三、中美经济外交的互动

经济危机加速了中美经济实力的对比变化，中国经济对全球经济复苏和结构平衡日益重要，共同应对金融危机的战略需要，拉近了中美两国的距离。2008—2012 年，胡锦涛与奥巴马会晤了 12 次。这一时期中美经济外交既通过中美战略与经济对话为主的双边渠道进行，也通过 G20 和 APEC 等全球和区域多边机制内进行。

（一）经济外交舞台

这一时期，中美经济外交有两大重要舞台：中美战略与经济对话、G20。中美经常在双边对话机制中对多边对话机制中的立场进行协调。

---

① 谭晶晶、熊争艳：《央行副行长：中国将继续投资美国国债》，http：//news. xinhuanet. com/newscenter/2009 -03/23/content_ 11058996_ 1. htm，2013 -02 -05。

② 谭晶晶、熊争艳：《央行副行长：中国将继续投资美国国债》，http：//news. xinhuanet. com/newscenter/2009 -03/23/content_ 11058996_ 1. htm，2013 -02 -05。

1. 中美战略与经济对话

共同应对金融危机是这一时期中美经济外交的主轴。2008年12月4日，国务院副总理王岐山在第五次中美战略经济对话开幕辞中表示，共同应对国际金融危机是中美面临的最紧迫的任务。美国国务卿希拉里在上任后首次访华期间，传递了一个美国与中国要在金融危机中“同舟共济”的信息，也得到了中国领导人的认可。而中国领导人向奥巴马政府发去一个更重要的信息：应以共同应对危机为契机，从战略高度和长远角度来打造一个全面长期稳定的中美合作关系。① 2009年4月G20领导人伦敦峰会上，中美两国元首就新的对话形式达成协议，一致同意建立“中美战略与经济对话”新机制，以“相互尊重彼此核心利益，妥善处理分歧，使两国关系不断向前发展”。从2009年7月到2012年5月，定位于“全局性、长期性、战略性”的中美战略与经济对话共举行了四轮，内容覆盖了军事和经济，经济方面涉及中美贸易、投资、金融、宏观经济协调、多哈议程、国际经济秩序、全球经济治理等方面，是对中美经济外交的全面规划和互动。

2009年7月27日至7月28日，首轮中美战略与经济对话在华盛顿举行。对话主题为“凝聚信心恢复经济增长，加强中美经济合作”。议题主要覆盖促进经济增长、贸易和投资、金融市场改革、国际金融体系改革。中美双方发布《联合成果情况说明》，达成四点重要共识②；双方草签了《中华人民共和国政府

① 甄炳禧：《中美经贸：同舟共济合作共赢》，《中国评论》，2009年5月23日。

② 首先，中美两国将各自采取措施促进国内经济平衡和可持续的增长，以确保从国际金融危机中有力复苏。为此，中美双方将加强宏观经济政策的沟通。美方将采取措施增加国民储蓄率占GDP的比率。中方将继续调整经济结构，扩大国内需求，增加消费对GDP增长的贡献。第二，双方将共同努力建设强有力的金融体系，并且完善金融监管。双方承诺继续密切交流与协调，并将共同努力加快金融部门的改革，改进金融监管，提高金融市场的透明度，以提高金融部门的稳定性。第三，双方致力于构建更加开放的贸易和投资体系，共同抵制保护主义，以推动经济增长，创造就业，促进创新。中方将逐步下放外资审批权限，简化外资审批程序。美方将切实考虑承认中国市场经济地位。双方还将共同推动WTO多哈回合谈判进程。第四，双方同意在改革和加强国际金融机构方面进行合作，增加包括中国在内的新兴市场和发展中经济体的发言权和代表性。

与美利坚合众国政府关于加强气候变化、能源和环境合作的谅解备忘录》[①]。除了应对全球金融危机，中美作为世界上最大的能源生产国和消费国，在应对全球气候变化、发展清洁高效能源、保护环境、确保能源安全方面面临着共同的挑战，双方承诺通过采取积极的国内行动努力应对这些挑战。在特殊的国际背景下，中美双方将“全球性问题”囊括在双边对话之中，这是前所未有的。

2010年5月24—25日，第二轮中美战略与经济对话在北京举行。对话主题：确保持续发展、互利共赢的中美经济合作伙伴关系。中方关注的议题主要包括：发展中美贸易，促进贸易平衡；改善双边投资环境；妥善处理经贸摩擦；承认中国市场经济地位；推动多哈回合谈判等。对话主要议题有：促进强劲的经济复苏和更加持续、平衡的经济增长；促进互利共赢的贸易和投资；金融市场稳定和改革；国际金融体系改革。对话共取得26项具体成果，并发布《联合成果情况说明》；双方签署了8项合作协议，涉及能源、贸易、融资、核能利用等多个方面。

2011年5月9日，第三轮中美战略与经济对话举行，中美军方代表首次参加对话。其时，中美关系刚经历一次波折；[②]“茉莉花革命”蔓延，国际格局加速变动。[③] 对话主题：建设全面互利的中美经济伙伴关系。议题：促进贸易与投资合作；完善

① 该备忘录确定了中美两国未来一段时期在能源和环保方面进行合作的十大优先领域。

② 倪峰：《探索新型的大国合作之路——第三轮中美战略与经济对话解读》，《当代世界》，2011，6：29－31。2010年，中美关系遭遇波折，在双边领域，两国在经贸、人权、台湾问题上的摩擦加剧，在地区事务上，随着美国“重返”亚洲步伐的加快，两国的竞争性凸显，战略疑虑加重。中美关系一度呈现出“自由落体”和“随波漂流”的状况。面对危局，两国元首从全局和战略的高度拨正了中美关系的发展航向。2011年1月，胡锦涛主席访美。此次访问不仅有效扭转了此前双边关系下滑的势头，实现了“止跌回升”，而且两国元首就建设相互尊重、互利共赢的中美合作伙伴关系达成重要共识，双方并发表了《中美联合声明》，为未来中美关系发展指明了方向。在这一背景下，如何落实两国元首达成的共识，让中美关系企稳的态势走实、走深就成为此次中美战略与经济对话面临的一项特殊任务。

③ 起于突尼斯的“茉莉花革命”迅速蔓延到埃及、也门、阿尔及利亚、巴林、沙特、利比亚、叙利亚等中东广大地区；日本遭遇地震、海啸和核泄漏事故三重灾害；拉登被击毙，反恐及南亚局势出现新变动；石油等大宗商品价格持续波动。

金融系统和加强金融监管；推进结构调整和发展方式转变；促进经济强劲、可持续、平衡增长。对话成果：签署《中美关于促进经济强劲、可持续、平衡增长和经济合作的全面框架》。中美各自的一些关切点在框架和清单中都得到了体现，例如构建更开放的贸易和投资体系、美方对于放宽对华高技术产品出口管制、承认中国市场经济地位的承诺、清洁能源合作等等。而另一些内容则超过了双边范畴，指向区域和国际经贸以及金融改革与监管，为未来 G20 场合的讨论预设了步调。通过该框架，中美对各自在双边乃至国际多边环境中的经济角色也有了比较清晰的定位。

2012 年 5 月，第四轮中美战略与经济对话在北京举行。对话主题是深化战略沟通与务实合作，推进持久互利的中美经济关系。成果清单包括促进高层交往，双边对话和磋商，应对地区和全球性挑战，加强中美合作，在气候变化、能源、环境及科技方面的合作。

四轮对话的主题，中美经济关系建设目标逐步升级：从 2009 年的加强中美经济合作，到 2010 年确保互利共赢的经济合作伙伴，2011 年建立全面互利的经济伙伴，2012 年到持久互利合作的经济伙伴。双方对话的目的循序渐进：合作、互利合作、全面互利合作、持久互利合作。

2. G20 经济外交

G20 在金融危机时代的崛起，即是发展中经济体在世界经济崛起的结果，也是世界经济老大美国力推的结果。尽管 G20 舞台上发达经济体之间的协调是主要的方面，但发展中经济体也在改善全球经济治理、促进经济复苏方面发挥着重要作用。中国作为发展中国家，全球经济增长贡献第一大国和经济总量第二大国，在 G20 中自然是美国需要沟通的对象。同时，中国也一直致力于建立国际经济新秩序，寻求更多参与全球规则的制定，G8 是代表发达工业国家的经济对话舞台，金砖国家峰会（BRICS）是代表新兴经济体的多边经济对话舞台，G20 则成为连接G8和BRICS的舞台。2006年，中国开始作为发展中国家以观察员的身份参与了G8峰会主导的全球经济治理，中国同时是新兴市场经济体（BRICS）峰会的主要参会成员，而中国和俄罗斯是同时参加三大多边经济对话舞台的成员。在这一背景下，作为全球最大发达经济体美国和全球最大发展中经济体中国，G20成为中美经济外交的重要舞台。

2009年4月，G20峰会在伦敦举行，胡锦涛和奥巴马在峰会期间实现首次会晤。在这次会晤中，双方强调，中美在应对国际金融危机冲击、推动恢复世界经济增长方面拥有更加广泛的共同利益。双方一致同意新时期中美关系的定位：积极、合作、全面的关系。两国元首一致同意建立中美战略与经济对话机制，并认为是新时期推动中美关系的重要机制。2010年的G20峰会于11月在韩国首尔召开，汇率、全球金融安全网、国际金融组织改革和发展为四大主要议题。美方就汇率问题向人民币施压，但最后达成折中表达。2011年G2O峰会在法国戛纳举行，胡锦涛与奥巴马举行了会晤。胡锦涛表示，过去3年多来，中美关系总体保持稳定发展。双方各领域合作不断取得新进展，中美关系的全球影响和战略意义日益凸显。奥巴马表示，双方在包括G20等机制内的合作良好，在推动世界经济增长方面发挥了积极作用。奥巴马衷心感谢胡主席为发展美中合作伙伴关系以及在G20内发挥的领导作用。奥巴马表示，中美要加强在G20等机制内的协作，共同应对全球经济挑战，促进各国经济和世界经济稳定增长。

（二）宏观经济协调

首先，积极参与宏观协调舞台。危机期间，作为全球最大的发达国家和最大的发展中国家，中美经济总量分别居于全球第一和第二，根据全球经济治理需要而进行的双边宏观经济协调，对于全球经济复苏十分重要。G20和中美战略与经济对话是中美沟通全球经济治理责任以及双边宏观经济协调重要舞台。双方在战略与经济对话中一致认识到双边宏观经济和政策协调的必要性和重要性，并确认共同承担改善全球经济治理的责任。历次中美战略与经济对话的主题和 G20 财长央行行长会议议题中，中美宏观经济政策的协调和动向是重要内容。

其次，协同刺激各自经济。2008 年 11 月 G20 峰会前夕，中国宣布了 4 万亿人民币（5860 亿美元）刺激计划，占中国 2007 年全年财政收入的 80%，占中国 GDP 的 16%。2008 年起，中国对全球经济增长的贡献位居世界第一，超过美国的贡献。2008 年 12 月，中美第五轮战略经济对话中，中美两国同意对具有系统性重要意义的宏观经济政策继续保持紧密交流，并再次承诺继续采取切实的必要措施保证金融市场的稳定，促进全球经济持续增长。[①] 2009 年 2 月，美国推出 1680 亿美元经济刺激方案，加上金融纾困计划的 7000 亿美元，共 8680 亿美元，占美国 GDP 的 4%。作为全球第一发达经济体和第一发展中经济体，作为全球第一大经济体和第二大经济体，中美两国的经济刺激计划对于世界经济抗击金融危机的冲击、全球经济早日复苏，意义重大。特别是中国政府的刺激计划，对于全球经济的信心起到巨大的振兴作用，也为全球经济注入了动力。

其三，双边经济结构调整。全球经济失衡也需要全球两大经济体中国和美国响应做出结构调整。在次贷危机前的双边对话中，一般是美国提出要求，中国进行各项改革和调整；次贷危机后，全球经济再平衡和双边经济再平衡，中国有能力要求美国进行经济结构调整和改革，这是中国经济能力相对提高的体现，中美经济关系的对称性增加。中美战略与经济对话成为双方沟通经济结构协同调整的舞台。中国国民储蓄率过高、美国国民储蓄率过低是导致两国经济不平衡的重要原因之一。第一轮中美战略与经济对话中，中方承诺将扩大内需，特别是加快服务业发展，进

---

① 《第五次中美战略经济对话成果情况说明（全文）》，http：//news. xinhuanet. com/fortune/2008 - 12/05/content_ 10461022. htm，2013 - 11 - 25。

一步放宽服务业市场准入和拓宽民间投资的领域和渠道。美国承诺将采取措施增加国民储蓄占 GDP 比率。对于中方最关心的美国国债安全问题，美方保证在 2013 年前将联邦预算赤字占 GDP 的比例降至可持续水平。第二轮中美战略与经济对话期间，在宏观经济方面，中方将继续提高国内消费对经济发展的贡献率，加强社会保障体系建设；美方承诺将推动建立更加平衡和可持续的经济发展模式，提高储蓄率，改善中期财政状况、实现财政长期可持续性。第三轮战略与经济对话期间，中方表示，2011 年 3 月公布的“十二五规划”强调要以加快转变经济发展方式为主线，更好地解决发展不平衡、不协调、不可持续的问题，同时提出坚持把经济结构战略性调整作为加快转变经济发展方式的主攻方向。为此，中国将着力实施扩大内需、特别是消费需求的战略，促进科技进步和创新，推动产业结构优化升级，促进城乡区域协调发展，着力建设资源节约型和环境友好型社会。第四轮战略与经济对话期间。双方承诺合作应对全球经济挑战。双方重申愿加强合作，共同推动 G20 洛斯卡沃斯峰会取得成功。美方继续致力于转变经济增长方式，增加投资和出口水平，在中期将总储蓄率提高到过去 30 年（1980—2010 年）的平均水平。中方致力于转变经济发展方式，改善民生，积极扩大国内需求，并将扩大消费作为扩大内需的战略重点。为切实推进这些目标，中方将加大结构性减税政策力度。

（三）全球经济治理

1. 携手合作增强全球经济治理能力

全球经济治理的优劣呈现为一定的国际经济秩序。国际经济秩序由一系列国际规则组成，这些规则通过国际组织来制定并维护运行。在较长时期，发达国家垄断着国际经济规则制定和包括 G7、IMF、WB 等在内的国际组织的话语权。随着发展中国家经济力量的崛起，G20 成立。但在美国为首的发达国家发生系统性危机之前，G20 仍然没有话语权。2008 年，从美国爆发的次贷危机很快演变为全球金融危机和经济危机。发达国家普遍陷入流动性短缺和有效需求短缺，增长乏力。而发展中国家经济与之形成鲜明的对比，流动性充裕，社会有效需求强劲。在一场系统性危机前面，发达国家需要发展中国家参与全球经济复苏所需要的宏观政策协调、IMF 资金等。靠原来的 G7、IMF 融资能力和融资方式没法满足一场系统性危机的自救需要。以美国为首的发达国家想到了 G20，自此 G20 走上全球经济治理的舞台。中国作为最大的发展中国家，全球经济增长贡献第一大国和经济总量第二大国，在 G20 中自然是美国需要沟通的对象。G20 便成为中美经济外交的重要舞台。2009 年 11 月，胡锦涛在纽约会晤奥巴马，双方宣布两国将同其他成员一道，全面落实历次 G20 峰会的成果，不断加强 G20 在全球经济治理当中的作用，推进国际金融体系改革，完善全球经济治理，以防范和应对未来的危机。2011 年，G20 峰会期间，奥巴马衷心感谢胡主席为发展美中合作伙伴关系以及在 G20 内发挥的领导作用。奥巴马表示，双方在包括 G20 等机制内的合作良好，在推动世界经济增长方面发挥了积极作用，中美要加强在 G20 等机制内的协作，共同应对全球经济挑战，促进各国经济和世界经济稳定增长。

2. 崛起国家与守成国家相互接纳

中美作为崛起中的经济大国和守成的经济大国，最为重要的事件莫过于双方就国际经济秩序达成妥协或共识。2011 年，中国承认了美国主导的国际经济秩序的重要性，美方欢迎中国在国际经济事务中发挥更大作用。这等于崛起方确认了不“另起炉灶”，守成方确认接纳崛起方，双方在当前国际经济秩序和制度安排中共同推进全球经济治理。中国提出建立国际政治经济新秩序最早可以追溯到 20 世纪 50 年代第一届亚非会议的召开。2003 年，胡锦涛在俄罗斯国际关系学院发表演讲，阐述了建立公正合理的国际政治经济新秩序的看法。2005 年 4 月，胡锦涛在亚非峰会上指出，由于全球经济发展不平衡、南北差距扩大和贸易保护主义抬头等外部因素，加之自身基础薄弱，广大发展中国家在经济社会发展中面临着不少困难和矛盾，有的甚至面临被边缘化的危险，只有建立起公正合理的国际经济新秩序，才能改变发展中国家这种不利局面，才能推动世界经济向均衡协调可持续方向发展。次贷危机发生后，改革国际经济秩序的时机来临，2008年11月15日G20华盛顿峰会上，胡锦涛代表中国提出推动建立公平、公正、包容、有序的国际金融体系。2009年3月23—24日，中国央行行长周小川连续在央行网站发表文章，提出要创造一种“超主权的国际储备货币”，取代现行的“单一国际储备货币”。其具体步骤是提升特别提款权（SDR）的地位和作用，长期稳步推进国际货币体系向多元化发展。这话被认为是将矛头对准了美元，因为美元自20世纪布雷顿森林会议以来一直是国际主要储备货币。2009年3月27日，中国副总理王岐山在《泰晤士报》上发表文章，再次明确阐述了中国方面对于改革国际金融体系的政策立场，包括调整国际金融组织的治理结构，提高发展中国家的代表性和发言权，支持IMF增资等等。尽管上台之初奥巴马在回应胡锦涛主席的贺电时，表示解决当前金融危机需要各国政府更加紧密合作。但是，对于国际货币体系的改革，奥巴马政府显露出守成国家的心态。对于周小川的建议，奥巴马在华盛顿时间2009年3月24日晚上，通过一场对全国直播的电视记者会迅速做出了回应：“我不认为有必要设立环球货币。”美国财长盖特纳和美联储主席伯南克在国会听证会上共同表示将拒绝采用中国与俄罗斯主张创立环球货币的建议。奥巴马在4月2日伦敦G20金融峰会上，再次表示他并不认为有必要设立一种新的全球货币。欧盟与澳大利亚表明支持美元继续成为国际储备货币。G20伦敦峰会期间，中方并没有提及超主权储备货币和SDR的建议。2009年7月5日，中国外交部副部长何亚非在G8同发展中国家领导人对话吹风会上表示，创立超主权国际储备货币目前只是学术讨论，不是中国政府的立场。何亚非还指出，美元是当今主要的国际结算货币和储备货币，因此美国政府有责任保持美元的稳定。2010年11月，在IMF对SDR一篮子货币的五年期例行审查和货币篮子的权重调整之后，由于人民币的自由兑换程度无法达到IMF的有关标准——资本账户开放，呼声颇高的人民币最终并未如愿进入。2011年1月19日，中美两国于华盛顿发表联合声明：美方支持中方逐步推动将人民币纳入SDR的努力。2010年9月，胡锦涛在会见世界银行行长佐立克时指出，我们愿与包括世行在内的国际社会，加强宏观经济政策的对话和协调，共同推动建立公平、公正、包容、有序的国际经济新秩序。2011年，第三轮战略与经济对话正式举行，在这次对话中，中国承认美国在国际经济体系和亚太地区的重要作用，并欢迎美国参与亚太地区经济稳定与繁荣并为其做出贡献；美方则表示，欢迎中方在国际经济事务中发挥更大作用。奥巴马表示，美国支持中国在国际金融机构中发挥重要作用。双方都注意到，在国际金融市场依然面临挑战、世界局势发生复杂深刻变化的背景下，中美两国肩负着更加重要的共同责任，拥有更加广泛的共同利益与合作基础。进一步提升中美合作水平，不仅符合两国人民的共同利益，也有利于亚太地区乃至世界的和平、稳定与繁荣。① 2012年在第四轮战略与经济对话期间，双方支持IMF对促进全球经济金融稳定发挥作用。中美双方确认按时落实2010年IMF份额和治理改革方案十分重要，这个改革方案涉及中国增加份额和话语权。

（四）中美在贸易领域的互动

1. 中美围绕双边贸易平衡的争论

金融危机后，美国失业率居高不下、府会结构发生变化、美中贸易逆差再次成为中美经贸关系中的敏感问题。美方对中美双边“贸易不平衡”给予严重关切，美中经济与安全审查委员会在提交国会的2010年度报告中指出，“美国对华贸易赤字拖累

① 《首轮中美战略与经济对话联合新闻稿》，《人民日报》，http://world.people.com.cn/GB/41214/9749039.html，2013－11－16。

了美国经济的复苏”，并认为中美两国各应为全球经济失衡承担一半责任，其中，中国应扩大进口，同时改革人民币汇率制度以限制出口产品的竞争力，从而削减中国的顺差。① 同时希望扩大对中国的出口，美国提出了2015年出口倍增的目标，希望扩大出口，包括对中国的出口，带动就业，达到削减贸易逆差的效果。② 中方认为，人民币汇率不是造成中美贸易逆差的原因，中美贸易不平衡主要涉及两大焦点问题：一是贸易统计方法差异，美方统计夸大了中美贸易逆差；二是美方的出口管制是造成中美贸易失衡的重要因素。在2010年12月第21届中美商贸联委会上，中国商务部长陈德铭表示，“我们在扩大进口的同时特别希望那些跟我们在贸易上还处于逆差的国家能够取消出口的限制，扩大对我们的出口。如果美国能实质性地对中国的出口实行贸易便利，更扩大向中国的出口，那么这对于缓解美国当前的高失业率是有帮助的。”③

2. 中美围绕贸易保护主义展开交锋

在美国经济尚未走出衰退，美国国内保护主义势力抬头，全球贸易形势仍然非常严峻的情况下，中美之间的贸易争端处于一个摩擦高发期。2009年1月30日，胡锦涛在通电祝贺奥巴马就任时即表示，愿同美方进一步加强宏观经济政策的沟通和协调，坚决反对贸易和投资保护主义。4月30日，美国先后决定对中国油井管、轮胎产品分别启动反倾销反补贴合并调查与特保调查。中国商务部对此表示强烈反对。9月11日，美国政府宣布对中国输美轮胎产品采取特殊保障措施。9月22日，胡锦涛访美时对奥巴马指出，美方对中国输美轮胎采取特保措施不符合两

---

① 清华大学中美关系研究中心：《散发火药味的中美经贸合作》，《中美关系简报》，2010，37：1。

② The Export Promotion Cabinet. *REPORT TO THE PRESIDENT ON THE NATIONAL EXPORT INITIATIVE*. Washington, D. C., The Export Promotion Cabinet, 2010。

③ 蒋旭峰、刘丽娜：《陈德铭说美国放松对华出口管制对美有益》，http://news.xinhuanet.com/fortune/2010-12/16/c_12887042.htm，2013-02-04。

国利益，类似事情不应该再次发生。在当前经济金融形势下，中美双方更应该坚定反对贸易和投资保护主义。奥巴马回应说，美国支持自由贸易，致力于继续拓展同中国的贸易关系，美方愿同中方通过对话和磋商解决经贸领域问题。[①] 但这种口头上的经济外交显然并没有对约束美国的贸易保护主义有多大作用。美国贸易保护措施连发。10 月 21 日，奥巴马签署《2010 年农业拨款法案》。其“第 743 条款”对《2009 年综合拨款法案》“第 727 条款”做了修正，规定在满足加强检验核查、增强措施透明度等要求后，允许将拨款用于进口中国禽类或禽类制品。10 月 27 日，美国商务部对中国钢绞线和钢格栅板产品实施 7.53%—12.06% 和 7.44% 的惩罚性关税。10 月 30 日，美国国际贸易委员会投票通过对中国钢材的反倾销调查裁定，中国随后向世贸组织投诉，启动了为期 60 天的争端解决程序。中国方面予以反制，中美展开贸易交锋。2009 年 9 月 27 日，中华人民共和国商务部发布 2009 年第 74 和 75 号公告，决定自即日起对原产于美国的进口肉鸡产品发起反倾销和反补贴调查。11 月 1 日，中国商务部裁定原产于美国等地的进口乙二酸存在倾销，决定自 2009 年 11 月 2 日起，对进口自美国等地的该产品征收为期 5 年 5.0%—35.4% 的反倾销税。11 月 3 日，美国商务部对中国金属丝网托盘产品做出反补贴初裁，对涉案企业征 2.02%—3.13% 的税率。11 月 4 日，美国商务部发布公告，应申诉方的撤诉请求，决定取消对 13 家中国环状焊接碳素钢管企业的反倾销行政复审，至此，美国对华环状焊接碳素钢管发起的反倾销行政复审全部取消。11 月 5 日，美国商务部公布了对中国输美油井管反倾销反补贴案的倾销调查初裁结果，裁定征收 36.53%—99.14% 的反倾销关税。9 月 9 日，美商务部对该案做出反补贴初裁，裁定中国涉案企业存在 10.9%—30.6% 不等的补贴幅度。11 月 6 日，

① 刘东凯、陈鹤高：《胡锦涛在纽约同美国总统奥巴马会晤》，http://politics.people.com.cn/GB/1024/10098944.html，2013-11-20。

美国国际贸易委员会以6：0的投票结果初裁认定中国产紧固件没有对美国产业造成实质损害或实质损害威胁，因此终止对紧固件的“两反”调查。11月6日，中国商务部决定即日起对原产于美国的排气量在2.0升及2.0升以上进口小轿车和越野车发起反倾销和反补贴调查。11月6日，美国国际贸易委员会初步裁定，对从中国进口的铜版纸、焦磷酸钾、磷酸二氢钾和磷酸氢二钾四项产品征收“双反”关税。11月13日，中国商务部决定自2009年11月14日起对原产于美国等地的进口乙醇胺所适用的反倾销措施进行为期一年的期终复审调查，并将继续征收反倾销税。2009年11月奥巴马访华，胡锦涛再次向奥巴马总统强调，当前形势下，我们两国应该有更加坚决的态度，反对和抵制各种形式的保护主义。但外界并没有披露奥巴马对此有任何公开回应。在2010年6月召开的G20多伦多峰会期间，胡锦涛会晤奥巴马时表示，中方无意追求对美贸易顺差，一直采取积极措施扩大自美进口。希望美方坚定抵制保护主义倾向，逐步放宽对华高技术产品出口限制，以利于两国经贸关系健康平衡发展。外界公开披露的信息中，奥巴马没有直接回应，而是强调，美中合作具有很大潜力，双方应该进行建设性合作，实现共同发展，并希望双方共同努力推进双边关系，在相互尊重的基础上妥善处理分歧，扩大双方共同利益。2012年，第四轮中美战略与经济对话期间，美方表示愿与中方一道，以建设性方式解决贸易摩擦，共同反对保护主义，并为实现全球经济的均衡发展打下基础。①

3. 政府采购的“自主创新”条款

中美双方就政府采购进行了长时间的沟通与磋商，其中关于中国政府采购的自主创新条款的较量最为引人注目。根据2001年中国加入WTO协定，中国加入政府采购协定并无期限，但中国政府庞大的采购计划自然令欧美企业希望中国尽早加入。

① 钱彤、李诗佳、谭晶：《胡锦涛主席同来华访问的美国总统奥巴马举行会谈》，中央政府门户网站，http://www.gov.cn/ldhd/2009-11/17/content_1466944.htm，2013-11-27。

2009 年，第一轮战略与经济对话前，美国敦促中国尽快加入 WTO 政府采购协定，中方提出将于 2009 年 10 月 WTO 政府采购委员会会议前向该委员会提交一份报告。在中国美国商会的影响下，2009 年 10 月举行的中美商贸联委会上，中美两国同意组建一个“多部门工作小组”，来定期举行会议讨论政府采购问题。

2009 年 11 月，中国科技部、国家发展改革委和财政部联合下发了《关于开展 2009 年国家自主创新产品认定工作的通知》（以下简称《通知》），正式开展 2009 年自主创新产品的相关认定工作。根据《通知》，三部委将最终审定和发布《国家自主创新产品目录》（以下简称《产品目录》）。财政部将会同有关部门在《产品目录》的基础上确定《政府采购自主创新产品目录》，并实行动态管理。进入《政府采购自主创新产品目录》的产品可在政府采购活动中享受政策扶持。[①] 自 2006 年，财政部、科技部和国家发改委颁布文件，着手建立国家自主创新产品认定制度，规范自主创新产品认定工作。但由于《政府采购自主创新产品目录》迟迟未能出台，致使政府采购扶持国家自主创新产品政策实际上没有落地。因此《产品目录》的制定，意味着国家扶持政策落地。传统上，外资企业、外资品牌在中国政府采购里占据绝对优势。因此，中国政府采购里面的自主创新条款的要求令欧美企业十分紧张。美国企业界反对中国政府把具有国内知识产权、商标作为参与政府采购的前提，将这些措施认定为市场准入障碍和贸易保护主义。[②]

2010 年 6 月第二轮中美战略与经济对话举行前，美国商会加紧在本土展开游说工作。2010 年 5 月初，中国美国商会派出

---

① 胡锦涛：《走中国特色自主创新道路 为建设创新型国家而奋斗——在全国科学技术大会上的讲话》，http：//theory. people. com. cn/GB/49169/49171/4012810. html。2006 年 1 月 10 日，中国共产党中央和国务院在北京召开 21 世纪第一次全国科学技术大会，会议目的是动员全党全社会为建设创新型国家而努力奋斗。胡锦涛呼吁抓紧制定切实有效的改革举措、激励政策和法律法规，完善鼓励自主创新的金融财税政策，支持自主创新。

② 黄婕：《跨国公司集体游说 扶持“自主创新”新政变调》，http：//www. 21cbh. com/HTML/2010 - 4 - 16/4NMDAwMDE3MzA4NA. html。

代表团赴华盛顿开展为期四天“叩门之旅”，核心任务是让华盛顿了解到，促使中国开放市场才是在华美国企业目前最为关心的问题，重要性远远高于汇率问题。随后，5月21日，美国商会会长多诺霍（Thomas Donohue）在北京进行了高级别会晤。“我（在会面中）表达了对中国政府采购中优先考虑国家自主创新产品的担忧，这将导致美国企业在竞争中处于不利的地位。”[①] 2011年4月26日，中国美国商会公布2011年《美国企业在中国》白皮书，敦促中国重新考虑有碍公平竞争的歧视性行业政策，这些政策包括与自主创新、许可标准、政府采购、竞争法及知识产权执法等相关的法规。2010年中美商贸联委会前夕，12月6日，美国32名参议员联名致信王岐山副总理，称中美“急需采取建设性的工作”来缓解双方主要贸易争端。他们认为中国的“自主创新”政策实为保护本国企业，给外国同行带来不公平竞争。2010年12月14日，第21届中美商贸联委会在华盛顿举行，中国有关部门表示正在进一步修订《政府采购法实施条例》，并认真收集听取各方面意见与建议，包括来自美国的意见与建议。中国将在2011年提交修改后的加入WTO《政府采购协定》第三份出价清单；在政府采购案中，中国将对国内外商投资企业以及中资企业生产的所有创新产品一视同仁。不过，美方仍担忧中国条例草案第九条中的产品目录可能会被用于在政府采购中向自主创新产品提供优惠待遇。2011年6月28日，中国财政部宣布自2011年7月1日起停止执行财政部2007年颁布的“自主创新产品政府采购预算管理办法”，“自主创新产品政府采购评审办法”和“自主创新产品政府采购合同管理办法”这三份文件。中方在政府采购自主创新条款上有所撤退。

---

① 李关云：《走出“巴别塔”：中美战略与经济对话叫牌》，http：//www.21cbh.com/HTML/2010－5－25/4OMDAwMDE3ODg4OQ.html。

（五）中美在投资领域的互动

1. 间接投资

（1）中美围绕购买美国国债的互动。中国作为发展中国家，资本本来相对匮乏，但却不得不将贸易换来的大量的美元储备资产投资到回报率很低的美国国债市场。作为发达国家的美国，坐享贸易逆差的同时还坐享资本逆差，既消费了发展中国家的商品，又消费了发展中国家的资金。尽管这种利益分配格局不公平，但是由美元和美国经济的强势地位和中国的经济结构和实力决定，短期内难以改变，某种程度上这种格局还是中国需要的。但金融危机的到来，进一步影响了这一利益格局，从而围绕中国购买美国国债一事展开了经济外交。美方要求中方持有更多美国国债以保证美国国内的流动性，但同时又大量发行美元导致美元贬值，损害中方美元储备资产的价值，中方尽管持有大量美元，但它的价值却把握在美方手里，因此中方一再要求美方保证资产的安全。从中国方面来看，中国是全球外汇储备规模最大的国家，并且外汇储备中美元占主体，为了防止巨额外汇闲置带来资金浪费，中国政府需要做出选择。中国政府可以对巨额外汇资金进行实体投资，但通常而言，实体投资面临着巨大的风险，并且大多数政府对有外国政府背景的投资行为通常保持高度警惕。于是，中国政府将购买美国政府发行的国债作为次优选择，因为国债的收益率远远高于普通商业银行的存款利息，而且国债由美国政府的信誉做担保。所以，美国国债成为中国美元外汇储备的首要投资对象。中国外汇储备调整重点是所持美元资产尤其是美元债券的期限结构，增加短期债券比重，减少长期债券比重，以减少美元贬值风险。[①] 此外，危机期间，中国多次要求美国保证汇率稳定和中国在美国国债领域投资的安全。从美国方面来看，首

① 林瑞轩：《中国增持美国国债步伐放慢》，http：//www.caijing.com.cn/2009-04-16/110146655.html，2013-02-06。

先，为了应对金融危机，奥巴马政府发行创纪录政府债券，海外投资人增持美国政府债券对于弥补美国的巨额预算赤字至关重要。[①] 在此背景下，奥巴马尤其需要获得中国这一最大债权人的支持，希拉里访华期间专门要求中国增持美国国债。其次，美联储发行了大量的美元，加剧美元在全世界范围的贬值，威胁中国所购买的美国国债的实际收益。因为如果中国所得的国债利息不能抵消美元贬值所带来的损失，那么中国购买美国国债的实际收益率就是负数，中方的增持美国国债的动力将受到影响，美方必须采取措施保证中方的利益。美方在中美战略与经济对话中，也在口头上承诺维持美元的稳定。

（2）中美围绕中国主权财富基金在美投资的互动。美国行政部门需要中国增持美国国债以提供流动性，中方则期待稳定美元储备的投资价值和提高收益率，创设了主权财富基金进行多元化投资。但美国国会对于中国美元储备资产通过主权财富基金进行投放，态度十分保守，使得这一话题进入了中美战略经济对话的议题。美国对于外国投资者尤其是国有企业投资人保持警惕。2007 年 7 月，美国国会通过法律——《外国投资与国家安全法》（FINSA），为美国外国投资委员会审查外来投资建立了法定依据，也给予了行政部门阻止可能危及到美国国家安全的外国收购行为的具体权利，对于投资者是国有身份的投资审查期限延长到 45 天。中国第一支主权财富基金中国投资有限责任公司（简称“中投”）于 2007 年 9 月正式成立，成立之后马上迎来了美国金融公司估值的谷底期，极缺资金填补亏空的美国金融机构和美国行政部门对中投公司打开大门。2007 年底，中投公司对黑石集团投资了 30 亿美元，对摩根士丹利公司投资了 56 亿美元。但美国国会对此很不放心，2008 年 2 月 7 日，美国国会美中经济与安全评估委员会举行了以“中国主权财富基金投资对美国国家

① 美国财政部 2009 年 10 月 16 日公布的数据显示，美国 2009 年财政赤字是 1.42 万亿美元，这相当于美国国内生产总值的 10%，创第二次世界大战结束以来最高记录。

安全的含义”为主题的听证会，十几个专家学者和政策制定者到会发表了证词，他们普遍对刚刚成立的主权财富基金中国投资有限责任公司表现出极大的关注和担忧。美国外交关系协会研究员布拉德·希泽尔认为，中国建立中投公司不管对中国还是投资对象国，都将特别引发一系列“令人十分焦虑”的问题。[①] 对于美国国会和议员的发难，中投公司总经理高西庆感慨道，一些美国议员在批评中国主权财富基金时的虚与委蛇，表面说一套，但是实际上私底下并不认为中国主权财富基金会给美国造成多大影响，这些美国议员的批评仅仅是出于选票的驱动力。[②] 2008 年 6 月，OECD 发布的《OECD 关于 SWFs 投资接受国方针的宣言》中指出，接受国的投资保护措施应该是透明且可预见的。2008 年 10 月，IMF 主权财富基金国际工作组就主权财富基金的信息披露原则和做法做了详细规定，包括透明度和双方对等的非歧视性原则，即为“圣地亚哥原则”。[③] 作为中国唯一拥有庞大资金规模的主权财富基金，中国投资公司从一开始就面临着较大的透明度压力。中投公司严肃面对和认真对待自身的信息透明度问题，坚定地执行 IMF 主权财富基金工作组制定的“圣地亚哥原则”，在第一个完整会计年度后就及时发布年报，全面介绍了公司的企业文化与核心价值观、治理架构、投资策略、风险管理原则，并披露了 2008 年度财务报告，得到了国际社会的肯定。[④]

---

① 具体归纳为以下五个方面：第一，中投公司的资金来自于发行的债券，而不是财政盈余，中投公司是通过财政部向国务院负责，而不是向央行负责，所以它必须要获取足够的收入向财政部支付利息。第二，中投公司承担着巨大的汇率风向，市场预期是每年 8% 左右，而承担的债券利息是 5%，这就意味着在不算行政费用的情况下中投公司需要的回报率至少应在 13% 左右。第三，中国建立的中投公司已超出了外汇多元化投资的目的，它还负责包括对国有银行的投资管理等，甚至国内的投资要比国外大。第四，与任何一个其他拥有主权财富基金的国家相比，中国是一个贫穷的国家。第五，中投公司的潜在规模令人担忧，中国外汇整体增长趋势意味着中投公司在不久的将来就有可能成为世界上最大的主权财富基金之一。

② 陆媛：《高西庆：反对把主权财富基金泛政治化》，http：//finance. ifeng. com/roll/20091218/1600905. shtml，2013 -11 -23。

③ 苗迎春：《论主权财富基金透明度问题》，《国际问题研究》，2010（04）：57—63。

④ 苗迎春：《论主权财富基金透明度问题》，《国际问题研究》，2010（04）：57—63。

2008 年 6 月，第四轮中美战略经济对话期间，经过交涉，美方表示，欢迎包括中国在内的主权基金对美国投资，承诺开放金融市场，对于中国的银行在美国设立分支机构不会“故意延迟”。2008 年 12 月，作为第五轮中美战略经济对话的成果，美国重申欢迎外来投资，包括对其金融部门和通过中国外汇储备和主权财富基金所做的以商业为导向的投资，并重申对经合组织（OECD）确定的接收主权财富基金投资的开放和非歧视性原则的承诺。[①] 在双方政府的努力下，2011 年中投公司监事会主席金力群披露，中国投资有限责任公司作为中国的主权财富基金公司，其资产的 60% 投在美国。[②] 2012 年第四轮战略与经济对话期间，中方重申遵守主权财富基金公认的原则和做法的承诺。美方重申按照 OECD 2008 年 6 月公布的《主权财富基金与投资接受国政策宣言》，对主权财富基金坚持公开和非歧视原则的承诺。但危机结束后，这一切时过境迁，美国个别州提出拒绝中国主权财富基金的投资。2013 年 4 月 7 日的博鳌论坛上，中投公司副董事长兼总经理高西庆谈起了在美国并不愉悦的投资经历：金融危机时，美国对中投公司表示欢迎；但在危机之后，有些人对他说，“你不要到美国投资了。”[③] 2013 年 7 月，作为第五轮中美战略与经济对话的成果，美国重申将遵守 OECD2008 年 6 月公布的《主权财富基金与投资接受国政策宣言》对主权财富基金坚持公开、非歧视原则的承诺，提高外资监管审批政策和程序的透明度和可预见性；中国重申将遵守主权财富基金普遍接受原则和惯例

---

① 陆媛：《高西庆：反对把主权财富基金泛政治化》，http：//finance. ifeng. com/roll/20091218/1600905. shtml，2013 - 11 - 23。

② Joshua Fellman & Sylvia Wier. China Sovereign Fund Has About 60% of Assets Invested in U. S. , Jin Says，http：//www. bloomberg. com/news/2011 - 12 - 09/china-sovereign-fund-has-about-60-of-assets-invested-in-u-s-jin-says. html，2013 - 11 - 28。

③ 闫铮：《美国复苏后过河拆桥 拒绝中国主权财富基金》，http：//finance. qq. com/a/20130419/002650. htm? pgv_ ref = aio2012&ptlang = 2052，2013 - 11 - 22。

的承诺。[①]

2. 直接投资

中国对美非金融类直接投资主体是企业。中国经济经历金融危机后依然稳定增长，企业也大都保持了良好发展势头，因而更有实力去美国买地建厂，甚至是并购。到2008年底，中国企业累计在美投资34.7亿美元，其中直接投资20.8亿美元。据中国商务部2010年9月6日公布的数据，2010年上半年，中国对美国直接投资达到6.05亿美元，同比增长3.6倍，是2003年以来中国赴美投资增长最快的半年。[②] 2011年，胡锦涛主席访问美国，一次访问即推动对美直接投资50亿美元。美方担忧国有企业可能潜伏的不公平竞争和国家安全问题，令不少中国国有企业投资美国受阻，双方为此展开国内调整和双边磋商。

2010年，第二轮战略与经济对话，中方承诺继续努力使越来越多的国有企业成为以市场为导向的法人实体，继续推进国有企业改革，进一步推动投资主体多元化，包括发行可公开交易的股票，以及引入包括非公共和外国投资者在内的战略投资者并让其持股。对于外国企业在华投资，中方重申将坚定不移地实施对外开放政策，为所有市场主体创造一个公平竞争的市场环境。中方对依法在华经营的包括美国企业在内的外资企业提供国民待遇。美方认识到许多中国国有企业已实行股份制并建立了公司治理结构，实现了股权多元化，其中许多已成为上市公司。美方欢迎包括中国企业在内的外国投资。美方确认，美外国投资委员会（CFIUS）有关程序遵循透明和严格的法定时限，确保为所有外国投资，无论其来源地，提供一致和公平的待遇，并将继续努力澄清相关审查程序中的关键定义和概念。

2012年第四轮战略与经济对话期间，美方承诺，不论投资

---

① 《第五轮中美战略与经济对话框架下经济对话联合成果情况说明》，http://www.gov.cn/jrzg/2013-07/13/content_2447005.htm，2013-12-01。

② 清华大学中美关系中心：《2010上半年中国对美投资新趋势：有增无减》，《中美关系简报》，2010，30：3。

者来源国，美国外国投资委员会（CFIUS）都一视同仁，以同等规则和标准对待其审查的所有交易。无论交易是否涉及政府控制的或私人的外国投资者，CFIUS 的审查仅限于国家安全审查。当一项交易引起国家安全风险时，CFIUS 将寻求尽可能快速地解决问题，包括在可行的范围内采取有针对性的缓解措施，而不是阻止整个交易。双方致力于通过投资论坛等继续讨论各自外国投资审查中的有关关切和概念。中方承诺公平对待外国企业在华投资。外资并购安全审查仅针对国家安全关切，并遵守规定的时限和审查标准。中方将逐步简化外国投资审批程序，提高透明度。"十二五"期间，中方将实施更加积极主动的开放战略，拓展新的开放领域和空间。中美双方认识到两国企业在国内基础设施融资方面发挥积极作用的潜力，承诺探索加深该领域合作的机遇。中国政府承诺为各类所有制企业创造平等竞争的市场环境，在信贷提供、税收优惠和监管政策等方面对各类所有制企业一视同仁。美方欢迎来自包括中国在内的所有国家和国有企业的商业投资。①

2013 年 12 月 3 日上午，第五届中国对外投资合作洽谈会在北京展览馆开幕，美国驻华大使骆家辉指出，在其任职的 21 个月期间，中国对美投资已经达到 185 亿美元，是前 11 年加起来的总和。骆家辉披露，2009—2011 年在美国发生过 3800 项外方的收购和合并交易，其中美外资委员会审议了 269 项，占交易项目的 7% 左右，其中只有 26 项是审批中国的项目，占审议项目总数的 9.7%。在 3800 项外国投资和合并的项目中只有 22 项经过修改，不到 1%。尽管中国对美投资发展迅速，但显然针对中国的审查还是有些偏高。根据美国外国投资委员会发布的数据，2010 年至 2013 年期间提交安全审查的外国投资案件共有 415 起，其中涉及中国投资者的案件数量达 60 起（占 14.5%）。其

---

① 《第四轮中美战略与经济对话框架下经济对话联合成果情况说明（全文）》，http：//politics. people. com. cn/GB/17814589. html，2013－11－26。

中，2012年和2013年中资受审查案件急剧增加，其总数位列各国之首。[①]

（六）中美在金融领域的互动

中美在金融领域的互动，在金融危机后有了新的内容。在原有双方关注市场准入外，新增加两项，共同促进金融市场稳定，合作完善金融监管和IMF为主的全球金融治理。2008年12月，第五轮中美战略经济对话举行，中美两国再次承诺继续采取切实的必要措施保证金融市场的稳定，促进全球经济持续增长，在关系到全球经济和金融稳定的问题上继续合作，并考虑采取措施进一步加强监管方面的信息交流。2009年7月，中美首次战略与经济对话在华盛顿举行，两国表示要在构建强有力的金融体系和国际金融机构改革方面强化合作，双方将共同努力促进国际金融机构改革，以确保通过改善其治理结构、增强其融资能力和加强IMF在其具有核心竞争力领域的政策监控，对发展中国家的需求做出回应，增强防范和应对未来危机的能力。

1. 金融市场准入

第一轮中美战略与经济对话，中方承诺增加QFII投资额度到300亿美元，允许符合相关审慎要求的外资法人银行在从事银行间债券市场承销业务方面与国内银行享有同等权利。中方还将进一步下放外资审批权限到地方。[②] 第二轮战略与经济对话，美方欢迎外国资本投资于美金融业，承诺对中资银行、证券和基金管理公司适用与其他国家相同的审慎监管标准。[③] 第四轮中美战略与经济对话中，外资在内的汽车金融公司和金融租赁公司依程

① 晨哨网、跨国法律服务中心：《穿越美国投资安全审查》，http：//www.morningwhistle.com/website/news/4/46435.html，2015－10－11。

② 《首轮中美战略与经济对话》，新华社，http：//www.xinhuanet.com/world/zmdh/，2014－04－03。

③ 《第二轮中美战略与经济对话》，新华社，http：//www.xinhuanet.com/world/2zmdh/，2014－04－03。

序可在中国发行金融债券；资产证券化方面，外资金融机构与中资享有同等待遇。中国放宽外国金融机构入股中国金融行业的股权限制，承诺将外国投资者在合资证券公司中持有的股份上限从原来33%提升至49%；合资公司可以从事股票（包括人民币普通股、外资股）和债券（包括政府债券、公司债券）的承销和保荐，在持续经营满两年以上且符合有关条件的情况下可申请扩大业务范围，如参与大宗商品交易和金融期货。中国将合格境外机构投资者（QFII）的投资总额度提高到800亿美元，人民币合格境外机构投资者（RQFII）的投资额度增至700亿元人民币。中国承诺为美国企业提供融资便利，将金融合作业务范围扩大到保险业。

2. 汇率博弈

在汇率方面，美方延续以往要求人民币升值的要求。但汇率问题不再是美国单向度提要求，中方也要求美方保持汇率稳定。

次贷危机发生前，由于美元的世界货币地位和中国的外汇储备是以美元为主导的格局，加上中国外汇管制因素，在蒙代尔“不可能三角”（一个国家不可能同时实现资本流动自由，货币政策的独立性和固定汇率）的约束下，中国的货币政策受到美国货币政策的影响非常大。因此，长期以来中美宏观经济协调主要是单向度的，即美国货币政策走向是中国的宏观经济政策特别是货币政策的重要依据和约束，美方不存在对中方的依赖或受中方的影响。次贷危机发生后，由于中国的巨额外汇储备和全球第二的增长贡献额，美国对中国的依赖增强，中国也能够向美国提出宏观经济政策协调的责任，特别是美元汇率的要求，要求美元价值稳定、提高储蓄率等经济结构调整。2009年11月，胡锦涛表示，国际金融危机发生以来，中国在面临经济困难的情况下保持人民币汇率稳定，这是对亚洲乃至世界的一个贡献。奥巴马回应称，为应对国际金融危机冲击，中国保持人民币汇率稳定，美方对此表示赞赏。第三轮中美战略与经济对话时，中方承诺继续增强人民币汇率弹性，美方在第三轮战略与经济对话中承诺对汇率过度波动保持警惕。第四轮战略与经济对话中，双方表示坚决全面落实G20有关承诺，加快推进由市场决定的汇率制度，增强汇率灵活性以反映经济基本面，避免汇率的持续失调和货币竞争性贬值。

3. 构建更加稳定的金融监管体系

由于次贷危机源自美国，美方负有极大责任完善监管。在双边对话中，美方承诺构建一个更加稳定的金融监管体系，确保所有对金融体系造成重大风险的金融企业受到监管。中国持有美国房利美、房地美两家政府控股企业的股份，美承诺继续有力监管政府控股企业，确保这些企业能够履行财务责任。美国表示支持企业的未来发展方向，致力于通过寻求公共投入等方式解决，并计划在第二轮中美战略与经济对话前向国会和公众报告结果。

中美各自承诺加快国内金融监管改革。双方一致同意，在加强国内金融改革与监管、促进金融市场稳定方面，应及时完成“金融部门评估计划”（FSAP），加快金融部门改革，改进金融监管以提高金融部门稳健性，提高金融市场透明度，加强复杂金融产品的必要披露，确保公司能全面准确地披露财务状况。同时，中美双方欢迎两国有关当局在尊重对方国家主权和法律的基础上，为两国上市公司提供审计服务的会计师事务所监管问题继续开展对话，在美上市的中概股公司直接受益于这一监管合作。另外，中美双方还将在促进商业养老保险发展方面开展技术交流，并就完善保险监管问题分享经验和加强合作。

中美双方加强跨境金融监管合作。中美应在跨境监管方面明确自己的义务和责任，通过合作，推动全球的金融稳定。同时，作为母国监管者的中国应主动向各个东道主国（包括美国），通报这些大型银行的经营状况、战略变化和风险发现。同时，美国银行业监管者应当对等、及时、如实地向中国提供中国有分支机构的美国大型银行的经营状况、战略变化和风险发现。

4. 提高中国在国际金融机构中的话语权

中美共同努力促进国际金融机构改革，以确保通过改善其治理结构、增强其融资能力和加强 IMF 在其具有核心竞争力领域的政策监控，对发展中国家的需求做出回应，增强防范和应对未来危机的能力。在国际金融机构改革方面，中美双方同意增加包括中国在内的新兴市场和发展中国家享有更大的发言权和代表权。美方支持充分考虑中国合格候选人在国际金融机构中担任高级职务。中美双方将继续采取行动，落实 G20 的华盛顿和伦敦金融峰会的共识，并在匹茨堡金融峰会上取得积极成果。同时，中美双方支持维护 IMF 在促进全球稳定和增长中的核心作用。2010 年底 IMF 提出的份额和投票权改革方案，IMF 将向新兴经济体转移超过 6% 的份额，从而更好地体现其合法性和有效性。2011 年，美国承诺逐步实现人民币进入特别提款权篮子。

四、中美经济外交比较与评估

2003—2012 年，两国元首共举行 26 次会晤，其中 2008—2012 年会晤了 12 次，双方建立了中美战略与经济对话、人文交流高层磋商、战略安全对话、亚太事务磋商、中东事务磋商、省州长论坛等多个新的对话机制。

（一）比较分析中美经济外交理念与目标

此期间，奥巴马政府的经济外交理念，注重于走出金融危机促进美国经济复苏和就业，并为此对世界经济治理结构进行微调以解决危机所需要的资金和支持，维护美国在世界经济中的地位。中国政府经济外交是保持经济外交发展所需要的外部经济环境，一边参与抗击全球金融经济危机的行动，一边在实力的基础上寻求参与全球经济规则的完善和修改，提高国际经济体系中的话语权。

双方在贸易领域发生了激烈的“战争”，投资领域和金融领域也“互有攻守”，在国际经济组织改革和全球经济治理中既有合作也有矛盾，最后各有所得。美国推动了中国经济结构调整和国内改革，拓宽了中国金融市场的准入、在中国政府采购方面巩固了成果，对华招商引资也成效显著，同时也成功地促使中国维持并增加对美国国债的购买，美国主导下还成功地对国际经济组织进行了改革，保证了自己的份额而调整了欧洲和新兴市场经济体的份额，从而保证了对当前国际经济秩序的主导权又部分满足了新兴市场经济体的诉求，从而吸纳他们的力量共同推进经济复苏。中国也获得了美国对华高技术出口的合法终端用户许可，扩大了对美国的直接投资，以及中国主权财富基金实现对美国的金融投资，提高了在国际经济组织中的份额和话语权。

（二）中美经济外交策略的评估

1. 贸易领域中美经济外交的策略评估

中美双方一边开展双边磋商，一边寻求 WTO 多边机制磋商，并通过磨合，共同确认贸易纠纷都通过 WTO 机制磋商解决。中方一边与美国政府磋商，一边通过美国具体利益集团开展经济外交工作，主动寻求危机的化解和最终解决，最大可能地维护自身利益。同时，中国政府派出采购团，在双边磋商前安抚美方、分化对手。对于美方的贸易保护行为，中方还进行了相应的反制。2009 年 11 月 4 日，美国商务部决定取消对 13 家中国环状焊接碳素钢管企业的反倾销行政复审就是中国企业主动出击公关，使得美国的申诉方撤消了诉讼的结果。美国在对华贸易问题上，国会与行政打组合拳，政府和民间企业、行业协会主动出击，具有很大的灵活性。针对中方一再要求的市场经济地位，美方口头爽快答应迅速给予承认，但光听楼梯响不见人下楼，以此为牌与中方展开周旋。美方的贸易逆差并未由此得到解决甚至缓解，双边贸易仍然发展迅速。

2. 投资领域中美经济外交的策略评估

投资领域，美方两手并用，一边通过立法和专门机构对中国投资尤其是某些国企投资严加审查，一边同时又通过“选择美国”办公室频频开展对华招商引资把中国作为重要引资来源地。

美方要求中方增持美国国债，又对主权财富基金的投资抱以疑虑。双方通过中美战略与经济对话这一双边机制，展开磋商，中方要求不受歧视，美方要求国民待遇，互相要求投资便利，共同遵守主权财富基金投资的国际规则。长期以来，中美投资关系处于一种严重不平衡的状态。一方面，美国大量对华进行直接投资，这些投资的利润率通常在20%—30%之间；另一方面，中国通过出口换取了大量美元，也对美国进行大量投资，但通常都是非生产类的金融投资，而且随着金融危机爆发，这些金融类投资大都集中于收益率只有3%的美国国债。这就形成了一种十分奇特的现象，美国通过对华投资，获得大量利润；而中国对美投资，却只能赚取非常微薄的利息收入，而且这些利息收入还时刻面临着美元贬值的风险。即所谓作为国际债权大国的中国陷入了“斯蒂格利茨怪圈”。[①] 不过，危机以来，在双方的努力下，中资对直接美投资加速，增长速度非常惊人。

3. 金融领域中美经济外交的策略评估

美方在金融领域拥有比较优势，危机期间又受到本土市场萎靡的影响，对洞开中国金融市场显得更加迫切，另一方面美国又期待扩大中国包括金融业在内的服务业市场准入，以缩小贸易逆差。美方企业通过行业协会在美国国会、行政部门、中国舆论、中国金融监管部门展开全方位游说，配合中美双边对话中的政府谈判，取得一次又一次胜利，美方率先取得中国各金融市场的准入机会。反之，中国金融企业手段相对不如美国灵活，中国政府则采取逐渐有序开放金融市场的策略，同时在双边对话中提出对等开放的诉求，但囿于能力和金融行业本身全球竞争力，进展有限。

---

① 所谓“斯蒂格利茨怪圈”，是指一些新兴市场国家将本国企业的贸易盈余转变成官方外汇储备，并通过购买收益率很低的美国国债（收益率3%—4%）回流美国资本市场；而美国在贸易逆差的情况下大规模接受这些“商品美元”，然后将这些“商品美元”投资到以亚洲为代表的高成长新兴市场获取高额回报（收益率10%—15%）。这实际上是一种失衡的国际资本循环方式，它反映的是经济全球化中金融霸权对发展中国家进行的红利剥夺。

4. 全球治理领域中美经济外交的策略评估

中美双方围绕危机期间的全球经济治理展开了互动。中方采取了欲开天窗必掀其屋顶的中国式智慧，在货币体系改革上先通过央行行长在央行官网提出学术观点，进退有据，试探美方底线，然后在多边外交场合提出真实需求，退而求其次。美方一边表态支持中国参与国际经济规则的制定，一边要求中国承担更多国际责任，对中国的诉求做出有限承诺和推进；中方一边主动提出诉求，一边积极承担全球经济治理的责任并率先为抗击危机和经济复苏采取措施。通过多边和双边渐进沟通，中国的诉求陆续得到实现，获得更多的参与和话语权。

（三）中美经济外交的全球化因素

危机期间，中美经济外交全球化因素凸显，并体现在五个层面：两国经济总量全球数一数二、增长贡献全球数一数二、经济外交舞台多边化、双边经济外交议题全球化、双边经济外交影响全球化。2007 年，世界银行估计中国经济增长对世界经济的贡献超过美国[①]，2008 年中国成为全球经济增长第一引擎，美国则由第一降为第二。2008 年中国经济总量首次超过美国经济总量的 30%。这有两层含义：中国成为全球增长第一贡献经济体，中国的经济外交无论议题内容还是外部影响力都将具有全球性；中美经济增长差异凸显，权力转移加速，在中美经济外交中，美方对中方的不可替代的需求增加，中美经济相互依存的对称性增加，中方的话语权增加。由于前两者的变化，直接导致了中美经济外交多边化，即舞台全球化、议题内容全球化、影响全球化。[②] 全球议题日益进入中美双边议程。2005 年，中美启动了中美全球事务论坛。中美经济外交，中美战略与经济对话这一双边机制中，双方关注的内容也日益全球化。2012 年第四轮中美战

---

① 《经济增长对世界贡献度可能超过美国》，商务部网站，http：//mep128. mofcom. gov. cn/mep/xwzx/jmxx/190929. asp，2013 - 11 - 17。

② 吴心伯：《中美关系的重新国际化》，《世界经济与政治》，2009（08），21—29。

略与经济对话开始，成果清单特别开列“地区和全球”一节，叙述双边就地区和全球问题达成的一致和行动承诺。中美双方一致同意在G20、IMF、APEC等国际组织中加强合作，并通过这三个国际经济组织推进全球经济治理改革。同时，中美双方经常就多边外交舞台的全球议题在中美战略与经济对话这一双边机制内磋商立场，双边机制的影响力也日益全球化。同时，中美积极参与G20、G8等多边经济外交舞台。

（四）中美经济外交包容化

1. 包容性经济外交

危机期间，中美经济外交最显著的特征是中美包容性的经济外交互动的形成。这种包容性的经济外交具有下面特征：相互尊重、互利共赢、包容性体系、体系内合作。本书开头即对崛起国家和守成国家的主客观特征进行了归纳和总结，即经济实力的此消彼长，对国际制度和国际秩序的守成和革新两种不同的诉求形成的挑战关系。以往的大国兴替往往都是守成方和变革方形成激烈冲突并发展到武力相向的地步。最近的案例是，由于社会制度差异、地缘利益冲突等因素，美国和苏联也发展到冷战的地步，不断通过代理人进行热战。中美关系通过经济外交已经开始探索不同以往的大国关系模式，开启了一种不同社会制度的经济体、在体系内共同发展、共同推进体系进步的包容性模式。2006年中国结束“入世”过渡期后，美方表示中国已由国际制度的抵制者转变为世界经济体系和国际制度的拥抱者，中方虽然采取了行动加入了联合国和WTO但并未在主观上对这一国际制度的主导者进行表态。2011年，第三轮中美战略与经济对话期间，中国承认美国主导的国际制度和秩序的重要性，美方欢迎中方参与这一制度和秩序的完善和建设，这标志着中美双方从国际体系的角度、从客观和主观两个维度互相包容对方，标志着崛起国家和守成国家开始形成一种新型大国经济关系。这种包容关系是一种新型的大国经济关系，具有三个层面的新意：

它不同于战后美国与日本和德国的经济关系，它们的经济关系即使有矛盾，仍属于同一个经济体系内部；也不同于一战以来美国和苏联的经济关系，美苏经济关系各自划分势力范围，针锋相对；更不同于历史上的守成国家和崛起国家的经济关系，历史上这一过程常常是通过武力战争来完成。按照 IPE 理论，中美构建新型大国经济关系，必将为构建全面新型大国关系奠定基础，并开辟道路。

2. 合作性经济外交再升级

包容性经济外交是对合作性经济外交的升级。危机期间，胡锦涛主席同奥巴马总统就中美建设相互尊重、互利共赢的合作伙伴关系达成重要共识，为两国关系未来的发展指明了方向。[①] 这是对江泽民时期期望建立的中美建设性合作关系的具体化和升级。建设性合作相对于消极合作而言，而相互尊重、互利共赢，则确定了合作的方式和合作结果的分配方式。这一定位，与中国一直以来追求的国际经济新秩序的诉求是一致的。从 2009 年到 2012 年，中美战略与经济对话对双边关系的定位渐次提升：积极全面合作、互利合作、全面互利合作、持久互利合作。特别是 2012 年的定位表明，中美互利合作的关系不是金融危机期间的临时行为，而是要发展持久的互利合作，金融危机期间的互利合作将延续到金融危机后。

3. 包容性经济外交的形成过程

中美经济外交的包容性的形成是一个逐渐的过程。美国的“接触外交”一直相信，只要中方推进经济变革，美国与中国保持接触往来，中国必然发生“政治变革”，建立一个美国认为“没有危险”的经济政治体制和“美好”社会。不过，随后中国政治改革的进程超出西方预料，中国经济仍然保持快速增长，实力迅速提高。克林顿政府时期认为，面对中国的崛起可能带来的

① 张业遂：《发展中美合作伙伴关系符合两国利益》，http：//www. china - embassy. org/chn/sgxx/ds/jh2/t979259. htm，2013 - 01 - 25。

"威胁"，必须通过把中国纳入到国际经济组织——WTO和区域安全对话中来，让中国按照国际规则行事，才能减少安全焦虑。1999年中美达成中国"入世"的双边协议，2001年中国顺利"入世"。2005年3月小布什政府国务卿赖斯在上任后首次亚洲之旅中表示，美国希望中国成为"全球型的合作伙伴，能够随着国力的增强而承担更多的国际责任"，这表明美国的外交决策者们认识到美国力量的有限性，开始重新从国际层面思考中美关系的内涵，以构建中美关系的新框架。① 2005年9月，佐利克提出"负责任的利益攸关者"来描述中国在美国外交中的地位和作用。2006年小布什对来访的胡锦涛主席表示，美国欢迎一个和平繁荣和积极参与国际体系并为之做出贡献的中国的崛起，同年小布什政府的国家安全报告还认为中国已经由过去的国际机制的反对者变成了参与者，并必将成为国际体系的进步推动者。2009年中美表示要建立积极全面合作、2010年中美双方表示要建立互利合作关系、2011年中美双方要建立全面互利合作，同年中方承认了美方主导的国际制度重要作用和美国的主导作用，美方欢迎中方参与国际制度的改进。2012年双方决定把这一互利合作持久化。2013年第五轮中美战略与经济对话的成果说明会，专门开辟一节"提升全球合作和国际规则"，中美已经开始共同推进国际体系的进步。中美双方"认识到反映全球经济体系演进的国际贸易和金融规则的重要性，以及国际经济体系参与者发挥的作用"，为此双方承诺采取具体措施深化合作。

中国作为崛起国家和美国作为守成国家，一种更加对称从而更加平等、公平、理性、互利、相互接纳包容的关系开始起步，并开始共同参与和推进当前国际体系的进步。双方共同在体系内合作，共同推动体系的进步和升级。一种全面的新型大国关系已经起步。

---

① 吴心伯：《中美关系的重新国际化》，《世界经济与政治》，2009（08），21—29。

4. TPP 并非不包容

TPP 常为学者引为美国排斥中国的证据，但我们必须以进步和健康的姿态来评判它。关于 TPP，国内学者的看法可以简单概括为两种：一种认为 TPP 代表了贸易和投资深度自由化的需求和方向；一种认为 TPP 是美国经济上围堵中国、竞夺亚洲的策略。[①] 持第一种看法的基本认为中国最终会加入 TPP，持第二种看法的基本主张中国不加入，并认为推进 TPP 是美国要排斥中国的证据。本研究的判断是，TPP 本身是进步的方向、是开放的高层级的贸易投资自由化安排，中国的策略应是积极准备、把握节奏，拥抱自由、拥抱进步。

首先，从 TPP 的内涵和背景来看，TPP 是一个更加彻底的贸易和投资自由化安排，因而门槛比 WTO 更高。TPP 由文莱、智利、新西兰、新加坡四国在 2005 年发起，贸易方面的核心内容是减免关税，并计划 12 年内减免所有关税。此外协议还包括货物贸易、原产地规则、贸易救济措施、服务贸易、知识产权、政府采购和竞争政策。因此，TPP 本身是在 WTO 的基础上进一步推动贸易和投资便利化，代表了将来贸易和投资的高水平规则，代表了市场发展的趋势，方向是进步的。其次，TPP 的发展是一个开放和接纳新成员的过程。智利于 2005 年加入谈判，美国和澳大利亚于 2008 年加入谈判，越南、加拿大和马来西亚于 2010 年加入谈判，墨西哥于 2012 年加入谈判，2013 年日本正式派出大规模谈判团加入谈判。从加入谈判的成员来看，除了美国和日本外，都是经济小国，并没有排斥大国也没有排斥小国，美国也早已加入谈判，只不过 2011 年美国在 APEC 峰会上宣布了 TPP 谈判纲要，引起了中国战略层面的警觉。如今随着日本的加入谈判，TPP 谈判成员增加到 12 个，经济总量占全球的 40%，谈判成员跨越北美、拉美、亚洲和大洋洲，这些国家经济发展水平差

① 王晓蓉：《中国应对 TPP 的对策：研究前沿与论争焦点》，《广州商学院报》，2013（06）：11。

异很大，有发达国家也有中等收入的发展中国家，有经济大国也有经济小国，虽然门槛高，但是开放的。其三，引起中方学者担忧的理由是：这是一个高门槛的自由化安排，按照这一标准，中国在短期内难以加入谈判，即便加入谈判，也需要做出大量的国内改革，改革需求可能比加入 WTO 时更多、更大。而同时，加入谈判的成员在增加，中国的贸易和投资大量是与这些谈判成员国发生的，如果中国没能同时跟进，则面临着贸易和投资转移效果，面临巨大的不利，同时更多的 WTO 成员也会因为同样的理由而加快进入谈判，使这一转移效果放大。如果这样发展，那么中国没有进入谈判，是因为中国“不思进取”，而非受到排斥。其四，任何自由贸易的安排，在推进自由化深度的同时，对于没有加入的经济体而言，都具有“排他性”的后果。GATT 是这样，WTO 是这样，APEC 是这样，EU、NAFTA 和东盟也是这样，TPP 也不例外。判断是否排他的依据，首先看这是否代表着未来发展方向，代表未来方向的，则是中国要努力去实现和加入的，TPP 的诉求本身是代表进步的方向，只不过是门槛高，从这一点而言，中国不论是否喜欢，都没法阻挡其发展，只有顺应潮流，积极做出变革。其五，就其中某些特别条款，比如公平竞争和反补贴的要求，对国有企业形成“排斥”，须知道某种制度的补贴，不仅会在国际竞争中引起公平竞争的诉求，国内也同样面临公平竞争的诉求，从另一种角度考虑，这种制度补贴，对于其他所有制的企业也形成了一种“市场准入和竞争的排斥”，这种排斥不分国境，因为对于中国而言，如何进一步规范国有企业，转变国资经营思路，营造一个更加公平竞争的环境和条件，是关键。其六，国际竞争不分所有制，只论实力，实力强大者确定游戏规则，如果主要经济体都参与新游戏规则的制定，而中国游离之外，则会丧失规则建立的主动权，即便中国不加入，只要 TPP 取得了具体但不全面的进展，中国的对外经济关系就必然会受到这些规则的影响。因此，与其消极和漠视，不如积极准备、参与早期规则的建设，具体如何参与、如何把握谈判的步伐，则需要仔细斟酌。其七，TPP 虽然没有邀请中国参加谈判但也没有拒绝中国谈判，问题是中国是否做好了谈判的充分准备，我们应该有向前看的战略视野和心态。至于 TPP 本身是否能够取得重大突破这是另一回事，但其他类似的自由化安排肯定会出现，中国要做的是积极变革、快速前进，引领全球竞争。

第五节　中美经济外交竞治化

2013 年初，中国政府形成了以习近平为执政党总书记和国家主席的新领导集体，奥巴马获得竞选连任并组建了新班子，中美关系注入了新的领导特质。

美国对华政策中防范意识再度抬头，并发展到“平衡”中国影响的地步。国际经济形势也发生转变，次贷危机影响已经渐渐远去，美国经济增长恢复到危机前速度，对中国经济的倚重降低，危机期间的“同舟共济”这句话已从美国外交高官的嘴边消失。美国依然处于不对称相互依存中的优势地位，奥巴马对华政策沿袭了美国对华政策的主动性和主导性，并强调把对华经济关系等同于中美关系，把对华经济外交提到新的高度。在地缘经济上，奥巴马对亚洲更为重视，并强调通过“亚太再平衡”来制衡中国经济崛起的影响，具体通过推进 TPP 谈判等牢牢掌握和巩固亚太地区的规则制定权。相比第一任期的强烈合作需求特色，奥巴马第二任期对华经济外交更为倚重平衡中国崛起的影响。在美国外交政策高官对中国关系的措辞中，从 2009 年“同舟共济”、“战略再保证”、“重返亚太”到 2012 年“亚太再平衡”，从危机到危机后，美国的中国战略意图日益怀疑、对华政策日益强硬。

以习近平为代表的新一代中国领导集体对美政策更加务实和进取。一方面，中国一如既往地强调经济关系是中美关系的基石；强调太平洋足够宽广，能够容下中美两个大国，并积极推动建立“不冲突、不对抗，相互尊重，合作共赢”的中美新型大国关系，同时公开承认美国在当前世界政治经济体系的领导性地位。另一方面，中国外交政策和对美政策的主动性和谋略较过去增多，中国经济对全球经济的系统运行与稳定日益重要，中国货币政策的自主性和回旋余地增加，中国一边在全球经济治理领域寻求更多参与和建设，同时推出“一带一路”战略，地缘经济向南向西拓展空间，升级亚太地区特别是TPP成员体的FTA协议、东盟“10+6”的RCEP（区域全面经济伙伴关系协定）、中日韩FTA、抓紧突破发达国家FTA，缓冲TPP的冲击，拓展经济空间，发起成立亚投行为国际社会提供更多公共产品。

这一时期从双边角度而言，中美经济外交中竞争的色彩日益浓厚，竞争核心区域是亚洲；从多边角度而言，中美双边竞争提升和完善了区域经济和全球经济的治理能力，促进了善治。同时，善治背后的竞争因素比过往更为凸显。中美经济外交在双边、亚太和全球层面立体展开。

一、美国对华经济外交

奥巴马总统在2013年1月宣誓就职，进入第二任期。奥巴马调整对外政策班子，“亚太再平衡”政策的关键策划者——美国前国务卿希拉里·克林顿和负责东亚及太平洋事务的前助理国务卿库尔特·坎贝尔离职，参议员约翰·克里任国务卿，参议员哈格尔任国防部长，约翰·布伦南任中央情报局局长。国务院重拾对欧洲和中东的关注，而奥巴马本人则强调对亚太一如既往地重视，这直接体现在他们上任后首次外访，克里去了欧洲，奥巴马来到亚洲。保持第一任期的对外政策的延续性并做出相应调整，是第二任期的特点。国务院一再强调，美国外交就是经济外交，中美经济关系就是中美关系。

（一）奥巴马政府第二任期经济外交

在奥巴马第二任期内，美国政府外事部门进一步强调经济即外交、外交即经济的理念。2014 年 4 月 24 日，美国国务卿克里在政府机构美国进出口银行（The Export-Import Bank）的第 80 届年度会议上发表主题演讲时表示"经济政策就是外交政策，外交政策就是经济政策"。克里特别强调说，美国国务院官员今后的首要工作任务是成为一名经济官员，推动对外经济合作，对外商务合作，创造就业，助力经济发展。

为促进出口、保证增长、增进就业，奥巴马一边通过国内政策措施，实施再工业化，鼓励制造业研发投入、调整税收让制造业岗位回归；一边在区域经济上，大力推进自由化安排，在不断增长的亚洲市场凸显美国竞争力、巩固在传统欧洲市场的地位，假手 TPP、TTIP、TISA 的谈判，在经济上构筑美国企业竞争新优势的围墙，并相信这会为美国带来数百万高薪的工作岗位。2015 年 10 月 5 日，TPP 谈判宣布达成基础协议，成为奥巴马政府经济外交领域一项耀眼的成就。

为加强招商引资力度、密切与各国投资者的联系，奥巴马政府在 2011 年推出"选择美国"计划，并于 2013 年举办首届"选择美国投资峰会"。第二届"选择美国投资峰会"于 2015 年 3 月 23—24 日在马里兰州举行，约有 2600 人参加，包括 70 多个国家和地区的 1300 多家企业代表以及 500 多位美国联邦和地方政府招商引资官员。其中，来自中国内地和香港的投资者达 150 人。奥巴马让美国联邦政府与各州政府加强招商引资合作，为投资者提供在美投资基本知识培训服务、有关各州投资激励政策的在线数据库和其他投资工具，以帮助投资者确定具体投资对象以及寻找当地潜在合作伙伴。

亚洲经济对美国经济的重要性日益重要，奥巴马政府加大对亚洲地区的经济外交力度。美国的亚太经济战略建立在三大支柱之上：第一，利用经济外交强化与现有贸易伙伴的关系；第二，通过发展必要的硬件和软件基础设施，帮助快速发展的亚洲新兴市场融入以规则为基础的全球贸易和投资体系；第三，建设和强化地区性机制，如 TPP、ASEAN 和 APEC。[①] 据美国商务部公布的数据，2013 年，美国全球出口额为 2.3 万亿美元，支持了美国国内 1130 万人就业，而对亚太地区的出口支持了美国超过 300 万人就业。同时，亚洲地区对美国的投资也在增长，2014 年支持了约 97 万个工作岗位。预计未来十年，亚太地区将成为美国以外全球经济增长的引擎。为此，奥巴马政府增派亚洲的商务外交官员，到 2013 年，总共在亚洲已设有 75 个商务处，近 300 人，2014 年又在中国和缅甸增派商务外交官，亚洲成为美国外派商务官员最多地区。美国商务部长潘妮·普利茨克（Penny Pritzker）表示，美国将毫无疑问地把更多资源集中在亚太地区，这一地区的经济规模占全球总量的近 60%，包括了全球增长最快的经济体，这一地区不断扩大的中产阶级对美国的产品和服务有很大需求。[②]

（二）奥巴马第二任期对华经济外交

1. 理念与目标

奥巴马在第二任期时，依然认为中国经济对于美国十分重要，但情境和姿态已经变化；其第一任期时，美国经济还未走出危机，美国强调要与中国“同舟共济”。当危机褪去，奥巴马政府依然认为中国经济十分重要，但强调“再平衡”，主张亚洲经济的新规则应该由美国来制定而不是中国，奥巴马眼中的中美竞争性增强。

2014 年 10 月 8 日，美国国务卿克里在北京表示，中美关系越来越重要，美国的对华外交关系就是对华经济关系，美国的对

---

① 吴成良、李博雅、于景浩：《美国力图强化在亚洲经济存在》，《人民日报》，2014，04(09)：03。

② 吴成良、李博雅、于景浩：《美国力图强化在亚洲经济存在》，《人民日报》，2014，04(09)：03。

华经济关系现在就是美国的对华外交关系。中美关系是最重要的双边关系，双边的投资、贸易与经济合作前景广阔。

奥巴马政府十分重视对华开展经济外交：一边强调对华外交关系现在就是对华经济关系、对华经济关系就是对华外交关系，一边强调“平衡”中国经济崛起在亚洲的影响、确保美国在亚太地区的规制制定权和主导权，进而保证美国地缘政治经济利益最大化。美国商务部长普利茨克表示，中国融入以规则为基础的全球经济，是这个时代最重大的经济事件之一，中国在过去30年国内生产总值年均增长近10%，未来十年将有大约两亿人从农村转移到城市，中国市场对美国商界的重要性将日益增加。[①]美国国家安全事务副顾问罗德斯就奥巴马出访亚洲表示：“很多人询问我们第二任期的工作议程，我可以告诉你们，总统第二任期的一个重要部分将是坚持实施‘重返亚洲’战略，这也是他第一任期的外交政策延续。我们将此政策视为一个重要的机会，可以扩大美国出口、提升美国在这一世界发展最快地区的领导地位并在这一地区输出美国的价值观，这些都是这一议程的主要目的。”美国中国问题专家李侃如对奥巴马政府亚太政策做如此解读：对于美国而言，以十年为单位的长期亚洲战略目标是，未来的亚太安全环境对于美国的经济发展和国际贸易是有利的，即美国需要有效遏制中国的重新崛起可能造成的危害，加强对亚太地区战略盟友的支持并拉拢新的盟友，以保证亚太地区一个整体平衡。

就区域经济而言，亚洲地区仍是中国对外贸易和投资的重心，70%的对外直接投资和贸易都发生在这一区域。奥巴马在第一任期末冷淡了对华的“战略再保证”，提出“重返亚洲”，进而发展成“亚太再平衡”政策。集中体现在借重TPP的通道作用，实施美国西进，在亚太区形成中国企业和资本的新门槛。

---

① 吴成良、李博雅、于景浩：《美国力图强化在亚洲经济存在》，《人民日报》，2014，04(09)：03。

"再平衡"有明显的竞争和均势思维，而"重返"则强调了美国单边行为，"再平衡"比"重返"的竞争性更强。

奥巴马发表2015国情咨文时指出："中国正想要给世界上增速最快的地区确立规则。""这会给我们的工人和商业带来不利。我们为什么要让这一切发生？我们应该来书写规则，我们应该来定义游戏规则"。

2. 政策措施

美国加速TPP谈判，同时暂不邀请中国参与谈判。积极推进区域经济大国、盟友日本，拉拢一些东盟成员国，迅速构建新的经济规则竞争高地，形成新的制度红利，以达到平衡中国经济崛起的影响。2015年10月5日，TPP12个成员国达成基础协议。

美国向中国经济腹地增派商务外交官员，深入到中部武汉等城市，加强对华经济往来。继续推进中美省州级对话和经济交流。在"选择美国2015年会"上专门接见两位重量级投资者，一位是美国本土投资者巴菲特，一位是中国投资者王健林，显示对中国投资的关注。

推进中美BIT谈判，2015年进入到负面清单交换和准入前国民待遇谈判阶段。

二、中国对美经济外交

这一时期，全球经济面临新一轮投资和贸易自由化浪潮。国内而言，尽管中国经济增长放缓，内需拓展乏力，但对外经济往来不仅活跃，而且交往的内涵和方式在发生质变。2014年中国对外直接投资达到1400亿美元，吸引外商投资1160亿美元，对外直接投资超过吸引外资，中国经济与世界经济交互的前沿阵地，从对外贸易迁移到对外投资；同年，中国成为全球外商直接投资（FDI）的第一目的地。这意味着中国经济从全球经济增长贡献、全球资本来源、全球需求来源三个层面对世界经济发生重大影响，这不仅对中国对外经济外交提出新的要求，也对国内改革提出新的推力。

(一) 中国的经济外交

2012 年 11 月，习近平当选为中国执政党总书记、中央军委主席，2013 年 3 月习近平当选为国家主席。世界迎来了中国政府新领导班子。

美国领头和参与以 TPP、TTIP、TISA 为主一系列谈判在全球推进投资贸易自由化新一波浪潮，令中国经济和企业面临新的竞争机会和壁垒，如何面对投资和贸易自由化纵深发展，成为中国经济外交迫在眉睫的重大战略课题。

面对国内外经济形势和任务，习近平这一届政府的经济外交理念，总体上强调要适应经济全球化新形势，扩大对外开放，加快形成国际经济竞争新优势。方法上，通过在境内建立自由贸易试验区为全面深化改革和扩大开放探索新途径，进而通过上海自贸区的实验，快速推进对接全球新一波投资和贸易自由化浪潮。

为此在投资、贸易和金融领域分别开展国内改革，以扩大对外经济交往：

第一，加快自由贸易区建设。以周边为基础加快实施自由贸易区战略，形成面向全球的高标准自由贸易区网络，升级东盟自贸区合作，签署中日韩自贸区框架协议，升级中国与拉美国家自贸区合作，拓展发达国家自贸区协议。以点带面，实施突破，缓解以美国为首的新一波投资和贸易自由化的冲击，全面立体灵活推进中国参与全球经济自由化和区域自由化的深度。

第二，扩大对外开放，促进对外投资。统一内外资法律法规；扩大服务业外资准入；扩大企业及个人对外投资的方式。加快同有关国家和地区商签投资协定，扩大投资合作空间。积极展开中美 BIT、中欧 BIT 谈判。

第三，提出“一带一路”战略，建立开发性金融机构，完善全球经济治理。建立开发性金融机构，金砖银行、亚洲基础设施投资银行、丝路基金、海丝基金纷纷上路，加快同周边国家和区域基础设施互联互通建设，推进丝绸之路经济带、海上丝绸之路建设，形成全方位开放新格局，为中国经济拓宽腹地。

第四，调整大国关系策略，构建新的战略三角。大国关系方面，习近平提出，要切实运筹好大国关系，构建健康稳定的大国关系框架，扩大同发展中大国的合作。把中俄关系放在最重要的双边关系的位置上，在中美关系上一再明确提出建立“不冲突、不对抗，相互尊重，合作共赢”的新型大国关系，周边国家坚持安邻、富邻。

第五，加速推进人民币国际化。一国货币进入 SDR 货币篮子是货币国际化重要标志，2009 年中国央行行长周小川公开提出 IMF 要把人民币纳入 SDR，2013 年以来中国外汇资本项下改革不断取得突破，2015 年 11 月，IMF 将人民币纳入 SDR 一篮子货币，这是人民币国际化迈出的重大一步。

（二）中国对美经济外交

这一期间，两国元首先后进行了三轮会晤，2013 年安纳伯格庄园会晤和 2014 年瀛台夜话，2015 年 9 月华盛顿会晤，探讨中美新型大国关系。从中国方面而言，三次会晤的主要目的是增信释疑、促进“跨越太平洋的合作”、为中美关系发展规划蓝图。2013 年 3 月 19 日，习近平主席会见美国总统特别代表、财政部长雅各布·卢时表示，两国经济关系是两国关系的“压舱石”，其本质是互利共赢。在会晤中，习近平提出，我们应该深入审视两国关系，即我们需要一个什么样的中美关系？中美应该进行什么样的合作来实现共赢？中美应该怎样携手合作来促进世界和平与发展？

1. 理念与目标

习近平对美外交的核心理念与目标是增加信任消除疑虑，建立中美新型大国关系。

习近平主动积极规划中美关系，致力于推进建立中美新型大国关系。习近平把这种新型大国关系的要点概括为“不冲突、不对抗，相互尊重，合作共赢”，并强调“要坚持从战略高度和长远角度出发，以积水成渊、积土成山的精神，不断推进中美新型大国关系建设”。①

习近平强调，发展中美关系，始终坚持增进和积累互信，扩大利益契合点，加强合作，多栽花、少栽刺，排除干扰，避免猜忌和对抗；旗帜鲜明地提出，在中美利益广泛交汇的亚太地区，宽广的太平洋足够容纳中美两个大国，宽广的太平洋中间没有任何阻隔；双方应该从两国人民根本利益出发，从人类发展进步着眼，创新思维，积极行动，共同推动构建新型大国关系。②

2. 政策与措施

（1）增信释疑。公开承认美国的世界领导地位。在世界体系和国际秩序上，明确承认美国是世界的领导者。2014 年底，汪洋副总理在美面对商界发表演讲，承认美国在当前世界经济体制建设中的领导作用和重要性。

在多次首脑会晤中，习近平都强调亚太地区足够宽广、没有阻隔，容得下中美两国，并尊重美国在亚太的利益存在。

（2）推进 BIT 谈判。积极开展中美 BIT 谈判，化解 TPP 的门槛。美国对华直接投资逐年下降，而中国对美投资急剧上升，中美 BIT 谈判具有双边实质推动力。

（3）开拓新空间，预防 TPP 冲击。美国一直担心中国在自己的经济利益腹心地带的亚太地区，要把美国排挤出去，2015 年 TPP 基础协议签署巩固了美国亚太存在。针对美国的“亚太再平衡”策略，中国强调亚太地区足够宽广，容得下中美两个国家。面对新一波区域自由化浪潮，中国一边推动中日韩自贸区协议巩固亚洲，一边通过 RCEP 巩固东盟，一边推进“一带一路”战略，拓展中亚和欧洲，一边定向突破，升级与 TPP 个别

---

① 《APEC 授权发布：习近平同美国总统奥巴马在中南海会晤 强调要以积水成渊、积土成山的精神推进中美新型大国关系建设》，http：//news. xinhuanet. com/2014 -11/12/c_ 1113206992. htm。

② 《习近平同美国总统奥巴马开始举行中美元首会晤》，http：//cpc. people. com. cn/n/2013/0608/c64094 -21786914. html。

成员体的 FTA。

三、中美经济外交互动

对世界经济而言，美国领头的以 TPP、TTIP、TISA 为主的一系列投资贸易自由化新一波浪潮，令中国经济和企业面临新的竞争环境，如何面对投资和贸易自由化纵深发展，形成国际竞争新优势，成为中国经济外交的重大课题，中国加速中美和中欧 BIT 谈判，一边推出“一带一路”战略，构建自己的经济合作走廊。

就区域经济而言。亚洲地区仍是中国对外贸易和投资的重心，70% 的对外直接投资和贸易都发生在这一区域。奥巴马在第一任期末提出“重返亚洲”政策，并借重 TPP 的通道作用，抓紧推进美国西进。中国继续推进 RCEP、签署中日韩 FTA，推出“一带一路”战略，向南向西巩固东南亚直达非洲、开拓中西亚到欧洲经济走廊，亚太尤其是东南亚区域成为中美竞争与合作的焦点区域。

就双边层面而言：（1）贸易。2014 年中美贸易顺差达到 2370.5 亿美元，同比扩大了 9.8%。究其原因，一方面是美国经济强势复苏，就业市场稳健增长，进而推高消费支出，拉动内需的结果；另一方面是由于 2013 年人民币对美元全年贬值 2.42%，汇率因素拉动了中国对美国的出口。但是考虑到自去年下半年以来美元指数累计涨幅已经达到 18% 左右，预计未来美元持续大幅升值的空间相对有限。2010 年年初国情咨文中，美国总统奥巴马曾提出，到 2014 年年底，实现出口翻番的目标。美国商务部数据显示，2014 年全年美国出口总额达 2.3454 万亿美元，虽为过去五年最高水平，但与 2009 年 1.58 亿美元出口总额相比仅增长 49%，离“出口倍增”目标相差甚远。但在国别上，对华出口倍增得以实现。美国商务部数据显示，过去五年间，对欧盟出口仅从 2200 多亿美元增长到 2700 多亿美元，对日本出口仅从 510 多亿美元增长到 670 亿美元。由于美元兑人民币在过去五年内贬值幅度较大，美国对中国的出口从695亿美元增长到1240亿美元。（2）投资。对国民经济发展而言，尽管中国经济增长放缓，但2014年中国对外直接投资达到1400亿美元，吸引外商投资1160亿美元，对外直接投资直接超过吸引外资，中国经济与世界经济交互的前沿阵地，从对外贸易迁移到对外投资；同年中国成为全球外商直接投资（FDI）的第一目的地。这对中国对外经济外交提出新的要求，进而也对国内改革提出新的要求。美国对华直接投资逐年下降，而中国对美投资急剧上升，中美BIT谈判具有双边实质推动力。（3）货币。人民币国际化首先在贸易领域进而在资本项下取得进展，先在亚洲、欧洲、非洲、拉美、加拿大取得进展，人民币纳入IMF的SDR货币篮子后，纽约成立人民币清算小组，人民币进入美国市场交易。（4）治理。美国一直要求中国承担更多国际责任，却不愿意让中国获得相应权益，美国政府承诺IMF中份额的增加，但美国国会一直没有通过。中国发行成立区域性开发机构亚洲基础设施投资银行，美国不仅自己消极还施压亚洲盟友加以抵制甚至反对，待到亚投行成立后，奥巴马政府才再次推动国会讨论中国在IMF中份额调整，并在商界的推动下，逐渐改变对亚投行的态度。这表明全球治理的完善，以竞争寻合作则得以合作，以体制内求合作往往难度更大。这一点，无论对美国，还是中国，都值深思。

2015年9月中美首脑会晤就中美新型大国关系取得积极成果：双方积极评价两国元首2013年安纳伯格庄园会晤、2014年北京会晤和这次华盛顿会晤取得的重要成果；同意继续努力构建基于相互尊重、合作共赢的中美新型大国关系，保持密切高层及各级别交往，进一步拓展双边、地区、全球层面的务实合作，以建设性方式管控分歧，使中美关系不断取得新的具体成果，更多更好地造福两国人民和世界人民。双方一致认为，中美作为联合国安理会常任理事国和在全球具有重要影响的国家，应共同致力于维护一个强有力的中美关系，使之为全球及地区和平、稳定和繁荣作出贡献。美方欢迎一个强大、繁荣、稳定、在国际和地区事务中发挥更大作用的中国，支持中国的稳定和改革。中方尊重美国在亚太地区的传统影响和现实利益，欢迎美方在地区事务中继续发挥积极、建设性作用。

四、中美经济外交竞治化

（一）中美经济外交善治化

美国推进 TPP、TISA，积极参与 TTIP 谈判，构建了全球投资和贸易自由化的新基础设施和俱乐部产品，这一推进是在纵深方向上的，是对 WTO 体系的深入推进和全面拓展，大大推进了全球经济治理水平。

而中国推进的亚洲基础设施投资银行和丝路基金则更多属于类似发展方向的基础设施和俱乐部产品，这一推进是在发展层面的、水平的推进，是对 IMF、世界银行、亚洲开发银行的补充和完善，将改善区域治理水平。

事实上，如果双方都对各自的全球或区域经济治理层面的措施和产品保持开放性，则俱乐部产品能演变成公共产品，形成多层次无缝隙的对接，将能更好完善全球经济治理体系，造福世界经济。

2015 年 9 月中美元首会晤就全球善治形成共识：中美双方确认在促进强劲和开放的全球经济、包容性增长和可持续发展，以及稳定的国际金融体系方面拥有共同利益，上述目标的实现由第二次世界大战后成立的多边经济机构所支撑，这些机构使两国人民受益。中美双方确认并重视国际金融机构自建立以来对促进全球增长、提高收入、减少贫困和维护金融稳定所做的重大贡献。以规则为基础的国际经济体系在过去 35 年中助推中国实现了前所未有的经济增长，使亿万人民摆脱了贫困。美国也同样受益于全球中产阶级的出现，预计到 2030 年仅在亚洲就将有 30 亿消费者。2014 年，美国商品和服务的出口在美国内支持了大约

1200万人的就业。中方在维护、进一步加强并推动国际金融机构现代化方面有重大利益，美方欢迎中方不断增加对亚洲及域外地区发展事业和基础设施的融资支持。国际金融框架正不断演进，以应对在规模、范围和多样性方面都在发生变化的挑战，并包括将高标准和良好治理作为其核心原则的新机构。双方承诺支持这一国际框架，并欢迎二十国集团（G20）在全球经济治理中发挥更大作用，确保国际经济体系具有包容性、韧性且不断得到完善，以应对当前和未来的挑战。鉴于中国在全球经济事务中的参与度和参与能力不断增加，美方欢迎中方在国际金融框架和拓展的双边合作中发挥更加积极的作用并承担相应的责任，以应对全球经济挑战。

（二）中美经济外交竞争化

善治化并不意味全盘接纳已有的制度安排，不意味着对当前机制安排没有改革的要求，不意味着没有机制竞争，也不意味着另立门户。善治化也不意味着主导方没有猜忌和顾虑。善治是从全球经济治理和全球经济发展的基础设施或公共产品角度而言的，中美作为全球两大经济体，最大的发展中经济体和最大的发达经济体，各自推进的经济外交和提供的公共产品对全球经济具有影响，双边经济关系具有全球影响。

竞争性既体现在美国方面的感知和认识，也体现在实际政策中。最为典型的代表意见就是奥巴马总统在2015年国情咨文演讲中，对世界经济增长最快的亚洲地区的经济规则的制定权的表述。奥巴马认为，中国试图在亚洲“制定”经济规则，而这样的规则会对美国的企业和工人不利，应该由美国来制定规则。而实际行动上，美国推进的TPP、TISA、TTIP的确在短期内，形成中国企业和中国经济在世界市场的新准入门槛，顾虑重重的另一个表现是美国对亚洲基础设施银行的消极态度，并联合盟友一起消极抵制。当前博弈进展表明，以竞争推进全球善治对中国而言是更为实际的可能性，亚投行成立与IMF份额调整的互动证实了这一点。而对美国而言，虽然设计了一个开放体系，但美国是精于计算的，中国必须有足够多和强的筹码，才能切实推进全球的改善。

随着中国在全球经济增长、全球资本供给、全球需求来源中扮演全球第一和第二的角色，中美之间的经济利益合作和竞争也会同步增加。在这一过程中，中国日益进取，有谋略、有作为，但同时中国必须认识到，当前世界经济第一大国仍然是美国，无论国民经济总量、投资、贸易，还是自由化制度建设，美国都是领头羊，规则的建立基本还是美国引领和主导的；而中国作为全球第二大经济体，也拥有了一定的能力参与国际制度的完善和补充，并应该更多积极作为。

本书开篇已经讨论过，中美不存在系统规则层面的分歧，系统规则是由经济发展和人类发展需求本身决定，中美的政策选择只是把握节奏和顺应本性，在系统规则上即扩大经济自由化上殊途同归，中美竞争主要还是围绕经济实力变化和利益分歧展开，差异主要是发展水平的差距产生的。因此，对于中国而言，发展依然是硬道理，对于双边关系而言，直面分歧、管控分歧成为两国关系良性发展的关键。对于全球治理改善而言，良性竞争是治理改进的福音，国际社会将因此拥有更多公共产品。

第五章　经济发展与中美经济外交目标及手段

中美经济外交30多年来，系统层面经历了体制外互动到体制内互动的过程，结构持续变迁，相互依存制度化规范逐渐演进，中美经济外交的摩擦也日益激烈，并逐渐减少政治的影响更多集中在经济领域。中美经济外交呈现出四个一致又矛盾的特征：系统规则稳定、系统结构速变、制度包容与竞争并存、事件竞合激烈。在这一过程中，各自目标和手段的运用，与各自经济实力和经济发展水平密切相关。经济实力和发展水平决定了各自目标诉求和策略空间。而各自目标和策略从总体上决定了双边关系的走向。

第一节　中美经济外交目标与手段

一、经济外交长期目标

中国经济外交目标经历了安全、发展和善治三个阶段。中国经济外交早期阶段，中国追求的安全更多是通过双边关系的努力来获得个体的安全。长期目标而言，改革开放以来，中国经济外交始终将发展作为主目标，中国曾经是历史上的强国，也曾是落后挨打的弱国，深信只有自己发展了才是安全的根本保障。

美国经济外交目标，在冷战结束前，以巩固和完善其主导的国际政治经济秩序为主要目标，为巩固这一秩序，经济外交作为一种手段服务于冷战这一战略需要；冷战后也以巩固和完善美国主导的国际政治经济秩序为目标，以维护和巩固美国的海外经济利益，其中包括反恐等具体目标。长期目标而言，美国经济外交始终将安全放在第一位，认为只有安全了才能发展好，这集中体现在美国的国家安全报告中，但美国追求的这种安全是寻求美国主导的国际政治经济秩序的稳定，是通过谋求体系稳定来获得个体的安全和发展。

从政治经济学的逻辑来看，两国长期经济外交目标都在维护和最大化各自的经济利益。利益诉求的种类一致，既可能合作也可能冲突，合作者看到合作一面，冲突者看到冲突一面。从结构现实主义逻辑看来，中美经济外交逐渐演进、在系统规则层面的利益逐渐融合，但在具体的多边制度设施层面各自诉求存在不可忽视微差异。

随着中国参与美国主导的国际秩序深度增加，中国日益成为这一体系的主要受益者，体系的安全也关系着中国自身的发展和利益，维护体系、主要通过制度设施来维护这一体系的诉求也日益强烈，中美在体系层面的经济外交目标和利益一致日益扩大。

二、经济外交阶段性目标

两国长期经济外交目标是清晰而有差异的，但是宏观的。通过观察不同时期中美经济外交的目标，有助于更准确把握中美经济外交阶段性目标，也可以从体系层面和双边层面来观察。

体系层面，1949 年到中国改革开放前，中美经济外交没有交集：美国对华经济禁运和封锁（1972 年前）；同时中国游离于美国主导的国际政治经济秩序之外。中国的经济外交主要寻求的是国际政治存在和安全，即争取外交承认和恢复联大的席位，主要手段之一是对外经济援助，对象是亚非拉发展中国家。这期间对经互会成员之间的经济往来，特别是对苏联 50 年代的经济外交追求中也包含了寻求发展本国经济的目标，这一目标是次要的，这一目标在50年代中期即告结束。这一时期美国的长期对外经济目标是维护美国主导的国际政治经济秩序，中国经济外交主要在另外一个平行的经济秩序内展开。

表5.1　不同时期中、美经济外交目标

时间阶段	1949—1978年前	1978—2006年	2007—2012年	2013—2015年
中国经济外交目标	目标的政治利益性强：国际存在、安全	目标的经济利益性强：求发展、追求海外经济利益；制度利益：寻求融入主流的国际政治经济体制	经济利益：求发展、海外经济利益；制度利益：体制内参与全球经济治理	经济利益：求发展、海外经济利益；制度利益：体制内参与全球经济治理，通过制度微创新，寻求治理改进，切实推进国际经济新秩序的建设
美国经济外交目标	制度利益：追求建设、维护和推广美国主导的国际政治经济规则和秩序；直接经济利益：追求海外经济利益	制度利益：追求建设、维护和推广美国主导的国际政治经济规则和秩序；直接经济利益：追求海外经济利益	制度利益：追求建设、维护和推广美国主导的国际政治经济规则和秩序；直接经济利益：追求海外经济利益	制度利益：追求建设、维护和推广美国主导的国际政治经济规则和秩序；直接经济利益：追求海外经济利益

1978年到2006年，美国追求建设和维护美国主导的国际政治经济规则和秩序，以保障直接的海外经济利益；中国追求的是发展本国经济和直接海外经济利益，寻求一个发展所必须的和平环境，在主张建立新的国际政治经济秩序的同时，更主要是寻求融入美国主导的国际政治经济秩序来获得发展，2000年中美签署“入世”协议，2001年中国“入世”，2006年中国“入世”过渡期结束，对外开放力空前扩大，美国贸易代表办公室发布报告认为中国已经成为国际社会体制内的一员。

2007年至2012年，美国追求建设和维护其主导的国际政治经济规则和秩序，寻求直接的海外经济利益；中国追求的是发展本国经济和直接海外经济利益，继续主张建立国际金融、经济新秩序，但主要是积极参与现有美国主导的国际政治经济秩序，寻求体制内的话语权和红利，比如寻求依规则扩大在IMF的投票表决权，参与G20的全球经济治理磋商。

2013年，中国开始有成规模的制度微创新，在此前推出中非基金、中国东盟投资合作基金的基础上，进一步推进上海合作组织银行、亚洲基础设施投资银行，成立丝路基金推进“一带一路”战略落地，有效弥补了美国主导的国际政治经济秩序的缺陷，尤其是在针对发展中国家提供公共产品方面弥补了美国主导的国际政治经济秩序的不足，中国主张的国际经济新秩序从喊口号进入了更多实质性建设阶段，这得益于中国提供公共产品能力的增强和国民经济发展的需要。一个多层次的全球政治经济治理体系的存在，能够更加无缝对接全球治理多元化的需求。尤其是2014年开始，中国已经成为对外投资的净资本输出国，中国的发展更多要通过投资目的地的发展来实现，这就不仅需要一个和平的国际环境，更需要投资目的地有良好的社会治理，以及国际社会良好的治理。

中美经济外交围绕双边制度设施建设开展了持续互动，也呈现出阶段性特征。中美经济外交制度建设是对中美经济相互依存的规范也是引导，这种制度建设是为平滑和发展中美经济关系而做出的外交努力，因此，制度建设本身也构成中美经济外交目标的重要内容。中美经济外交至今，分别走过了四个阶段，第五个阶段刚刚开始。这五个阶段分别是：1978—1988年为中美经济外交起步阶段；1989—2000年为中美经济外交正常化阶段；2001—2007年为中美经济外交机制化阶段；2008—2012年为中美经济外交包容化阶段；2013年起为中美经济外交的竞治化阶段。第五阶段的鲜明特征是，中国的发展越来越依赖于世界经济，从过去的贸易依赖发展到投资依赖，从过去依赖于当地的购买力，发展到对当地的全面依赖，一个稳定高效的国际秩序对中国的经济发展至关重要，中国开始在扎扎实实地为建立国际经济新秩序而努力，为全球经济善治提供公共产品。中美经济外交制度在互动建设中逐渐走向包容化，但区域善治竞争开始显现。从体系层面而言，目前为止这种经济外交制度建设构成了对美国主导的国际经济秩序的有效补充和完善。

表 5.2　中美经济外交与制度化建设

	初始化		正常化		机制化	包容化	竞治化
	1979 年	1980—1988 年	1989—1992 年	1993—2000 年	2001—2007 年	2008—2012 年	2013 年至今
中方	与美国为首的西方国家交往，为经济建设助力；与美国交往抗衡苏联	与美国为首的西方国家交往，为经济发展助力；加入美国主导的国际经济秩序：IMF、WB，提出加入 GATT	提出加入美国主导的 GATT 西方贸易体系，与西方交往、为经济发展助力	实现 MFN 的稳定，实现 PNTR，加入 WTO，加入美国主导的世界贸易体系	中国履行“入世”承诺、遵守世贸协议规则	改善全球经济治理、走出危机	国际经济制度微创新，弥补当前主流制度的空隙
美方	与中国交往抗衡苏联，许以经济交往利益	注重发展中美经贸往来，实行接触外交，寻求把中国纳入美国主导的国际经济秩序	接触外交受到冲击，重新提出人权等目标诉求	巩固中美经济关系基础、重新确认接触外交	利益攸关者，要求中国在美国主导的国际政治经济秩序中承担责任	要求中国承担更多全球经济治理的责任，并分享部分权利，推进国际经济制度自由化纵深发展	推进国际经济制度自由纵深挺进，扩大贸易自由化投资自由化广度和深度

三、经济外交事件目标

从事件来观察中美经济外交目标，有更多细致的变化。政治和意识形态事件对中美经济关系的负面作用在弱化，即中美经济外交的“政治脱敏”，同时中美在经济领域的摩擦增多，通过磋商，中国更多参与国际经济事务治理，并对美国开展针锋相对的经济外交维护自身经济利益。

表 5.3　中美经济外交事件的政治经济学

事件	对台军售	人权“最惠国待遇”挂钩	李登辉访美	汇率争端	IMF 份额	新能源贸易救济
时间	1982	1992	1995—1996	2003—2010	2008—	2012
施动方	美国	美国	美国	美国	中国	美国
施动方目标	政治/非经济目标	政治/非经济目标	汇率/经济目标	提高份额/经济目标	市场份额/经济目标	
施动方手段	政治手段	经济威胁/有条件最惠国待遇	政治手段	经济威胁	谈判	单方贸易保护
应对方	中国	中国	中国	中国	美国	中国
应对方手段	反对	反对	反对	驳斥、大单采购	谈判	回击
结果	1983—1984年贸易下降	脱钩	脱钩/中美贸易不受影响	人民币美元汇率升值	中国份额提高	磋商

四、中美经济外交手段

随着中美经济实力对比的变迁、相互依存的演进、权力逐渐转移，中美经济外交在手段的运用上呈现不同的阶段性特征。

处于实力优势的美国具有话题设定的权力，动则以制裁等约束性措施来实现外交目标，而处于弱势的中国往往处于被动响应的地步，常采用激励性的办法来实现外交目标。1981—1982 年因对台军售问题上中美激烈交锋，1983 年美国对华进口大幅度减少，邓小平对美国企业家喊话“我们是不会让贸易受到影响”（见第四章第一节），除此之外，当时的中国并无更多办法可以阻止美国从华进口下滑。随着中国经济实力的绝对和相对提升，中美经济的不对称性的降低，中方也拥有一定的要价权和话语权，1989 年到 1993 年期间，中国积极运用国内经济政策和大单采购等经济利益为杠杆，中美贸易不但没有下滑，反而保持了较为稳健的增长。此后中美贸易进入快速发展，特别是 2001 年入世后，中美贸易超高速发展，相互依存的不对称性降低，权力逐渐向中国一端平衡，在贸易逆差和汇率争端中，中国不断使用大单采购等积极的鼓励手段，构建利益同盟。特别体现在 2008 年金融危机后，中国的话语权显著提升。汇率战争期间，开展大单采购和游说，2009 年的贸易战中中方给予针锋相对的反制。展望未来中美经济外交，随着中国经济力量的壮大，中国手中拥有更多的经济牌，也将更为主动。

表 5.4　中美经济外交手段

中美经济外交事件	对台军售	克林顿挂钩	PNTR	“入世”	汇率争端	太阳能双反
时间	1982	1992	2000	2001	2003—	2012
美方手段	减少从华进口	有条件最惠国待遇	国内动员	谈判	威胁	双反
手段属性	约束性	威胁性	激励性	激励性	约束性	约束性
中方手段	喊话	喊话 + 采购	喊话 + 游说	谈判	喊话、采购	双反
手段属性		激励性	激励性		激励性	约束性

第二节　经济发展与中美经济外交目标及手段的演变

一、经济发展与经济外交目标差异

中美各自经济发展水平、阶段的差异和中美在世界经济中的地位，对中美经济外交的影响是根本性的。

中华人民共和国与美利坚合众国相遇时，中华人民共和国是一个新生的政府、是国际社会新生的行为主体，一个发展中国家；美国是世界经济第一的大国、强国，是国际经济秩序和规则的主导者，是发达国家。当一个新生的国家与一个成熟的、体系主导者的国家相遇时，美国经济外交的目标是寻求秩序和体系的稳定，从而实现美国全球利益的稳定，而中国经济外交的目标开始是寻求个体在国际社会的存在和安全。随着中国的国际存在解决和安全问题缓解，中国经济外交开始追求发展目标，中国从一个世界经济弱国逐渐成长为世界经济大国但尚不是强国，当中国的发展日益依赖在国际社会和世界经济中实现时，中国也开始追求全球善治。美国一直是世界经济第一大国和强国，其经济外交的总体、长期目标一直没变，维护和完善其主导的国际社会。刚开始，中国经济弱小，处于国际分工和分配很不利的地位，中国是国际经济旧秩序的高调反对者和国际经济新秩序的积极呼吁者，随着中国经济逐渐发展，并成为美国主导的国际经济秩序和规则的总体受益者时，中国一边倡导和支持新秩序的建设需求，同时逐渐成为这一规则的参与者和改良者。而美国一直是其主导的国际秩序的维护者。中美在国际经济秩序的规则的维护与深入发展上，目标趋于一致，中美之间发生系统层面冲突的可能性大大减少。

二、经济发展与经济外交手段差异

中美对世界经济增长的贡献相等之前，中国在中美经济外交中的话题设定能力非常有限。中美经济总量按照购买力平价相等之前，中国在中美经济外交中提出新秩序的建设的能力也非常有限。

中美经济实力和发展水平不仅决定了中美经济外交的目标的迥异，也决定了经济外交手段的差异。美国作为国际经济秩序的主导者和规则制定者，拥有规则优势，中国作为国际经济秩序的融入者，则相对呈现规则弱势，中国在融入这一秩序的合规过程中必须以种种改革作为成本，因而处于更加脆弱的一方。处于强势一方的美国往往设定双边经济外交的议题，而处于弱势一方的中国常常处于答题境况。处于强势一方的美国，常常采用压力手段，处于弱势一方的中国，常常采用安抚手段。

中国在中美经济外交早期是以发展为目标，通过政治等各种努力扩展经济利益，在中美经济外交早期，中国很少能运用经济力量作为手段；2007 年前后起，中国经济对世界经济增长贡献超越美国，中国更多能运用自身的经济力量作为一种手段来施加影响。而美国作为发达国家和经济强国，一直使用经济手段进行制裁和威胁，以达到各种经济和非经济目标。

第三节　经济发展趋势与中美经济外交未来目标与手段

中美经济外交 30 多年来，系统层面经历了体制外互动到体制内互动的过程，结构持续变迁，相互依存制度化规范逐渐演进，中美经济外交的摩擦也日益激烈，并逐渐减少政治的影响更多集中在经济领域。中美经济外交已经呈现出四个一致又矛盾的特征：系统规则稳定、系统结构速变、制度包容和竞争并存、事件竞合激烈。在假设很多条件不变的情况下，在可以预见的21世纪，中美经济外交、经济关系和双边关系都将延续这些特征。

人类目前的发展表明，未来相当长时间内，市场经济是世界经济运行的主流方式、是资源配置最有效的制度，市场经济赖以存在的产权基础、法治环境必将会被要求逐渐夯实。无论国际社会的主体是否依然是民族国家，只要行为主体还是以竞争的方式来发展，即资源有限的假设不变，资源获取是有成本的假设不变，只能用竞争的方式来实现国际社会行为主体的发展，作为具有竞争效率的市场经济必将是国际社会的主流，市场经济所要求的自由必将实现，即各种要素（土地、劳动力、资本、技术、信息、思想）的自由和要素交易的自由，必将释放出强大的本能需求。未来相当长的时间内，中美概莫能外，美国毋庸讳言，中国仍然处在社会主义初级阶段，资源丰富到无需竞争性获取的理想社会远未到来。

未来随着中国经济实力的增长和中国对世界经济贡献的增大，中国在世界经济中的话语权，在中美经济外交中的话语权将进一步增强，这既会表现为议题设定能力的提高，也会表现为拥有更多的经济手段，中美经济外交中如果有交锋，也会更为激烈，如果有合作，也会更深沉。

总体上，双方都有获取海外经济利益的需求，差异就在于各自实力有大小、获利能力有差异。中美双方对体系的规则已经高度一致，在承认实力差异这一结构变化的基础上，国际制度的利益分配是否具有包容性是崛起国家和守成国家共事的基础，崛起国家提供的公共产品是否具有更强的包容性也是崛起国家能够崛起的基础。

目前中国的发展水平和发展能力，所能提供的公共产品主要还是面向新兴市场和发展中经济体的，所能承担的国际社会运转成本的承担能力还是有限的。随着中国能力的提升，中国经济外交的目标如何更加具有包容性，价值观更具有普世性，这是需要思考和实践的一个课题。

参考文献

中文部分

阿燃燃：《中美经济相互依赖研究》，辽宁大学博士论文，2011年。

I. M. 德斯勒：《美国贸易政治》，中国市场出版社2006年版。

邓小平：《邓小平文选第2卷》，人民出版社1994年版。

樊勇明：《西方国际政治经济学》，上海人民出版社2001年版。

樊勇明主编：《西方国际政治经济学理论与流派》，上海人民出版社2003年版。

方连庆、刘金质、王炳元主编：《战后国际关系史（1954—1995）（下）》，北京大学出版社1999年版。

宫力：《峰谷间的震荡——1979年以来的中美关系》，中国青年出版社1996年版。

龚小华、宋连生：《中国入世全景写真》，中国言实出版社2001年版。

何茂春：《经济外交学教程》，世界知识出版社2010年版。

何中顺：《新时期中国经济外交——理论与实践》，时事出版社2007年版。

胡佳虹：《中美双边对话机制研究》，复旦大学硕士论文，2010年。

黄亚生：《改革时期的外国直接投资》，新星出版社2005年版。

黄宗良、林勋健：《经济全球化与中国特色社会主义》，北京大学出版社2005年版。

霍彦贤：《国际金融危机背景下中国外交的特点》，东北师范大学硕士论文，2011 年。

姜黎黎：《奥巴马对华经济政策研究》，外交学院硕士论文，2011 年。

《江泽民文选第 1 卷》，人民出版社 2006 年版。

《江泽民文选第 2 卷》，人民出版社 2006 年版。

柯居韩、陶坚、谷文艳：《克林顿的经济计划、政策思想及其影响》，《世界政治与经济》，1993，08:12。

沃伦·I. 科恩主编：《剑桥美国对外关系史第四卷》，新华出版社 2004 年版。

保罗·肯尼迪：《大国的兴衰：1500—2000 年的经济变迁与军事冲突》，国际文化出版公司 2006 年版。

黎兵：《新兴大国崛起中的国际经济协调——中美战略经济对话研究》，上海社会科学院博士论文，2009 年。

李冰洁：《中美战略与经济对话机制研究》，外交学院硕士论文，2010 年。

李渤：《新编外交学》，南开大学出版社 2005 年版。

李成：《分析美国的“中国威胁论”》，外交学院硕士论文，2007 年。

李肇星：《新时期外交工作的宝贵精神财富——学习江泽民同志外交思想的体会》，《人民日报》，2006 年 9 月 30 日。

刘连第、汪大为：《中美关系的轨迹——建交以来大事纵览》，时事出版社 1995 年版。

刘绪贻主编：《美国通史（第六卷）——战后美国史 1945—2000》，人民出版社 2008 年版。

卢进勇：《经济外交》，《百科知识》，1994（10）：17。

卢世光等：《当代中国对外贸易（上）》，社会科学出版社 1992 年版。

路妍、孙刚：《金融危机后的中美金融监管合作研究》，《国际经贸探索》，2010，9：31—32。

安格斯·麦迪森：《世界经济千年史》，北京大学出版社 2003 年版。

毛泽东：《毛泽东文集（第 6、7、8 卷）》，北京人民出版社 1999 年版。

苗迎春：《中美经贸摩擦研究》，武汉大学出版社 2009 年版。

苗迎春：《论主权财富基金透明度问题》，《国际问题研究》，2010（04）：57—63。

倪世雄：《结交一言重　相期千里至——一个中国学者眼中的中美建交 30 年》，复旦大学出版社 2009 年版。

钱其琛：《外交十记》，世界知识出版社 2003 年版。

邵宇、秦培景：《危机三部曲：全球宏观经济、金融、地缘政治大图景》，文汇出版社 2013 年版。

潘锐：《冷战后的美国外交政策——从老布什到小布什》，时事出版社 2004 年版。

彭峥：《小布什时期的对外贸易政策及其对中国的影响》，河北大学硕士论文，2010 年。

清华大学中美关系中心：《中美关系简报》，2010 年。

沈觉人：《1986 年为什么申请复关》，《神州学人》，2001（11）:7。

陶文钊：《中美关系史（1972—2000）》，上海人民出版社 2004 年版。

陶文钊：《冷战后的美国对华政策》，重庆出版集团重庆出版社 2006 年版。

陶文钊：《奥巴马第一任期的中美关系》，《美国研究》，2012（02）：30。

杨洁篪：《落实胡锦涛访美成果　六方面推进中美建设性合作关系》，《求是》，2005（6）：3。

夏先良：《试论我国的经济外交》，《中国人民大学学报》，1995（06）：76。

现代国际关系所选编：《美中建交前后——卡特、布热津斯基和万斯的回忆》，时事出版社 1984 年版。

劳伦斯·肖普：《卡特总统与美国政坛内幕：八十年代权力和政治》，时事出版社 1980 年版。

游碧竹：《美国克林顿政府的经济外交略论》,《湖南社会科学》，1997（04）：17。

游碧竹：《经济外交概论》，湖南人民出版社 1997 年版。

游碧竹：《经济外交初探》,《湖南社会科学》，1999（5）：4。

王缉思：《美国研究参考资料》，1989 年。

王缉思、徐辉、倪峰：《冷战后的美国外交（1989—2000）》，时事出版社 2008 年版。

王堃：《布什与中国》，华夏出版社 2007 年版。

王殊：《研究经济问题办好经济外交》,《瞭望》，1986（19）：15。

王树春：《经济外交与中俄关系》，世界知识出版社 2007 年版。

王泰平：《新中国外交 50 年（上、中、下）》，北京出版社 1999 年版。

汪熙、霍尔顿：《中美经济关系：现状与前景》，复旦大学出版社 1989 年版。

王逸舟、谭秀英：《中国外交六十年（1949—2009）》，中国社会科学出版社 2009 年版。

王勇：《中美经贸关系》，中国市场出版社 2007 年版。

王卫军：《泰国的“经济外交”》,《瞭望》，1984（06）：32—34。

吴心伯：《太平洋上不太平：后冷战时代的美国亚太安全战略》，复旦大学出版社 2006 年版。

吴心伯：《中美关系的重新国际化》，《世界经济与政治》，2009（08）：21—29。

吴心伯：《世事如棋局局新——21 世纪初中美关系的新格局》，复旦大学出版社 2011 年版。

吴心伯等：《转型中的亚太地区秩序》，时事出版社 2013 年版。

项卫星、刘晓鑫：《中美经济关系：基于金融视角的分析》，全国美国经济学学会：《全国美国经济学会第八届会员代表大会论文集》，湖北，2007 年版。

谢希德、倪世雄主编：《曲折的历程——中美建交 20 年》，复旦大学出版社 1999 年版。

徐洪峰：《美国对俄经济外交：从里根到布什》，知识产权出版社 2008 年版。

徐振伟：《美国对欧经济外交 1919—1934》，知识产权出版社 2009 年版。

张敏谦：《美国对外经济战略》，世界知识出版社 2001 年版。

张学斌：《经济外交与国际经济新秩序》，国际文化出版公司 2001 年版。

张学斌：《经济外交》，北京大学出版社 2003 年版。

张幼文、刘曙光主编：《中国经济外交论丛 2009》，经济科学出版社 2009 年版。

张宇燕：《中国经济外交的主题、目标与手段》，张幼文、刘曙光主编：《中国经济外交论丛 2009》，经济科学出版社 2009 年版。

赵从显、杨逢珉：《里根经济与八十年代美国经济》，《兰州大学学报》，1985（4）：39。

赵进军：《中国经济外交年度报告（2010）》，经济科学出版社 2010 年版。

中央文献研究室：《邓小平思想年谱 1975—1997》，中央文献出版社 1998 年版。

中共中央文献研究室编：《邓小平年谱》，http：//www. china. com. cn/zhuanti2005/node_ 5610787. htm。

中共中央文献研究室：《十四大以来重要文献选编（中）》，人民出版社 1997 年版。

中共中央文献研究室：《十六大以来重要文献选编（上、中、下）》，中央文献出版社 2005 年版。

中国社会科学院美国研究所编译组：《美中关系未来十年——美国大西洋理事会对华政策论文集》，中国社会科学出版社 1984 年版。

周林：《中美经济外交分析》，张幼文、刘曙光主编：《中国经济外交论丛2009》，经济科学出版社2009年版。

朱颖：《20世纪80年代以来美国对外经济政策的五大变化》，《世界贸易组织动态与研究》，2008（9）：29。

周永生：《经济外交》，中国青年出版社2004年版。

英文部分

Peter A. G. van Bergeijk. *Economic Diplomacy and the Geography of International Trade*, Edward Elgar Publishing, 2009.

George Bush. *Remarks at the Yale University Commencement Ceremony in New Haven, Connecticut*, May 27, 1991.

Herbert S. Parment, George Bush. *The Life of a Lone Star Yankee* , New York: A Lisa Drew Book/ Scribner, 1997.

George W. Bush. *The National Security Strategy of the United States of America*, 2006 - 3.

George W. Bush. *The National SecurityStrategy of the United States of America*, The Di*plomacy of Involvement*: *American Economic Expansion across the Pacific*, 1784 - 1900, Columbia: University of Missouri Press, 2001.

Congressional Quarterly Weekly Report. CQ Press, Washington, June 8, 1991.

Congressional Quarterly Weekly Report, July 27, 1991.

President Bill Clinton. *Remarks at American University's Centennial Convocation*, Feb. 26th, 1993.

President Bill Clinton. *Building A New Pacific Community*, *July* 7, 1993, Waseda University Okuma Auditorium , Tokyo, Japan.

Hillary Clinton. *America's Pacific Century*, Foreign Policy, 2011 (10): 111th Congress. *American Recovery and Reinvestment Act of* 2009.

Alfred Eckes. *Feature Review Economic Diplomacy*, DIPLOMATIC HISTORY, Vol. 22, No. 1 , Winter 1998: 131 - 136.

Fukuyama. *The End of History and the Last Man*, New York: Free

Press, N. Y. , 1992.

Dan Glickman. *U. S. trade with China: hearing before the Subcommittee on Trade of the Committee on Ways and Means*, U. S. House of Representatives, One Hundred Tenth Congress, first session, February 15, 2007, volume 4.

G20. *G20 Leaders Statement: The Pittsburgh Summit*, September 24 – 25, 2009.

Samuel P. Huntington. *Trade, Technology and Leverage: Economic Diplomacy* , Foreign Policy, No. 32, Autumn, 1978: 63 – 80.

Harry Harding. *A Fragile Relationship: The United States and China since* 1972 , Washington, D. C. , Brookings Institution Press, 1992.

Nancy L. Golden, Sherrill Brown Wells. *American Foreign Policy Current Documents*, 1989, Washington, D. C. : United States Government Printing, 1990.

Diane B. Kunz. *Butter and Guns: America's Cold War Economic Diplomacy*, New York: Free Press, 1997.

Thomas D. Larison, David Skidmore. *International Political Economy: The Struggle for Power and Wealth*, Harcourt Brace College Publishers, 1997.

Winston Lord . *Sino-American Relations: No Time for Complacency*, Speech by Winston Lord, May 28, 1986.

David P. Nickles. *American Foreign Policy: Basic Documents*, 1977 – 1980, Washington, D. C. : United States Government Printing Office, 1983.

Barack Obama. *National Export Initiative*, 2010.

Barack Obama. *Remarks by President Barack Obama at Suntory Hall*, Tokyo, Japan, November 14, 2009.

A. F. K. Organski. *World Politics*, New York: Alfred Akonpf, Inc, 1958.

Henry M. Paulson, Jr. . *On the Brink* , New York: Grand Central Publishing, 2010.

Cyrus Roberts Vance. *Hard Choices*: *Critical Years in America's Foreign Policy* , N. Y. : Simon and Schuster, 1983.

Donald T. Regan. *For the Record*: *From Wall Street to Washington*, NY: St. Martin's Press, 1988.

Ronald Regan. *National Security Strategy of the United States*, Virginia: Pergamon-Brassey's International Defense Publishers, Inc. , 1988.

Robert S. Ross. *The Bush Administration*: *The Origins of Engagement*, in. Ramon H. Myers, Michel C. Oksenberg, and David Shanbaugh, eds. , *Making China Policy. Lessons from the Bush and Clinton Administration* , New York: Rowman & Littlefield Publishers, Inc. , 2001.

Peter Schweizer. *Victory*: *The Reagan Administration's Secret Strategy That Hastened the Collapse of the Soviet Union*, New York: Atlantic Monthly Press, 1994.

Anthony M. Solomon. *Administration of a Multipurpose Economic Diplomacy*, Public Administration Review, Vol. 29, No. 6 (Nov. -Dec. , 1969): 585 - 592.

Richard H. Solomon. *China and MFN*: *Engagement*, *Not Isolation*, *Is Catalyst For Change*, *prepared statement for The Senate Foreign Relations Committee*, 6 *June* 1991.

United States. Bureau of Public Affairs. Historical Division, United States. Bureau of Public Affairs. Office of the Historian. *American Foreign Policy. Current Documents.* U. S. Government Printing Office, 1983.

United States Government Printing Office. *Public Paper*: *GeorgeBush*, Washington, D. C. : United States Government Printing, 1989, Vol. I, 1990.

United States Trade Representative. *U. S. -China Trade Relations*: *Entering a New Phase of Great Accountability and Enforcement*, *Top-to-Bottom Review.* Washington, D. C. : United States Trade Representative, 2006.

The White House, Washington, D. C. , *National Security Strategy of the United States*, *the White House*, 01 *August* 1991.

The White House Office of the Press Secretary. *Remarks by the Presi-*

dent at the U. S. /China Strategic and Economic Dialogue, Ronald Reagan Building and International Trade Center, Washington, D. C. , July 27, 2009.

Robert B. Zoellick. *Whither China: From Membership to Responsibility? Remarks to National Committee on U. S. -China Relations, New York City, September* 21, 2005.

后　　记

美国是世界第一大经济体，中国是世界第二大经济体；中国是世界经济第一大增长引擎，美国是世界经济第二大增长引擎。中美两国是世界主要贸易、投资、金融大国，两国经济关系构成了世界经济关系的顶层构架。无论是从事外事工作还是经济工作，无论是在政府部门还是在公司企业，无论是公共决策还是个人决策，熟稔中美经济关系的互动历史与趋势，都是战略层面必须考虑的。

本书是在我的博士论文《新型大国经济关系的成长：1978—2012 中美经济外交》基础上的拓展和修改，代表我对中美关系的一点观察和思考。这些思考，对于中美经济外交和新型大国关系这两个宏大的主题而言，是极其有限的、粗浅的。

每次翻阅文稿，都觉得太多地方需要丰实材料、不少论断可以再三斟酌，然如怀胎十月，孩子总有降生的时候，到真实的世界里再吸收养分、接受教育、成长成材，这样一想，也就释然。好在互联网时代让我们更有条件来实现一本书籍、一种思想的自然生长，让更多的讨论和修改可以随时进行。

论文能够及时完成，首先要感谢我博士论文导师复旦大学美国研究中心主任吴心伯教授的严格要求和谆谆指导。吴心伯教授的指导细致到标点符号、错别字和遣词用句，开题之际，吴心伯教授即严正告诫，论文必须一章一章地过，过了一章才能写下一章，期间有几章经历了“枪毙”重来。没有“枪毙”就没有新生，正是吴心伯教授的严谨治学和责任态度，使得我能得以及时顺利完成学业。遇见这样的导师，是我之幸。论文能够完成、书稿能够付梓，与家人的支持、特别是妻子李星星女士的担当和幼子罗颢瑜的理解分不开，感谢他们一直以来的付出和理解。同时，书稿的付梓也要感谢在我求学道路上一直给予支持和帮助的师友，他们是复旦大学的章节根副教授、扶松茂副教授、汪晓风副教授、信强教授、宋国友教授、潘锐教授，上海对外经济贸易大学金强副教授，君泽君律师事务所余红征律师，以及朱峰先生、崔健康先生。

论文的写作以及修改和拓展，基本都是在假日、平时的早晨和夜晚进行的，这是一个长期的修心过程。对于爱好读点书、写点文字的人来说，中国传统文人情怀早已深入骨髓，因而我始终不能忘怀经世济用的初心。十多年前，曾梦想以自己的思考作为微渺的力量投入到这个国家、这个社会、这个世界前进的力量洪流之中。因缘际会，进入新闻界、商界，奔走于田野，接触中国，观察世界，陶醉于现实世界的丰满。唯有一头扑进真实的世界，才能摆脱蒙昧，认识世界，找到自我，获得自由。

做研究是寂寞的，也是充实的，无比辉煌的成就，需要无比寂寞的勤奋。在象牙塔内前行的学术青年，学术何时不人生；在田野奔波的社会青年，人生何处不思想。不忘初心，胸怀天下，路在脚下，所有光荣和梦想都终将到达。

罗小军

2015 年 12 月 18 日

图书在版编目（CIP）数据

新型大国经济关系的生长：1978～2015中美经济外交/罗小军著. —北京：时事出版社，2016.4
ISBN 978-7-80232-924-9

Ⅰ.①新… Ⅱ.①罗… Ⅲ.①中美关系—国际经济关系—研究—1978～2015 Ⅳ.①F125.571.2

中国版本图书馆CIP数据核字（2015）第284020号

出版发行：时事出版社
地　　址：北京市海淀区万寿寺甲2号
邮　　编：100081
发行热线：（010）88547590　88547591
读者服务部：（010）88547595
传　　真：（010）88547592
电子邮箱：shishichubanshe@sina.com
网　　址：www.shishishe.com
印　　刷：北京市昌平百善印刷厂

开本：787×1092　1/16　印张：22　字数：325千字
2016年4月第1版　2016年4月第1次印刷
定价：88.00元